Estou com sorte

Estou com sorte

Confissões do funcionário número 59 do Google

Douglas Edwards

Tradução:

Maria Ângela Amorim de Paschoal

Editora Novo Conceito

Publicado sob acordo especial com Houghton Mifflin Publishing Company

Título original: *I'm feeling lucky*

1ª Impressão — 2012

Edição: Edgar Costa Silva
Produção Editorial: Alline Salles, Lívia Fernandes, Tamires Cianci
Preparação de Texto: Sandra Brazil
Revisão de Texto: Helô Beraldo (coletivo pomar)
Revisão Técnica: Chang Tsai
Diagramação: Lucas Busatto, Vanúcia Santos
Capa: Igor Campos

Este livro segue as regras da Nova Ortografia da Língua Portuguesa.

Dados Internacionais de Catalogação na Publicação (CIP)
(Câmara Brasileira do Livro, SP, Brasil)

Edwards, Douglas
Estou com sorte : as confissões do funcionário número 59 do Google / Douglas Edwards; tradução Maria Ângela Amorim de Paschoal. -- Ribeirão Preto, SP : Novo Conceito Editora 2012.

Título original: I`m feeling luck
ISBN 978-85-8163-002-1

1. Cultura organizacional - Estados Unidos - História 2. Google (Empresa) - História 3. Indústria da Internet - Estados Unidos - História 4. Marketing - Estados Unidos - História I. Título.

12-04322 CDD-338.76102504

Índices para catálogo sistemático:
1. Estados Unidos : Google : Indústria da Internet : Informática 338.76102504

Editora Novo Conceito

Rua Dr. Hugo Fortes, 1885 – Parque Industrial Lagoinha
14095-260 – Ribeirão Preto – SP
www.editoranovoconceito.com.br

Para Kristen, pois sem ela a jornada teria sido impossível
e o destino, sem sentido.

Nada a dizer agora. Fique com suas palavras.
Estou satisfeito com as minhas.

"Cassidy", de John Barlow

Sumário

Introdução

Larry Page é um cara impressionante. Pelo menos ele era assim em 1999 quando comecei a trabalhar para a empresa que ele fundou com Sergey Brin.

Todas as vezes que estava no mesmo lugar que Larry, eu sentia uma necessidade premente de fazer muito mais, como se cada segundo que eu não estivesse passando alguma informação vital fosse um enorme desperdício de sua "banda larga".

Um dia em 2002, fiquei sozinho com Larry em seu escritório depois de uma longa e cansativa batalha sobre algo. Eu tinha lutado e perdido, e tinha que opinar sobre aquilo que tinha aprendido e estendi um ramo de oliveira para apaziguar aqueles momentos que tinham sido bem turbulentos. Larry, vestido informalmente com tons de cinza, olhava com atenção para sua tela de computador. Ou, melhor dizendo, para os dois enormes monitores à sua frente, repletos de códigos e de janelas abertas do navegador da web. Sergey, com quem dividia uma sala, não estava presente. Partes de um skate desmontado, um uniforme de hóquei amarrotado e uma boneca japonesa vestida de gueixa montavam guarda em cima de uma cadeira vazia.

— Larry — comecei. — Sei que nem sempre temos a mesma opinião sobre as estratégias que você e Sergey decidiram para a empresa. Mas estive pensando e era exatamente sobre isso que queria lhe falar. Olhando para trás, reconheço que na maioria das vezes você estava certo. Sinto que estou aprendendo muito e agradeço a paciência que você tem demonstrado comigo enquanto passo por este processo.

Sorri por dentro. Era uma "bajulação corporativa" bem tramada. Eu tinha me humilhado e dado a Larry a oportunidade de analisar meus pontos fortes como integrante da equipe de gerenciamento do Google e me recompensar com palavras conciliatórias e reconfortantes sobre como eu agregava valor à equipe. Agora ele se lembraria todas as vezes que meu conselho fora sábio e me parabenizaria por minha perspicácia. Imaginei que iríamos nos abraçar de um jeito meio sem graça, como os homens costumam fazer, antes de irmos saborear um *cappuccino* fresquinho na minúscula cozinha. É assim que você "faz gestão" em uma enorme corporação.

Larry simplesmente me olhou, com o mesmo olhar que dirige para a tela de seu computador, como se estivesse tentando decifrar partes de uma equação complexa que estava demorando demais para se resolver.

— Na maioria das vezes? — ele me perguntou. — Quando foi que erramos?

Ele não sorriu ao fazer a pergunta, nem arqueou a sobrancelha demonstrando desagrado. Ele simplesmente queria saber quando é que tinha errado para poder inserir esta informação no algoritmo que fazia seu universo funcionar. Se havia mesmo cometido um erro, ele precisava saber dos detalhes, para poder alterar os elementos quando o problema se repetisse, caso isso acontecesse.

"Ah! Tudo bem", eu pensei, parando de sonhar acordado. "Não trabalho mais numa grande corporação. Trabalho para o Google."

Princípios da operação

Você conhece o Google.

Pelo menos você sabe o que o Google faz. Ele encontra coisas na internet. Isso era tudo o que eu sabia em 1999, quando entrei para a empresa. Eu não tinha ideia do que era um indexador da web, um pageranker ou um robô spidering. Não imaginava que um engenheiro pudesse ser tão dogmático. Não sabia quantos executivos da internet cabiam em uma banheira de água quente, ou qual era a sensação de se ganhar mais dinheiro em um dia de trabalho do que em trinta anos de trabalho duro. Não sabia nada disso naquela época, mas agora eu sei.

Na verdade, minha história é aquela que só acontece uma vez na vida de alguém. É a sorte de se estar no lugar certo na hora certa, mas não se trata apenas disso.

Este livro revela como foi se sentir submetido à força gigantesca de uma empresa em ascensão sem precedentes, descobrir-se em um ambiente onde as velhas regras não mais se aplicavam e onde, ao defender coisas em que eu realmente acreditava, quase perdi o emprego. Não é uma história completa de tudo o que o Google fez entre 1999 e 2005, nem um relato total e objetivo de todos os grandes sucessos do Google. Eu escrevi a história oficial do Google durante aquele período e a adicionei ao website da empresa[1]. A maioria das coisas que vieram depois servem apenas para enfeitar a história, e não pretendo voltar a este assunto novamente. Em vez disso, vou apresentar meu ponto de vista como alguém de dentro, de como tudo funcionava (e não funcionava) e em como nós mudamos como pessoas e como entidade corporativa.

Este livro não mergulhará profundamente nas confusões atuais que envolvem censura, regulamentos e monopólio. Apresentarei apenas o que aconteceu entre meu primeiro dia de trabalho em 1999 até o dia em que saí da empresa, em 2005. Nós ainda não estávamos preocupados com a neutralidade da rede, com a coleta de dados pessoais, considerada violação de privacidade, ou com investimentos em parques eólicos em alto-mar. Nossas grandes questões raramente tocavam a cerca moral eletrificada do nosso credo "Não seja mau": desenvolva a melhor tecnologia de busca, venda muita publicidade, evite ser passado para trás pela Microsoft.

Embora esta história seja contada da perspectiva de um marqueteiro e minha função englobe "gerenciamento de marca do consumidor", este livro não fala apenas de marketing. Não tenho a pretensão de ter "criado" a marca Google. A marca foi construída no produto, e o produto foi criado por engenheiros — cientistas de computadores que construíram um sistema tão complexo quanto aquele utilizado para lançar um foguete ao espaço, mas que capacita uma pequena caixa retangular de busca que está presente atualmente em qualquer canto da internet.

Vou descrever os hábitos de trabalho que permitiram que eles conquistassem tantas coisas em tão curto período e as falhas que resultaram numa empresa onde cada problema era encarado como solucionável e cada situação poderia ser reduzida a um conjunto de dados; uma empresa na qual a convicção de estar certo significava que nada deveria, poderia ou iria colocar-se em seu caminho.

E vou revelar como uma empresa com a visão de fornecer acesso a toda a informação do mundo muitas vezes conduziu mal seu próprio relacionamento

[1] No mundo binário de Larry, licença literária era o equivalente moral a engenharia relapsa. Eu escrevi que ele estava num *tour* pelo *campus* quando encontrou Sergey pela primeira vez. — Era uma visita de fim de semana, não um *tour* pelo *campus* — ele me corrigiu. As grandes histórias que eu tinha ouvido sobre ele, dormindo debaixo da mesa enquanto trabalhava no desenvolvimento do Google? Sergey montando um escritório no seu dormitório? A pressão na rede elétrica de Stanford criada pelo protótipo do Google? Não foi assim que aconteceu — Larry contou. — Tira isso.

com a franqueza, com a honestidade e a divulgação de um modo que surgiu intrínseca e inevitavelmente das atitudes dos que estavam no comando.

Para começar, darei as informações que gostaria que alguém tivesse me fornecido no meu primeiro dia no Google, de modo que você possa ter uma ideia do caos que havia sem se perder dentro dele.

Vamos começar por um rápido esboço da fundação da empresa. O Google teve início como um projeto de pesquisa conjunto de Larry e Sergey em 1996, quando ambos eram alunos da Universidade de Stanford. Eles basearam seu projeto em uma nova abordagem para a tecnologia de busca, que Larry chamou de PageRank, em homenagem a si mesmo e porque classificava páginas da rede de acordo com sua importância.[2] Seu algoritmo levava em consideração todos os hiperlinks que apontavam para determinada página da web vinda de outros websites, como se, por estarem relacionados a esta página, estes outros websites fossem considerados merecedores de atenção. A maioria dos mecanismos de busca olhava apenas o conteúdo das próprias páginas e baseava seus resultados na frequência que a palavra procurada aparecia neles. Era a diferença entre julgar um estranho pela aparência ou descobrir qual era a opinião das outras pessoas que o conheciam sobre ele. Como a tecnologia desenvolvida por Larry e Sergey analisava o que estava por trás dos acontecimentos, eles chamaram sua ferramenta de busca de "BackRub"[3]. Por algum tempo, uma foto de Larry com a mão acariciando o ombro de alguém foi o logotipo utilizado por eles. Mas mesmo depois de retocarem a foto e tirarem os pelos escuros daquela mão, a imagem parecia cena de um filme pornô barato.

Em 1997, eles mudaram o nome para Google, que brincava com o amor que eles sentiam pela matemática e a escala (um googol é 10^{100}). Eles escolheram uma variante ortográfica por duas razões: o domínio da web para o googol.com já estava tomado e Larry imaginou que eles jamais conseguiriam o domínio de um número como sua marca registrada. Larry era um homem de negócios muito astuto — mas daqui a pouco vamos falar sobre isso.

No período de um ano, Larry e Sergey se licenciaram de Stanford e se estabeleceram em Menlo Park, exatamente na garagem de Susan Wojcicki, companheira de quarto da namorada de Sergey. A movimentação do Google começou a aumentar e a empresa começou a contratar pessoal. Em setembro de 1998 eles fizeram

[2] PageRank refere-se ao sistema de classificação de páginas. Page era uma referência ao sobrenome de Larry.
[3] BackRub, em português, quer dizer "um afago nas costas".

a incorporação, e quando a garagem de Susan começou a ficar pequena demais para eles no começo de 1999, eles se mudaram para um escritório na University Avenue 165, em Palo Alto. Seis meses mais tarde, depois de convencerem duas empresas de capital de risco a investir 25 milhões de dólares, eles se mudaram novamente para um parque industrial na Parkway Bayshore 2.400, em Mountain View. Foi lá que me juntei à empresa, que na época tinha cerca de 50 empregados e estava realizando quase 7 milhões de buscas ao dia. Embora fosse um aumento de 70% sobre o total de buscas do ano anterior, esse volume mal foi notado no radar das maiores concorrentes, como Yahoo, AOL e MSN, que estavam cada uma realizando meio bilhão de visitas a páginas por dia.

O Yahoo era considerado o Jabba[4] do "espaço de busca" na virada do milênio e ainda nem era uma ferramenta de busca. Yahoo era um "portal", um provedor de correio eletrônico, de notícias e todo tipo de serviços criado com base em um diretório feito à mão, a partir de páginas da web classificadas por categorias. Tinha quase 30 milhões de usuários, mas alugava tecnologia de um fornecedor, a Inktomi, para prover de energia sua caixa de busca. Inktomi era o principal provedor de buscas para websites e intranets corporativas.

Especialistas da indústria especulavam se o Google iria se concentrar em desenvolver seu próprio site para competir com o Yahoo ou se tornar um provedor de tecnologia e competir com a Inktomi. Se tentássemos fazer as duas coisas — construir uma ferramenta popular de busca on-line enquanto fornecíamos tecnologia de busca para outros sites que queriam fazer o mesmo —, acabaríamos competindo com nossos consumidores. A questão, entretanto, revelava ignorância acerca das aspirações e da autoconfiança de Larry e Sergey. Por que escolher apenas ter um bolo quando você também pode comê-lo? O Google poderia muito bem ser um provedor e também um site de busca, já que Larry e Sergey sabiam que eram bastante inteligentes para isolar a parte da equação que continha falhas e poder consertá-la.

Vencer as batalhas das buscas não era o objetivo final. Eles iriam construir uma empresa capaz de solucionar problemas em larga escala que afetavam milhões de pessoas e transformariam por completo a paisagem do conhecimento humano; iriam facilitar as descobertas médicas, acelerar a exploração do espaço, romper barreiras linguísticas. Em vez de colocar um curativo na ignorância e na confusão global, eles iriam limpar as artérias entupidas dos

[4] Jabba é o personagem poderoso e mau da série *Star Wars*.

sistemas de dados do mundo todo e transportar a informação sem dificuldades para onde fosse preciso, no momento em que fosse requerida. Larry acreditava que eles seriam um conglomerado de informação do porte da General Electric — a GE da TI (Tecnologia da Informação). Para conseguir isso, precisariam de melhores ferramentas, começando por uma ferramenta de busca que realmente mostrasse o que as pessoas desejavam encontrar.

Engenheiros se revoltam com a ineficiência. Larry Page, mais do que qualquer outra pessoa que já conheci, odiava sistemas que levavam horas e horas e produziam resultados de qualidade inferior. Sua grande paixão era ajudar o mundo a não desperdiçar mais tempo. Este amor pela eficiência gerou um carinho pela frugalidade, pois pagar mais do que o mínimo por algo era, sem sombra de dúvida, um desperdício. Larry gostava de cortar despesas desnecessárias, mas era Sergey quem realmente usava seu intelecto afiado na hora de cortar gastos.

— Acho isso caro — Sergey disse, olhando o valor de uma corrida de táxi de cem dólares do aeroporto de Malpensa até o Centro de Milão em janeiro de 2003. Ele, a namorada e eu tomamos um avião para a inauguração de nosso escritório na Itália. Eu estava ansioso para viajar em alto estilo com o presidente de uma empresa da internet que estava "bombando". A era das empresas pontocom já havia acabado em todo mundo, mas as finanças do Google estavam definitivamente no "azul". Embora tivéssemos viajado na classe turística, certamente iríamos gastar uma tonelada de dinheiro para anunciar ao Velho Mundo a nossa chegada.

— Acho melhor a gente tomar um ônibus — Sergey sugeriu, enquanto esperava na área de bagagem e olhava a sinalização. — Custa menos que cinco euros por pessoa. — Ônibus? O quê? Será que somos um bando de estudantes mochilando nas férias? Talvez devêssemos pegar uma carona até a cidade. Estava desabando a maior chuva e um táxi nos deixaria bem na porta do hotel, não em um terminal rodoviário.

Decidimos tomar o trem, o que economizou 50 dólares, sem contar o baque no meu senso inflado de importância.

Eficiência. Frugalidade. Ah, sim, e integridade.

Larry e Sergey tinham uma sensação intuitiva na hora de apresentar os dados que melhorava consideravelmente a relação sinal-ruído. Isto significa que eles não acrescentavam informações desnecessárias, baboseiras àquilo que você realmente queria ver. Portanto, não havia banners de propaganda piscando nas páginas de resultados das buscas do Google. Não havia links para cada serviço prestado pelo Google espalhados pelas páginas do Google.com. Nem anúncios misturados com os resultados das buscas, como nosso concorrente *Go.To.com* estava fazendo. Corromper um sistema de trabalho seria profanar a perfeição.

— E se a gente tentasse um programa de fidelidade — sugeri uma vez durante uma reunião sobre como atrair mais usuários para nossa ferramenta de busca. — A gente ofereceria um programa de fidelidade aos nossos usuários parecido com os oferecidos pelas empresas aéreas.

Larry arqueou as sobrancelhas do jeito que costuma fazer quando considera uma ideia absolutamente ridícula, e que você deveria se envergonhar por ter sequer pensado nisso.

— Programas de fidelidade são diabólicos — ele disse.

— São? — Não acreditava que meu cartão de fidelidade Mileage Plus tivesse o número 666 gravado.

— Eles incentivam as pessoas a pegar voos que não são diretos nem mais baratos apenas para ganhar pontos. Seus empregadores acabam gastando mais e as pessoas perdem mais tempo viajando.

Programas de fidelidade favorecem lealdade mais do que eficiência e isso era muito, muito errado.

Eficiência, frugalidade, integridade. Suponho que se pregarmos estas palavras em uma bandeira, a maioria dos Googlers prestariam continência. Havia outros princípios operacionais que aprendi a identificar por tentativas de erro e acerto, mas esses três constituem o veio principal da mina de onde a empresa surgiu.

E já que estamos falando em minas, vamos explorar exatamente o que os meus 50 e poucos honestos colegas estavam batalhando tão árdua e eficientemente a preço tão baixo.

Não diga

Eu era o funcionário número 59 do Google, se bem me recordo, mas na semana em que comecei a trabalhar lá outras pessoas também entraram na empresa, de modo que meu número pode ser mais alto ou mais baixo. Não importa. Cada um de nós contribuía de acordo com sua habilidade para melhorar o acesso à informação para o aperfeiçoamento da humanidade. Não fazia diferença que a capacidade do mais simples engenheiro excedesse a minha trilhões de vezes, pois nosso ambiente não se importava com *status*.

Em teoria.

Na verdade, se você não fosse um engenheiro, sua tarefa principal seria evitar atrapalhar o progresso daqueles que eram. Não sou um cara da área técnica. Ninguém no Google jamais falou: "Ei, vamos perguntar para o Doug!" quando o condensador de fluxo dava problema. Mas era impossível trabalhar no Google e não aprender algo novo todos os dias, mesmo que você não quisesse. A maioria dos engenheiros falava sobre seu trabalho no horário do almoço, e eles geralmente falavam em uma linguagem simplificada para poder me explicar como as coisas funcionavam. Devido à pressão, entretanto, os engenheiros tinham mais predisposição para ser produtivos do que para falar sobre sua produtividade. Era uma cultura do tipo "Não fale. Faça.", o que tornava instável a comunicação sobre nossas conquistas técnicas.

Por exemplo, durante certo tempo eu dirigi nossas reuniões semanais informais às sextas-feiras, que eram chamadas de TGIF[5]. TGIF era uma reunião de toda a empresa, na qual Larry e Sergey apresentavam as conquistas daquela semana enquanto tomávamos cerveja e comíamos espetinhos. Os engenheiros eram tão cautelosos ao relatar o que tinham feito que Sergey ficava irritado porque ele já havia dito tudo o que tinha a dizer.

Problemas de comunicação são um assunto recorrente nas páginas a seguir: questões entre o departamento de engenharia e o de marketing e discussões entre Larry, Sergey e todos os demais. Você entenderá quando ler.

Então aí está: a visão geral que eu *não* tive e que teria me ajudado a compreender pelo menos algumas coisas sobre os desafios que estavam diante de mim e do Google. Eu provavelmente ainda não entenderia nossa estratégia de negócios ou como pagaríamos todos os engenheiros e equipamentos de que precisávamos. Também não estaria preparado para as idiossincrasias nas regras de gerenciamento do Google, da atmosfera de constante pressão ao ambiente que incubava extremismos. Contudo, pelo menos teria reconhecido quais leis da física pôr em prática — às vezes.

---

[5] TGIF é a abreviatura de "Thank God It's Friday", que, em português, significa "Graças a Deus é sexta-feira".

Você está, agora, mais equipado do que eu estava para embarcar na aventura do Google, que começou para mim no final de 1999, um ano depois de eu ter entrado na casa dos 40 anos. Eu estava prestes a entrar na crise da meia-idade, mas, ao contrário, encontrei um renascimento.

PARTE I

Você é um de nós

Fiz as coisas do meu jeito.
Não era o jeito do Google.
Um de nós teria que mudar.

CAPÍTULO 1

De onde vim

NÃO FUI um jovem rebelde. Daquele tipo nascido para o sucesso, que passou sem problemas pela faculdade de administração, conseguiu um emprego em uma empresa de consultoria e então partiu para um alto cargo de gerência em uma empresa de tecnologia inovadora que acabou de ganhar o disco de platina. Nunca quis ser esse cara. Eu me formei em inglês. Fiquei algum tempo à deriva enquanto estava na faculdade, sem nenhum plano sequer quanto ao que faria quando me formasse. Acabei trabalhando em vários empregos temporários na área de marketing até 1992, quando entrei para o *San Jose Mercury News*[6] (também conhecido como *Merc*). Estava com 34 anos e pronto para me estabelecer em algo mais permanente.

— Vamos ter outro bebê — minha esposa, Kristen, me lembrou — e ele vai precisar de sapatos novos.

Sete anos se passaram. Era 1999 e eu já estava com 41 anos. Tinha um salário fixo e um terceiro filho, e estava estabelecido em uma empresa grande e sólida, com 150 anos de história e com um pé no futuro. Mas, ao invés de me acomodar e ficar quieto lá, deixei o emprego para me juntar a uma empresa "startup"[7], que ainda não tinha faturamento nem um plano definido de trabalho. Eu estava louco? Por que estaria disposto a aceitar um salário de 25 mil dólares a menos por ano, em uma função nada glamorosa, para estar ao lado de um bando de estudantes universitários, brincando de criar uma empresa?

Parecia fazer sentido naquela época, mas apenas porque a lógica da época era deformada devido à expansão da bolha pontocom.

Gerenciar a área de marketing e o desenvolvimento de produtos on-line no *Merc* ("The Newspaper of Silicon Valley") havia me proporcionado a visão geral da explosão da internet que acontecia fora dos muros do nosso jornal.

[6] Jornal diário de San Jose, na Califórnia.

[7] Startup é uma empresa jovem, em fase de expansão, geralmente ligada à área de tecnologia.

Jerry Ceppos, o editor-executivo, chamava estas mudanças de "o equivalente à Renascença italiana, e estava acontecendo bem no quintal da nossa casa". A região estava repleta de e-Medicis emergentes e ponto-Botticellis desenhando novos negócios saídos do nada, além de informações e grandes ideias. O *Merc* queria desesperadamente se juntar a eles e então lançou um grande número de iniciativas da nova mídia, inclusive um polo de notícias de tecnologia chamado *Siliconvalley.com*, cuja proposta comercial eu mesmo escrevi. Imaginava o *SV.com* como um centro comunitário vibrante para todos aqueles que estivessem envolvidos com tecnologia. Ainda assim, apesar de nosso aparente otimismo, não pude deixar de notar que se espalhava um cheiro podre no ar, anunciando o apocalipse.

Por mais de um século e meio, o *Mercury News* havia acumulado uma montanha de processos até que qualquer espírito empreendedor que ainda lhe restasse fosse obscurecido pela parafernália de gráficos organizacionais e manuais de normas. Nós encarávamos os jornais como o primeiro esboço da história e ninguém queria errar na transição dos registros históricos para a nova mídia de massa. Cada ponta solta e cada projeção borrada precisariam ser cuidadosamente arrumadas antes que nosso novo produto fosse lançado ao público.

Conseguimos lançar a loja Siliconvalley.com repleta de itens com o logo de várias empresas bem famosas em tecnologia, como Dell, HP e NetObjects. Nosso fornecedor, então, pediu como um favor se poderia incluir na nossa lista uma empresa pequena que era sua cliente.

— Esse Google? — perguntei a ele. — O que eles fazem?

— Fazem busca na internet — ele disse.

— Busca? Ah, boa sorte pra eles então — pensei, e imediatamente esqueci o assunto.

Um incêndio no Vale

Estava exausto de tentar adaptar um velho negócio à nova era. Queria algo novo. Sonhava com estar próximo da verdadeira internet, bem de perto para poder tocar nos cabos e sentir o zumbido de milhões de pessoas se comunicando no interior da colmeia global. O pior que poderia acontecer? Eu entraria, construiria minha onda de alta tecnologia e cairia fora. Talvez eu voltasse como o filho pródigo. Era 1999. Os principais meios de comunicação encontravam--se estáveis e não havia prenúncio de tempestade no ar[8].

Procurei na imprensa, na seção de tecnologia, algumas dicas da próxima investida do Yahoo, que eu erroneamente havia previsto que não duraria. O Yahoo tinha demonstrado interesse por contratar gente talentosa do *Mercury News*, mas quando me dei conta de que eles realmente dariam certo, já não estavam mais interessados nem em meu talento nem em meu currículo. Apesar da ajuda de antigos colegas, levei semanas para conseguir a atenção de um dos recrutadores do Yahoo.

— Somos mais parecidos com a Macy's ou com o Wal-Mart, em termos de marca? — o gerente de contratação me perguntou ao telefone. — Quais serviços do Yahoo você usa? Como acha que eles poderiam ser melhorados?

Ele deve ter gostado de minhas respostas, pois me chamou para uma entrevista naquela mesma tarde. Havia uma enorme vaca de acrílico no saguão de entrada do Yahoo, cercada de mobílias superestofadas que pareciam saídas de um programa de TV infantil. Um sujeito de camiseta, que parecia um robô, me levou a uma sala branca sem janelas, onde durante cerca de três horas vários funcionários da área de marketing me crivaram de perguntas. Mantive a calma e respondi às perguntas curtas que eles me faziam, passando de um assunto a outro enquanto se revezavam e seguiam seus caminhos para encontros mais importantes.

Quando a entrevista terminou, o Yahoo me ofereceu um emprego em uma função inferior, um salário com o qual eu não poderia sustentar minha família e o prestígio de ostentar um crachá púrpura. Educadamente eu declinei, cumprimentei algumas pessoas e saí. Eu chegara tarde demais ao Yahoo.

Não desisti.

Estava encantado com as histórias que tinha ouvido sobre uma nova legião de heróis pontocom e tinha embarcado em um turbilhão de fábulas. Nossas propagandas no *Mercury News* on-line anunciavam: "Por que esperar chegar aos 27 anos para fazer seu primeiro milhão?" e incitavam executivos a "Descobrir quando o rapaz da correspondência abrirá seu capital". Eu embarquei nessa. À noite, eu costumava murmurar dormindo que precisávamos "conquistar e dividir" e "crescer logo".

---

[8] Em 2006, o *Merc*, cujo dono era Knight Rider, foi vendido e seus ativos, divididos. O *Mercury News* pertence agora ao MediaNews Group, que pediu falência no Capítulo 11 em 2010.

A energia pontocom que rolava no Vale vibrava em uma frequência presente em todos os lugares, opressora, eletrizante e tão embriagadora que cidades inteiras ficavam à sua mercê. As fortunas da alta tecnologia estavam à nossa volta; era possível sentir seu peso se deslocar ao nosso redor. Casas eram vendidas do dia para a noite por milhões de dólares acima do preço de mercado e o pagamento era feito em dinheiro. Lamborghinis e Ferraris disparavam ao lado de possantes BMWs e Mercedes-Benz ao longo da Estrada 280. Elvis Costello cantou em muitas festas de empresas e em festas particulares, nas quais fogos de artifício iluminavam os churrascos nos quintais.

Investi minhas míseras economias em algumas empresas sobre as quais eu tinha lido no *Red Herring* e no *Industry Standard*: JDS Uniphase, NatGravity e DoubleClick. Vi seus valores subirem vertiginosamente e fiquei convencido de que era um profundo analista da próspera economia da internet. Meus parentes me procuravam para pedir dicas de ações e eu comecei a prever o futuro do XML[9] e a transmitir informações como se eu realmente soubesse do que estava falando.

O milênio estava terminando e talvez a nossa civilização também estivesse no fim. O Y2K[10] estava chegando. Um vírus de computador ia interromper o funcionamento do relógio dos computadores e aviões despencariam, a rede elétrica apagaria e as cidades mergulhariam na escuridão. O melhor era fazer negócios enquanto as luzes ainda estivessem acesas.

O outro grande evento já acontecia lá fora, escondendo-se em um armazém reformado no bairro Multimedia Gulch, em São Francisco, ou em uma sala alugada dividindo equipamentos e uma cafeteira Mr. Coffee encardida com outros aspirantes a famosos. Planos brilhantes efervesciam e as ideias estouravam como pipocas no micro-ondas. A maioria delas não decolou e foi embora sem causar barulho. Mas ocasionalmente uma delas explodiria, espalhando cartões de visita e capital de risco como se fosse a nova maravilha.

Conversei com todos que tinham um negócio com a palavra internet escrita e que pudessem bancar meu salário por um mês, desde o pessoal da iTix e Bits2Go até o AllBusiness e NextTag. Falei com a Sinanet, apesar de seu site estar todo em chinês. Implorei por uma entrevista na InsWeb, uma

---

[9] O XML é um formato para criar documentos com dados organizados de forma hierárquica, como se vê, frequentemente, em documentos de texto formatados.

[10] Y2K era o chamado bug do milênio.

empresa que oferecia seguro pela internet, porque não era nem um pouco ridículo dizer "eu vendo seguro" se você pudesse completar a frase dizendo a palavra mágica "on-line".

Baixei meu padrão e enviei outra dúzia de currículos na esperança de encontrar um lugar ao Sol, até mesmo para uma pequena empresa que estava começando, uma startup que tinha feito parte da nossa loja Siliconvalley.com — qual era mesmo o nome? Ah, sim, "Google"! Parecia um desperdício de papel e de selos de 30 centavos, simplesmente porque estava à espera do mais novo e maior acontecimento, e eu tinha certeza de que não eram eles. Era desse jeito que se procurava emprego em 1997.

Mesmo assim, mandei meu currículo para o Google. No fim das contas, pensei em dar-lhes uma chance. Fui ao site deles e procurei o nome de uma garota que tinha sido minha colega na escola, mas que não via fazia uns vinte anos. Até o AltaVista, que eu considerava a melhor ferramenta de busca disponível na época, nunca havia encontrado nenhum sinal dela, então eu não tinha muitas expectativas quando apertei aquela tecla.

E lá estava ela.

Como primeiro resultado, o Google listou seu contato atual. Tentei outras buscas. Todas funcionaram melhor que o AltaVista. Não me importei mais com o gasto dos selos e do papel.

Outros sinais indicaram algo fora do comum. A Sequoia Capital e a Kleiner Perkins eram inimigas declaradas, eram os Montéquio e Capuleto das empresas de capital de risco do Vale do Silício. Cada um deles tinha sua lista individual de sucessos — Yahoo, Amazon, Apple, Cisco Systems, Sun Microsystems — e uma rivalidade intensa, que geralmente os impedia de investir na mesma startup juntos. No entanto, eles tinham investido 25 milhões de dólares em uma empresa iniciante. O que o Google tinha de tão especial que havia feito os dois colocarem aquela velha disputa de lado?

Procurei saber mais sobre a biografia dos fundadores e da equipe de gerenciamento do Google. Muitos ex-alunos formados e com especialização na Universidade de Stanford, o que não era incomum. No entanto, membros do corpo docente de Stanford tinham investido dinheiro na nova empresa — e isto sim era diferente. Eu não sabia nada sobre a tecnologia de busca, mas as pessoas que entendiam do assunto consideravam que o Google tinha potencial. Quando você está muito interessado em algo que está despontando, não é preciso muito para ficar animado. Estava com a cabeça repleta de ideias. Então, quando o Google finalmente resolveu me chamar para uma entrevista, imprimi algumas cópias do meu currículo, joguei minha pasta no nosso velho carro Taurus e me dirigi para o norte, em direção a Mountain View, para examinar a nova fronteira.

Um primeiro encontro

Como alguém faz uma entrevista para um emprego em uma empresa startup no Vale do Silício? Quando entrei no estacionamento do Google, eu já tinha ensaiado a entrevista mil vezes. Era outro dia quente de novembro na Bay Area, e não fiquei surpreso ao ver parte do estacionamento cercada por uma fita amarela da polícia e uma rede de hóquei em cada ponta. Um prédio bege e um condomínio de edifícios iguais estavam situados em um campo verde intercalados por fontes de gosto apurado e esculturas de gosto duvidoso. Quando entrei no primeiro andar do edifício, havia flechas impressas em papel comum indicando o caminho para as escadas, que eu segui até o segundo andar.

A jovem recepcionista de cabelos encaracolados sorriu para mim. Olhei para ela e me lembrei da história de secretárias que ganharam milhões de dólares por terem comprado ações no início de uma empresa. Seria ela uma delas? Ela me levou até uma sala decorada com uma lousa branca de dois metros e meio, uma mesa circular padrão e várias bolas de borracha infláveis, tão grandes que se podia sentar nelas. Nada ali sugeria rios de dinheiro represado esperando para explodir numa torrencial oferta pública. Era apenas uma sala de reuniões em um edifício comum, num final de tarde preguiçoso de outono. Enquanto me sentava e brincava com uma das enormes bolas de borracha, algumas pessoas da empresa começaram a chegar e se apresentaram a mim.

Susan Wojcicki, a dona da garagem que tinha sido a primeira sede do Google, havia saído da Intel para se juntar aos seus antigos inquilinos, como gerente de marketing. Cindy McCaffrey viera da Apple para ser a diretora de relações públicas. Juntas, elas fizeram uma apresentação do Google, exibindo o tipo de energia positiva que efervescia em qualquer canto naqueles dias. Pelo menos elas tinham fatos para corroborar seu otimismo. A revista *Time* tinha elogiado o site, o tráfego crescia extraordinariamente, e o Google tinha amplo apoio financeiro, embora ainda não tivesse uma fonte imediata de renda. Isto viria com o tempo, elas me asseguraram. Perguntaram sobre minha experiência, sobretudo em marketing viral, que Cindy salientou ser algo importante para os fundadores da empresa, Larry Page e Sergey Brin.

— Ah, claro, já trabalhei com isso — assegurei, procurando em meu imenso portfólio para lhes mostrar "O Nerd do Novo Milênio", uma competição que eu havia promovido junto com o TechMuseum, e o adesivo oval da SV.com que o *Merc* tinha enviado a possíveis investidores de capital de risco para que eles colassem em seus Porsches. Não era exatamente "viral", mas era o que eu tinha.

Ambas foram simples e diretas ao responderem às minhas perguntas sobre o modelo de empresa do Google e sua estrutura corporativa.

— No momento estamos licenciando a tecnologia de busca — informou Susan —, mas temos outras coisas em andamento.

— Temos uma organização plana — Cindy falou. — Não temos papéis bem-definidos, e todo mundo faz de tudo.

Sorri e assenti com a cabeça para indicar que aquilo tudo fazia sentido para mim, lhes agradeci e disse que parecia que a empresa Google tinha um futuro maravilhoso.

À medida que dirigia meu carro a caminho de casa pela Estrada 101, liguei o rádio e comecei a cantar. Tive a nítida impressão de que Cindy e Susan tinham gostado de mim e me ligariam. Foi sem dúvida um alívio, depois de tentar tantos meses sem conseguir nada. Senti que minha sorte estava mudando. Queria isso havia muito tempo e parecia que agora eu teria a oportunidade de me jogar nessa nova empreitada.

Uma pergunta difícil recompensada com peixe cru

Dois dias depois, Leesa, o recrutador do Google, me ligou. Perguntou se eu poderia me encontrar com os outros integrantes da equipe. Sim, eu podia. E fui. Scott Epstein, o vice-presidente de vendas interino, me desejou boa sorte. Ele estava se desligando gradualmente da empresa depois que propusera um gasto de milhões em uma campanha publicitária — uma ideia que não fora bem digerida por Larry e Sergey. Urs Hölzle, chefe de engenharia, me cumprimentou calorosamente e me aconselhou a não me deitar no chão nem agir como um brinquedinho de borracha perto do Yoshka[11], o cachorro que fazia barulho ao beber água em uma tigela atrás dele. Omid Kordestani, o recém-contratado chefe de vendas e desenvolvimento de negócios, me perdoou por eu falar mal da AOL apesar de ele já ter trabalhado lá.

Ao final, Cindy me levou de volta à sala de reuniões para esperar por Sergey. Eu não estava nervoso. Sergey era bem mais novo do que eu e russo de nascimento. Eu tinha morado na Rússia e falava um pouco sua língua. Tinha alguns amigos russos e estava acostumado a seu humor negro, aos comentários cínicos e modos sarcásticos. Estava estranhamente confiante de que tudo correria bem na entrevista. Talvez Sergey estivesse procurando um mentor? Eu me imaginei comemorando nossos sucessos e nossa saúde com uma bela dose de vodca siberiana.

Sergey apareceu usando um uniforme de hóquei: shorts de ginástica, camiseta e patins de rodinhas in-line. Obviamente ele tinha acabado de jogar uma partida. Ainda bem que fui esperto e não estava usando gravata, mas ele estava informal demais para o meu gosto[12]. Eu me sentei novamente e continuei brincando com uma das bolas de borracha, me sentindo tão descontraído que sem querer removi a tampinha da bola, fazendo que metade do ar escapasse para fora com um assovio. Sergey achou graça. Ele se concentrou no meu currículo e passou a me encher de perguntas.

— Das promoções que você criou, qual teve o melhor resultado?

— Que sistema você usou para medi-la? Que tipo de marketing você usou?

— Qual era seu GPA?

Eu estava indo bem até essa última pergunta. Fiquei olhando para ele.

— Meu GPA?

Não me lembrava mais das minhas médias escolares finais desde o dia em que recebi meu diploma em 1981. E como minha faculdade permitia que eu fizesse quantos cursos quisesse que tivessem como opção apenas passar/reprovar, acho que eu nunca soube qual foi a minha média final, ou seja, meu GPA. Dei uma risada pensando que Sergey estava brincando, mas mesmo depois de eles terem me oferecido um emprego, o departamento de recursos humanos

[11] Yoshka era o cachorro de Urs.

[12] Outro Googler se lembrou de que, ao responder às perguntas na entrevista durante o Halloween, Sergey, vestindo uma fantasia de vaca, distraidamente acariciava a teta de borracha.

continuou me pedindo uma cópia do meu histórico escolar e da nota que tive para entrar na faculdade, o SAT. Foi um momento Google clássico. Sua nota do SAT era a medida da sua capacidade intelectual; o GPA representava sua habilidade para executar seu potencial. O valor de suas futuras contribuições para o Google poderia ser traçado usando-se apenas estes dados.

O desejo de Sergey de reduzir cada decisão a uma equação me causaria uma série de frustrações nos anos seguintes. Embora isso me forçasse a disciplinar meu modo de pensar, ia contra minhas mais profundas convicções de que há certas coisas que não são expressas com um algoritmo, não importa quão cuidadosamente ele tenha sido obtido.

— Quanto você acha que uma empresa do nosso tamanho deve gastar em marketing? — Sergey me perguntou. Pelas perguntas que ele havia feito anteriormente, não era difícil adivinhar o que ele queria ouvir.

— Acho que nesta fase você não deveria gastar muito, de jeito nenhum — respondi. — Você pode conseguir uma boa exposição com o marketing viral e com baixo orçamento. Lançar bolinhas de gude de um canhão em uma final do Superbowl pode não ser a melhor estratégia para solidificar uma marca.

Sergey concordou e então perguntou como foram meus seis meses na Sibéria, casualmente passando a falar em russo para ver se eu entendia. Finalmente, ele se inclinou para a frente e lançou o tiro certeiro, aquilo que ele chamava de "a pergunta difícil".

— Vou lhe dar cinco minutos — ele anunciou. — Quando voltar quero que você me explique alguma coisa complicada que eu ainda não saiba — dito isso, ele se levantou, saiu da sala e foi em direção ao refeitório.

Olhei para Cindy.

— Ele tem muita curiosidade sobre tudo — disse ela. — Você pode falar sobre um hobby, sobre algo técnico, qualquer coisa. Apenas tenha cuidado para que seja algo que você realmente entenda muito bem.

Peguei um pedaço de papel enquanto minha mente dava voltas ininterruptamente. Que coisa complicada eu poderia explicar para o Sergey? Trocar fraldas não parecia ser apropriado. Como um jornal era impresso? Meio sem graça. Decidi falar sobre a teoria geral do marketing, que estava fresca na minha cabeça já que tinha acabado de aprender.

Um de meus segredos escusos era a completa ausência de preparo acadêmico para o mundo dos negócios. Em vez de estatísticas e economia, eu tinha estudado geologia planetária, latim e versos de Spenser. Felizmente, Annie Skeet, minha chefe no *Mercury News*, tinha MBA de Harvard e o desejo de colocar um pouco de teoria na minha cabeça dura. Ela tinha me dado uma pilha de seus livros antigos e "sugeriu" que eu os lesse. Achei alguns títulos bem interessantes, inclusive um de Michael Porter chamado *Estratégia Competitiva* (Ed. Campus) e alguns de David Aaker sobre branding.

Comecei a pôr no papel tudo que eu conseguia me lembrar: os cinco Ss (ou eram seis?), os quatro Ms, as barreiras para entrada, a diferenciação entre qualidade e preço. Quando Sergey voltou, eu já tinha o suficiente para falar por dez minutos e tinha certeza de que poderia "encher linguiça" com os dois Bs (Baldes de Bobagens). Fui até o quadro branco e desenhei furiosamente círculos, quadrados e armei flechas como se fosse um elfo do Senhor dos Anéis. Estava nervoso, mas não demais. Sergey brincou com uma bola e começou a fazer perguntas que eu deveria responder de imediato.

— Qual é a barreira mais efetiva para a entrada?

— O que é mais importante: diferenciação de produto ou promoção?

— Como a estratégia muda se o preço é zero?

Ele parecia estar prestando atenção e eu estava começando a gostar. Estávamos nos entendendo! Com certeza ele estava gostando do que eu estava falando e valorizava minhas opiniões. Mais tarde descobri que Sergey agia assim com todos que entrevistava. Uma hora desperdiçada com um candidato não aprovado não seria uma perda total se ele aprendesse algo novo.

Começava a escurecer quando terminei e Sergey me convidou para o jantar com sua equipe, que estava sendo servido numa pequena cozinha do outro lado da sala de reuniões. Um grupo de engenheiros famintos passava de uma travessa à outra empunhando pauzinhos e escolhendo entre as opções de sushi.

— Acabamos de contratar um chefe de cozinha, portanto isto aqui é temporário — Sergey confidenciou. — E vamos ter também dois terapeutas corporais.

Um sinal de alerta se acendeu na minha mente. Este era o cara que achava que não devíamos gastar dinheiro com marketing e ele tinha contratado um chefe de cozinha e dois massagistas? Nesse momento vi uma travessa enorme com atum, camarão e salmão. Peguei uns hachis e comecei a encher meu prato. Preocupações com o plano de negócios, fontes de receitas e estrutura organizacional desapareceram por completo da minha mente. O Google era tudo o que eu queria. Pelo menos aparentava ter uma tecnologia superior relacionada à internet e alguns tipos excêntricos de gênios. Juntando tudo, deveria durar pelo menos um ano e seria uma divertida marca de consumo que eu poderia ajudar a desenvolver. E sushi. Sempre havia a possibilidade de eu ir para alguma outra startup ou quem sabe pegar meu velho emprego de volta quando acabasse o dinheiro do Google. Enquanto isso, pensei, vou comer bem e talvez aprender algo útil.

Duas semanas depois, no dia 29 de novembro de 1999, comecei a trabalhar como o gerente de marcas on-line do Google.

O primeiro dia

No meu primeiro dia de trabalho, cheguei antes das nove horas para criar uma boa impressão nos meus novos colegas. Minhas calças cáqui estavam limpas, minha camisa polo, bem passada. Não posso garantir que os três ou quatro colegas que chegaram antes das dez vestindo shorts, sandálias e camisetas do Google notaram alguma coisa. Acontece que os engenheiros preferem deslocar sua carga horária e começar o trabalho depois que a hora do *rush* de todas as manhãs já acabou. É mais eficiente ir para o trabalho quando o trânsito está mais leve e voltar para casa quando todo mundo já está dormindo. E tudo que tem que ser passado a ferro está automaticamente transferido para o fim de uma lista de análise de custo-benefício. Eficiência, eu aprenderia rapidamente, é altamente valorizada entre aqueles que vivem para fazer as coisas funcionarem melhor.

O espaço era ainda mais espartano durante o dia do que eu tinha percebido na minha entrevista à noite. Uma sala enorme tinha uma dúzia de mesas feitas com portas de madeira apoiadas em cavaletes de metal. Havia pequenos escritórios espalhados em volta do perímetro, cada um era ocupado por pelo menos duas estações de trabalho com monitores de telas gigantes. Muitos descansos de tela exibiam os personagens ingleses e japoneses popularizados pelo filme *Matrix*. Uma única estante abarrotada com livros de programação estava enfiada num canto. Senti como se uma equipe de operários de uma linha de montagem fosse aparecer a qualquer minuto, cobrir as mesas com maçaricos de solda e peças de metal e começar a fazer torradeiras elétricas ou cachorros-

-robôs ou travas para cintos de segurança. Genérico e utilitário seria uma boa descrição do ambiente.

O Google alugava o último andar de um prédio de dois andares e no começo havia ocupado apenas metade de sua área disponível. A equipe técnica toda se amontoava naquele espaço porque os engenheiros eram literalmente o âmago da empresa. Grandes coisas seriam conquistadas se estivessem todos juntos, de modo que as ideias se transmitissem de um para o outro, colidindo e se recombinando em novos e mais potentes métodos.

Meu novo espaço ficava no "anexo", na outra metade do andar. Estava ainda em estado bruto: cabos desciam do teto sobre um piso de concreto sem carpete, um lugar amplo interrompido apenas por pilares de cimento e, por incrível que pareça, havia um globo de discoteca deixado para trás por algum antigo inquilino. Dois escritórios ao lado ficaram prontos quando comecei a trabalhar, e me deram um deles para dividir com Aydin Senkut, outro novato, que trabalhava em desenvolvimento de negócios. O celular de Aydin tocava constantemente e ele tinha a boa vontade de se afastar um pouco para atender e para poder gritar com seus interlocutores em turco sem me perturbar. Meu laptop era novo e muito rápido.

Eu tinha sido contratado durante a primeira fase de aceleração de contratações da empresa e havia muitas caras novas além da minha e de Aydin: Charlie Ayers, o chefe de cozinha do Google; as terapeutas corporais Babette Villasenor e Bonnie Dawson; a webmaster Karen White; e Shari Fujii, a gerente de marketing off-line. Fazíamos parte de uma equipe de 40 engenheiros e pessoal operacional, que já estavam a postos, e de cerca de uma dúzia ou pouco mais de funcionários da parte comercial que completava o restante da equipe.

Não havia um organograma para uma consulta rápida e não havia os sinais óbvios que demarcavam a importância de cada um na empresa. Até Larry e Sergey dividiam uma sala, que, apesar de ser um pouco maior do que as outras, era exatamente igual à de todos. Títulos eram genéricos. A função para a qual tanto eu quanto Shari havíamos nos candidatado, de acordo com o site do Google, era a de Diretor de Marketing, muito embora esta função nunca tenha existido de verdade. A empresa preferia nos chamar de "gestores". Encolhi os ombros e engoli meu orgulho.

— Títulos não são importantes — Sergey lembrava constantemente. — Trabalharemos muito melhor numa organização plana com poucos níveis, para facilitar a comunicação e evitar burocracia. — Aceitei a ideia de que o sucesso chegaria a todos os barcos e decidi não me fixar nas ideias tradicionais de progresso, como dinheiro e prestígio. Depois de trabalhar 20 anos de olho no meu próximo aumento de salário e em uma aguardada ascensão no quadro corporativo, isso deixou de ser importante. Não sentia aquela mistura de libertação e ansiedade desde o dia em que coloquei o meu diploma numa gaveta e abri pela primeira vez a seção de classificados de empregos.

Passei as oito horas seguintes me instalando, pegando material de escritório do Google, como lapiseiras e cadernos quadriculados de um armário de metal, e arrumando meu grampeador, o suporte de fita adesiva, a caixa de entrada e saída, até que minha mesa estivesse arrumada. Estava pronto, mas ainda não sabia pronto para quê.

Fiz um inventário pessoal. Duas décadas em marketing tinham me ensinado muita coisa prática, desde conseguir consenso em disputas a escrever memorandos quando queria mandar uma mensagem. Encarei esta experiência como um trunfo importante, mas começava a suspeitar que dentro das paredes do "GooglePlex"[13] os valores seriam diferentes. Eu tinha desejado experimentar a vida em uma startup do Vale do Silício, com sua completa falta de regras e tradição. Agora, equilibrado na beira do precipício e a caminho de realizar meu desejo, eu me perguntei: "Meu Deus! O que é que eu fiz?".

---

[13] Google é uma brincadeira com o termo "googol", que é o número 1 seguido de cem zeros. O apelido para o nosso escritório é googolplex, dez elevado ao poder de um googol (1 seguido por 1 googol zeros).

CAPÍTULO 2

No começo

— **Oi, quer ver** uma coisa legal? — Jay perguntou parado na microcozinha, comendo um iogurte, descalço e usando calças de pijamas, um blusão de moletom já gasto e os cabelos grisalhos amarrados em um rabo de cavalo.

— Claro — respondi, embora não acreditasse que havia algo mais legal do que a própria cozinha. Uma das paredes estava completamente tomada por prateleiras cheias de latas de granola e cereais. Outras latas estavam repletas de jujubas e balas de goma, chocolates M&Ms[14], barrinhas de cereais e aveia instantânea. Bebidas cafeinadas e gaseificadas gelavam num *cooler* com a marca Google. Caixas de leite de soja e de arroz estavam empilhadas em um canto. Uma torradeira e uma máquina novinha de fazer pão brilhavam reluzentes sobre o balcão perto da pia.

Já trabalhava lá havia uma semana e estava começando a me acostumar com o ritmo das coisas. Jay e Radhika, ambos engenheiros e pais de família, eram os únicos que chegavam cedo para trabalhar, assim como eu, talvez porque nós três tivéssemos filhos para levar para a escola. Jay tinha mais ou menos minha idade e já era considerado um veterano no Vale, pois estava trabalhando no Google fazia quase um mês, o que fazia dele uma fonte valiosa de informação sobre a cultura corporativa.

Fui atrás dele em direção a uma série de salas envidraçadas na área de engenharia. Ele apontou para uma montanha-russa grande que ia de uma ponta a outra da mesa.

— Construí isso num dia em que precisava dar uma pausa no meu trabalho de codificação — ele disse enquanto se virava. Ficamos olhando enquanto

[14] Como muitos novos Googlers, a Diretora de Recursos Humanos, Stacy Sullivan, considerava irresistível a imensa quantidade de doces. — Na primeira semana, eu não acreditava que havia tantos doces de graça. Havia tigelas enormes de M&Ms. Comi tanto que vomitei.

o carrinho de rodas cinza subia até o topo e então despencava ladeira abaixo dando uma volta após a outra.

— Isto é *muito* legal! — falei num rompante, mas não era da montanha-russa que eu estava falando. Já tinha notado que Jay trabalhava no horário comercial e saía no final da tarde para pegar os filhos na escola. Apesar da ideia preconcebida de que as jovens empresas de tecnologia não passam de fabriquetas de fundo de quintal no Vale do Silício, a atitude positiva de Jay me convenceu de que eu daria certo no Google, que poderia criar meus filhos com tranquilidade e ainda ter tempo para desenvolver meus talentos pessoais.

Foi uma boa fantasia.

O equilíbrio de minha vida estava prestes a desabar. Em menos de um ano eu estaria trabalhando dezesseis horas por dia e Jay iria se demitir da empresa para ir em busca de suas metas pessoais, que estavam divergindo das metas formuladas pela empresa.

Quais eram as metas do Google em 1999? Quem me dera saber! Nós éramos um mecanismo de busca. O que faziam os mecanismos de busca? Eles buscavam. Acreditei que nosso objetivo era ter o melhor mecanismo de busca do planeta. Melhor até que o Alta Vista. Não parecia provável que pudéssemos nos comparar a gigantes como o Yahoo, já que eles tinham começado bem antes de nós, mas talvez algum dia fôssemos grandes o bastante para competir com a Inktomi e conquistar parte do mercado para suprir portais com tecnologia. Não havia mousepads com a nossa missão gravada neles nem cartazes motivacionais incentivando a suplantar nossas metas de vendas, como acontecia no *Merc*. Se os Googlers (aqueles que trabalhavam no Google) ou qualquer outra pessoa tinha uma visão clara sobre qual era o futuro da empresa, eles estavam mantendo isso em segredo. E não apenas de mim.

— Almocei com Sergey e outro engenheiro, e ficou bem claro que eles realmente tinham um mecanismo de busca — disse o engenheiro Ed Karrels, que, em 1999, estava em dúvida se deixava seu emprego no SGI por um trabalho no Google. — Mas todo mundo tem uma ferramenta de busca hoje em dia.

Eu perguntei: — Onde vocês pretendem chegar com isso? Como vão arranjar dinheiro?

E Sergey respondeu: — Bem, vamos ter que pensar em alguma coisa.

Eu perguntei: — Vocês já têm um plano ou estão simplesmente juntando um bando de caras inteligentes esperando que alguma coisa aconteça?

E ele respondeu: — Sim, é exatamente isso que estamos fazendo.

Muito tranquilizador.

Nos anos 1980, eu tinha trabalhado para uma empresa startup com um grupo de auditores que tinham uma proposta que revolucionaria o mercado da assistência médica privada. Eles montaram um escritório em São Francisco, ao lado de uma antiga garagem onde agora funciona um restaurante chinês. O local transbordava adrenalina e estava sempre mudando de direção. Mudar. Mudar. Mudar. Ir para frente. Não há volta. Saí depois de três meses. E algumas semanas mais tarde a empresa desapareceu. Aprendi que hiperatividade não rimava com produtividade. O Google, entretanto, transmitia uma vibração diferente.

Grande parte disso era resultado das pessoas que conheci lá.

— Oi, meu nome é Jim — disse o cara que veio trazer meu laptop e instalar meu telefone. — Jim Reese. Vou fazer isso num minuto. — Algo nele me fazia lembrar Dustin Hoffman no filme *Rain Man*: uma atitude franca e simpática, o cabelo dividido de lado. Notei que ele tinha um jeitão meio nerd quando se curvou e foi para debaixo da mesa, pegou uma chave de fenda e começou a mexer habilmente em um dos interruptores.

Mais tarde fiquei sabendo que o Google tinha contratado Jim como administrador de sistemas, pois os primeiros engenheiros eram bons em codificação, mas não em mexer nos equipamentos. Não tinha nada a ver com o fato de que Jim tinha sido treinado em Harvard, tinha estudado na escola de medicina de Yale ou tinha feito residência em neurocirurgia em Stanford, mas sim que, em algum ponto de sua carreira, ele desenvolveu o interesse pela rede de computadores e acabou conversando com Urs Hölzle, o chefe de engenharia do Google. Recrutadores de outras empresas já tinham perdido seu tempo o entrevistando para os empregos que tinham a oferecer. Menos Urs.

— Urs não falou nada para eu vir trabalhar aqui na empresa — Jim relembrou. — As perguntas eram do tipo: Quantos bits existem numa máscara de sub-rede para uma barra 28 da rede? Então, começou um interrogatório.

Aquele foco em tecnologia convenceu Jim a aceitar o emprego.

Em junho de 1999, no dia em que Jim começou a trabalhar no Google como o funcionário número dezoito, a apresentação da empresa durou menos de um minuto.

— Aqui é o seu local de trabalho — Larry informou. — Tem muitas peças daquele lado. Faça seu próprio computador. — E ele falou o mesmo para o próximo cara que contratou: Larry "Schwim" Schwimmer, que era o responsável pelo e-mail do Google e dos sistemas de segurança. Passei pela sala que Schwim dividia com o Jim para que ele me abrisse uma conta de e-mail. Um enorme pinguim de pelúcia, a mascote do sistema operacional Linux usado por nossos engenheiros, em vez do Windows, estava sobre uma cadeira ao lado de um crânio humano, lembrança dos dias da escola de medicina de Jim. O cômodo parecia entulhado de coisas, assim como a maioria dos outros escritórios do Google, repleto de fios, memórias RAM e computadores em vários estágios de montagem. Schwim deu uma olhada por trás do seu monitor com o jeito distraído de alguém que estava a quilômetros de distância dali, como John Malkovich, naquele filme em que um operador de marionetes comandava seu cérebro.

— Você é o primeiro Doug — Schwim me disse. — Você quer doug@google.com?

Eu disse que sim. Senti uma sensação estranha ao pensar no que aquilo implicava. O primeiro Doug. Em certos círculos do Vale do Silício, seu endereço de e-mail dizia mais sobre você do que o carro que dirigia ou as roupas que vestia. Gostei do *status* que aquele e-mail me conferia, como um dos primeiros a desbravar novos territórios.

Eu iria me encontrar bastante com "Jim e Schwim", como eram chamados pelos colegas. Seu grupo, conhecido como operacional ou Ops, cuidava do prédio e da manutenção de todas as máquinas que faziam o Google funcionar. No segundo dia de trabalho de Jim, Larry lhe deu uma lista de prioridades, entre as cem coisas mais importantes que ele queria realizadas. A número um era: "Garanta que o site funcione, e se houver qualquer problema, resolva ou então encontro alguém capaz de fazê-lo".

— No primeiro ano, consegui realizar nove — Jim confessou com uma ponta de orgulho. — E nos cinco anos seguintes, consegui realizar mais quinze delas.

O trabalho de Jim não era definido pela lista, no entanto, eu estava prestes a descobrir que o meu também não se encaixava no perfil genérico de um "Gerente de Marketing". Como Jim salientou:

— Quando existiam problemas para ser solucionados, quem quer que pudesse solucioná-los o faria, não importava qual fosse sua função.

CableFest '99

— Vamos ter que trabalhar em nosso *data center*[15] no sábado — Cindy informou a todos do grupo de marketing no final da minha primeira semana de trabalho. — Tragam roupas quentes, porque parece que lá é muito frio.

Este foi nosso convite formal para sermos "voluntários" na CableFest '99 do Google.

Eu não era nenhum expert em equipamentos de computadores. Tinha lido um artigo ou outro sobre servidores, hubs, roteadores e outras palavras que eu nem sabia pronunciar direito. Devido à minha profunda falta de conhecimento técnico e meu terrível carma com computadores, não entendia como uma empresa permitia que eu ficasse no mesmo lugar onde estava alocado seu centro nervoso computacional. Isso exige uma pequena explicação.

No final de 1999, o Google começou a acelerar seu domínio do mercado. A mídia começava a cochichar sobre o primeiro mecanismo de busca que realmente funcionava e os usuários estavam começando a contar a seus amigos que eles deviam experimentar o Google. Mais usuários significavam mais consultas, e isto implicava mais máquinas para respondê-las. Jim e Schwim trabalhavam em ritmo acelerado para adicionar mais capacidade. Infelizmente, de repente os computadores se tornaram itens raros de se conseguir. No ponto alto da loucura do pontocom, os fornecedores estavam tão ocupados pelos grandes clientes que não se davam ao trabalho de atender à demanda desesperada que atingia o Google. Uma escassez de memória RAM piorava tudo e o sistema Google, que nunca tinha sido muito robusto, começava a dar sinais de não estar mais aguentando a pressão.

Parte do problema era que o Google tinha criado seu sistema para que ele falhasse.

— Vamos construir máquinas tão baratas que não vamos nos importar quando elas quebrarem. E, se isso acontecer, ignoramos o problema até podermos solucioná-lo. — Esta era a estratégia do Google, de acordo com o designer de hardware Will Whitted, que entrou para a empresa em 2001. — Aquele conceito de usar peças soltas e ser extremamente tolerante com os defeitos, de escrever um software de modo que o equipamento não precisasse ser tão bom assim, era simplesmente uma ideia de gênio. — Mas isso só funcionaria se

[15] Central de banco de dados onde ficam armazenados os servidores das grandes empresas de tecnologia.

você conseguisse adquirir as peças para consertar os computadores quebrados e continuar repondo com máquinas novas. Ou se pudéssemos melhorar sua eficiência para não ser preciso.

A primeira leva de servidores Google foi montada com tanta pressa que os pontos de solda nas placas-mãe encostavam-se à placa de metal, a ponto de os engenheiros precisarem acrescentar um forro de cortiça como isolamento. Parecia algo barato e vagabundo, mas impedia que as CPUs entrassem em curto-circuito. Em seguida, Larry se concentrou na eficiência do uso do espaço e cortou o maior número possível de peças mais caras. Ele, Urs, e outros dois engenheiros jogaram todos os componentes sobre uma mesa e se revezaram arrumando as peças em uma bandeja de cortiça como se fosse um quebra-cabeça[16]. — O objetivo deles era espremer ali dentro pelo menos quatro placas-mãe por bandeja. Cada bandeja era, então, guardada numa prateleira em um rack de metal alto. Como os servidores geralmente não estavam conectados a um display, eles eliminaram a entrada do cartão para os monitores. Ficou melhor, exceto quando algo deixava de funcionar e os funcionários da parte operacional não sabiam o que havia acontecido de errado, pois não havia como ligar um monitor à CPU quebrada. Bem, na verdade eles sabiam o que fazer, mas teriam que inserir um cartão de monitor com a máquina ainda em operação, já que Larry também tinha removido os interruptores que desligavam as máquinas.

— Por que alguém ia querer desligar um servidor? — ele perguntou.

Talvez porque, ao plugar o cartão do monitor em um computador ativo, isso causaria um curto-circuito na placa-mãe, queimando a máquina por completo.

Depois que os engenheiros conseguiram montar quatro placas em cada bandeja, a do fundo não podia ser acessada pela frente. Para consertá-la, o técnico teria que remover a bandeja da prateleira, mas elas estavam tão apertadas umas nas outras que, ao retirar uma delas, as outras poderiam escorregar e cair. Com os cabos envoltos em todas as superfícies (como os tentáculos de um polvo), isso poderia desconectar tudo e desligar o rack por completo.

Essa foi minha grande chance de realizar uma operação de ponte de safena no coração sem batimentos do Google. Eu e meus companheiros teríamos que

---

[16] Segundo Urs, Gerald Ainger e Larry Page faziam a maioria de seus trabalhos em cortiça. Primeiro, eles faziam testes em quatro placas-mãe comerciais para ver qual delas era mais rápida; então, eles trabalhavam na montagem. Gerald foi contratado em maio de 1999 e as primeiras máquinas funcionaram um mês depois que ele tinha um servidor por bandeja.

desconectar os cabos um a um e os religar em feixes apertados que corriam dentro de canaletas de plástico ao longo das laterais das bandejas dos servidores, em vez de fazê-lo na frente delas, tornando mais fácil a tarefa de mover as bandejas para o interior e para fora dos racks. Até mesmo um simples marqueteiro sabia como torcer um fio de arame, portanto nos incentivaram a pôr a mão na massa.

— A CableFest '99 deu início a uma troca de informações sem atritos numa escala global e vai ampliar o conhecimento disponível para cada ser sensível do planeta — garanti à minha esposa.

Kristen me olhou e balançou a cabeça com tristeza. Ela tinha PhD em História Soviética, um emprego como professora e bom-senso para reconhecer quando estava ouvindo uma bobagem qualquer. Ela tentou me apoiar, mas seu instinto maternal enfocava principalmente as três crianças que ela receava que veriam cada vez menos o pai.

— Você aceitou receber um salário bem menor do que recebia antes e agora está trabalhando também nos fins de semana. Olha, talvez o *Merc* aceite você de volta.

Chegou a manhã de sábado e eu parei o carro no estacionamento quase vazio de um prédio cinza enorme e sem janelas em Santa Clara. Não havia nenhuma placa, mas era o Exodus, o "co-lo"[17] que abrigava o nosso *data center*. Eu me juntei às pessoas que se encaminhavam em fila única para a porta de entrada, cuja segurança era reforçada. O marketing, o financeiro e todos os departamentos estavam representados. Até mesmo Charlie Ayers, nosso recém-contratado chefe de cozinha, estava lá. As fotos nos documentos de identidade foram verificadas e nos forneceram crachás. Severas advertências nos foram transmitidas. Não deveríamos, em hipótese nenhuma, tocar no material alheio.

E então entramos.

A menos que você seja um administrador de sistemas, um eletricista, um estenógrafo da NSA, você nunca entraria numa *server farm*[18]. Imagine um zoológico enorme, extremamente bem cuidado, com cercas de metal cobrindo as paredes do teto ao chão, criando fileiras de compartimentos vedados que se

[17] Refere-se a uma central de colocação, um prédio que abriga os computadores de mais de uma empresa.

[18] *Server farm*, em português, "fazenda de servidores", é um conjunto de servidores ligados em rede que dividem tarefas e atuam como se fossem um único grande servidor.

perdiam na distância, na escuridão de Matrix. Dentro de cada compartimento existe uma caixa gigantesca (ou várias caixas gigantescas) construídas em um metal preto elegante e em vidro, apoiadas num piso branco azulejado pelo qual cabos sobem e descem como se fossem golfinhos. Luzes verdes e vermelhas piscam enquanto os discos chiam, sibilam e param, mas a voz humana nunca é escutada enquanto o ar gelado escapa dos respiradouros expostos do teto e se espalha ao encontro das superfícies brilhantes e em volta das duras extremidades.

À medida que Jim nos conduzia pelos estandes refrigerados de puro poder processador, a impressão que ficava era a de uma eficiência fetichista. Limpas, impolutas e suavemente esculpidas, eram mais do que simplesmente máquinas, eram totens da economia da internet. Aqui estava o e-Bay. Aqui estava o Yahoo. Aqui estava presente a Inktomi. Bem-vindos ao Stonehenge da Era da Informação.

O elemento comum de design parecia ser um bloco monolítico centrado em cada compartimento, cercado por um espaço amplo o suficiente para abrigar uma mesa e algumas cadeiras e com lugar sobrando para um pequeno grupo de proto-humanos dançarem batendo com as mãos no peito e jogar réguas de cálculo para o ar.

Finalmente chegamos ao estande do Google. Com menos de 200 metros quadrados, mais parecia um casebre perturbando uma vizinhança de mansões muradas. Cada centímetro quadrado estava atulhado de racks eriçados com CPUs desmanteladas. Havia 21 racks e mais de 500 máquinas, os cabos brotando como se fossem espaguetes saindo de uma espagueteira. Enquanto os outros estandes tinham ângulos retos e inorgânicos, o espaço reservado ao Google era cheio de vida, um cupinzeiro gigante de atividade frenética e curvas que se interligavam. Corredores estreitos corriam entre as fileiras de armários, deixando pouco espaço para nos movimentar — isso se você não se importasse em rasgar suas roupas ou arranhar os braços ao esbarrar em parafusos.

Por mais estranho que pareça, depois de praticamente atravessarmos um freezer para chegar ao estande reservado ao Google, estava quente lá dentro, e logo ficamos suando e tiramos os casacos. No chão, ventiladores de metal de 40 centímetros vibravam e tentavam inutilmente jogar para fora o calor que emanava dos racks à nossa volta. Sua força débil quase não alterava a temperatura elevada do compartimento vizinho da gigante Inktomi.

Começamos a trabalhar. Primeiro a equipe do Ops (operacional) conectou as canaletas de cabo Panduit às laterais dos armários com fita adesiva. Então, começamos suavemente a colocar os cabos soltos nas canaletas e a retorcê-los e apertá-los com força, para que não caíssem sobre as máquinas como a franja dos cabelos de uma moça indiana.

Eu trabalhei no rack intitulado "U". Já está aposentado há algum tempo, mas gosto de pensar que as consultas dos usuários direcionadas ao "U" recebiam suas respostas um nanossegundo ou dois mais rápido do que os outros devido ao meu cuidadoso arranjo dos cabos.

Você deve se perguntar: por que o Google fazia as coisas desse modo? Além da eficiência conquistada ao trabalhar com servidores baratos e redundantes, o Google estava explorando uma abertura nas leis da economia co-lo. A Exodus, assim como a maioria das centrais de hospedagem, cobrava dos inquilinos pelo metro quadrado. Então, a Inktomi pagava o mesmo preço para abrigar 50 servidores que o Google pagava para abrigar 15? Qual era a vantagem? A energia, surpreendentemente cara pois se usava a quantidade necessária para iluminar um bairro todo, já estava incluída no preço do aluguel. Quando Urs negociou o preço com a Exodus, Jim deixou bem claro a quantidade de energia de que precisaríamos. Não os oito circuitos de 20 *A*[19] geralmente alocados para um espaço do tamanho usado pelo Google; ele queria 56 circuitos.

— Você quer isso para o caso de haver um pico de energia, certo? — perguntou o representante de vendas da Exodus, surpreso. — Não tem como vocês usarem toda essa energia num espaço tão pequeno como aquele.

— Não — Jim respondeu. — Eu realmente preciso dos 56 para nossas máquinas funcionarem.

Dizem que, em determinada época, o consumo de energia do Google excedeu 50 vezes a projeção da Exodus[20]. Não se importaram com as vezes que o Google ligou todas as máquinas ao mesmo tempo, o que estourava todos os disjuntores. Resolveram o problema criando um atraso de cinco segundos de uma máquina para a outra, para evitar incendiar a casa.

O ar-condicionado também era padrão. E novamente a Exodus fez seus cálculos com base em uma curva razoável. Nenhuma empresa decente

[19] *A*: ampere.

[20] Um *data center* diferente reclamou com o técnico de operações, em 2001, que a gaiola do Google gerava mais energia e mais calor do que todo o restante da operação. Em 2002, o engenheiro Amit Patel calculou a curva de uso de energia do Google e previu:. — Vamos destruir o universo em 143 anos.

amontoaria 1.500 fornalhas em um único compartimento, pois isso exigiria a instalação de uma unidade separada de ar-condicionado. O Google fez. Era um cliente exigente.

A única vez em que entrei no *data center* do Google foi na Cable Fest '99. Essa visita permitiu que eu tivesse a visão da magnitude do que estávamos construindo e como estávamos fazendo as coisas de um jeito diferente dos demais. Não posso dizer que me senti seguro ao tocar de modo desajeitado nos nossos servidores simples e baratos, apoiados sobre frágeis cortiças, enquanto no compartimento da Inktomi, ao nosso lado, altos sacerdotes cuidavam das elegantes máquinas de tecnologia de ponta que se erguiam ameaçadoramente como uma estação espacial. Mas aquele arranjo parecia estar dando certo para nós, então decidi não me preocupar com coisas que estavam além do meu alcance.

Havia pessoas inteligentes demais se preocupando com a viabilidade da retaguarda do Google e, sem que eu mesmo soubesse, logo estaria me preocupando com minha própria viabilidade.

Conheça os marqueteiros

— Assim que conseguiu aquilo — Cindy estava explicando para nossa pequena equipe de marketing —, havia conquistado tudo o que queria da vida.

Sorri. Mais elementos para o quadro de citações que eu havia pregado na parede do meu cubículo e que ainda exibia o último pronunciamento de Cindy:

— É o que acontece, quando as coisas acontecem.

Nosso departamento era composto de uma pequena estrutura com variados níveis de experiência em marketing. Cindy era a chefe e atual vice-presidente. Ela tinha mais ou menos a minha idade, era muito engraçada (geralmente de propósito) e estava sempre com pressa, o que a obrigava a enviar um número alarmante de e-mails e seus dedos não conseguiam acompanhar a velocidade de seus pensamentos. Ela havia iniciado sua carreira como jornalista da imprensa escrita e depois fizera alguns trabalhos como RP (relações-públicas) para alguns magnatas de reputação duvidosa no Vale, onde conheceu pessoalmente cada repórter que falava ou escrevia sobre tecnologia. Ela se concentrava em relações públicas, o que Larry e Sergey acreditavam ser o modo mais efetivo e com melhor custo-benefício para promover a empresa.

Cindy exalava uma energia saudável, que, para mim, era reconfortante, e eu tinha afinidade com ela devido ao nosso passado jornalístico. Enquanto circulava pelo departamento como um dínamo giratório de energia positiva, ela nos encorajava a arriscar, a experimentar coisas novas e a não deixar que nada nos impedisse de fazer algo. Começamos a chamá-la de "Pequena porém poderosa". Estas qualidades funcionavam em ambos os sentidos.

— Larry e Sergey estavam sempre céticos em relação ao marketing tradicional — Cindy relembra. — Eles queriam que o Google se diferenciasse dos outros por não fazer o mesmo que todos estavam fazendo. Deixe os outros, que têm produtos inferiores, estourarem o orçamento fazendo barulho enquanto nos concentramos na construção de uma ratoeira melhor.

Este ceticismo se traduzia em perguntas infindáveis sobre tudo que o marketing se propunha a fazer. O departamento só existia porque alguém (um membro do conselho ou um de seus amigos de Stanford) tinha insistido no fato de que os fundadores da empresa precisariam de pessoal externo para fazer tudo o que não fizesse parte da engenharia.

Cindy lutou contra a constante pressão para provar que seu departamento não era um desperdício de dinheiro, mas também deixou bem claro para todos nós que as expectativas eram altas. Quando o trabalho ficava abaixo de seus padrões profissionais, ela nos repreendia por termos um "comportamento de Mickey Mouse", com uma intensidade tão devastadora e inesperada quanto os tornados que costumavam varrer Nebraska, sua terra natal. Aprendi a ficar atento aos sinais de tempestade.

Shari Fujii, minha correspondente na área de marcas off-line, era uma profissional de marketing hipercinética com MBA, magra e pensativa, e tinha a tendência de exclamar que o impacto de qualquer ação seria "enorme". Nós reclamávamos com frequência da impressionante falta de consideração que Larry e Sergey demonstravam por nosso departamento. Tendo trabalhado anteriormente em uma empresa de jornalismo, eu já estava acostumado a esse descaso, mas Shari se esforçava para se adaptar, já que tinha tido experiência em empresas voltadas para branding, nas quais o marketing comandava o show de cada novo dia.

A outra personagem importante de meu mundo era Karen White, a webmaster. Karen tinha sido crupiê em um cassino em Dakota do Norte, quando ela decidiu aprender os meandros para se criar páginas da web. Cindy a conhecera em um outro emprego e a trouxera para o Google. Logo entendi o porquê. Karen tinha capacidade de organização e a disposição de um coordenador de lançamentos espaciais da NASA. Objetiva, equilibrada e disposta a trabalhar por horas a fio, Karen pegava todas as minhas palavras e arrumava tudo lindamente nas colunas do nosso website. Ela teve mais influência na aparência geral do Google do que qualquer outro que tenha trabalhado nessa área depois de Larry e Sergey terem criado o design "não design" original.

Além de Susan Wojcicki, que tinha posto seu MBA para funcionar na Intel, nosso grupo era novo na área de marketing. O Google contratou em peso alunos de Stanford e os deixou soltos pelos corredores da empresa. Se não se encaixavam em nenhum dos departamentos, iam parar em nosso departamento, onde se acreditava que não era preciso ter nenhuma aptidão especial.

— Os fundadores se sentiam confiantes ao ter um bando de gente no marketing, que só fazia o que eles queriam — Cindy contou. — Mas, um verdadeiro departamento de marketing com direção, organização própria, fundos e estratégia não era prioridade.

Como consequência, nosso mundo não tinha forma e a perplexidade estava estampada no rosto de quem estava ali dentro.

— Quem está trabalhando no nosso papel timbrado? — perguntei à Cindy. — Quem deve lidar com os pedidos de patrocínio? Estas áreas estão no meu campo de atuação?

Eu estava procurando mais do que clareza organizacional. Queria me assegurar de que havia solidez no meu trabalho, algo em que eu pudesse me apoiar quando me perguntassem, como geralmente o faziam:

— O que você faz aqui?

— Sem estrutura, fundamento, ou controle. — Era assim que Heather Cairns, chefe de recursos humanos do Google naquela época, relembrava os primeiros dias da empresa. — Mesmo que houvesse um gerente, aquele gerente era inexperiente e não tinha liderança. As pessoas não estavam acostumadas com autoridade e não se submetiam a ela; era uma força de trabalho descontrolada que se esbarrava uns nos outros e era jogada contra a parede como se estivesse no olho de um furacão. Nunca tive nenhum controle sobre eles. Eu simplesmente ia para casa à noite e ficava bebendo e pensando: "Vamos bater e explodir".

Manter limpo

— Nosso site está uma sujeira — Cindy falou para Karen e para mim na minha segunda semana de trabalho. — Você pode pensar em algumas diretrizes para limpar isso?

Não havia regras que controlassem o que acontecia no Google.com. Quando algo novo aparecia, era imediatamente mencionado na nossa homepage. Ganhamos um prêmio e isso foi citado também. Nossas outras páginas eram igualmente desprovidas de planejamento e design. Havia listas de emprego, conteúdo de ajuda, informações e contato e breves perfis da equipe executiva. Como o restante na empresa, nossa interface de usuário (IU: a visão e o coração de nosso website) operava com base no princípio de que deveríamos minimizar o tempo gasto pelos usuários para encontrar o que desejassem.

Ao contrário do Yahoo.

A homepage do Yahoo tinha links para vestuário, computadores, DVDs, viagens, programação de TV, previsão do tempo, jogos, páginas amarelas, cotação de ações e bate-papo. Ficava mais movimentada a cada dia que passava. A característica mais importante da página era o diretório feito a mão com 14 categorias principais que iam de artes e humanidades à sociedade e cultura, sob as quais havia links para todos os pontos conhecidos no sistema decimal de Dewey. Escondido no meio de todos os links de texto havia uma caixa de busca alimentada pela nossa nêmese: Inktomi.

A Inktomi nem sempre tinha ocupado aquele espaço. A AltaVista havia sido a provedora de busca para o Yahoo até 1998, mas cometera um erro imperdoável ao construir seu próprio site e roubar usuários de seu cliente (competir com seu próprio distribuidor é conhecido como "conflito de canais"). A Inktomi não tinha um site de busca[21] para usuários, então não poderia ser considerada competidora do Yahoo, o que lhe propiciara dar um tiro certeiro na rede da Microsoft, do MSN e do America Online (AOL). De certo modo, a Inktomi também fez o cerco a esses clientes, completando sua trinca de sites de internet com tráfego intenso e assegurando que o sistema de busca pela internet estivesse comoditizado. Você poderia fazer qualquer tipo de busca, desde que fosse por meio da Inktomi. Eles eram os donos do mercado de busca e se

[21] Jargão para um site direcionado a usuários individuais e com a marca de uma empresa do próprio nome. Também conhecido como site de destino.

acomodaram confortavelmente com esse fato, assim como os felizes clientes a quem serviam.

Outros portais queriam uma parte do tráfego do Yahoo: a Excite, Lycos e o Go.com da Disney. Outras empresas de busca, como AlltheWeb, Teoma e HotBot, lutaram o tempo todo com o Google pelas migalhas deixadas pela Inktomi. Enquanto Wall Street se preocupava com a guerra dos portais, a luta pelo domínio das buscas não despertava muito interesse em ninguém, a não ser em um punhado de analistas. Não havia dinheiro em jogo; bem, quer dizer, não muito dinheiro.

Em fevereiro de 1998, uma pequena empresa de Pasadena, chamada GoTo, começou a leiloar o ranking das páginas de resultados de buscas comprado de outros provedores. Seis meses depois, eles declararam ter mais de mil clientes. De acordo com o GoTo, não eram necessários algoritmos sofisticados para se determinar relevância, apenas a mão invisível do mercado livre. Qualquer empresa que entrasse num lance para ser classificada no topo dos resultados de buscas deveria ser considerada um páreo duro e, provavelmente, merecia ter sua palavra pesquisada. No Google, este conceito era considerado ridículo. Um ranking com base em lances era definitivamente inferior aos resultados baseados em um algoritmo. Lances estavam sujeitos à imprecisão do ser humano. Humanos, ponto negativo. Matemática, ponto positivo. Conhecíamos a GoTo, mas descartamos sua abordagem "não tecnológica". Isso não foi muito inteligente. Deixamos que eles tivessem vantagem na largada e nos quatro anos seguintes tivemos que lutar com eles pela supremacia no mercado da publicidade on-line.

Sistematizar algumas diretrizes da IU[22] (interface do usuário) seria um bom começo, pensei. É tão difícil assim criar regras de design para uma página que contém apenas uma caixa de busca, algumas centenas ou mais de caracteres de texto, e alguns softwares corporativos pré-instalados[23]? Além disso, trabalhar com a Karen era como ter a melhor aluna da classe para ser sua companheira e fazer o trabalho da escola juntos. Mesmo se eu estragasse tudo, Karen não iria deixar a gente se dar mal. Montamos uma proposta em menos de uma semana.

---

[22] Não são "diretrizes de marca", como poderiam ser chamadas em outra empresa. Era a funcionalidade, e não o marketing, que dirigia tudo no Google.

[23] Sergey fez o design original do Google e explicou sua simplicidade dizendo: — Não tínhamos um webmaster, eu não faço o HTML.

O Google era rápido, preciso e fácil de usar. Pelo menos era isso o que nossos usuários costumavam dizer. Sergey queria que nosso site também fosse engraçado. Sim, muito bem, é ótimo ser engraçado de vez em quando, mas Karen e eu concordamos que componentes extravagantes não deveriam interferir no modo como os usuários faziam suas buscas. Explicamos detalhadamente o óbvio: a personalidade do site não deveria em hipótese nenhuma interferir na velocidade da entrega dos resultados nem na sua precisão ou na facilidade de se realizar uma busca com simplicidade. Verdade indiscutível que logo se provaria verdadeira.

O restante da proposta envolvia outros pontos bem definidos, pequenos ajustes (no que já existia), como acrescentar gráficos decorativos para nossa seção corporativa. Isso não deu certo.

— O Yahoo não usa imagens além daquelas que estão na homepage — Larry nos lembrou — e eles têm milhares de usuários. Imagens demoram muito para ser transferidas pela internet e, como consequência o processo todo se torna muito lento. Larry e Sergey rolavam no chão de alegria todas as vezes que conseguíamos diminuir por um nanossegundo que fosse o tempo que uma página levava para carregar. Ou para ler. — Quero todos os conteúdos do About Google numa única página — Larry disse. — É mais rápido rolar uma página para cima e para baixo do que clicar página a página e esperar que ela carregue.

— Mas ninguém vai querer rolar centenas de páginas — falei, sem saber ao certo se ele estava falando sério ou não. Estava, mas conseguimos que ele desistisse da ideia. Outras sugestões caíram no esquecimento, por exemplo, um link de ajuda, um slogan e uma ideia ridícula de Sergey, que era mudar o logotipo da homepage todos os dias para aumentar o interesse do usuário. Os profissionais de marca estavam presentes e certamente jamais tolerariam essas palhaçadas amadorísticas. Enfim, Larry e Sergey aprovaram e declararam nossas diretrizes "razoáveis". Um grande elogio.

Deixei escapar um suspiro de alívio. Consegui. Fora para isso que eu tinha sido contratado. Se não tivesse nocauteado meu primeiro projeto, eu estaria agora celebrando minha segunda vitória. Todos pareciam sensatos e receptivos a novas ideias e o feedback fazia sentido. Não havia apresentado nada extremamente fora do convencional, mas, mesmo assim, minhas ideias tinham sido aceitas.

— Sim — pensei —, vai dar tudo certo.

Nascimento de um dado agnóstico

— Na noite passada, a fonte usada na página de resultados do Google passou a ser sem serifa. — A engenheira Marissa Mayer anunciou em alto e bom som para toda a empresa. — Testamos a mudança, e Larry e eu fizemos a revisão com alguns outros engenheiros que estavam aqui e deram sua opinião.

Eu tinha visto o nome de Marissa em uma nota que Sergey encaminhou para o grupo de marketing havia alguns dias. Ela havia sugerido que substituíssemos nosso slogan temporário — "Melhor ferramenta de busca do mundo. Uma promessa" — por outro que Urs havia criado: "A pequena ferramenta que pode". Particularmente, eu não gostara de nenhum dos dois, embora Marissa tenha dado uma explicação que associava o Google com o personagem desligado, determinado e, finalmente, "o herói" das histórias infantis. Além disso, ela salientou:"olhe a importância do slogan na avaliação doAskJeeves"[24].

Shari agradeceu a Marissa e explicou que, na verdade, não tínhamos um slogan, apenas uma frase impressa em alguns cartões até que pudéssemos pesquisar adequadamente a personalidade da nossa marca. O departamento de marketing saberia como fazê-lo.

Marissa, assim como Susan, era antiga na área e tinha vindo de um escritório em Palo Alto. Antes disso, ela tinha estudado em Stanford. Quando a conheci, fiquei impressionado pela intensidade e extensão de seus interesses. Se todo mundo no Google fosse uma lâmpada de 100 watts iluminando um canto da empresa, Marissa certamente seria um sinal luminoso lançando luz e sombra em todas as cores, por todo o prédio. Tentar acompanhar seu ritmo poderia causar desmaios. Seu papel principal era o de engenheira de software, mas estava temporariamente trabalhando no design da IU. Ela tinha descoberto algumas pesquisas que revelavam que as fontes sem serifa eram mais fáceis para se ler, por isso ela e o engenheiro Craig Silverstein decidiram mudar as fontes das páginas de resultados para a Verdana. Isso não foi decidido porque Karen e eu havíamos sugerido a mudança para a fonte sem serifa nas nossas diretrizes. Na verdade, Marissa sequer deve ter visto nossa proposta.

— Seria bom saber que a engenharia já estava trabalhando na IU — reclamei para Karen. Isso enfraquecia o que já tínhamos conquistado e fazia eu questionar nossa comunicação interna. Ninguém mais parecia chateado com

---

[24] Ask Jeeves é uma ferramenta de busca que permite que se procure um assunto formulando uma questão.

isso, portanto deixei de lado aquela sensação de mal-estar e creditei esses sentimentos às novidades na organização do marketing. Era fantástico que nossos engenheiros estivessem fazendo avanços. Eu apenas não queria ser pego de surpresa quando isso acontecesse.

Eu estava igualmente confiante em relação ao modo como os dois departamentos abordavam problemas. No marketing, escrevíamos propostas, fazíamos sugestões e procurávamos aprovação formal antes de avançar; tudo acontecia passo a passo. Já nossos engenheiros tomavam decisões rápidas com base em dados e as programavam em seguida. Se os dados sustentavam determinada opção, eles davam uma explicação lógica dizendo que aquilo era o melhor a fazer. Afinal de contas, os dados não mentiam jamais. Se os números indicavam que mudar de A para B melhoraria o produto X, por que não mudar agora? Essa mentalidade acelerava a urgência de como tudo acontecia no Google. Os engenheiros sabiam como melhorar as coisas e cada momento, cada minuto, cada segundo que atrasávamos uma melhoria, os usuários tinham que suportar interações de qualidade inferior. E isso era inaceitável.

De qualquer maneira, eu descobriria que os dados mentem. Talvez o método de coleta de dados tenha falhas ou os dados às vezes sejam mal interpretados e, portanto, ocasionalmente, forneçam apenas parte da resposta. Veja a mudança para a Verdana. Apesar de a nova fonte ter ficado fantástica em alguns computadores e certos navegadores, ela ficava horrível em outros, principalmente nos utilizados pelos clientes do American Online, o que tornou o Google imprestável para milhões de pessoas. Marissa e os engenheiros não haviam analisado o fato por esta perspectiva. O problema foi corrigido logo em seguida, mas embora eu tenha apoiado a mudança para a fonte sem serifa, fiquei um tanto cético em relação à veracidade dos números, senti uma perda de fé que só eu parecia ter dentro da cabala da divindade de dados do Google.

"Aceitamos você"

A reunião casual das sextas-feiras, a TGIF, aconteceu às 16 horas, quando os novos Googlers (ou Nooglers, como eu os chamava) se apresentaram e os fundadores contaram as notícias importantes da semana. Quando cheguei para o meu *début*, a empresa toda estava reunida no saguão do lado de fora do escritório de Larry e Sergey. Estavam encostados nas paredes, sentados em bolas de borrachas ou espalhados pelo chão. O cachorro de Urs, Yoshka, farejava o bebezinho de Susan que estava dormindo no bebê-conforto em frente de uma pilha de monitores Sony ainda dentro das embalagens.

Larry, que vestia calças pretas e uma camisa azul-escuro de mangas longas abotoada até o colarinho, estava no meio do pessoal. Ele se portava como se estivesse no interior da triste couraça de um processador de baixa potência (rígido, passos desajeitados e um sorriso forçado), esforçando-se para sorrir e executando manualmente o comando para que isso acontecesse. Levante o canto da boca. Estique os lábios para trás. Franza os olhos. Ele parecia estar morrendo de vergonha. Eu me vi torcendo para que ele se saísse bem, embora às vezes ele parasse de falar no meio de uma frase e balançasse o corpo de um lado para o outro com um sorriso meio sem graça estampado no rosto. Sergey, no entanto, era mais ágil, atlético, acrobático. Quase saltitante. Ele ria com facilidade e parecia estar sempre de olho em algum lugar por onde pudesse escapar dali.

Quando chegou a minha vez de falar sobre o que havia sido interessante naquela semana, eu hesitei.

— Bem... eu morei na Sibéria por seis meses e, hum... gosto de rabiscar nas reuniões.

Todos aplaudiram educadamente, mas fiquei pensando novamente, onde é que eu tinha me metido. Tinha atrelado o sucesso da minha carreira e o meu futuro, ou pelo menos parte dele, naquelas massas cinzentas por trás daqueles rostos brilhantes e sorridentes. Rezei para que eles de fato soubessem o que estavam fazendo, pois eu não tinha a mínima ideia.

Larry falou sobre uma apresentação que ele e Sergey fizeram para a diretoria e deu alguns avisos. Então, partimos para a cerveja e bolos para celebrar os aniversariantes da semana. Para o bem ou para o mal, eu agora era um Googler. "Gabba gabba hey."[25]

A reunião das sextas-feiras era bem diferente das reuniões formais dos meus antigos empregos, nas quais a ênfase estava em tirar informações financeiras importantes dos colaboradores, que pudessem se transformar em futuras negociações contratuais. Aqui nós vimos exatamente os mesmos slides que foram apresentados aos altos executivos da diretoria. Não acreditei quando toda essa informação fora repassada para todos os empregados,

[25] Expressão retirada música "Pinhead" (1977) do grupo Ramones, que significa "Agora você é um de nós".

como se o Google habitasse um universo comunitário alternativo. Apesar da transparência da nossa contabilidade, fiquei perturbado pela minha falta de conhecimento do nosso modelo de negócios e do nosso ambiente competitivo. Eu sabia muito bem como estávamos financeiramente, mas não tinha ideia do que estava se passando lá dentro.

CAPÍTULO 3

Um mundo sem forma

JAMAIS CONSEGUIRIA compreender esse mundo novo até estar bem fundamentado na tecnologia de busca. Craig Silverstein se ofereceu para ensinar a mim e a um grupo de funcionários não técnicos, durante o horário de almoço, o que ele denominou de "Google 7, A: A busca para não iniciados". Craig, um ex-aluno da Universidade de Stanford, tinha um sorriso travesso, um senso de humor seco e gostava de falar que era o funcionário número 1,5, pois quando a empresa fora incorporada, ele foi colocado na folha de pagamento entre Larry e Sergey. Craig também era o responsável por nosso pão de cada dia, andando ao acaso pelos corredores algumas tardes com um sorriso angelical anunciando com uma voz em falsete: "Paaaão?". Os Googlers saíam correndo de seus cubículos para repartir a iguaria cheirosa e quentinha que ele havia acabado de retirar da máquina de fazer pão.

Nos juntávamos na sala de pingue-pongue, que ainda tinha a mesma mesa verde-escura da antiga garagem de Susan. A rede tinha caído, talvez tenha sido derrubada durante uma reunião de diretoria na véspera para dar lugar ao laptop de um dos investidores de capital de risco. Craig começou sua aula enquanto mastigávamos balas de alcaçuz e devorávamos tigelas de M&M's.

— Um mecanismo de busca tem três componentes — ele começou, escrevendo na lousa branca abaixo da frase: "A vida de uma pesquisa". — Primeiro temos que coletar informações sobre as páginas existentes na web, o que fazemos através de um processo chamado rastreamento. Nosso software de indexação, que chamamos de Googlebot, pula de um link a outro juntando as URLs (endereços de web) e dados do conteúdo existentes em cada um deles. O rastreamento geralmente dura um mês e, quando está completo, temos muita coisa que precisa ser separada e colocada em uma lista de coisas usáveis. A isto se chama indexação.

Escrevi "rastreamento" e "indexação" no meu caderno e coloquei uns quadrados ao lado. Em seguida, liguei os quadrados e os transformei em um par de óculos no estilo de Benjamin Franklin, com uma aranha pendurada em um fio no lugar do nariz.

— Quando acabamos a indexação — Craig continuou —, usamos nosso algoritmo para atribuir uma categoria para cada página, baseada na sua importância dentro do PageRank. O PageRank é o ingrediente secreto do Google.

— Ingrediente secreto? — Me inclinei para a frente para aprender o que é que tínhamos que nos tornava melhores do que todos os outros mecanismos de busca que nossos fundadores repudiaram tão rapidamente.

— O PageRank verifica todas as páginas da web e lhes atribui um valor baseado em quantas pessoas se linkam a elas. Quanto mais confiáveis são os sites linkados a essa página, maior a classificação no PageRank. Esta é a primeira parte da receita.

Escrevi "PageRank" abaixo dos óculos de Benjamim Franklin e fiz um desenho oval à sua volta. Parecia um pouco com a boca de um palhaço, então desenhei um crânio ao redor e coloquei uns fios de cabelo nas laterais. Ficou igual ao Bozo.

— A segunda parte é como determinamos quais são os resultados mais relevantes para a consulta específica que foi recebida. A maioria dos nossos concorrentes procura informações básicas, como quantas vezes uma palavra aparece na página. Nós procuramos saber como os sites usam aquele termo em suas páginas. Que palavras aparecem depois dele? Está em negrito ou em uma fonte diferente? Como o termo aparece nos links que apontam estas páginas? A análise do link é realmente muito importante. As palavras num link que indicam uma página são chamadas de texto-âncora.

Uma corrente surgiu do canto da boca do meu palhaço e foi parar na parte de baixo da página, onde uma âncora apareceu subitamente cercada por peixes sorridentes com dentes de tubarão.

— A forma como combinamos a consulta determina nossa qualidade de busca — Craig continuou —, o que não é exatamente uma ciência exata, já que avaliar se uma consulta oferece bons resultados é de certa forma algo subjetivo. Se você procurou "jaguar", você quis dizer o carro, o felino ou o time de futebol? Algumas vezes é difícil eliminar a ambiguidade de uma consulta como essa.

Escrevi as palavras "eliminar a ambiguidade" e as repeti várias vezes em silêncio até me familiarizar com ela. E desenhei algo que se parecia vagamente com um gato selvagem pintado correndo atrás dos peixes em volta da âncora. Também acrescentei bolhas, já que ele estava debaixo d'água.

— Assim que determinamos a ordem das páginas que queremos exibir, precisamos submeter os resultados ao usuário que fez a consulta. É aí que o *gwiss* entra em ação — ao falar *gwiss*, Craig escreveu "GWS" na lousa. Embaixo, ele escreveu "Google Web Server". — *Gwiss* é o software que realmente interage com os usuários quando eles fazem uma consulta e quando mandamos os resultados de volta para eles. Quando queremos fazer uma atualização ou saber qual é a opinião dos usuários sobre o Google, precisamos instalar um novo *gwiss* para implementar essas mudanças.

Não tinha ideia de qual seria a aparência de um *gwiss*, então comecei a desenhar uns pedaços de queijo suíço por detrás da cabeça do palhaço. Quando finalmente Craig terminou a aula, eu tinha um conhecimento mais amplo sobre o modo como o Google funcionava e mais um desenho estranho para adicionar à minha coleção de coisas que nunca mostraria a meus colegas.

Mais tarde, Urs confirmou que o Google já arrasava em qualidade de busca bem antes de Larry e Sergey saírem da Faculdade de Stanford em 1998, já que a análise de links era como uma pedra de alquimista que transformava o lixo da web em ouro. A relevância do Google atraíra desde cedo muitos olhares e a mídia. Mas por trás desse olhar sedutor existia uma infraestrutura artrítica em vias de desabar.

— A classificação do AltaVista era de longe superior — Urs me contou —, mas era lenta e não era possível elaborar uma indexação confiável.

O desafio de aprimorar o rastreamento, a indexação e o sistema de servidores foram os fatores que atraíram Urs para a empresa. Ele tinha calculado que o projeto demoraria um ano para ficar pronto e, então, ele se voltaria para a Europa. — Subestimei o tamanho do problema dos sistemas — ele confessou. — Nós tínhamos um sistema desde a universidade e precisávamos basicamente reescrever a coisa toda desde o princípio.

Apesar de o Google fazer um bom trabalho com os dados que tinha, coletava muito pouco e não estava buscando com rapidez suficiente.

Velocidade ou dimensão. Escolha uma. Enquanto rastreávamos mais páginas da web, a indexação ficava cada vez maior e o pageranker tinha mais dados para analisar, portanto, poderíamos produzir maior número de resultados relevantes. Isso atraía mais usuários e mais buscas; como consequência, nosso público aumentava. Entretanto, indexação maior demandava mais máquinas fazendo mais processamentos, e mais processamentos levavam mais tempo. Um aumento de usuários exigia mais da rede, o que, como todos que utilizam a internet sabem, faz as coisas irem mais devagar.

Como aconteceu quando foram forçados a escolher um caminho para o Google entre ser um site de destino ou um provedor de tecnologia. Larry e Sergey escolheram ambos. O Google procuraria ser cada vez mais rápido, mesmo enquanto estivesse expandindo em todas as direções. Eles partiram à procura de outros que partilhavam seu desprezo pelos limites impostos pelas leis da natureza.

Urs sabia o que estava acontecendo, só restava fazer ou morrer

— Naquela época, Urs estava estabelecendo metas — Jeff Dean, um dos primeiros engenheiros me explicou —, pois Larry e Sergey estavam mais preocupados com o lado comercial do negócio. Estavam envolvidos em contratos e outras coisas do gênero. — Larry e Sergey sabiam fazer codificações, mas não era o que sabiam fazer melhor.

— Eu não confiava em Larry e Sergey como codificadores — disse Craig Silverstein. — Tive que lidar com o código que fizeram quando ainda estavam em Stanford, e estava repleto de problemas. Os dois são codificadores de pesquisa: muito mais interessados em escrever códigos que funcionam do que um código que seja de fácil manutenção.

De acordo com Jeff, um dos equívocos na versão inicial do Google[26], da época de Stanford, era que quando algo incomum aparecia, o programa imprimia uma mensagem de erro sem qualquer explicação. A mensagem dizia simplesmente: "Opa, deu zebra!". Craig relembra:

— Urs apareceu como num passe de mágica, com sua barba e seu cachorro, como se fosse o Gandalf de *O Senhor dos Anéis*, surgindo no meio do nevoeiro

[26] Scott Hassan e Alan Steremberg contribuíram para a codificação dos mecanismos de busca original enquanto estavam em Stanford. Mais tarde, Hassan fundou a eGroups, empresa que permitia listas de mailing on-line. Steremberg fundou o Wunderground, um website popular de informação sobre o tempo que Larry e Sergey consultavam frequentemente para se inspirarem tecnicamente.

da floresta de Fangorn para assumir o papel de engenheiro-chefe. Urs parecia ter a onisciência de um mago quando juntou os engenheiros do Google na tarefa de reunir dados vindos dos cantos escuros da web e, de posse deles, alimentar seu exército de servidores. Talvez seu poder se originasse das meias vermelhas que ele usava diariamente.

Urs foi criado perto da cidade de Basileia, na Suíça, onde pensou em estudar química, mas fez da programação sua opção definitiva.

— Você poderia inventar alguma coisa — ele explicou — e então, caso ela não funcionasse, poderia deduzir a razão. Nada era por acaso. — Algo ou está certo ou errado. Se estiver errado, existe uma razão, então você trabalha nele até que esteja certo. Os engenheiros vivem em um mundo binário. Às vezes eu invejava aquela clareza de pensamento.

Urs se concentrou em arquitetura do computador enquanto estava na universidade em Zurique, e então foi de mochila para Stanford fazer a graduação em "Fazer coisas mais rápidas... fazer coisas mais baratas". Ele acabou lecionando na Universidade da Califórnia, em Santa Bárbara, e desenvolveu o Centro do Java Virtual Machine (JVM) em uma pequena startup. Eu poderia mentir e dizer que sabia o que isso significava, mas seria trair a confiança que eu estabeleci com o meu leitor. Para os Googlers que usavam seus computadores para outras coisas além de simplesmente verificar os e-mails, trabalhar com o JVM fazia de Urs uma espécie de semideus. Por isso, Larry e Sergey ficaram entusiasmados quando ele disse que solucionaria o problema dos sistemas e transformaria o "projeto estudantil" deles em algo razoavelmente estável e escalonável.

Infraestrutura não é tão emocionante assim para aqueles que estão do lado de fora de um pequeno grupo cultuado de cabeças brilhantes que se fecham em torno de si mesmos e enfocam apenas o aprimoramento de sistemas que, se funcionarem como esperado, são tudo menos invisíveis. Larry e Sergey estavam arraigados na mais alta ordem dos engenheiros do Google, mas não sabiam exatamente onde cada peça ficava.

Urs se importava com tudo. Ele se importava bastante.

— Urs estava interessado em saber como chegávamos a um ponto e não apenas em saber qual era o resultado — disse Ben Smith, um engenheiro que trabalhou na GWS. — Você aumenta o armazenamento em *cache* na média de dois por cento e salva 300 máquinas. É desse tipo de coisa que ele gosta. Sem Urs, a infraestrutura do Google não teria durado dois anos.

No início, eu não entendia por que o Google era considerado uma empresa de sorte em ter Urs a bordo. Para mim, ele era apenas outro engenheiro rabiscando jargão nas lousas brancas. Mas ao conversar com os que trabalhavam sob seu comando, passei a perceber que ele era "a chave" de tudo e era assim que Deb Kelly, uma das gerentes de projetos de engenharia, o chamava.

— Ele tem o domínio de detalhes mais incrível, maior do que qualquer outra pessoa que já tenha conhecido — Deb me contou. — Ele guarda uma enorme parte da organização na cabeça.

Este conhecimento rendeu a Urs a confiança de Larry e Sergey, e permitiu manter os fundadores da empresa afastados dos engenheiros.

— Já que Larry e Sergey precisavam dar atenção às outras coisas — disse Ben Gomes, o engenheiro de qualidade de busca —, Urs era a pessoa-chave na área da engenharia. Sempre que havia uma crise, ele era chamado para lidar com o problema pessoalmente.

Tantos engenheiros o elogiaram que daria para fazer deste livro a biografia de Santo Urs, o Guardião do Código Abençoado. E se os integrantes de sua equipe não estavam fazendo um estardalhaço de sua inteligência, elogiavam sua facilidade de se comunicar, o que o tornava alguém acessível.

— Já o vi chegar a uma reunião em que desconhecia o assunto — Gomes continuou — e, lá pela metade do encontro, ele fazia as perguntas mais pertinentes. Ele conseguia montar seu raciocínio de tal modo que ficava óbvio o que deveria ser feito. Os fundadores são sonhadores, o que é maravilhoso, mas Urs sempre foi a voz da "arte do possível".

Paul Bucheit, o criador do Gmail, me explicou como isso funcionava na prática. Ele se lembrou de quando falou com Urs sobre um problema difícil de resolver.

— Larry disse que deveríamos pôr tudo isso na memória.

— Sim — Urs respondeu na sua voz geralmente sem expressão. — Larry tem muitas ideias. Mas você deveria continuar a fazer o que está fazendo.

— Foi então que percebi — Paul falou — que você tem que ser muito inteligente para não fazer apenas o que Larry diz se aquilo não fizer sentido naquele momento.

Como o homem que mantinha o Google nos trilhos, Urs compreendia isso melhor do que ninguém. Seu foco impedia que a jovem empresa fosse desviada para caminhos que não a levariam a lugar algum.

No entanto, a conquista mais significativa de Urs foi montar a equipe que construiu o Google.

— Seu maior impacto como engenheiro se dá mediante a contratação de pessoas tão capazes ou melhores que você — ele exortava todos que o escutavam —, pois no próximo ano, eles irão dobrar a produtividade. Não há nada mais que você possa fazer para dobrar sua produtividade. Mesmo que você seja um gênio, é extremamente improvável que isso aconteça.

O Vale do Silício era uma enorme bolha inflada de tecnologia e repleta de empresas que presenteavam BMWs como bônus para qualquer codificador que soubesse fazer alguma coisa. Foi a insistência de Urs em contratar apenas engenheiros tão qualificados como os que já trabalhavam na empresa que fez a diferença.

— Se você tem gente boa, você tem uma rede de proteção — ele pensava. — Se algo der errado, eles irão corrigir. Você não precisa dizer a eles: "Ei, preste atenção nisso". Eles se sentirão responsáveis e vão consertar o erro antes mesmo que você perceba.

Duas dessas contratações foram Jeff Dean e Sanjay Ghemawat. Se Urs era o arquiteto do Google, Jeff e Sanjay eram os marceneiros-chefes que levantaram o teto de vigas e enfiaram os pregos que manteriam seguras as paredes reforçadas. Onde quer que o problema estivesse, "JeffnSanjay"[27] estavam lá para resolvê-lo desde inventar o sistema de arquivos do Google até desenvolver tecnologia de publicidade; desde acelerar os dispositivos de tradução até construir ferramentas revolucionárias como o MapReduce[28].

Jeff fazia fluir códigos elegantes como uma fonte de champanhe em uma festa de casamento. Eles pareciam sair de dentro dele sem esforço, em um fluxo interminável que fluía para formar programas brilhantes que realizavam coisas fantásticas. Uma vez, ele escreveu um aplicativo para ajudar os Centros de Controle de Doenças a administrar estatísticas especializadas para epidemiologistas. Ainda é usado e colhe mais citações de colegas da área médica do que qualquer um das dezenas de programas patenteados que ele produziu em uma década no Google. Ele o escreveu quando ainda era estagiário no colégio.

---

[27] Era tanto que seus nomes poderiam ser fundidos em um só e ambos eram chamados de Google Fellows (camaradas do google), a maior honraria da empresa.

[28] MapReduce permitia aos engenheiros escrever protótipos de programas muito mais rapidamente, acelerando a velocidade do desenvolvimento do produto Google e de melhorias do sistema.

Alto, magro e reservado, com feições angulares que lembravam um pouco Gary Cooper, Jeff tinha acabado de sair do centro de pesquisa no Digital Equipment Corporation (DEC) para começar um trabalho novo em uma promissora empresa pontocom quando Urs o chamou em junho de 1999.

— Não pensei que ele quisesse trocar de emprego depois de apenas três meses — disse Urs —, mas ele respondeu: "É a hora certa, pois já estou entediado. Resolvi todos os problemas técnicos que havia para resolver nesta empresa, então estava pensando que talvez tenha cometido um erro".

Jeff estava ansioso para encarar os desafios do Google. Ele chegou duas semanas antes da data oficial, antes mesmo de ter se desligado da outra empresa. Ele escreveu códigos sem sequer fazer parte da folha de pagamento porque ele "queria dar conta do recado imediatamente".

Duas dezenas de ex-pesquisadores do DEC seguiriam Jeff para o Google. Muitos deles, inclusive Sanjay, foram influenciados pelo fato de Jeff já estar lá. Ciente do conselho de Urs para contratar apenas pessoas extraordinárias, Jeff foi atrás deles com todos os meios de que dispunha, até mesmo postar anúncios de recrutamento que apareciam todas as vezes que alguém procurava por palavras-chave relacionadas à codificação como "TLB shootdown" ou "lock free syncronization". (Depois que o engenheiro Paul Haar entrou para o Google, ele disse a Jeff: — Qualquer empresa que anuncie "lock free syncronization" serve para mim.)

Muitos dos que vieram do DEC ocuparam posições importantes, como Monika Henzinger, que se tornou diretora de pesquisa do Google e Krishna Bharat, que criou o Google news. Foi o designer de sistema Sanjay quem modulou perfeitamente a necessidade irreprimível de Jeff de se arrojar demasiadamente. Alto e de fala mansa, cabelos grisalhos prematuros, Sanjay caminhava silenciosamente pelos corredores transmitindo um ar de dignidade sem afetação, me fazendo lembrar Obi-Wan Kenobi[29] nos seus anos de sabedoria.

Jeff descreveu o equilíbrio da relação entre eles desse modo:

— Sanjay e eu combinamos bem um com o outro, porque ele tende a ser mais reservado e analítico e eu tenho a tendência de dizer: "Vamos fazer alguma coisa já. Vamos acabar com isso". Basta pôr os dois juntos e iremos na velocidade certa.

Ben Gomes deu uma explicação diferente de por que trabalhava tão bem

[29] Personagem de *Star Wars* (N. E.).

com Sanjay. Sanjay era muito, muito inteligente, sistemático e, portanto, fácil de acompanhar.

— Jeff era simplesmente brilhante — Ben acrescentou —, eu não chegava nem perto de deter seu brilho.

A engenharia tinha velocidade e direção, e estava acelerando rumo à meta de construir um Google melhor. Nós do marketing também queríamos um Google melhor, mas não tínhamos clareza de como chegar lá.

— Tecnicamente, ou as coisas funcionam ou não — o gerente de Ops, Jim Reese, admitiu uma vez. — Se nosso site está funcionando, está funcionando. Com o marketing, existem áreas mais nebulosas.

Esta área nebulosa estava ligada a uma ladeira escorregadia, de acordo com nossos fundadores, e no fundo daquela ladeira havia uma poça de água estagnada de desonestidade intelectual. Nas minhas primeiras semanas, o grupo de marketing teve que separar prioridades e papéis, portanto, não foi surpresa saber que Larry e Sergey não sabiam exatamente o que estávamos fazendo. No entanto, eles fizeram alguns comentários sobre como se sentiam em relação ao marketing em geral.

— Isso não tem que ser verdade, isso é marketing — Sergey brincava sobre nossas páginas da rede corporativa.

— É porque o marketing gosta de mentir — Larry deixou escapar um dia. Ele sorriu ao dizer isso, mas senti que estávamos sendo julgados por tudo aquilo que os engenheiros mais detestavam acerca do mundo não quantitativo, com suas comunicações corruptas e folhetos de propaganda distribuídos abundantemente. Deus ajuda qualquer um que ofereça uma opinião de marketing como se fosse um fato científico.

Como consequência do ceticismo de Larry e Sergey, nós do marketing nunca entendemos o senso de objetividade que Urs trouxe para a engenharia. Cindy cuidava da parte de relações públicas com precisão e Larry e Sergey confiavam em suas escolhas; mas os fundadores queriam manejar o marketing como um martelo, ao invés de um bisturi. Eles diziam a ela para fazer um "comunicado à imprensa", o que significava alertar a mídia de que havíamos feito mudanças que apenas os engenheiros entenderiam.

Os jornalistas não atendem a assovios que só os cachorros conseguem ouvir. Cindy tentava conter os fundadores e foi, aos poucos, construindo um relacionamento estável e duradouro com eles. Então, quando finalmente tínhamos algo que realmente valesse a pena comunicar à imprensa, os meios de comunicação prestavam atenção.

Entretanto, antes de liberarmos um comunicado à imprensa, Larry insistia em mostrar o rascunho para todos no prédio.

— Concordei com esse procedimento mas tenho algumas ressalvas — Cindy comentou. — Na verdade, isso nunca havia acontecido em qualquer outra empresa. Eu não tinha esse tipo de relacionamento com os engenheiros da Apple, porque havia certa distância entre o marketing e a equipe da área técnica, e eu achava isso normal. Estávamos em prédios separados, mundos diferentes. Fiquei muito satisfeita com o nível de feedback que recebi dos Googlers.

O Google era diferente mesmo. Apesar de os engenheiros ficarem separados de nós devido à planta do prédio, o e-mail penetrava em cada cantinho da empresa, nas refeições comunitárias e nas saletas de lanche, criando muita troca de informações. Quando passei a conhecê-los melhor, foi uma surpresa descobrir que os técnicos eram articulados e interessantes, muito embora, como você possa imaginar, os codificadores não eram muito fãs da gramática.

— Separe o infinitivo — Craig comentou sobre uma nota que eu havia escrito.

— Não tinha que ser "o" em vez de "um"? — perguntou Urs sobre um slogan.

— "Isto" e "FAQ"[30] não concordam em número — outro engenheiro advertiu.

Nunca me importei com as sugestões gramaticais e correções, na verdade isso me deixava ciente de que alguém estava prestando atenção no meu trabalho. No entanto, isso não significava que eu acolheria cada sugestão que viesse dos aprendizes de marqueteiros dos outros departamentos. E, por falar nisso, havia muitos deles.

Acertando na mosca

Eu não sabia nada sobre Salar Kamangar quando me procurou em meu primeiro mês de trabalho e me pediu ajuda. Alguém havia mencionado que ele tinha sido um estagiário. Com base nisso, eu o subestimei, como acredito que a maioria das pessoas também o fez. Larry e Sergey tinham contratado Salar assim que ele saiu de Stanford para ser o nono funcionário do Google, na primavera de 1999. Ele

[30] FAQ (*Frequently Asked Questions*), que em português significa "perguntas mais frequentes" (N. T.).

permaneceu como temporário por algumas semanas e então eles o incorporaram à folha de pagamentos, e seu papel antes indefinido de "sábio à solta" cresceu e abraçou cada novo desafio de negócios que a empresa enfrentou, desde contratar um novo controlador à transferência de 25 milhões de dólares da poupança da empresa para outro banco. Ele só tinha 22 anos na época.

Salar era um Porsche disfarçado de Dodge Dart. Cabelos escuros e olhos castanho-claros e grandes, um sorriso tímido e contagiante, ele poderia ter feito o papel de Sal Mineo no filme *Juventude transviada*, mas, apesar de seu jeito desarmado, ele defendia suas opiniões com paixão, persuasão e persistência. Para um homem franzino, ele era bem difícil de ser persuadido.

Os amigos de Salar tinham uma empresa de internet que enviava cartões-postais gratuitos para os usuários que digitassem uma mensagem e o endereço do destinatário. Sua renda vinha de vender a publicidade impressa no cartão.

— Fiz a nossa inscrição para uma avaliação gratuita — Salar me informou. —Você pode acertar as coisas com eles? Podemos fazer uma promoção através do newsletter do Google Friends[31].

Cartões-postais pareciam um modo estranho de se fazer marketing no Google e eu não fiquei nem um pouco satisfeito que uma decisão de marketing tenha sido tomada por alguém de fora do nosso departamento, ainda mais por alguém que nem parecia fazer parte de um departamento. No entanto, não quis demonstrar uma atitude negativa em relação à sua ideia e concordei em experimentá-la.

Shari sugeriu que mandássemos a ideia para um designer profissional.

— Qualquer fato que vá atingir 30 mil dos nossos mais fiéis seguidores deve ser levado a sério — ela insistiu. — Especialmente na ausência de qualquer outra marca do Google.

— Hummm — pensei. — Eu mesmo poderia fazer isso. É uma chance fácil de marcar um gol de placa.

Além disso, já tinha percebido que Larry e Sergey não gostavam de gastar dinheiro para pagar freelancers. Entrei de corpo e alma naquilo. Passei horas pesquisando fotos do arquivo e escrevendo frases que de algum modo ligassem as imagens aos produtos do Google.

A empresa que fazia a promoção fechou as portas antes mesmo que qualquer um de seus cartões-postais fosse enviado, e, depois de tanto esforço, eu

---

[31] Um e-mail mensal que alertava os usuários sobre novos recursos do Google (N. T.).

não tinha nada para mostrar a ninguém, a não ser alguns trocadilhos. Fiquei me culpando por ter transformado um projeto secundário em prioridade. Por que estava tendo tanta dificuldade para engrenar?

Sentia uma paralisia estranha trazida por possibilidades infinitas. Quantas vezes teria que reorganizar minha mesa e fazer listas do que fazer? Procurei algo familiar para me apoiar. Meu antigo patrão, Knight Rider, anunciou que estava fechando seu serviço de clipping on-line, o NewsHound. O Google poderia pegar esta tecnologia e melhorá-la, mudar a marca e lançá-la novamente. Um sistema de alerta de notícias parecia ser uma boa parceria para o Google, já que tudo o que fazíamos estava ligado a fornecer informação para as pessoas. Mandei uma proposta para Larry e Sergey, que acharam que valia a pena investigar a questão e me pediram para marcar uma reunião. Era mais ou menos assim que eu pensava: com uma tacada só, ia fazer a ponte entre a nova e a velha mídia.

— O que eu estaria comprando na verdade? — Sergey perguntou alguns dias antes de a reunião acontecer.

— Sua tecnologia de filtragem — respondi. — Teríamos que negociar separadamente pelo feed de notícias[32].

— Ah — disse Larry. — Isso não é muito interessante.

— Sim — Sergey concordou. — A parte do feed de notícias é interessante. Preferia não conversar sobre a outra parte nesta reunião. Deixe o Salar dar uma olhada nisso e ver se vale a pena.

Voltei minha atenção para Salar e tentei salvar algo da proposta original. Sergey queria publicar notícias no nosso index; certamente pensaríamos em uma saída? Salar foi evasivo.

— Não acho que seja assim que vamos querer colocar notícias em nosso site — ele me contou depois de uma conversa com Sergey.

De fato, isso não estava nem perto do que queríamos. O NewsHound foi posto de escanteio como um cavalo magro. E sem sequer olhar para ele, Larry e Sergey já sabiam que o Google tinha condições de fazer um produto bem melhor ali dentro da empresa. Codificar era fácil, então, por que gastar dinheiro numa tecnologia vira-lata que eles teriam que consertar? O que nós precisávamos realmente era de conteúdo, pois criar uma agência de notícias internacionais seria complicado e caro.

[32] Formato de dados que fornece aos usuários conteúdo atualizado frequentemente (N. T.).

Se o NewsHound tivesse pelo menos uma tecnologia de vanguarda que houvesse modificado a indústria, Larry e Sergey se interessariam não apenas por sua codificação, mas pelos engenheiros de peso que estariam por trás. Desse modo, o Google seria o dono das suas ideias inovadoras futuras, assim como daquelas que já tinham sido desenvolvidas. Larry e Sergey não gostavam de alugar inteligência se podiam comprá-la. Existem apenas algumas pessoas realmente inteligentes no mundo. Por que não colecioná-las?

Outras iniciativas que propus também não se encaixaram no modo do Google fazer as coisas. Estava no emprego havia mais de um mês e tinha só um projeto aprovado, as diretrizes da IU (interface do usuário) que eu havia feito com Karen White, e que poderia considerar uma conquista. Pelo menos eu acho.

Minhas bolas fora estavam se acumulando. Rezei para ninguém estar olhando o meu placar.

CAPÍTULO 4

Marketing sem "marketing"

— QUANDO VOCÊ está começando uma empresa, é fácil saber o que se tem que fazer — Craig Silverstein declarou, falando como engenheiro, não como um marqueteiro. — Você precisa desenhar ferramentas para dar conta do fluxo do trabalho, precisa criar um servidor de web. São tantas coisas a fazer em tão pouco tempo, que é melhor você aproveitar a oportunidade e fazer mais enquanto a empresa ainda é pequena.

O equivalente disso para um gerente de marcas seria desenvolver um logo, um slogan, criar uma posição de destaque e um plano para aumentar a participação no mercado. Tínhamos um logo e parecia que estávamos indo bem na direção de um slogan, então decidi me concentrar no posicionamento da empresa e em um plano de marketing. Mas não era o primeiro a me concentrar nisso.

Scott Epstein, o consultor que o Google havia contratado para colocar o marketing em funcionamento no começo de 1999, teve sucesso em uma área fundamental: fazer com que Larry e Sergey tivessem a mesma aversão pela propaganda tradicional que um vegetariano tinha por um belo bife de filé-mignon. Eles rejeitaram a ideia dele de gastar milhões "construindo a marca", e, quando ele foi embora de repente, pediram a Cindy para assumir a responsabilidade pela comunicação da empresa. Como alguém da área de relações públicas, Cindy enxergou a importância de conquistar o público por meio do boca a boca, em vez de gastar um monte de dinheiro com publicidade desperdiçada. O Google tinha uma história para contar, e as relações públicas poderiam angariar um pouco de fundos antes de investir dinheiro em publicidade. Ela só precisava de um pouquinho de ajuda.

— No final do verão de 1999, estava difícil conseguir que alguém respondesse às nossas chamadas ou que nos levassem a sério — Cindy relembrou. — Chegamos a contratar uma empresa, mas tivemos que dispensá-la, pois só trabalhava com clientes que fizessem investimentos, e Larry e Sergey disseram que não.[33] Aquilo nos deixou isolados: contratar uma equipe pequena, desenvolver conhecimento institucional e estabelecer relacionamento direto com mídia, analistas e formadores de opinião. — Mas como no clássico enigma do ovo e da galinha, a mídia não queria falar com o Google, pois o Google não era uma empresa sobre a qual as pessoas falavam.

— Contatei tanto o *San Francisco Chronicle* como o *Merc* — Cindy falou. — Queria apenas fazer contatos. O *Chron* nunca retornou minha ligação. Por fim, consegui falar com alguém da seção de negócios do *Merc*, que disse que não poderiam cobrir o Google, pois nosso escritório em Palo Alto ficava "muito longe".

A ideia da propaganda boca a boca agradava a Larry e Sergey e aumentava sua animosidade em relação ao marketing. Eles zombavam das jovens empresas startups que exageravam em seus anúncios nos jogos do Superbowl, pois a propaganda na TV era irresponsável. Você poderia enfiar milhões de dólares e não conseguir converter um único espectador em usuário. Os engenheiros se rebelavam contra esses excessos inúteis em nome da "construção de uma marca".

— "Marca" é o que sobra depois que você deixou de avançar.

Esta era a opinião que o engenheiro Matt Cutts ouviu em uma reunião com Larry e Sergey. Apenas quando um produto deixava de funcionar melhor do que o dos concorrentes é que a marca passava a ser fator importante. Mas, a esta altura, você já estava perdido. Por muito tempo, Larry se recusou a falar a palavra iniciada com "M", porque "marca" implicava que a pura e simples tecnologia não era suficiente para garantir o sucesso.

Meu plano de marketing mudaria tudo isso. Larry e Sergey veriam novos caminhos para atrair a atenção de usuários e empresas e convencê-los a experimentar o Google. Sentei-me diante do monitor com os pés sobre a mesa, o teclado apoiado no colo e comecei a digitar.

"O objetivo final do Google", escrevi, "é se tornar a solução de busca do grande mercado, servindo diretamente ao usuário final, assim como suprir tecnologia de busca a outros sites de destino." Comecei, então, a descrever as iniciativas de marketing que nos conduziriam a nosso objetivo final.

---

[33] Insistir na equidade era prática comum no Vale do Silício naquela época. Os proprietários do escritório do Google na University Avenue queriam ações da empresa, mas Larry e Sergey recusaram isso também.

Então, qual é o plano?

Na minha primeira semana, pedi a Cindy uma cópia do plano estratégico do Google. Ela ficou me olhando. O Google não tinha um plano estratégico. Além de um punhado de slides de PowerPoint que eram usados nas apresentações para se obter capital de risco, não havia nada escrito sobre o que a empresa pretendia conquistar. Estava tudo na mente de Larry e Sergey, que nunca estavam a fim de falar sobre isso.

Encontrei uma cópia da apresentação para os investidores da VC[34] e, sem sombra de dúvida, lá estava nossa estratégia bem na abertura, uma caricatura de *Doonesbury* na qual o empresário Bernie dizia: — Deem uma olhada no mecanismo de busca, caras. Eles não têm ativos reais, apenas um software que deixa todo mundo louco. E, mesmo assim, se alguém chegar com uma ferramenta de busca inteligente, uma que realmente funcione, as outras empresas vão desaparecer da noite para o dia.

Passei os olhos pelos slides, mas era apenas um grande esboço da equipe de gerenciamento do Google, uma lista dos concorrentes, alguns números da fatia do mercado, o orçamento e um slide que dizia: "Qual o segredo do Google? Mais de 4 anos de R&D em Stanford e o Google.com + uma equipe altamente especializada". Isso sim realmente explicava tudo.

— Quando tentei conseguir mais detalhes, eles não quiseram falar — Salar me explicou qual a ideia por trás desse conteúdo tão escasso. Montar os slides tinha sido sua primeira tarefa ao entrar na empresa. Larry e Sergey sabiam que algumas das empresas com as quais buscavam parceria já estavam investindo em mecanismos de buscas concorrentes e não pretendiam deixar escapar suas boas ideias.

— Por isso a apresentação ficou meio seca — Salar continuou — e a solução que o Sergey encontrou na véspera foi colocar algumas ilustrações de clip art.

Tentei imaginar os agentes do poder do Vale do Silício avaliando um investimento de 10 milhões de dólares, enquanto umas arvorezinhas de dinheiro bregas e alguns desenhos de dólares cintilantes brotavam em volta dos potenciais fluxos de receita do Google (vendas de tecnologia e propaganda direcionada). Então, imaginei qual seria sua reação às agressivas projeções de tráfego do Google que mostravam a empresa realizando 50% de todas as

[34] VC: empresa de capital de risco (N. T.).

buscas da internet em um prazo de dois anos. Nem no Vale do Silício alguém crescia tão depressa.

Em 1999, seria necessária uma misteriosa capacidade de prever o futuro para vislumbrar o futuro sucesso do Google. Ou talvez estivessem apenas a fim de torrar dinheiro. Kleiner Perkins e Sequoia deviam acreditar em algo, já que as duas empresas de capital de risco investiram 12,5 milhões de dólares cada uma, o que levou os cínicos do Vale a definir a palavra "Googling" como "conseguir fundos sem ter um plano de negócios".

Os slides não revelaram nada sobre o marketing do Google, então meu plano teria que começar do zero. Desenhei uma pirâmide que mostrava a hierarquia dos usuários, aqueles que tinham conhecimento técnico no alto e os novatos, embaixo, e delineei um programa de três fases para nos conduzir por todos os estágios. Formulei questões para as quais não tínhamos respostas. Qual era o tamanho do mercado dos usuários que tinham conhecimento técnico? Já tínhamos a maioria deles como nossos usuários? Precisaríamos de novos produtos para atrair usuários menos sofisticados? A pesquisa iria nos dar as respostas, mas enquanto isso não acontecia, elaborei ideias sobre como criar uma base de dados de propriedade legal e um domínio de registro pesquisável, e lançar o programa Google Fellows para recompensar nossos usuários fiéis. Senti segurança ao enviar o plano para a equipe executiva. Não continha nenhuma proposta para se gastar um dinheirão nos grandes meios de comunicação, muito pelo contrário, enfatizava a importância da coleta de dados. Larry e Sergey pareciam adorar dados.

— Ótimo trabalho — Sergey respondeu. — Este é um bom ponto de partida.

A verdade é que ele contestou a maioria de meus argumentos, mas pelo menos não deu um tiro de misericórdia e deixou meu plano estirado no chão. Larry era mais reservado, mas gostou das questões que eu estava levantando e pensou que a ideia do Google Fellows era descolada[35].

Sergey fez trocadilhos com a minha declaração de que a velocidade não seria um diferenciador importante já que todos estavam passando para a conexão de banda larga.

— A velocidade é um problema pra mim — disse ele —, e eu tenho modem a cabo em casa. Se mecanismos de busca fossem mais rápidos e melhores, poderiam estar integrados ao seu processo mental.

---

[35] Ele gostou tanto da ideia que ele reservava a honra para googlers excepcionais.

Ele vislumbrava o Google se tornando um componente invisível em cada tomada de decisão do usuário, não apenas uma ferramenta para se encontrar algo em particular. Aparentemente, a integração do cérebro era uma das metas corporativas não reveladas até então.

Ele também descartou a minha conclusão de que precisaríamos acrescentar serviços segmentados para levar a visualização das páginas para longe dos grandes portais.

— A não funcionalidade é um recurso — ele me instruiu. — Não precisamos melhorar a visualização das páginas acrescentando produtos.

Larry e Sergey sempre pensaram em grande escala. Sergey percebeu que havia uma lacuna ainda maior entre o número total de usuários que visitavam cada portal do que havia entre o número de páginas que os visitantes viam quando já estavam no portal. O vencedor na busca não será o site que gerar alguns cliques a mais dos usuários que já possuía; será o site que tenha mais usuários no total. O Google, Sergey tinha decidido, seria o último.

O único modo de vencer

Ter um plano de marketing a caminho de ser aprovado me deixou confiante. Não importava quão inovador nosso produto fosse, por fim, os outros o alcançariam. Era o curso normal dos negócios. Naquele dia, o marketing seria necessário para criar uma escolha clara para os consumidores. Naquele dia, eu daria um passo à frente e proclamaria: estou pronto para *assumir* e fazer do *meu* jeito.

Aquele dia jamais chegou.

Não foi porque o Google era líder desde o começo e nunca olhou para trás.

— Nós não estávamos na liderança — Urs disse sobre os primeiros dias. — O Google era uma empresa minúscula e a AltaVista e o Inktomi eram enormes. Inktomi tinha uma gaiola no mesmo *data center*, 20 vezes maior do que a do Google. Muito mais agradável. Eles tinham seu logo na parede. Éramos uma empresa iniciante tentando fazer algo novo. Nosso ranking era melhor, mas éramos bem mais lentos que o Inktomi. Mal podíamos manter o fluxo e eles tinham 100 vezes mais tráfego do que nós.

Ainda bem que eu não tinha percebido a fragilidade do Google quando marquei a reunião para discutir as próximas etapas do meu plano de marketing. Provavelmente eu estava imbuído de uma falsa confiança de que a minha proposta teria todas as respostas. Em vez disso, eu sabia que teria que justificar o gasto em cada passo que eu havia esboçado. Comecei a lista das razões que necessitávamos para executar o plano e por que precisávamos fazê-lo com alguma urgência.

— O mais importante a considerar — comecei — é que nossa própria pesquisa interna mostra que nossos concorrentes estão começando a se aproximar do nível de qualidade do Google. Em um mundo em que todos os mecanismos de busca são iguais, vamos precisar depender da marca para nos diferenciarmos dos outros.

A sala ficou quieta.

Olhei em volta, nervoso. Será que eu dissera algo errado? Sim. Não apenas errado, mas dissera uma heresia para engenheiros que acreditavam que tudo poderia ser melhorado mediante a aplicação iterativa da inteligência. Larry deixou clara minha blasfêmia.

— Se não podemos ganhar na qualidade — ele disse, calmamente —, não deveríamos ganhar de modo algum.

No seu ponto de vista, ganhar apenas devido ao marketing era enganoso, porque isso significava que as pessoas tinham sido ludibriadas e levadas a utilizar um serviço inferior indo contra seus próprios interesses. Seria mais nobre pegar em armas, lutar contra nossos problemas, e ao combatê-los, exterminá-los.

Ir audaciosamente onde ninguém jamais foi

A confraternização de fim de ano do Google, em 1999, parecia uma festa de formatura de escola, com cadeiras dobráveis e algumas dezenas de pessoas apertadas em uma sala decorada com lousas brancas. Devido a problemas na cozinha, a comida demorou a chegar e veio morna. Sergey tentou chamar a atenção dos participantes mantendo-se em cima de uma bola de borracha vermelha de um metro e meio de diâmetro, mas ele não conseguiu manter o equilíbrio apesar das aulas de trapézio que vinha fazendo em um circo local. Ele improvisou algumas piadas e comentários gerais sobre as coisas estarem indo bem, mas não ofereceu nenhuma visão brilhante do futuro para nos transmitir a segurança de que a empresa estaria de pé para a celebração do ano seguinte.

Kristen foi embora mais convencida do que nunca de que eu tinha trocado nossa segurança por uma startup volúvel que estava a meio passo de fechar. A volta para casa foi silenciosa, com as crianças dormindo no banco de trás do carro.

— Eles parecem... agradáveis — Kristen disse —, mas será que sabem o que estão fazendo? Eles parecem meio desorganizados.

— Tenho certeza de que as coisas vão melhorar com o tempo — murmurei em meio ao ronco das crianças. — Eles ainda estão montando a empresa, por isso... mas não é tão ruim quanto parece.

O caos já estava começando a parecer normal para mim: o amontoado de brinquedos, ferramentas e tecnologias; os cachorros correndo, se esquivando das scooters elétricas deslizando pelos corredores; a microcozinha transbordando com comida gratuita. Eu estava começando a perceber que cada parte do espaço do escritório do Google tinha um objetivo.

George Salah saiu do Oracle para se tornar gerente de instalações do Google em 1999, depois de fazer amizade com Larry e Sergey durante um jogo de hóquei. ("Eles eram muito melhores do que eu esperava para um bando de engenheiros", admitiu.) O Oracle era uma empresa internacional extremamente bem-sucedida, de modo que aplicar suas melhores práticas fazia bastante sentido para uma startup amadora.

— No Oracle — George comentou —, havia normas que eu podia sacar e dizer: isto é o que precisamos fazer em Portland. Eu disse para Larry e Sergey: "Não quero recriar a roda duas vezes. Você confia em mim para criar um conjunto de normas?". Ele me olhou como se eu fosse louco.

— *Claro que não!* — os fundadores declararam. — Não queremos ter nada que tenha a ver com normas. Não queremos nada que seja "padrão".

— Acho que foi nessa época que comecei a ficar careca — George me contou passando a mão na cabeça. — Eles queriam ser completamente diferentes de qualquer outra empresa que eu já tivesse visto antes. Aperfeiçoar em cada modo, configuração e forma. Eu tive que jogar fora tudo o que havia aprendido na minha carreira e então encontrar fornecedores, prestadores de serviço e arquitetos que conseguissem entender o que eles queriam: criar o melhor local de trabalho possível. Não por causa da estética. A funcionalidade vinha sempre antes da forma.

Meus colegas e eu também éramos proibidos de fazer as coisas "do jeito normal e estabelecido". Como Cindy colocou:

— Larry e Sergey rejeitavam fundamentalmente qualquer tipo de abordagem padrão para o marketing do Google. Nas empresas em que trabalhei, quando nos encontrávamos com os meios de comunicação, levávamos um conjunto de mensagens, tínhamos o suporte de uma apresentação de PowerPoint e algumas deixas. Tínhamos treinamento de mídia e estávamos preparados com uma resposta pronta para qualquer pergunta. Larry e Sergey odiavam a ideia e se recusavam a se prender a mensagens prontas, não usavam slides de PowerPoint e falavam sobre o que quisessem falar. A mídia os adorava por isso.

Minha colega de marketing off-line, Shari, não gostava muito da abordagem idiossincrática dos fundadores. Ela pressionava Sergey para que eles pagassem uma pesquisa de mercado e implorava que contratassem uma agência de fora para fazer uma campanha promocional.

— Eles não entendem a importância de marketing de massa para construir a marca — ela reclamou. — Eles precisam confiar e deixar que a gente tome as decisões do marketing e que façamos nosso trabalho.

Todos nós lutávamos com a estrutura ambígua do Google. Quem eram as partes interessadas? Quem dava a última palavra quando discordávamos? Larry ou Sergey precisavam aprovar tudo o que fazíamos? Aparentemente, o foco em eficiência da empresa não se estendia ao gerenciamento de decisões.

Conflitos sobre a ultrapassagem de limites eram bem ruins, mas havia situações piores do que cruzar uma linha invisível. Às vezes um fundador oferecia uma "boa ideia".

— Eu tenho uma boa ideia — Sergey informou à Susan Wojcicki algumas semanas depois que comecei. — Por que não pegamos o orçamento do marketing e o usamos para vacinar refugiados tchetchenos contra a cólera? Vai ajudar na conscientização da nossa marca e vamos ter mais gente usando o Google.

Nessa época, a empresa não tinha ainda nem um ano de funcionamento. Não tínhamos nenhuma renda real. Gastar milhões de dólares de nossos investidores com uma terra em guerra na Ásia seria realmente uma abordagem revolucionária para a crescente fatia do mercado.

Sergey estava falando sério? Sim, ele estava. Como eu poderia argumentar contra uma sugestão bizarra dessas? Nos meus empregos anteriores, eu tinha discordado dos colegas no uso do rádio ou da TV, ou debatido pontos e estilo de um texto, mas o que Sergey estava dizendo era uma linguagem que eu não entendia.

Depois de 12 anos, olhando para trás, começo a entender a perspectiva dele. Salvar vidas era um uso melhor de nosso orçamento do que a publicação de anúncios que simplesmente irritavam as pessoas e de nada adiantavam, e, portanto, eram do mal. Por que não fazer uma grande doação para uma causa humanitária e construir conscientização ao fazer o bem? Isto tinha todos os elementos clássicos de uma solução do Sergey: uma abordagem não convencional maluca de um problema comum, a tecnologia a serviço de melhorar a condição humana, algo de âmbito internacional, e uma expectativa de que a imprensa poderia ser utilizada como ferramenta para atingir nossas metas comerciais.

Sergey não perguntou para Shari ou para mim o que pensávamos de sua ideia. Ele sabia que nós a teríamos ridicularizado. Então, ele procurou Susan, uma das poucas marqueteiras em quem ele confiava. Ela era um dos membros do círculo íntimo que fez parte do escritório da University Avenue, e o Google tinha alugado um espaço na casa dela. Sergey conhecia sua família (mais tarde ele se casaria com a irmã dela) e Susan compreendia muito bem Sergey para não descartar suas sugestões estranhas de imediato. Ela foi coletar dados, o que, nesse caso, significava conversar com sua mãe, uma professora de Palo Alto. Como educadora, a mãe de Susan tinha o respeito de Sergey, e quando ela confessou estar confusa sobre o nosso plano de apoiar um exército rebelde na Rússia, ele ficou um pouco desanimado. No entanto, ele tinha um plano B.

— E se a gente distribuísse preservativos com a marca Google para alunos do Ensino Médio?

Sergey pediu para que eu e Shari investigássemos outras promoções beneficentes desse tipo e fizemos nosso trabalho direitinho, mas não nos passou despercebido que nossa opinião só era requisitada em segundo plano. Susan fazia parte do grupo de marketing, mas Shari e eu supostamente estávamos gerenciando; nos sentimos marginalizados. Eu podia lidar com a ambiguidade organizacional, mas precisava me apoiar em algo firme para saber onde ir.

Não deveríamos fazer as coisas como tínhamos feito no passado. Não deveríamos imitar as outras empresas. Não deveríamos esperar ser informados sobre a estratégia da empresa, se é que de fato havia uma. Éramos atores independentes, construindo uma equipe coesa de não conformistas. Eu achei que entendia: precisava identificar problemas e resolvê-los. E foi o que fiz.

CAPÍTULO 5

Dando tempo ao processo

Janeiro de 2000. Ano-novo. Novo milênio. Novo eu.

Meu primeiro mês teve um início instável, mas agora eu resolvera pisar em terra firme, no limo original do começo da organização do Google. Meu primeiro passo seria remover um obstáculo óbvio entre nós e o sucesso: o Google não tinha um processo. Precisávamos de um caminho claramente demarcado para a tomada de decisão sobre tudo, desde o design da camiseta até escolher em quais categorias de produtos deveríamos entrar. Felizmente, eu estava imerso na implementação de processos, tendo saído de uma organização com sete sindicatos, dezenas de editores e um apetite insaciável para elucubração e críticas. Eu sabia como as empresas bem-sucedidas estabeleciam metas e traria a sabedoria do mundo lá de fora para o Google.

"Achou um problema", pensei. "Agora, conserte-o."

Marquei uma reunião interdepartamental para colocar a necessidade de dar prioridade a projetos e à locação de recursos. Os departamentos de marketing e de desenvolvimento de negócios, as duas principais bases sobre as quais o futuro da empresa se apoiava, iriam colaborar na construção de uma plataforma estável de crescimento. Meu colega de escritório, Aydin, quis participar. E também Shari, Susan e alguns outros do comercial.

Em nosso primeiro encontro, fizemos um brainstorming das estruturas do processo, analisamos a concorrência, nossa posição geral no mercado e para onde a indústria estava se direcionando como um todo. Foi uma boa reunião, um encontro produtivo, e, ao final, estávamos preparados para apresentar a liderança estratégica que faltava ao Google. Que fatia de mercado poderia o nosso Google, munido de um projeto, conquistar? O mundo nunca saberá. Assim que Larry e Sergey souberam que pretendíamos ditar planos de produtos para a engenharia, eles soltaram os cachorros em nós. O cachorro era Salar. Ele não desmantelou o nosso comitê imediatamente, mas acabou assim mesmo. Salar disse que Larry concordava em responder a uma lista de perguntas para esclarecer nossa estratégia corporativa, mas que o desenvolvimento de produtos permaneceria fora de alcance até segunda ordem.

Algo ele deve ter absorvido, pois no dia seguinte Sergey emitiu um tipo de manifesto para toda a empresa enumerando nossas três prioridades máximas: "excelência do produto, aquisição de usuários e rendimento". Não era exatamente um plano de ação. Nem respondia a questões mais amplas, como: "Como assegurar a fidelidade do usuário?" e "Qual é a nossa estratégia de expansão do mercado[36]?".

Com o tempo parei de fazer essas perguntas, já que me convenci de que nossos fundadores pretendiam seguir um trajeto para o futuro com base apenas no instinto. E então correr para escapar do incêndio causado pelos concorrentes, carregando a empresa toda nas costas. Essa estratégia exigia certo grau de confiança em suas próprias habilidades.

— Eles tinham tanta autoconfiança que Sergey estava convencido de que encontraria a cura para a Aids — disse o engenheiro Chad Lester, encantado.

E por que não? Com 25 milhões de dólares no banco, a arrogância excêntrica dos fundadores estava livre para alçar os voos que quisesse. O Google oferecia exatamente tal oportunidade. Os investidores de capital de risco John Doerr, do Kleiner Perkins, e Mike Moritz, do Sequoia Capital faziam parte da diretoria do Google, mas a diretoria não tinha controle, isto ficava a cargo de Larry e Sergey. A única coisa que a diretoria poderia fazer era tentar orientá-los.

Larry e Sergey promoveram Cindy, a vice-presidente de marketing corporativo, e a colocaram a cargo das relações públicas e da parte promocional, mas não do desenvolvimento de produtos. A diretoria queria um líder diferente para montar esta organização, alguém com conhecimento técnico, mas que não fosse um engenheiro. Quando um engenheiro dirige um trem, às vezes ele enfoca mais na velocidade que pode atingir do que no caminho a seguir.

Larry e Sergey relutantemente concordaram em procurar alguém, embora ninguém no marketing tradicional fosse capaz de impressioná-los.

O candidato certo teria que ser capaz de se comunicar com os codificadores, executar rapidamente e ser muito, muito inteligente. E cheirar bem. Sergey uma vez rejeitou um candidato em parte porque "achou que ele tinha mau cheiro".

---

[36] A diretoria era formada por Larry, Sergey e os investidores que tinham colocado dinheiro para tirar o Google do chão: Doerr, Moritz e Ram Shiram.

Jonathan Rosenberg, um executivo da Excite@Home, era muito, muito inteligente, e a diretoria sugeriu de modo enfático que ele seria a melhor escolha para atender às necessidades do Google. Jonathan pensava de modo diferente e decidiu ficar na Excite por mais dois anos antes de assumir o papel de vice-presidente de gerenciamento de produto do Google. Ele tinha atrás de si muito mais do que um currículo impressionante. Ele convenceu Larry e Sergey de que havia espaço para um grupo de gerenciamento de produto se, e somente se, ele não usurpasse a primazia divinamente ordenada da engenharia. Deus nos livrasse que o Google se tornasse uma empresa voltada para o marketing, na qual os pesquisadores identificavam as necessidades do consumidor e então o gerente de produto (PM)[37] direcionava os engenheiros a criar produtos a fim de preencher aquelas lacunas. Eu aprendi que isso era algo bom.

— Vamos fazer uma análise das lacunas — eu costumava falar no *Merc*. — Quais são as metas não atendidas? Onde está a oportunidade de mercado? Quantas fatias de mercado podemos conquistar? — Engenheiros odeiam esse tipo de raciocínio.

Se você é um engenheiro com uma ideia brilhante, vê-la posta de lado ou abandonada porque não foi bem no teste é como observar um brutamontes arrancar as asas de uma borboleta. O certo a fazer é construí-la sem se importar, para provar que você pode e porque, ao construir coisas legais, bem, você acaba ficando com coisas legais.

Nerds costumam fugir de empresas voltadas para o produto como o diabo foge da cruz, nas quais engravatados que sugam a alma criam desordem ao procurar o lucro em vez de perfeição, e o chefe não entende nada de tecnologia que seja mais complicado que um clipe de papel. Lá, regras de gerenciamento de produtos adulam um público que não tem ideia do que realmente quer enquanto engenheiros escravizados fazem pequenas melhorias em produtos de baixa qualidade — produtos ruins disfarçados em promocionais e exibidos perante os consumidores como uma raridade.

Larry e Sergey não permitiriam que isso acontecesse no Google. A empresa deles apreciaria a beleza inerente de um design inspirado em

---

[37] Vou me referir ao gerente de produto como "PM" para evitar confusão com os gerentes de projeto. Gerentes de projeto ficavam totalmente na logística. O gerente de produto tomava decisões estratégicas sobre cada aspecto do desenvolvimento do produto.

tecnologias inovadoras, como um corretor ortográfico que reconhecia uma centena de variações do nome "Britney Spears", ou uma calculadora que convertesse a velocidade da luz em furlongs por quinzena. Para tanto, um gerente de produtos do Google precisaria ser bastante inteligente para entender os engenheiros e não intimidá-los ou subordiná-los. Alguém com quem os fundadores se sentissem à vontade em ter contato direto. Alguém que os enfrentasse quando fosse preciso, mas que não os fizesse perder tempo com trivialidades.

— Fui a primeira pessoa que não era um engenheiro a trabalhar diretamente com a engenharia para definir um produto — Salar relembra. — Decidimos chamar isso de gerenciamento de produtos.

A transformação de Salar em um departamento de uma pessoa só complementava a outra parte do processo que se completou em janeiro de 2000.

— A internet é subestimada — John Doerr declarou no início da explosão pontocom. O Vale do Silício prestou atenção porque os investimentos iniciais de Doerr por meio da Kleiner Perkins em vencedores como Sun, Netscape, Compaq e Amazon provaram sua estranha perspicácia nos negócios. Agora, como um dos membros da diretoria, ele recomendava as melhores práticas utilizadas pelas empresas de seu portfólio para reforçar o anêmico processo de gerenciamento e nossa frágil capacidade de tomar decisões.

— Tivemos uma reunião maravilhosa hoje de manhã com John Doerr — Cindy disse um dia. — Fiquei muito impressionada com as ideias que ele está tentando incutir em nossos caras.

O regime de crescimento corporativo de Doerr consistia em um sistema de estabelecer metas e medir progressos que ele chamava de Objetivos e Resultados Principais ou ORP. Era muito mais metódico do que a lista específica de metas nebulosas que Sergey tinha despejado sobre nós na semana anterior.

— Os objetivos — Doerr instruiu Larry e Sergey — devem ser significativos e transmitir ação. Eles definem o que você quer conquistar, enquanto os resultados principais detalham como você irá conquistar essas metas. — Os resultados principais, entretanto, devem ser agressivos, mensuráveis e com limite de tempo. Doerr advertiu os fundadores para não passarem dos limites: cinco objetivos com quatro resultados principais cada seriam suficientes.

Os objetivos iniciais de Larry e Sergey incluíam "avançar na liderança do mercado", "melhorar a experiência de busca para o usuário", "atingir ou exceder a receita" e "aprimorar a organização interna". Essas categorias amplas permaneceram por muitos trimestres, mas os resultados importantes, os passos que teríamos que dar para conquistá-los, mudavam sempre, desde "contratos de distribuição que acrescentavam meio milhão de buscas ao dia", "lançamento do Google em dez línguas" a "eleger um CEO". Se eu quisesse ver as prioridades da webmaster Karen White, ou as de Cindy, ou as de Larry, bastava apenas entrar na lista de telefones da nossa intranet (apelidada de "MOMA" por Craig Silverstein em homenagem ao Museu de Arte Moderna de Nova York) e clicar o nome deles. Isso ajudava, porque nos últimos dias do trimestre todos se apressavam em riscar itens de suas listas. Se os ORPs de alguém dependessem de mim, eu queria ser notificado com antecedência que eles iriam me procurar, e queria que as pessoas de quem eu precisasse de ajuda para completar meus próprios ORPs estivessem cientes do fato.

Em uma empresa repleta de perfeccionistas, eu acreditava que todos completariam todos seus ORPs. Não. Acontece que isso indicaria fracasso. A taxa ideal de sucesso era de 70%, o que mostrava que estávamos nos esforçando. Larry e Sergey asseguraram que os ORPs que faltavam não influenciariam nossas avaliações de desempenho porque, nesse caso, correríamos poucos riscos. Os ORPs forçavam a reavaliar nossas prioridades pelo menos quatro vezes ao ano. Se a indústria mudava ou nossas metas corporativas o faziam, tínhamos a obrigação de pegar nossas iniciativas fracassadas e colocá-las na lata de lixo. No *Merc* era praticamente impossível interromper projetos que já haviam sido iniciados. Participei uma vez de um comitê que decidiu que a seção de notícias do bairro fazia perder dinheiro e deveria ser cancelada, mas durante meses ninguém teve coragem de tomar a decisão. Não no Google. Larry e Sergey esperavam resultados instantâneos e produtos viviam ou morriam com base em dados, não em sentimentos. Eu tinha sentimentos contraditórios sobre a eficácia dos ORPs como um indicador de progresso e realização individual. Poderia apoiar lançamentos de produtos sozinho pois era preciso apenas escrever um texto para o website ou esboçar planos promocionais, mas eu me esforçava para realizar projetos que exigissem recursos de engenharia, como consertar nossa loja on-line, ou reaparelhar uma van como um ponto de acesso wireless portátil (uma ideia do Larry), ou lançar um programa afiliado que pagasse webmasters para que enviassem tráfego para o nosso site (também uma ideia do Larry).

Enquanto eu estava nas reuniões de atualização trimestral da Cindy, prestei atenção nos relatórios de meus colegas e aos círculos coloridos ao lado de cada um de seus ORPs. Verde significava completa ou quase. Vermelha significava grandes obstáculos ou sem saída. Os slides da equipe de relações públicas sempre pareciam um riacho de água transparente. As minhas metas que dependiam de tecnologia pareciam um doente de icterícia sofrendo de queimadura solar. Ainda assim, o resultado final parecia ter progredido. Depois dos ORPs terem sido instituídos, mandei um e-mail para um amigo que ainda trabalhava no *Merc*: "Estamos muito mais enfocados na empresa, o que me faz pensar que estamos no caminho certo".

Juntos, você e eu formamos uma equipe

"Existem questões conflitantes", eu escrevi para outro amigo, "mas não há animosidade à nossa volta. Ninguém mandava cópia oculta para ninguém e não havia uma cultura de se colocar a culpa em alguém. A política corporativa viria com a expansão, mas por enquanto as pessoas estavam mais concentradas em realizar as coisas do que em fazer intrigas."

Egos, sim, isso existia em abundância, mas não havia Napoleões construindo seus impérios pessoais. Briguinhas surgiam por causa de convicções, não pela sede do poder. Nunca vi usarem o armamento pesado que eu havia presenciado em outras empresas, onde cabeças decepadas enfeitavam estacas em volta de domínios fortificados. Engenharia era engenharia. Marketing era marketing, estava claro de que lado você ficava. Infelizmente, minha previsão sobre a política desenvolver com o crescimento não levou em consideração a taxa de crescimento do Google. Em vez dos anos que eu havia previsto para que isso acontecesse, foi apenas uma questão de semanas para que as primeiras barreiras e guardas de fronteiras aparecessem.

Cindy aproveitou a ocasião do novo milênio para formalizar áreas de responsabilidade em nosso departamento, dividindo o marketing em dois grupos: um sob a direção de Shari e outro sob a minha. Mas foi Salar quem ergueu as primeiras cercas ao longo das linhas interdepartamentais.

Meu esforço para incutir clareza organizacional tinha sido sufocado antes mesmo de nascer, mas Salar reconhecia que tomadas de decisão não coordenadas poderiam gerar problemas, sobretudo em relação à interface do usuário (IU). Então, ele dividiu o trabalho. Marissa Mayer, que estava trabalhando meio período como engenheira de interação homem-computador, desenvolveria propostas para a aparência das páginas de resultados, enquanto Karen e eu supervisionaríamos o conteúdo de design de todas as outras páginas do Google.com. Marissa e eu poderíamos apresentar modificações da homepage, e Larry tomaria as decisões finais com base nos dados testados e na sua visão de mundo. A alocação fazia sentido na teoria, mas como a igreja católica descobriu em 1378, dois papas não fazem você duas vezes mais infalível.

Alguns dias depois, Marissa criou uma lista de e-mail "equipe IU" para o grupo que melhoraria a aparência do Google debater o formato em questões de usabilidade. Estavam presentes na lista Karen, Marissa e eu, Salar, Shari e os engenheiros Bay Chang, Krishna Bharat e Jen McGrath. Iríamos nos encontrar semanalmente para expor os textos, descrevendo os novos serviços, a cor dos links visitados ou o tamanho da fonte do link para nossa página de ajuda. Desse modo, Larry poderia manter a visão geral e não se perder em um amontoado de detalhes.

As reuniões da equipe IU se arrastavam por dias (ou assim parecia) na sala de reuniões abafada e árida onde nos encontrávamos. As luzes se apagavam, o projetor era ligado e o zumbido de vozes e avariação das páginas de design começava. Claro que eu tinha opiniões sobre design (todos tinham), mas depois de dez minutos debatendo o tom de azul exato para uma linha de 3 pixels na quarta página de resultados, eu ficava rabiscando esqueletos desajeitados sentados sobre teclados. Que grande interação homem-computador!

— O índice de conteúdo tem uma largura de 56 — Bay poderia dizer para animar um pouco as coisas. — Que tal criar uma coluna no meio e fazê-la com a largura fixa?

— Os títulos parecem estar mais para a direita da página do que o texto — Marissa comentaria jovialmente. — Podemos corrigir isso com margem ou reduzir o preenchimento de células e o espaçamento delas?

— Você não pôs uma vírgula depois do segundo item da série — eu falaria só para manter o bom humor rolando e o oxigênio fluindo em meu cérebro.

Guerras de maquete surgiam constantemente e rapidamente cresciam em intensidade, com ideias de design expressas em esboços de HTML. O projetor ligado aos nossos laptops enviava dezenas ou até centenas de layouts na parede enquanto avançávamos em direção à implementação mais intuitiva do usuário.

Eu me sentia em desvantagem devido à minha formação em inglês, uma carga que eu teria que carregar sozinho. Não que eu não entendesse os jargões básicos do HTML (pelo menos como conceito), mas meu conhecimento limitado me deixava parcialmente desarmado. Era como se eu tivesse trazido um estilingue para uma batalha em *Star Wars*. Enquanto meus colegas revisavam os códigos intensamente e mandavam iterações uma após a outra, eu recorria ao papel e aos marcadores coloridos para apresentar minhas ideias. Sabe aquele riso condescendente que você dá para as crianças quando fazem um desenho bonito? Ele se tornou a trilha sonora das minhas apresentações.

Algumas vezes os membros da equipe de IU discordavam e era mais fácil ficar acordado. Engenharia, pesquisa e marketing, estavam todos representados ali, mas as alianças mudavam constantemente. Eu frequentemente apoiava Bay, que tinha escrito sua tese de doutorado sobre a interação homem--computador, e Karen, que intuitivamente sabia o que poderia ser útil às pessoas "normais" (isto é, usuários que não tinham formação técnica avançada nem, Deus nos livre, um diploma de Stanford).

Também ficava do lado de Marissa com muita frequência. Ela construía cuidadosamente posições com base nos resultados de testes de usuários ou dados escolhidos dos nossos logs, registros internos gerados automaticamente da interação de usuários com nossos servidores.

— Quando Urs me colocou responsável pelo IU — ela nos lembrou —, ele disse que não precisávamos de opiniões, mas sim de fatos e pesquisas para basear nossas decisões em relação ao IU.

O problema era que, às vezes, tínhamos perguntas que os dados não conseguiam responder. As barras coloridas deveriam ser usadas como cabeçalho das seções ou somente como títulos das páginas? Deveríamos usar botões redondos ou um menu que rolasse para baixo? Deveríamos forçar os navegadores a exibir um texto sem serifa ou permitir que os usuários desconsiderem nossas escolhas e usem suas fontes preferidas? Questões conflitantes podiam repentinamente se tornar uma discussão séria.

As pessoas querem ajustar o número de resultados que veem baseado na busca particular que estão conduzindo. É uma "consulta específica", poderia começar um debate. E então,"Qualquer idiota pode ver que devemos oferecer uma escolha em cada página de resultado".

— Isso não passa de uma gambiarra! — viria a resposta. — Os usuários querem ter seu número de resultados e deixar que eles fiquem assim para sempre. A opção de mudar não deveria ser esfregada na cara deles como uma meia fedida toda vez que eles fizessem uma busca.

— Seu palhaço sem graça! Você não entende nada de comportamento on-line! Você já leu por acaso o livro *User-Centered System Design*?

— Não. Mas já li o sistema de design voltado para usuário da sua mãe...

Tudo bem, isso nunca aconteceu. Pelo contrário, nós olhávamos o que os outros sites faziam e criávamos hipóteses do que poderia ser mais efetivo ao usarmos nossa própria experiência. A verdade não poderia ser derivada objetiva e racionalmente até que tivéssemos, de fato, tomado uma decisão e a implementado. Quando adivinhávamos errado, o uso diminuía e aumentava o número de e-mails dos usuários.

— Por que não posso mudar a fonte da minha tela? — As pessoas queriam saber. — Isso aqui não é os Estados Unidos da América?

Arthur C. Clarke falou uma vez: — Qualquer tecnologia relativamente avançada não se distingue da mágica.

Nosso trabalho na equipe IU era preparar o terreno para a maravilha tecnológica que surgia todas as vezes que alguém realizava uma busca: tornar a interface do Google naturalmente simples de usar. As escolhas que fizemos podem parecer dolorosamente óbvias, mas esta é uma marca do sucesso da equipe. Não tentávamos distrair os usuários com nada chamativo ou pretensioso, nem seguir o portal de cores cintilantes, displays deslumbrantes e outras mágicas. Apresentávamos um espaço limpo e bem pensado, com nada escondido a não ser um talento incomparável para tirar coelhos da cartola da internet. Isto é, se você estiver procurando coelhos.

A equipe IU cresceu rapidamente. Todos queriam retocar a face pública do Google. Criamos um grupo de produção de frente para lidar com as questões de implementação, para que pudéssemos nos concentrar na filosofia global do design. Schwim montou um laboratório de IU para a equipe de frente com uma dúzia de computadores e configurações de navegador diferentes, e até mesmo uma unidade de WebTV para que eles pudessem evitar a repetição do erro AOL-Verdana. Muito embora tivéssemos mais engenheiros, designers e especialistas de IU, eu continuava sendo o único escritor da casa.

Apesar de nunca mexer nos cabos dos computadores nem alterar as codificações de base, minhas sugestões estéticas ocasionalmente acabavam no site e meu texto pouco a pouco ganhava respeito. Comecei a sentir que meu papel na empresa estava começando a se definir. Eu não era um líder técnico nem um diretor de design. Mas poderia ser o cara da palavra do Google.

CAPÍTULO 6

Integridade real e pensamentos sobre Deus

LARRY E SERGEY não gostavam da base da publicidade da internet: desenhos retangulares chamados banners que piscavam e chamavam a atenção de modo irritante, e eles não a colocariam no Google. Na verdade, eles não gostavam de publicidade de modo nenhum, porque consideravam que receber dinheiro pelos anúncios criaria incentivos para alterar os resultados de busca a favor do anunciante. Ainda assim, eles tinham listado a venda de anúncios na apresentação original aos investidores como uma possível fonte de renda e estavam dispostos a considerá-la, caso pudesse ser feita de um modo direcionado e útil, e não desagradável.

A contenção de custos não nos levaria muito longe. Em algum ponto o Google precisaria começar a gerar receitas para sobreviver. Estávamos vendendo serviços de busca para outras empresas, o que nos fazia concorrer com jogadores estabilizados como Inktomi e AltaVista, e o ganho potencial não parecia dos melhores. Enquanto o Google ganhava reputação como destino de busca, não éramos reconhecidos como provedor de serviços para grandes empresas.

Este fato trouxe Larry e Sergey de volta para a questão da publicidade. O caminho lógico seria terceirizar o desenvolvimento para alguém como o DoubleClick, cuja competência central era colocar anúncios em websites. Éramos uma empresa de busca, afinal de contas, não uma rede de anúncios. Craig Silverstein defendeu o caso para Larry e Sergey.

— Por que todo esse esforço? Por que perder tempo tentando fazer uma plataforma de publicidade? — ele perguntou.

— Nenhuma das plataformas de publicidade existentes funciona com o tipo de propaganda que queremos fazer — eles retrucaram —, então, vamos fazer a nossa própria propaganda.

— Pensei que esse fosse um bom argumento — Craig me contou. — Mas isso me deixou ainda mais triste.

Os anúncios que Larry e Sergey queriam apresentar eram apenas textos, nada parecido com os inoportunos banners que a DoubleClick tinha ajudado a espalhar em todos os cantos da web. Ninguém no começo de 2000 pensou que apenas palavras pudessem ser eficientes se comparadas ao brilho das animações GIF (arquivos de imagens formatados para exibição on-line).

— O pessoal do DoubleClick, com quem conversamos, não entendeu — Urs relembrou. — Eles disseram: "Não podemos fornecer anúncios de textos. Você teria que apresentar o texto como uma imagem bitmap e, então, poderíamos apresentar isso".

Havia ainda outro obstáculo.

— Eles não tinham nada que permitisse que você direcionasse uma busca[38] — Urs acrescentou —, e era óbvio que isso era importante. Então, a questão se resolveu por si só.

Larry e Sergey se animaram com o fato de que seus velhos amigos de Stanford, do website de previsão do tempo Wundergrount.com, tinham escrito seu próprio sistema de anúncio e acharam relativamente fácil fazê-lo.

— Aqui estávamos — Susan Wojcicki relembra —, talvez umas 50 ou 60 pessoas, e já estávamos competindo com essas enormes empresas que tinham uma fatia do mercado de busca muito maior que a nossa. Ao mesmo tempo nós dizíamos, "Ah sim, claro, nós deveríamos construir nosso próprio sistema de propaganda também". Queríamos fornecer anúncios em todos os países e tê-los direcionados para cada consulta. E nós queríamos isso bem depressa. — A visão da empresa se estendia além do possível. — Foi nessa época — Susan acrescentou — que Larry decidiu que deveríamos escanear cada livro do mundo. — É pensar bem além do possível.

Jeff Dean começou a trabalhar com sistemas para gerenciamento e fornecimento de campanhas de anúncios. Uma semana depois ele teve a companhia de um engenheiro recentemente contratado chamado Howard Gobioff, um pensador iconoclasta e fanático defensor da privacidade. Howard usava um rabo de cavalo, tinha PhD da Universidade Carnegie Melon, era frequentador

[38] Direcionar significa combinar um anúncio ao gatilho que faz com que ele seja exibido: neste caso, selecionar anúncios com base nas palavras-chave que o usuário insere no Google, então os anúncios exibidos são relevantes aos resultados atuais surgindo lado a lado.

assíduo de academias de ginástica e se sentia tão confortável usando um smoking quanto roupas de couro preto de motociclista, ou ambas. Em poucos dias, Jeff e Howard tinham um protótipo funcionando. Então, eles ajudaram Marissa Mayer, que estava procurando um jeito de combinar os anúncios com as buscas e, rapidamente, conseguiram montar um sistema de direcionamento do anúncio.

Para testar seu protótipo, Jeff inscreveu o Google em um programa afiliado da Amazon. Todas as vezes que alguém clicasse em um de nossos anúncios de livros e comprasse um livro na Amazon, o Google receberia uma comissão. Jeff despejou 100 mil títulos nesse novo sistema, que começou a espalhar anúncios por todas as páginas de resultados do Google todas as vezes que alguém procurasse um romance ou obra de não ficção pelo título. Embora nem todos os anúncios fossem clicados, o sistema funcionava. Apesar de ser uma renda modesta, de repente o Google estava gerando receita por meio de seu sistema de anúncios. Não deram gritos de alegria. Não estouraram champanhe. Não criaram expectativas. Ainda havia muito trabalho a ser feito.

Existe algo que gostaríamos de adicionar

Os anúncios afiliados da Amazon provaram que o sistema funcionava. Agora tentaríamos vender anúncios para empresas que não tivessem programas afiliados. Os anúncios, que apareciam como um texto em caixas na parte de cima de nossas páginas de resultados, seriam vendidos a uma base de custo por mil impressões (CPM). Em outras palavras, os anunciantes seriam cobrados todas as vezes que o Google exibisse seus anúncios (impressões entregues), se alguém clicasse neles ou não, e a taxa cobrada se baseava nas mil exibições do anúncio. No entanto, para tornar o programa um produto real, o Google precisava ser capaz de dizer aos anunciantes o espaço que estava disponível para eles comprarem. Por exemplo, se um anunciante quisesse colocar um anúncio toda vez que alguém procurasse por "tacos de golfe de titânio", nós teríamos que imaginar com que frequência o termo "tacos de golfe de titânio" apareceria em nosso fluxo de consultas.

Ed Karrels, que entrou para o Google vindo do SGI, construiu uma ferramenta de estimativa de inventário para coletar esses dados em nossos sistemas de logs, para que pudéssemos garantir o número de anúncios que iríamos exibir.

Impressionando ainda mais seus companheiros Googlers, Ed estabeleceu uma rotina. Todas as sextas-feiras pela manhã, ele ia de carro até a loja mais próxima da Krispy Kreme. Ali, ele pegava quatro dúzias de *donuts*, os colocava na sua Mercedes SLK-230 prateada e dirigia em alta velocidade até o escritório[39]. O Google agora tinha bolinhos fritos às sextas-feiras e um verdadeiro negócio de propaganda.

Em janeiro de 2000, o programa de anúncios do Google entrou para o mercado aberto sem nenhum comunicado à imprensa para anunciar o fato. Cindy achou que deveríamos fazer um estardalhaço, mas talvez sua ideia tenha sido rejeitada porque Larry e Sergey não queriam alertar os tubarões, que rondavam startups como a nossa, que carne fresca estava nadando em suas águas territoriais. A porcentagem das páginas de resultados do Google que exibiam de fato nossos anúncios de textos era minúscula e durante anos as pessoas juravam que nunca tinham visto um anúncio no nosso site. Isso preocupou os leais usuários do Google, pois eles não entendiam como podíamos sobreviver sem a entrada de nenhuma receita. Alguns até mesmo se ofereceram a enviar doações. Recusamos educadamente.

Claro que testávamos os anúncios. Marissa, Bay Chang e Jen McGrath realizaram uma sessão de usabilidade no laboratório de computação de Stanford.

— Não sei. Parece meio antiético — sugeriu um dos participantes. — Pensei que fosse um resultado de busca. Com anúncios de banner, a gente sabe que é propaganda paga.

Bem, isso foi inesperado. Anúncios de textos são menos éticos do que os desagradáveis banners que piscam?

— Será que deveríamos testar banners e anúncios de texto para ver qual deles os usuários preferem? — perguntei quando ouvi o feedback. — Qual é nosso ponto de vista em relação aos banners? Quanto deixamos de ganhar por não colocá-los? — Eu acreditava que os anúncios com imagens eram mais inoportunos, portanto, poderíamos cobrar uma taxa maior por eles. Eu estava do lado errado da história, mas felizmente Larry e Sergey rejeitaram minha opinião. Eles argumentaram que sempre poderíamos passar do texto para a imagem se

[39] Alguns meses mais tarde, Krispy Kreme abriu sua primeira loja perto do Google, o que foi bom, pois o consumo de *donuts* às sextas-feiras no Google rapidamente subiu para 80 dúzias.

fosse preciso, mas seria muito mais difícil voltar dos anúncios com imagens para um texto puro e simples. O texto ficaria se os anúncios fossem bem-sucedidos, fato do qual eu tinha as minhas dúvidas. Acrescentamos fundo colorido para distinguir os anúncios dos resultados de busca com mais clareza, mas eles ainda pareciam coisa antiga, dos dias anteriores ao Windows, dias do DOS.

Jeff e Howard não esperavam que o sistema que montaram juntos iria se tornar um mecanismo de economia. Era apenas um protótipo para provar que nós mesmos poderíamos fornecer anúncios. O departamento de vendas informava os engenheiros sobre qual propaganda eles tinham vendido e então os engenheiros inseriam cada anúncio manualmente. O sistema escrevia diretamente para a base de dados e não havia como voltar atrás. A ineficiência grosseira deste sistema manual incomodava Larry. Mas assim que ele começou a funcionar, ninguém queria desmanchá-lo.

— O direcionamento acabou não funcionando tão bem — Jeff Dean admitiu recentemente —, mas usamos o sistema de apresentação de anúncios por muitos e muitos anos. Um pedaço daquele design original ainda está lá.

Os engenheiros Ed Karrels, Radhika Malpani, Matt Cutts, Howard Gobioff e Chad Lester assumiram como os guardiões da propaganda. Eles iam desenvolver as características pedidas pelos clientes e evitar que esse sistema capenga desabasse com seu próprio peso. Jane Manning entrou para o grupo como gerente de projeto e se tornou o canal por meio do qual a equipe de vendas encaminhava os pedidos dos consumidores. Todos da equipe de vendas, isto é, com exceção de Bart.

Bart Woytowicz, um jogador de basquete internacional semiprofissional aposentado e bon-vivant, chefiava as operações de vendas. Ele gostava de conversar diretamente com os engenheiros, e eles gostavam de conversar com ele, já que ele era o usuário final do código que estavam escrevendo. Além disso, Bart sempre estava de bom humor e aliviava o clima do ambiente, como fez uma vez no Halloween, quando chegou usando uma máscara de couro sadomasoquista e um uniforme de beisebol, afirmando ser o jogador do San Francisco Giants "Barry Masoquista". Bart não se sentia obrigado a ganhar dos engenheiros nos prazos finais e nas entregas. Esse era o trabalho do gerente de projeto. No entanto, ele lhes assegurou algo de que já suspeitavam: a taxa simples de preço CPM que nós oferecíamos aos anunciantes era um modelo em extinção.

O mercado estava mudando para o preço do "custo pelo clique" (CPC). Com o CPC, os anunciantes pagavam pelos anúncios somente quando os usuários clicavam neles de fato. Este era o modo com que o nosso competidor GoTo trabalhava. No modelo do GoTo, o preço pago para cada clique era determinado por um leilão em tempo real, e os anunciantes que estavam dispostos a pagar o mais alto CPC ganhavam posição de destaque na página.

O modelo do GoTo era inovador, mas apresentava falhas. Ele incentivava os anunciantes a fazer lances altos, mas não a direcionar suas propagandas a palavras-chave relevantes. Um advogado que representava as vítimas do amianto em uma ação judicial coletiva, por exemplo, para quem cada novo cliente podia valer dezenas de milhares de dólares, podia fazer um lance alto para dezenas de palavras-chave não relacionadas para encobrir páginas de resultados com seus anúncios de amianto (por um bom tempo a palavra-chave "Mesothelioma" foi a mais cara que alguém poderia comprar no Google). Seriam ignorados 99% dos anúncios, mas o advogado não se importava, porque a maior parte daquela exposição não custava nada. Aqueles anúncios não direcionados e de altos lances, entretanto, derrubavam outros anúncios mais relevantes para posições menos importantes, onde eles seriam clicados com menos frequência. Já que o GoTo somente pagava quando os anúncios eram clicados, este seria um dinheiro que sairia do bolso deles. O GoTo criou um processo de revisão manual para se assegurar de que anunciantes somente comprassem palavras-chave relevantes ao que estavam vendendo, mas eles estavam lutando em uma batalha perdida.

Larry reconhecia que o aspecto de licitação do sistema do GoTo tinha valor. Entretanto, ele não sabia como consertar as falhas e continuava cético quanto a precisarmos de um modelo de preço CPC para competir. Se fizéssemos isso, certamente não iríamos querer um sistema imperfeito para entregá-lo. Era difícil acreditar que o GoTo seria bem-sucedido, seus resultados não eram nem de longe tão bons quanto os do Google. Larry adiou a questão. Por enquanto, o Google tinha coisas mais importantes com que se preocupar.

Um verdadeiro dilema ético

Depois de eliminar os banners, procurávamos outras fontes de renda para suplementar nossos anúncios de textos simples. Uma empresa chamada Real-Names se encaixava nesse plano, mas não confortavelmente.

Entre as estratégias principais para se ganhar dinheiro usadas por nossos competidores no início de 2000, estava a de "pagar pela colocação" (*pay-for-placement*), prática esta que permite que anunciantes paguem uma taxa para obter uma posição de destaque nos resultados de busca. O modelo do GoTo era exatamente esse, já que ele vendia escancaradamente a posição de topo para quem desse o lance mais alto. Outros sites simplesmente incluíam listas no corpo de seus resultados de buscas sem identificar que havia custado dinheiro colocá-las ali.

Pagar pela colocação deixava Larry irritado. Não era ético confundir os usuários sobre o que era objetivamente útil e o que aparecia simplesmente porque alguém pagou para estar no alto da página. Além do mais, isso destruía um bom algoritmo. Se vocês estavam gerando resultados úteis, por que corrompê-los intencionalmente com dados menos valiosos? Na tese que eles escreveram juntos como alunos da graduação de Stanford, Larry e Sergey tinham identificado o sistema de pagar pela colocação como "algo mais pérfido que a propaganda, pois não é claro quem merece estar lá e quem está disposto a pagar para aparecer na lista"[40].

O problema com os princípios religiosos é que os crentes empregam padrões diferentes de ortodoxia. Para nós, a RealNames era a palavra que separava puristas de pragmáticos. RealNames vendia palavras-chave para empresas e então trabalhava com mecanismos de busca para assegurar que os links das homepages de seus clientes aparecessem no topo da lista dos resultados. Por exemplo, a Ford poderia comprar a palavra-chave "Ford Explorer" para garantir que quem buscasse este termo veria um link para a própria página do Explorer da Ford. Se já não tivéssemos essa página como primeiro resultado, a RealNames nos pagaria para incluir esse link e separá-lo dos nossos resultados. O MSN, o AltaVista e o GoTo estavam fazendo isso, mas nós hesitávamos em como exibir links da RealNames e deixar claro para nossos usuários que eles não eram nem resultados gerados pelo Google nem propaganda paga.

— Eu me sinto como se fôssemos traídos com esta coisa da RealNames — o engenheiro Paul Bucheit reclamou para um grupo enorme de Googlers, incluindo Larry e Sergey. — RealNames é uma verdadeira fonte de asneiras e eu acho que vai ficar ainda pior. — Paul se importava profundamente com a qualidade da engenharia, com a ética e, sobretudo com a interligação das duas.

[40] De Brin e Page, *The Anatomy of a Large-Scale Hypertextual Web Search Engine*. Apêndice A.

Ele resumiu sua atitude algum tempo depois com a frase: "Não faça o mal". E isso pegou.

— Isso é ainda pior que leiloar resultados — Paul reclamou. — Só de brincadeira eu registrei no RealNames a palavra-chave "Craig Barrett". Agora, quando você procura por "Craig Barrett" no Google, o resultado no topo faz um link para a minha hedionda pequena página da web. — Experimentei e dei de cara com uma tela cor-de-rosa brilhante cheia de desenhos de unicórnios e arco-íris. Na época, Craig Barrett era o CEO da Intel.

Nunca tinha me ocorrido que mecanismos de busca tinham sua integridade a proteger. Uma ferramenta de busca da internet era apenas um negócio, afinal de contas, não um cão de guarda público. Ainda assim, o debate sobre o RealNames me carregou de volta a 1998 e à diretoria do *Mercury News*. Eu tinha desenvolvido diretrizes para aceitar propaganda no Siliconvalley.com, e o editor me questionou sobre os piores cenários possíveis:

— A Microsoft vai poder comprar anúncios ao lado da cobertura do seu julgamento antitruste? — ele perguntou. — As pessoas vão pensar que nós comprometemos a nossa objetividade editorial. — Demorou semanas para resolvermos todas as variantes até ele se dar por satisfeito.

Na implementação inicial do Google no início de 2000, exibíamos apenas uma pequena abreviatura "RN" ao lado de cada resultado para RealNames. Isso não pegou bem. Ou, melhor dizendo, pegou bem demais. Nos grupos de usabilidade, os alunos de Stanford pensavam que o link RealNames era um resultado de busca superespecial que havíamos destacado devido à sua superioridade perante o resto de baboseira que havíamos encontrado.

Omid Kordestani era o nosso vice-presidente de desenvolvimento de negócios e responsável pela geração de receita do Google. Ele começou a defender o negócio do RealNames, mas quando eu esperava que ele fosse desconsiderar todas as conclusões da pesquisa como falhas, ele disse algo estranho:

— Não há absolutamente nenhum motivo para o Google trair sua qualidade, nem mesmo por uma receita maior.

O quê? Um cara da área de negócios recusando dinheiro na mão? Isso me enlouqueceu. Quem era esse "vendedor" que via além da sua comissão de vendas?

Na primavera de 1999, Larry e Sergey tinham contratado Omid, que tinha MBA em Stanford e era um antigo executivo da Netscape, como o 11º funcionário do Google. O terno preto Armani alongava sua silhueta, apesar do peso extra que ele carregava como resultado de suas andanças ao redor do mundo. Ele sorria com frequência e ria com facilidade. Ele ouvia quando as pessoas falavam. Eu o achava agradável demais para ser nosso negociador. Onde estava a sinceridade forçada que eu via estampada nos seminários de venda profissional? Onde estava a devastadora e primordial necessidade de esmagar, devorar e destruir nossos concorrentes? Omid esmagava você com bondade e devorava apenas sobremesas. Com o tempo, o Google eliminou seus quilos extras, mas não sua personalidade carinhosa, que mascarava uma mente extremamente inteligente e analítica. Omid enxergava quando os negócios dariam certo e encaminhava todos os lados para a finalização sem ficar no pé de todos o tempo todo; embora às vezes ele estimulasse os outros a se enfrentarem.

— Quando os resultados do RealNames são ruins, eles são realmente ruins — Sergey notou —, mas isso não significa que não deveríamos usá-los. Nós deveríamos diferenciá-los com clareza dos resultados do Google, de modo que os usuários possam identificar se são pagos ou não.

Larry não queria mudar nada.

— Não acho que é um problema se as pessoas confundirem o RealNames com nossos resultados de busca — ele falou. — Se o resultado for melhor, eles deveriam clicar no link do RealNames. Desde que fique claro que isso não é exatamente um resultado de busca, para mim, tudo bem.

Além disso, ele não queria dar propaganda grátis ao identificar links com o termo do RealNames "palavra-chave da internet", isso iria ajudá-los a crescer como concorrentes.

— Melhor para os negócios, um pouco pior para o IU — Larry reconheceu. Muito provavelmente, ele pensou, o RealNames não ia durar um ano. A sociedade lucraria se usássemos seu capital para melhorar o Google antes que eles fossem à falência.

Fiquei surpreso por Larry tratar o assunto tão casualmente. Ele parecia estar retornando à ideia de manter a nossa integridade intacta. Felizmente, alguém estava disposto a apontar o perigo.

— Não concordo — disse Urs. — Enquanto, de um jeito brando, isso ainda é uma colocação paga, fazer isso parecer um resultado "objetivo" é enganoso. O *The New York Times* não se tornou um jornal importante ignorando a distinção entre anúncios pagos e notícia independente.

Foi Marissa quem encontrou a solução. Ela examinou como os outros sites de busca implantavam os resultados do RealNames e concluiu que nossa IU não estava no mesmo padrão. Ela mandou maquetes que separavam com clareza as listas do RealNames dos nossos resultados de busca e Larry escolheu uma delas. A parceria durou 12 meses e, um ano após termos terminado, o RealNames não mais existia. Assim que a questão ficou resolvida, eu refleti no que tinha presenciado. No jornal *Mercury News*, as aprovações levavam meses e exigiam propostas escritas em reuniões agendadas. As opiniões eram formalmente apresentadas, debatidas, avaliadas e cuidadosamente revisadas. No Google, as maquetes de última hora decidiam, os dados convenciam e as decisões eram tomadas em poucas horas. Ainda assim, o Google não estava menos preocupado em montar um padrão de indústria para a incorruptibilidade. Eu abracei a ideia de que a velocidade não precisava ser inimiga da ética e comecei a ver competidores que recebiam pagamentos pela colocação nos seus resultados como dúbios, se não completamente do mal.

Nove bilhões de nomes para G.O.D.

Minha experiência corporativa em máquinas não tinha sido muito proveitosa até então, mas com o iminente lançamento do nosso primeiro grande produto desde a ferramenta de busca, eu rezei para que isso mudasse. G.O.D. iria prover. E por G.O.D. eu queria dizer Google Open Directory.

Baseado no projeto de Open Directory do Netscape, o G.O.D. iria canalizar os usuários do Yahoo, embora não fosse politicamente correto admitir isso publicamente em janeiro de 2000. Nós queríamos manter nosso relacionamento amigável com o Yahoo — eles eram os donos da galáxia na qual éramos apenas uma estrelinha em ascensão. Na maior parte do tempo, o G.O.D. era uma distração irritante, mas necessária.

— Todo mundo deveria usar a busca — Larry reclamou. Os diretórios estavam acabados. Para encontrar alguma coisa em um diretório você tinha que entender a estrutura das categorias dentro dele e então procurar camada por camada até encontrar o que procurava. Com a busca, você jogava tudo em uma cesta bagunçada de dados e pegava as respostas usando palavras que descreviam o que você queria encontrar. Não importava onde seu dado estava, pois uma boa ferramenta de busca iria pegá-lo, revisá-lo, classificá-lo e apresentá-lo a você antes que seus dedos parassem de clicar o mouse. Busca? Eficiente. Diretórios? Não.

As pessoas, entretanto, por mais irracionais, lógicas e idiossincráticas, às vezes preferiam buscar os dados elas mesmas em vez de colocar em ação uma ferramenta de busca útil com uma rede enorme. Talvez quisessem ver quais outras informações estavam na mesma categoria. Talvez se sentissem mais confortáveis vasculhando pequenos fatos, arquivos ou imagens por eles mesmos. Se as pessoas insistiam em perder tempo com métodos de obter dados que não fossem a busca, o Google iria atendê-los oferecendo uma alternativa: uma alternativa bem menos útil, porém uma alternativa.

Poderíamos incorporar o Google ao diretório mais conhecido de todos, pois pertencia ao Yahoo. Então, o Google se conectou ao Open Directory, um projeto sob a supervisão de Netscape e AOL. Milhares de voluntários revisaram os websites e então os acrescentaram às categorias apropriadas no diretório. Este envolvimento humano também ofendeu os puristas da busca. Quem poderia categorizar os sites de modo preciso? Mesmo se uma pessoa inteligente olhasse cada site, descobrisse do que se tratava e então o alocasse em seu próprio cantinho, não havia como uma operação manual ficar par a par com o crescimento da internet. Um software robótico vasculhando websites incansavelmente na velocidade da luz, este era o futuro.

Assim que o Google tivesse encontrado um diretório, não poderíamos simplesmente colá-lo em uma ferramenta de busca. Você não pode guinchar um trailer enferrujado em uma Ferrari. Desse modo, Paul Bucheit acrescentou um componente de busca para nossa versão do Open Directory. Agora, as pessoas que insistissem em navegar em busca de informação poderiam pelo menos usar a busca para chegar à categoria apropriada para navegar. Era um bebê feio, mas era nosso bebê.

Agora nosso bebê feio precisava de um nome.

Dar nome a um produto é um processo complicado. Você dá a um produto um nome novo que sugere que ele é completamente diferenciado do centro do seu negócio? Você incorpora seu nome de marca original para mostrar que ele é igual mas diferente do seu produto existente? Ou você simplesmente usa um termo genérico para descrevê-lo de modo que ele se torne outro serviço que você oferece e não um produto diferente que destaca?

— Vamos etiquetá-lo com a letra *d* em caixa-baixa — eu disse para Salar. — Vamos usar isso como um modelo para futuros lançamentos de produtos. Queremos que o valor da nossa marca esteja no nome Google, não em cada subproduto. — Esbocei uma arquitetura de marca mostrando o Google em uma caixa separada no alto, com a palavra "diretório", e os outros serviços em potencial em caixas menores abaixo. — Isso torna o Google mais poderoso como marca primária — expliquei —, de modo que ele pode adicionar credibilidade a qualquer serviço novo que queiramos apresentar.

Salar concordou.

— Vamos ficar com essa estratégia enquanto construímos os tipos de informação acessíveis do nosso site — ele disse —, como as imagens do Google. Vamos nomeá-las como extensões dos serviços do Google em vez de serem consideradas novos produtos. — Essa decisão, que levou alguns minutos, assegurou que as conquistas de todos os nossos engenheiros aumentariam as vantagens do nome Google, muito mais do que se estivessem espalhados em uma centena de linhas de produtos.

Olhei para trás e vi que 15 minutos haviam se passado.

Uma marca é o resultado de todos os "gols" que você marcou com um produto ou serviço. Suas interações, suas impressões, suas expectativas, seus encontros casuais não planejados. Gerentes de marca lutam para fazer desses gols algo consistente. Um gerente de marca obsessivo teria revisado cada pixel na nossa webpage, toda pontuação nos e-mails dos nossos clientes, cada palavra na nossa literatura de vendas, e cada nota da música de espera na nossa central telefônica. Era isso exatamente o que eu fazia. Isso absorvia uma infinita quantidade de energia e eu sabia que não poderia me colocar naquele nível para gerenciar milhares de submarcas do Google.

— Por que não criamos milhares de submarcas do Google? — Sergey me perguntou algum tempo depois. — Assim, podemos dar aos usuários tudo o que eles gostam nos nossos competidores, mas com excelentes resultados de busca. Poderíamos fazer um site de loterias como o iWon, ou um portal de consultas de línguas com o Google na ponta final fazendo as buscas de verdade.

Essa lógica parecia razoável. Se você pudesse ter todos os benefícios oferecidos pelos competidores *além de* uma ferramenta de busca que realmente funcionasse, por que usaria outra? Eu salientei que, com nossos recursos limitados, promover uma dezena de outras marcas seria contraproducente.

A menos que eles quisessem contratar mais gerentes de marcas. Sergey voltou atrás, mas ele voltava a essa ideia todas as vezes que um concorrente parecia estar ganhando uma maior fatia do mercado com tecnologia de busca inferior à nossa. O serviço de diretório do Google nunca foi um grande sucesso. Nós o exibíamos em destaque em nossa homepage em um link verde-escuro e, então, o reduzimos para uma aba acima da caixa de busca. Ele nunca gerou muito uso. Você ainda pode achá-lo em uma caixa de itens descartados e serviços pouco utilizados listados na página More Google Products.

Isso é outra coisa interessante sobre como evitar que recursos se tornem produtos "reais". Ninguém sente falta deles quando eles vão embora.

Deixem uma centena de banners florescerem

Diz a lenda que o Google cresceu totalmente pelo boca a boca. Isso não é bem verdade. Nós não nos importávamos de fazer anúncios on-line; simplesmente não queríamos pagar por eles. Fizemos acordo com a Netscape e o Go2Net, de modo que nós (eu) precisávamos criar anúncios de banners para rodar no site deles. Tínhamos alguns banners que uma agência freelancer havia criado antes que eu entrasse. Um deles era caracterizado por uma boneca vodu de aparência assustadora e uma afirmação de que o Google não usava magia negra para obter resultados. Não deu certo.

Shari não queria que ficássemos envergonhados em nossa primeira campanha pública de marketing. Ela montou um plano cuidadosamente, um orçamento e uma agenda para desenvolver nossos anúncios de banners. Faríamos pesquisa de mercado, análise, contrataríamos uma agência jovem e ambiciosa por menos de 100 mil dólares, com um texto criativo, conseguiríamos aprovação das maquetes, iríamos para a produção, e então só lançaríamos os anúncios (tudo isso em sete semanas). Eram uma velocidade e pressa incríveis, mas devido à tendência do Google para a velocidade, Shari se sentiu encorajada a apressar o processo. Os anúncios estariam prontos praticamente da noite para o dia pelos padrões do marketing tradicional.

Sergey também queria os anúncios de um dia para o outro, mas aplicava um padrão mais tradicional: ele nos deu 24 horas. Ele concordava que os anúncios do vodu não foram ideais, mas não estava convencido de que a nossa promoção precisava ser parte de alguma grande iniciativa de identidade de marca. Se queríamos novos anúncios, ele concordava.

— Quantos você pode ter até amanhã? — Sergey me olhou ao dizer isso, já que eu era o gerente de marketing on-line. — Por que você não começa com uma centena de banners? Isso nos forneceria bastante diversidade genética pra poder ver o que é eficaz ou não. E então jogamos fora o que não presta e criamos 100 iguais às que funcionam. — Eu tinha lido *Ogilvy on Advertising* para me preparar para a minha carreira. Sergey tinha lido *A origem das espécies.*

Não precisávamos contratar uma agência, Sergey argumentou. Afinal de contas, o Google tinha um bando de gente do marketing, e, se não conseguíamos escrever códigos, certamente poderíamos escrever anúncios. Poderíamos otimizar as imagens e fazer animações. Isso não era codificação, era apenas formatar.

— Por que você não aprende sozinho Photoshop e o HTML de que precisa? — ele perguntou. Eu tinha trabalhado nas minhas habilidades com software, mas ainda tinha um longo caminho a seguir para chegar aos padrões do Google. Sergey concordou com relutância em me deixar contratar um design freelancer, mas ele não gostava de gastar dinheiro com prestadores de serviço.

Cindy deixou escapar que Sergey estava começando a duvidar se valia a pena ter uma equipe de marketing contratada, já que aparentemente nós não podíamos fazer nada sozinhos.

— Você precisa se reprogramar, Doug — ela me aconselhou em particular. — Precisa parar de se preocupar com problemas e obstáculos em potencial e começar a se preocupar em como fazer as coisas. — As minhas deficiências não passaram despercebidas. Se eu não conseguisse produzir esses anúncios rapidamente, meus dias no Google estariam contados, e este número ia ser bem pequeno.

A "tarefa de 100 banners" se tornou um ponto de partida para mim. Eu me joguei no trabalho, colocava toda ideia que vinha na minha mente em um bloco de páginas amarelas. Trouxe John O'Neill, um redator privilegiado com um traço sarcástico e uma predileção pelo Abba, para ajudar a desenvolver conceitos.

"Nossos fundadores ainda têm que apresentar carteira de identidade", um de meus anúncios animados começavam. "Nosso chefe de Ops é um neurocirurgião", dizia o painel seguinte. "Nosso chefe de cozinha cozinhou para o Gratefull Dead", e continuou. "Não é de espantar que buscamos fazer as coisas de modo diferente."

No entanto, foi John quem criou a linha favorita de Sergey. "A última ferramenta de busca não cretina", ele escreveu. Sergey gostava da palavra "cretina".

Quando as maquetes dos primeiros anúncios voltaram do artista freelancer, a empresa os saudou com um círculo em chamas de e-mail, queimando-os por todos os lados. A maioria dos comentários estava centrada em questões de estética e foram solucionados facilmente com pequenas mudanças. Sergey teve uma única objeção. O artista tinha ilustrado a linha "Eles gostam mesmo de nós", com uma foto do banco de imagens que mostrava uma estrela de cinema estereotipada com óculos escuros, lenço na cabeça e segurando uma longa cigarreira. Sergey odiou tudo da imagem, desde a artificialidade da desagradável personalidade de Hollywood ao modo como a figura promovia o cigarro.

Larry foi ainda mais direto: — Não vou publicar anúncios de cigarros — declarou.

Os comentários continuaram por dias. Sergey não gostou de certa sombra verde que nós tínhamos usado. Cindy olhou um anúncio e o achou muito parecido com o do concorrente. O modelo era jovem demais. Outro era velho demais. Eu dei asas à lógica de Sergey como um cão pastor reunindo o rebanho de críticas.

— É improvável que a gente vá conseguir 50 anúncios que sejam uma unanimidade — salientei. — E não existe garantia de que, se conseguirmos isso, serão os mesmos anúncios que os nossos usuários vão gostar. Por isso vamos testar esses.

— Bem pensado — Sergey concordou. — Não precisamos que todos estejam felizes. — Mas, ainda, assim a crítica continuou inabalável.

— É, muito lento.

— Muitas tiras.

— Palavras demais.

Depois de mais uma semana de pedras voando por todos os lados, Sergey comentou novamente.

— Deveríamos tentar um punhado desses — ele disse — e ver como eles repercutem. Estamos desperdiçando tempo por não rodá-los e para conseguir, assim, o feedback final: os cliques. Faça-os rodar. Não é uma campanha de TV. Rode centenas de banners, vamos ver o que acontece e então façam uma revisão.

Fiquei feliz com o que Sergey falou. Estava na hora dos banners levantarem voo e saírem do ninho.

Foi aí que Shari, a gerente de marcas off-line, resolveu se posicionar.

— Sergey — ela falou —, concordo que não temos que ser perfeitos, mas estamos nos arriscando a arranhar nossa marca se não estabelecermos um padrão de qualidade. É por isso que empresas contratam pessoas experientes no marketing. Por favor, confie em nossa decisão.

Agora eu estava em dúvida entre Shari, cuja opinião profissional eu valorizava, e Sergey, que estava defendendo meu direito de testar ideias no mercado. Fiz as rápidas mudanças que precisava e dei um sinal verde para o restante.

Os acordos tinham sido negociados. O trabalho criativo estava feito. Só faltava colocar os anúncios nas webpages de nossos parceiros e ver o que funcionava melhor. Foi aí que aprendi que cada empresa pontocom não funcionava como o Google. As pessoas que nossos parceiros puseram como responsáveis para gerenciar seu inventário de propaganda eram intencionalmente recalcitrantes ou não intencionalmente incompetentes, ou ambos. Um dos sites não se comprometia com as datas para entregar as impressões prometidas no contrato que tínhamos acabado de assinar. Outros se recusavam a retornar ligações ou mensagens de e-mail. Até mesmo a Netscape não podia confirmar se realmente tinham rodado alguns dos milhões de anúncios que eles supostamente teriam que exibir.

Quando os anúncios realmente rodaram, os resultados foram desapontadores. Eu não estava esperando muito, pois tinha visto as taxas de cliques (CTRs) caindo pela web[41]. Somente 0,5% dos que viam anúncios on-line os clicavam quando eu saí do *Merc.* Supus que a taxa tinha continuado a decair. Então, quando nossos anúncios começaram a rodar, eu estava cético se eles atingiriam os 3% de CTR que Sergey tinha estabelecido como meta. Não atingiram. A maioria dos nossos banners conseguiu apenas 0,3%, um desastre ao olhos de Sergey. Ele exigiu que interrompêssemos os anúncios imediatamente porque ele sentia que estávamos desperdiçando nossa propaganda. No seu ponto de vista, deveríamos substituir a nova criação por qualquer anúncio que resultasse em uma performance de menos de 1% depois de ter sido exibido 5 mil vezes. Como tínhamos dezenas de milhões de impressões para usar, isso significava criar e gerenciar milhares de anúncios de banners, mesmo que os anúncios bem-sucedidos ficassem queimados ao longo do tempo devido à superexposição.

Além do mais, eu não confiava nos números que nossos parceiros nos for-

[41] Pesquisa da empresa Millward Brown publicou um estudo em 1998 que mostrava que CTRs estavam fazendo uma média de menos de 1%.

neciam. A Netscape declarou que um anúncio teve 476% de CTR, o que, sendo impossível, deformava as medidas da nossa campanha inteira. Eu pedi à nossa equipe de análise de registro que verificasse o tráfego de nossos anúncios, mas ninguém tinha tempo de verificar manualmente nossos banners para tornar isso possível.

Todos os dias eu juntava os relatórios dos anúncios que tínhamos rodado em cada site parceiro, os colocava em uma planilha e entregava pessoalmente as impressões para Larry e Sergey. Eu marcava as melhores performances e mostrava a eles os anúncios que estavam rodando. A associação com dados reais pareceu melhorar minha posição perante os fundadores. Eles examinavam cada célula da planilha e me perguntavam por que alguns anúncios estavam acima ou abaixo, ou tinham resultados diferentes em sites diferentes. Nem sempre eu tive as respostas, mas eu podia apontar os números e especular. Eu me converti ao poder da persuasão dos dados e jurei que elaboraria todos os meus argumentos no futuro somente quando pudesse baseá-los em medidas reais. Com a atenção concentrada na atuação dos anúncios em vez de na minha própria atuação, a pressão diminuiu bastante. Tínhamos criado a nossa primeira centena de anúncios, rapidamente e a preço baixo, e o custo de produção estava caindo. Nossos anúncios mais eficazes não exibiam nada mais que um fundo branco, uma caixa de busca, um logo e um texto ("A resposta está aqui."; "Quem você está procurando?"), e a webmaster Karen e o mago Wacom[42], Dennis Hwang, podiam fazer tudo isso funcionar em 15 minutos. Na verdade, eu tinha conquistado algo que justificava minha existência perante os senhores da engenharia.

As prateleiras do meu armário de confiança já não estavam mais vazias com migalhas de pão e teias de aranha. Ainda assim, todas as noites, quando aninhava o meu ego por trás das pálpebras fechadas, eu podia ouvir os sons do rebolo indo de encontro a uma lâmina de metal, passos abafados e lentos, e o zumbido de um machado sobre um bloco de madeira.

Isso me manteve com a cabeça no lugar.

[42] Wacom é o criador de um tablet, "sketch pad", que, ligado ao computador, permite o desenho à mão livre.

CAPÍTULO 7

Um apetite saudável para a insegurança

QUAL ERA a sensação — a experiência de trabalhar no Google quando havia pouco mais de sessenta pessoas? Vou lhe passar algumas das minhas impressões. Antes que eu começasse a trabalhar no Google, nunca tinha dito nenhuma destas frases no emprego:

— Sim, tem oito prateleiras de livros de programação. Onde ficam os dicionários? Não, não posso simplesmente imprimir as palavras enquanto eu procuro por elas on-line.

— Será que é seguro deixar todas aquelas bicicletas encostadas na porta de incêndio?

— Desculpe. Eu estava mirando no Salar. Atingi a impressora? Essas mangueiras são bem imprecisas a mais de um metro e meio.

— Pra quem eu pergunto se eu tiver dúvidas sobre o Windows? Ninguém? Mesmo?

— Uau, Larry! Quem bagunçou seu escritório? Bem, é que... hum, não tem importância.

— Não seria mais fácil comprar patins de rodinhas que já vêm montados?

— Tem como programar a sauna para mais de meia hora?

— Tudo bem se eu entrar no vestiário feminino para roubar algumas toalhas?

— Ah, desculpe. Não percebi que tinha alguém dormindo aqui.

— Olha, você derruba mais latas de lixo se atirar a bola em vez de apenas fazê-la rolar.

— Está na área atrás da pirâmide de latas de café, bem em frente de onde costuma ficar a roda-gigante.

— Eu tentei reservar por noventa minutos, mas a agenda estava cheia. Então eu só consegui uma hora. Você pode concentrar nas pernas e nos pés? Acho que estirei um músculo ao correr esta manhã.

Inseguro em saber se o que você faz é importante

Precisava me alongar. Eu estava olhando para a minha tela havia duas horas, pensando em novos anúncios de banners, respondendo aos usuários e trabalhando em um programa "e-mail-a-friend" que Sergey pensou que tinha o potencial de se tornar viral.

"Seu nome de usuário não é válido", escrevi para uma das mensagens de erro do programa. "Você deve ter colocado um caractere errado. Não é sua culpa." Eu estava ficando um pouco tonto com tantos pixels e isso estava afetando minha atuação.

Saí do meu cubículo da área de marketing e comecei a vagar à procura de glicose e cafeína. O Google estava crescendo. A empresa ainda estava em um único prédio quando o milênio começou, mas os escritórios que ocupavam os cantos externos do GooglePlex estavam todos repletos.

Um dia, uma equipe de samoanos, com os bíceps avantajados cobertos de tatuagens de folhas de coqueiro, chegou para preencher o espaço aberto com cubículos. A área agora estava dividida por um labirinto de painéis baratos e descombinados, destroços e refugos das empresas pontocom que haviam começado a quebrar à nossa volta. Brinquedinhos que eram brindes de *fast-food*, quebra-cabeças, latas vazias de refrigerantes e objetos nerd-chique povoavam os ninhos de trabalho. Sofás em frangalhos bamboleavam pelas áreas abertas e foram parar em círculos coloridos e brilhantes no carpete, oferecendo um conforto encaroçado, com manchas de café e servindo de cestos de roupas sujas. Eu trouxe dois dinossauros infláveis enormes e os deixei pastar no novo piso.

Caminhando pelo campo cinzento, vi de relance o reflexo de muitas cabeças nas telas cheias de códigos. Isso pode soar terrivelmente monótono, mas existia uma energia no lugar transmitida pelas conversas silenciosas, as risadas, o barulho dos marcadores nos quadros brancos, bolas de exercício pulando e scooters elétricas zumbindo pelos corredores.

O cachorro Yoshka passava com o rabo abanando e a coleira tilintando. Alguém se jogava no sofá, tirava os patins e os jogava no chão. Alguém moeu grãos de café para o expresso da tarde. Um taco de sinuca bateu em uma bola. Ela respondeu à agressão empurrando uma oitava bola para a frente e a mandando diretamente para profundidade de uma caçapa de couro.

Eu sentia a tensão do potencial crescente e limitado pelo tempo como a sensação de atravessar os trilhos na frente de um trem em marcha lenta. Estávamos fazendo esforços enormes e a energia exigida extravasava a procura do alívio físico. Algumas vezes, este alívio físico acontecia de forma íntima, com um parceiro disponível atrás de portas fechadas.

Nós tínhamos uma cama em um quartinho sem janela para descansar, para aqueles que tinham alcançado o limite da fadiga e não aguentavam mais. Uma tarde, um funcionário entrou e pegou dois engenheiros na cama. Ocupados em um ato de processamento paralelo não computacional. Foi decidido que o espaço depois de limpo, seria mais bem usado como escritório. Não houve nenhuma punição e nenhuma advertência foi dada. Os que poderiam jogar pedras não o fizeram porque não eram paladinos da moral e, portanto, essas experimentações não oficiais de IU continuaram, só que agora aconteciam tarde da noite e nos escritórios acesos apenas pela paixão e pelo brilho das múltiplas telas dos monitores.

— Os hormônios estavam voando e nem todo mundo se lembrava de trancar as portas — relembra o Gerente de Recursos Humanos, Heather Carnes.

Larry e Sergey encorajavam todo mundo a canalizar o excesso de energia no hóquei sobre patins. Qualquer empregado que se inscrevesse recebia um uniforme grátis da NHL estampado com seu nome e o logo do Google. O hóquei fornecia outra medida pela qual os Googlers podiam ser avaliados.

— Não existe jeito melhor de se conhecer alguém — George Salah, um participante habitual, acreditava. — Para saber a verdadeira personalidade de uma pessoa, pratique um esporte com ela. Você vai ver se ficam agressivos, se são cruéis ou não, e se são capazes de dar 110% de si mesmos.

Como consequência, ninguém se segurava quando lutava com os fundadores pelo disco. Na verdade, quanto mais duro você jogava, mais respeito você ganhava. Não era incomum ver sangue e hematomas quando os jogos terminavam.

Eu nunca havia colocado um par de patins e entrei para o time de hóquei do Google que acontecia às quintas-feiras no estacionamento, mas eu não era imune à intensa competitividade que corria pela empresa. Encontrei minha válvula de escape na máquina de remar que ficava em um canto da sala de recreação que o engenheiro Ray Sidney havia montado. Eu ia para lá entre as reuniões, me sentava no banco que deslizava, prendia meus pés nos pedais e respirava profundamente. Eu ficava refletindo no colesterol eletrônico que entupia a minha caixa de entrada, um acréscimo à minha carga de trabalho ou alguma discussão sobre um ponto de vista diferente que eu tinha tido com um colega. Eu agarrava a barra de puxar, fechava meus olhos e puxava com toda a força, mandando minha embarcação estacionária em direção às águas plácidas, para bem longe das minhas perturbações atuais.

Não era um formato aprovado, mas eu não estava tentando ganhar uma regata. Meu objetivo era gerar um maior número de ergométricas no menor tempo possível, para melhorar o placar exibido no quadro "Google Rowing Club" que ficava preso à parede. Conseguir o título "melhor" em qualquer categoria no Google tinha um significado a mais devido às habilidades daqueles com quem trabalhávamos.

Aos 41 anos, eu tinha muito a provar. Algumas vezes demorei um pouco para entender um TLA que todos pareciam conhecer[43]. Eu fazia objeções baseadas na experiência "irrelevante" que consegui em vinte anos de carreira. E dirigia um carro que cheirava à fralda de bebês e lenços umedecidos. Eu não queria que esses recém-formados imaturos com quem eu dividia o vestiário achassem que eu estava indo mais devagar física e mentalmente.

Uma tarde a recepcionista me chamou.

— Doug, você pode vir aqui embaixo? O Sergey pediu para você colocar esta aparelhagem de mergulho no carro. Ele falou que você é o cara mais forte daqui.

— Claro — repliquei. A meio caminho do saguão, diminuí os passos. E então parei. O fundador da empresa queria que eu fizesse o trabalho pesado. Isso não era bom, era? No entanto, Sergey achava que eu era o único qualificado. Isso era um "plus", não era? Fiquei feliz de ter sido o escolhido, mas envergonhado por causa do motivo. Será que eu precisava tanto de reconhecimento?

A obsessão do Google por medições estava me forçando a avaliar minhas próprias habilidades. O que eu tinha para acrescentar? Quais eram meus limites? Como eu me comparava aos outros? Insegurança era um jogo que todos os Googlers podiam jogar, especialmente sobre inferioridade intelectual. Todos, exceto alguns, achavam que estavam trazendo a curva para baixo. Comecei a perceber como o alto questionamento estava ligado de perto à ambição e

[43] Essa é uma piada do Vale do Silício: TLA significa "sigla de três letras".

com que destreza o Google alavancava este último para aumentar o primeiro, incentivando a irmos ainda mais longe e a avançar não apenas pessoalmente, mas com a empresa como um todo.

Perto do final da minha participação no Google, um gerente sênior recém-contratado colocou em palavras o que eu tinha descoberto havia muito tempo.

— Vamos encarar isso, Doug — ele confessou—, o Google contrata pessoas realmente brilhantes e inseguras, e então lhes põe tanta pressão que não importa o quanto elas trabalhem, elas nunca serão capazes de se considerar bem-sucedidas. Dê uma olhada nesses jovens do meu grupo que trabalham horas absurdas e ainda sentem que não estão no mesmo padrão que os outros.

Eu tinha que concordar que o medo da inadequação era uma ferramenta útil para fazer surgir o último esforço de produtividade dos nossos dedicados funcionários. Todos queriam provar que faziam parte do clube de elite dos colaboradores do Google. O gerente que articulou essa teoria, no entanto, era seguro demais para jogar esse jogo. Essa pode ter sido a razão de ele ter ficado menos de um ano no Google.

Mantendo limpo

O "caos organizado" que envolvia o Google se estendia ao nosso local de trabalho, o que poderia ser chamado generosamente de uma bagunça, ou, menos generosamente, de um chiqueiro.

O vestiário tinha vindo equipado com chuveiros e saunas. O cheiro foi trazido por nós mesmos: a mistura ácida de uniformes de ginástica sujos, joelheiras arranhadas, discos enlameados e tacos de hóquei sem cabeça, fitas adesivas, embalagens de desodorante, roupa de baixo rasgada e uma loção de barba vencida. Logo o Google providenciou um serviço de toalhas e instalou uma máquina de lavar roupas de baixo consumo de energia, que demorava uma semana para lavar um único ciclo, introduzindo um toque final de mofo à lavagem malfeita, às meias de ginástica abandonadas e a um roupão de banho mofado. Imagine um grupo de nerds invadindo e acampando em um escritório de seguros.

A única área onde a higiene era mantida impecavelmente era a engenharia. Não o espaço físico dos engenheiros — aparentemente eram todos crianças selvagens —, mas seus princípios operacionais.

Urs insistiu em adotar as melhores práticas que havia visto em outros ambientes industriais para coisas como controle de origem e avisos do compilador.

— Precisamos garantir que se o compilador realmente falhar, nós teremos um aviso, de modo que assim ele não poderá ser ignorado — me contou. Ele formalizou os elementos mais importantes do guia de estilos, que se tornou algo mandatório e reforçado por Craig Silverstein.

— Eu não queria um guia de estilos — Craig comentou —, mas Urs foi muito insistente.

A maior questão era qual linguagem de programa utilizar. Craig queria usar C. Urs preferia C++. A escolha de Urs prevaleceu, mas ele concordou em restringir os codificadores do Google "de usar as partes ruins do C++".

— Quais são as partes ruins do C++? — perguntei uma vez ao Craig.

— A maioria — ele respondeu com a maior cara de pau.

Craig acreditava que o Google precisaria de uma força integrante para evitar esforços redundantes ou conflitantes, manter padrões, ajudar a estabelecer prioridades e fornecer feedback durante as análises de desempenho. Ele fez disso sua meta para ser aquela força, para ser "aquele que sabia o que estava acontecendo em todos os lugares".

— Até atingirmos a marca de cem pessoas — ele relembra —, eu andava por aí e conversava com todo mundo. Eu dizia: "Como está o trabalho? Você precisa de ajuda?". Algumas pessoas não gostavam disso. "Esse cara fica me incomodando. O que ele quer?" Urs teve que me chamar de lado e me dizer para parar. — Craig percebeu que, em suas palavras, "eles não precisavam de alguém por perto. Todo mundo estava a alguns passos um do outro. Eles sabiam com quem conversar. A comunicação era muito boa".

Os códigos eram a única coisa que realmente precisavam de um alto nível de atenção. Para procurar problemas em potencial, Craig começou a escanear cada alerta gerado automaticamente todas as vezes que alguém verificava uma mudança na base de códigos — não importava o tamanho. Mas um revisor sozinho não poderia se manter a par do crescimento da produção da engenharia. Então, Urs instituiu um processo formal de revisão de código.

— Você escolhe uma boa prática de engenharia para ser sua pedra fundamental cultural — Craig falou —, e para nós isso era a revisão do código.

Para iniciar uma revisão, um codificador teria que enviar um indicador para um documento on-line. Qualquer um poderia responder com comentários, mas apenas um revisor oficial tinha que encerrar o código verdadeiro.

A vantagem era óbvia.

— Encontrar problemas no começo — o engenheiro Ron Dolin explicou — era cem vezes mais eficiente do que descobri-los mais tarde.

Ainda assim, à medida que o Google cresceu nem todos os programadores aceitavam a ideia de que seu código precisava de revisão ou de que era sua responsabilidade examinar o trabalho das outras pessoas. Como Craig explicou:

— Pusemos um processo em funcionamento para evitar que os códigos ficassem sem revisão, a menos que alguém mentisse.

Para realizar o processo, as pessoas teriam que fazer revisões apressadas.

— Eu enviava um código gigantesco — Craig falou — e eles o mandavam de volta dizendo: "Parece que está tudo bem".

Suspeito que havia muito mais para ser dito sobre aquele código. Quando os novos funcionários começaram, Craig revisava seus códigos sozinho, enfocando o sistema de autoria colaborativa. Algumas pessoas odiavam isso.

— Paul Bucheit — relembra Craig — e Noam[44] odiavam isso. Mas Paul acabou fazendo várias revisões de código sozinho e deu muito apoio a esta metodologia. Noam achava que era uma perda de tempo, pois ele é como Larry e Sergey, um desenvolvedor de pesquisa. Ele costumava dizer: "Estou gastando mais tempo revisando este código do que passei escrevendo. Como isso pode ser considerado um aproveitamento de tempo?".

Sanjay Ghemawat não detestava as revisões de código. Embora ele tivesse vindo de um laboratório de pesquisa onde olhar o trabalho dos outros era considerado uma intromissão ou algo inapropriado, ele imediatamente reconheceu o valor do *input* de um revisor inteligente. As revisões de código reforçavam a troca de ideias e ao mesmo tempo elevavam os padrões para o que era aceito.

— Por um lado — Sanjay reconheceu —, você podia dizer: garanta que ele obedeça o guia de estilo, que era bem mecânico. Minha jogada era diferente. Você precisava ver se conseguia se convencer de que isso realmente funcionaria, que não teria dificuldades ou problemas. Era fácil de entender. Acho que deu muito certo.

[44] Noam Shazeer escreveu o software de soletrar do Google e desenhou sua função de calcular.

Ben Gomes elogiou o código de Sanjay e sua abordagem sistemática para aumentar a base de código.

— Ele estabeleceu um tom para o restante do código que foi escrito.

Mas ele brincava que Sanjay mantinha padrões malucos.

— Ele não suportava o fato de que eu não usava apropriadamente o espaço branco. Na revisão de código, ele punha seu cursor no final de tudo e dizia: "Tem espaço branco aqui. Por que tem espaço branco ali?".

Sanjay deu uma risada quando lhe perguntei sobre isso.

— Eu só queria provocar um pouco o Ben. Queria poder voltar a este código depois de alguns anos, tendo esquecido praticamente tudo o que estávamos pensando quando o escrevemos, e ainda ser capaz de entendê-lo. Se a má formatação está atrapalhando, temos que consertá-la.

Como Urs estimulava a equipe de engenharia a dividir problemas complexos em pedaços resolvíveis, as revisões de código eram essenciais para assegurar que as peças se encaixariam quando fossem reunidas. O sistema fornecia independência aos engenheiros, mas evitava que eles se afastassem muito dos padrões que unificavam a base de código.

— Uma boa equipe é definitivamente aquela que cria ou resolve o problema — Urs explicou alguns anos mais tarde. — Se a equipe não é adequada, eles cometem poucos erros que corrompem a solução e, no final, você não sabe que erro cometeu, mas ele não funciona. Você precisa de controle a cada dia, a cada semana. Uma nova pessoa tomará pequenas decisões e não saberá do efeito cumulativo. Então, depois de alguns meses, você na verdade destruiu a ideia apesar de não ter cometido nenhum erro importante. Era uma sequência de pequenas coisas.

Um dia na vida

A engenharia tem sua disciplina e suas rotinas — eu tinha as minhas.

Comecei a chegar mais cedo. Muito mais cedo.

Eu saía de casa pé ante pé antes das seis da manhã, ligava meu carro e saía da entrada da garagem sem ligar os faróis. Nosso quarto dava para a rua, nossas venezianas estavam quebradas, e Kristen não era bem-humorada de manhã. Quando chegava na Highway 85, eu aumentava o aquecimento e o rádio, e abaixava as janelas. Quando chegava no GooglePlex, ainda às escuras, eu já estava completamente acordado. Estacionava no lugar mais perto da porta e olhava em volta para ver se o mendigo que rondava a vizinhança estava nos degraus da frente. A primeira vez que o vi, fiquei apavorado. Ligava as luzes do escritório e as copiadoras antes de me dirigir ao vestiário.

O prédio do Google era adjacente a uma reserva de pântanos na beira da baía de São Francisco, trilhas de corrida ladeadas por flores selvagens brancas, amarelas, púrpura e cor-de-rosa se estendiam por quilômetros ao norte e ao sul, desde os hangares de Moffett Field ao longo de um quebra-mar e pelas pequenas colinas até o aeroporto de Palo Alto. As águias circulavam acima de nossa cabeça, as garças dançavam nas lagoas. Guaxinins, coelhos e animaizinhos da vida selvagem dividiam as trilhas de terra com enxames de insetos e um cheiro forte da maré baixa. Eu me alongava nos degraus da frente, ligava meu discman e me arrastava vagarosamente pelo asfalto em direção à baía.

Às 8 horas, eu já tinha corrido alguns quilômetros, tomado uma sauna e um banho, lido o jornal, comido uma tigela de cereais e ainda estaria praticamente sozinho no prédio quando eu começava a limpar as baboseiras que tinham se aninhado na minha caixa de e-mails durante a noite. Desenrosquei a lâmpada fluorescente acima da minha mesa e usei o brilho mais quente de minha lâmpada de mesa como iluminação até que o Sol estivesse bem alto e atravessasse as janelas. Eu plugava meus fones de ouvido; aumentava o volume do meu estoque de Yo-Yo Ma, Otis Spann e Ozomatli; e começava a teclar em um estado completamente zen.

Era bom estar vivo.

A euforia geralmente passava por volta das dez horas, quando as entradas de e-mail se transformavam em uma rápida enxurrada e as reuniões diárias começavam. Eu passava de conversas sobre novas características de buscas a discussões de IU para atualizações de mapas de produtos. O relógio do Google funcionava em horários de uma empresa tecnológica, que não começava antes das dez da manhã e terminava quando a próxima madrugada começava a tingir o céu de rosa. Às 19h20, eu ia para casa colocar as crianças na cama antes de me conectar remotamente para escrever algo e apagar os incêndios que haviam começado a partir do momento que eu ficara off-line.

Qualquer ilusão de um equilíbrio trabalho/vida desaparecia sob meus pés como a areia da praia na maré que se afastava precedendo um *tsunami*. Kristen não ficava muito animada, mas compreendia que eu tinha que entender essa questão da startup para poder deletá-la do meu sistema. Ela mantinha as crianças bem alimentadas, bem vestidas, com os trabalhos escolares feitos e longe das drogas.

Para preservar minha ligação com meus filhos, eu tirava umas horas todas as sextas-feiras para ser voluntário das suas aulas da escola. Ninguém no Google implicava com isso talvez porque, em teoria, eu tivesse certa autonomia sobre a minha agenda.

— Desde que você termine seu trabalho — Cindy me lembrou. Como o trabalho nunca acabava e nunca se definia dia a dia, ele nunca estava "terminado". Eu conseguia gerenciar e manter a maioria dos meus sábados depois da CableFest relativamente livres, embora isso não significasse simplesmente que eu não planejava fazer algum trabalho até o domingo à tarde, quando precisaria para me preparar para a segunda-feira. Não era incomum receber um e-mail urgente ou ligação telefônica que me levava de volta ao "modo produtividade" durante uma hora aqui ou ali no sábado ou no domingo de manhã.

— Vocês querem ir ao escritório do papai? — perguntava aos meus filhos adolescentes quando eu tinha que ir ao Plex nos fins de semana. A resposta era sempre sim. O escritório era sempre mais divertido que ficar em casa, que era tragicamente isenta de açúcar e livre de *video games*, bolas que pulavam e hóquei. Eu os coloquei na sala de reuniões com o Dreamcast ligado e escrevi cuidadosamente meu ramal em números grandes em uma lousa branca. Eles gostaram de encher os copinhos de papel com bolinhas de malte, M&M's e chocolates, e de ficar sentados diante da tela tomando refrigerante, mas, bem no fundo, eu sabia que deveria estar lá fora com eles jogando bola ou construindo algo feito de madeira. Se não por isso, eu estava passando a eles uma visão terrivelmente deturpada do que "ir para o trabalho" realmente significava.

Eu não estava querendo impressionar o chefe com a minha diligência. Estava simplesmente tentando me manter a par das coisas. Muitos dos meus colegas de 20 e poucos anos e cheios de cafeína tinham mudado para o lado de fora da Bay Area. Eles não tinham amigos locais, nem relacionamentos, nem parentes, e, muitas vezes, nem TV para distraí-los. Eles tinham o Google.

Na chance remota de algum empregado sucumbir aos apelos de uma idílica "vida real", o Google nos prendia em uma concha de serviços essenciais — corte de cabelo no local, lavagem de carro no local, dentista e médico no local, massagens de graça, lanches de graça, almoço de graça, jantar de graça, grupos de jogos, noites de cinema, clubes de vinho e cerveja, conversas e palestras tecnológicas feitas por palestrantes reconhecidos globalmente. E para todos os lugares que você se virasse, havia pessoas inteligentes. Se a cidade de Mountain View não tivesse feito o zoneamento do nosso prédio como não residencial, muitos Googlers teriam desistido de seus apartamentos para estabelecer uma Plex Biosphere.

George, Salah e a equipe de instalações fizeram uma transformação no salão: dois sofás de um vermelho brilhante com os braços arredondados de cada lado de uma mesinha de café no formato de uma prancha de surf, algumas enormes samambaias, um espelho e algumas lâmpadas decorativas, as lâmpadas de lava. Eles cobriram as portas do elevador com retângulos metálicos em cores primárias, instalaram um cooler para sucos de frutas e penduraram uma versão em néon do logo do Google na escadaria, como uma placa luminosa dando as boas-vindas aos clientes de uma lanchonete. Os Googlers se enroscavam nos sofás para ler o jornal ou pular nas bolas enquanto devoravam docinhos e batiam papo com a recepcionista. Era nossa sala de estar comunitária e nossa câmara pressurizada antes de entrar no mundo externo. Ela nem sempre foi tratada com respeito. Um dos engenheiros acidentalmente quebrou a placa de néon do Google quando tentava chutar uma bola de borracha de mais ou menos três metros até o segundo andar.

— Por que eles não colocaram um aviso dizendo: "Não jogue bolas aqui"? — reclamou depois.

Sergey decidiu que precisávamos de um piano para dar um toque de classe ao saguão e pediu ao George para comprar um teclado que tocasse sozinho quando não houvesse ninguém por perto para tocar suas teclas.

Uma noite, por volta das 2 da manhã, eu ouvi o piano repentinamente tocar em alto volume. Saí do meu escritório e desci para desligá-lo. Foi então que vi Salar sentado ao teclado, à meia-luz, tocando uma música de Chopin e cobrindo aquele pequeno espaço com o movimento frenético de seus dedos.

Parei e observei enquanto ele tocava as notas com perfeição, o som reverberando nas paredes, janelas, mobílias, como se precisassem se libertar e escapar pelos pântanos iluminados pela Lua bem do lado de fora da nossa porta. A peça me parecia familiar. Então percebi que não era a melodia, mas o ritmo apressado, o momento alucinante, que eu conhecia bem demais. Parecia que o Google estava correndo pela noite atrás de uma oportunidade.

Desestressando os desenvolvimentos

— Entre — disse Babette. Ela estava sentada olhando sua agenda no computador. — Tire o quanto quiser das suas roupas até você ficar confortável e deite-se de barriga para baixo. — Ela se levantou e foi em direção à porta. — Volto num minuto.

— A porta da sala com a placa "Glooglers são massageados aqui" parecia qualquer outra do Plex, mas era a única atrás da qual era permitido oficialmente ficar pelado. (O código oficial de vestimenta do Google era: "Você deve vestir roupas".) Em uma parede estava uma reprodução grande da obra de Kandinsky, *Squares with Concentric Circles.* Em outra reprodução havia um gráfico anatômico do sistema muscular humano. A enorme janela que dava para o parque industrial estava coberta com um lençol bege. Sombras com formatos do fundo do mar dançavam langorosamente dentro de uma luminária amarela que brilhava no chão.

Eu nunca tinha ficado sem roupa em um escritório antes. Era uma sensação esquisita, como se eu estivesse expondo uma parte de mim que não pertencesse à empresa[45] e que deixaria que pusessem as mãos. Esse foi outro exemplo do Google derrubar barreiras entre minha vida no trabalho e meu senso de privacidade. Ainda assim as massagens eram uma das melhores coisas do trabalho na empresa. A alta energia do Google e suas expectativas ainda mais altas aumentavam o meu estresse reprimido, e parecia que nunca acabaria. A massagem era o melhor jeito de aliviar meus ombros endurecidos e a testa franzida, e de reduzir o ranger de meus dentes enquanto dormia.

Larry e Sergey tinham trazido Bonnie Dawson e Babette Villaseñor para aliviar os pescoços que se curvavam sobre os monitores e as dores nos dedos que agarravam as teclas do teclado como o Gollum agarrando o anel de Sauron. Nem os fundadores tinham imunidade especial contra a tensão. Seus nomes eram vistos com frequência na agenda de massagem on-line, e era prudente verificar cuidadosamente antes de marcar uma reunião da qual eles tivessem que participar no caso de estarem sendo massageados.

Larry uma vez faltou a uma reunião que eu havia marcado com antecedência porque uma vaga de massagem havia surgido.

---

[45] Senti isso com mais força a primeira vez em que me consultei com um médico do Google, para quem a empresa tinha montado um consultório completo. É estranho passar pelos cubículos dos seus colegas quando se está a caminho do médico.

— Você compreende, não é? — ele se desculpou. Na verdade, eu entendi.

As massagens de graça não duraram muito tempo. A demanda rapidamente excedeu à oferta, mesmo quando a empresa começou a cobrar um preço simbólico. Para gerenciar as reservas, foram colocados limites no agendamento de massagens, e o calendário de horários era aberto em períodos variados para assegurar que os trabalhadores do período da noite e do dia tivessem o mesmo acesso. Cadeiras de massagens japonesas automatizadas foram instaladas no saguão, mas não conseguiram evitar o crescimento de um mercado negro para cupom de massagem. Na economia paralela do Google, os certificados (originalmente oferecidos como bônus ou os prêmios recebidos por um prêmio extraordinário) eram utilizados como suborno para conseguir equipamentos, serviços técnicos ou até mesmo tíquete de bebidas para as festas da empresa.

Se a mesa de massagem não estava disponível para diminuir as atividades das ondas beta, sempre havia a opção de ir para o salão azul.

— Acho que chegamos a um impasse — disse a Salar quando não concordávamos em uma questão de marca e ninguém queria ceder. — Vamos nos encontrar no salão azul em quinze minutos para resolver isso de uma vez por todas.

Quando ele chegou, eu lhe entregava um controle remoto do Dreamcast, peguei um para mim e inseri o disco do *Soul Calibur*. Pelos dez minutos seguintes, nós iríamos participar de uma batalha na tela, como dois guerreiros míticos atentos somente à destruição um do outro. Eu habilmente o coloquei em seu lugar, provando a superioridade da minha sensibilidade do marketing e da minha destreza manual. Salar se recuperava da derrota acachapante acumulando um número de conquistas no Google levemente mais impressionante do que o golpe de pernas com que eu costumava jogá-lo para fora do ringue.

Ben Smith[46], Ray Sidney, Bogdan Cocosel e John Bauer também tinham habilidade para matar e se pavoneavam e juravam vingança quando, forçados por servidores que ameaçavam cair, tinham que abandonar o jogo porque o Google estava com problemas em algum departamento.

— Caiu o sistema? Onde? Na Costa Leste? Tudo bem, só um minuto, ainda são quatro da manhã lá. Ninguém vai notar enquanto acabo essa rodada.

---

[46] Smith era invencível. Ele me desafiou uma vez para um jogo no qual ele usou apenas os dedos do pé para operar o controlador. Ele venceu, literalmente sem as mãos.

Os jogos se tornaram tão bagunçados que era proibido jogar durante o dia, o que deu espaço a disputas por e-mail que viravam a noite e que frequentemente não consistiam em mais do que uma simples linha "minha alma ainda queima".

Cosmic Charlie, como vai você?

— Não, obrigado — eu falei para Charlie Ayers. — Eu não como isso.

— Isso é porque sua mãe nunca te obrigou — Charlie replicou se curvando sobre as bandejas fumegantes, com a segurança de um sorridente vendedor de carros usados. — A maioria das pessoas cozinha demais as vagens até que elas fiquem cinzentas e moles, você tem que servi-las verdes e secas.

— Hum... Tudo bem — disse colocando cinco vagens no meu prato.

— Experimente isso — Charlie falou mostrando uma bandeja carregada de pedaços de frango dourados como se fosse um banquete de domingo. — Você sabe como eu consegui essa receita? Com o *chef* pessoal de Elvis Presley. Este é exatamente o mesmo frango frito que o Rei e o Coronel Tom Parker costumavam comer. Diz se este não é o melhor frango que você já comeu?

Enquanto eu lutava para descobrir meu papel na empresa, Charlie Ayers não tinha dúvidas sobre onde ficava seu papel: na cozinha. Charlie era o *chef* que Larry e Sergey tinham contratado na semana em que comecei a trabalhar. Ele passou imediatamente a converter o refeitório do andar de baixo em um café (ele corrigia qualquer um que fosse brega a chamá-lo de refeitório). Em sua opinião profissional, as instalações eram terrivelmente inadequadas para o que ele queria fazer: recriar um menu orgânico saudável que ele tinha servido quando trabalhava para o apresentador Bill Graham. Enquanto nós simplificávamos sua história para "o ex-*chef* do Grateful Dead", ele sempre esclarecia que o Dead nunca o tinha contratado e que ele tinha preparado algumas refeições para eles.

— Não foi a comida que eu servi que o matou — Charlie protestou quando o pessoal fazia brincadeiras sobre a morte prematura de Jerry Garcia.

Com mais de sessenta Googlers para alimentar, a maioria deles jovens, Charlie suava no horário do almoço e do jantar com a ajuda apenas do *sous-chef* Jim Glass e de dois ajudantes de cozinha que auxiliavam no preparo e na limpeza.

— Droga de forno! — Charlie costumava resmungar. — Droga de geladeira! Droga de lavadora de louças! — E a ladainha continuava, envolvendo o balcão de comidas, o layout do lugar, as pias, os fornecedores e seu exigentes chefes Larry e Sergey. Charlie xingava os funcionários insensíveis, recém-saídos dos bandejões da faculdade, que pegavam mais do que conseguiam comer ou traziam convidados sem avisar, destruindo a cuidadosa matemática de seu menu. E, apesar de tudo, ele servia uma refeição mais incrível que a outra.

Charlie fazia tudo no local, exceto o pão, que era deixado do lado de fora da cozinha todas as manhãs em latas cinza marcadas! "Só pães, não colocar lixo". Ele selecionava seus ingredientes com um viés voltado para os produtos orgânicos das fazendas locais e criticava alimentos processados como o iogurte cremoso misturado à gelatina, que eu preferia em vez do iogurte orgânico e encaroçado que ele dizia ser mais saudável. Comparado com o Front Page Café do *Merc*, com suas verduras murchas e o queijo grelhado gorduroso, Charlie elaborava um nirvana gastronômico.

Ele nos atormentava todas as manhãs com alguns e-mails explicando seus planos para encantar nossas papilas gustativas. Um e-mail que incluía um menu diferente a cada dia. Como este:

Sopas: Creme de aspargos, saboroso cogumelo com lentilha
Saladas: Thai noodle, salada de batata tradicional, sopa de cenoura, folhas orgânicas mistas
Prato principal: Peito de peru assado com molho missô e farofa de broa de milho, tofu cozido ao vapor e berinjela com arroz integral[47]
Acompanhamentos: Batata-doce, vagem
Sobremesas: Torta de maçã, tortinhas de mirtilo, torta de cereja e pudim de arroz

Quando o marketing foi para o andar de baixo, nos cubículos adjacentes ao café, eu podia ver a fila do almoço começando a se formar pouco antes do meio-dia. Eu sempre deixava o que estava fazendo para ser o primeiro da fila.

— Esperem o sino! — Charlie gritava, caso tentássemos entrar no café antes que ele estivesse preparado. Se as coisas não estavam indo muito bem na cozinha, era perigoso se aproximar demais.

[47] Charlie sempre oferecia pelo menos uma opção vegetariana como prato principal.

— Cuidado. Sopa quente! — ele gritava segurando uma sopeira fumegante no alto, empurrando quem estivesse bloqueando seu caminho. Charlie derrubava coisas e andava com a faca de corte na mão fatiando loucamente e cortando em pedacinhos guarnições de última hora, enchendo nervoso a cesta de pão. Apenas quando tudo estava em seu devido lugar é que ele tocava o sininho de hotel que ficava no balcão, o que significava que podíamos entrar. O grupo de escravizados se misturava, servindo-se de saladas e do prato principal antes de se dirigir às sobremesas e às bebidas. Ainda assim era melhor arriscar a fúria de Charlie do que perder um prato especial ou alguma maravilha de chocolate preparados em quantidades limitadas. O departamento de Ops, sempre melhorando sua performance, instalou uma webcam sob a porta para a transmissão ao vivo da cozinha, o tamanho da fila e a intensidade da agitação de Charlie. As mesas dobráveis de dois metros, nas quais nos sentávamos, tinham vindo de uma loja de materiais de escritório e estavam acompanhadas por cadeiras de metal baratas que eles costumavam levar quando havia muita gente nas cerimônias da igreja e nos funerais. O protocolo implícito era pegar o primeiro espaço disponível e se sentar ao lado de qualquer engenheiro, vendedor ou funcionário do local que tivesse sentado por último, e então começar uma conversa. Algumas vezes os diálogos eram misturados ao alemão, ao chinês ou à fala igualmente incompreensível e repleta de abreviações dos nerds. Eu saboreava as críticas dos concorrentes e as descrições detalhadas de elementos esotéricos de GWS acompanhadas por diagramas desenhados em guardanapos de papel. Fazia perguntas inocentes e recebia respostas sofisticadas sobre nossa tecnologia e indústria, um processo que era parte do plano de Larry e Sergey, e que estava por trás de oferecer aos empregados comida de graça.

Muito foi escrito sobre o plano do Google com relação às refeições gratuitas (uma estimativa colocava o custo em 72 milhões de dólares ao ano)[48], mas os pontos básicos do programa eram simples: almoço e jantar eram gratuitos e você podia comer o quanto quisesse do primeiro ao último dia que você trabalhasse na empresa. Como a maioria dos Googlers, eu demorava meia hora para almoçar e, se estivesse com o prazo apertado, voltava com o prato para a minha sala. Sem o café, eu teria perdido vinte minutos para ir a um restaurante, meia hora para comer, e outros vinte minutos para voltar. Eu teria parado de pensar

[48] Vasanth Sridharan, no Businessinsider.com, 23 de abril de 2008.

no Google assim que passasse pela porta da frente e me concentrasse em consumir comida saturada em sal e gordura, e estivesse a caminho de aumentar meus dias de afastamento por doença além de uma morte prematura. Por esse ponto de vista, a política da alimentação fazia sentido para mim.

Charlie tinha um orçamento, entretanto, e devido às suas reclamações sobre suas limitações, todos ficaram chocados no dia em que ele serviu lagosta no almoço.

— Não se preocupe — Charlie acalmou a multidão —, eu consegui um preço especial porque elas só tinham uma pata.

Ninguém ousou perguntar onde ele havia comprado lagosta de uma pata só. Talvez ela estivesse se envolvido em uma briga com ferozes tubarões. O gosto era fantástico. Era tudo o que nós precisávamos saber. Além do mais, Charlie não desperdiçava nada.

— No começo, Charlie costumava me chamar para comer *todas* as sobras — relembrou com saudades o engenheiro Chad Laster. — Eu conseguia fazer isso às vezes. Comia meu almoço normal, esperava o pessoal comer o que quisesse. Então, por volta das duas e meia, eu estava com fome de novo. Se eu não aparecesse, Charlie vinha me buscar e eu comia tudo o que sobrava.

— Uma vez eu comi nove costeletas de porco a mais — Chad recordou com um sorriso no rosto. — Teve uma vez que Charlie me deu uma travessa cheia de sorvete, chantilly, castanhas, caramelos e calda de chocolate. Devia pesar quase um quilo. Foi uma coisa maluca.

Ótima comida tinha a habilidade de atrair ótimos talentos.

— Eu não sei o que fazer — o engenheiro sênior Luiz Barroso resmungou para Jeff Dean na noite em que ele tinha que decidir se entrava para o VMWare ou para o Google. — Eu fiz essas listas. Marquei pontos para todos os prós e contras, e está empatado em 112 a 112!

Jeff sabia que no dia da entrevista de Luiz no Google, Charlie tinha servido *crèmè brûlée* no almoço. — Você colocou *crème brûlée* na sua lista? — ele perguntou. — Você gosta realmente de *crème brûlée* né?

— Oh, não! Não tinha pensado nisso — Luiz admitiu. Na manhã seguinte, ele aceitou a oferta do Google.

Era uma atitude legal oferecer aos candidatos ao emprego uma refeição decente, que era em parte uma necessidade e em parte um teste de temperamento. Como as entrevistas levavam o dia todo, era importante dar ao candidato bastante proteína para alimentá-lo. Os aspirantes a candidatos eram facilmente identificados. Eles se sentavam no deck, suando em ternos azuis-marinhos enquanto à sua volta os Googlers, de bermudas e sandálias, batiam papo. Qualquer Googler que estivesse por perto podia encher os candidatos de perguntas e as respostas poderiam influenciar na decisão de contratar tanto quanto qualquer parte do processo formal de entrevista. Transmitir uma vibração "Googley" era importante.

Eu nunca sabia quem iria encontrar enquanto esperava por um prato de polenta. No princípio, as celebridades que apareciam eram celebridades tecnológicas, como a guru Esther Dyson, a *superstar* do jornal *Sun*, Kim Polese, ou o presidente da Intel; mas, à medida que a fama do Google crescia, você poderia encontrar facilmente os premiados do Nobel e políticos conhecidos internacionalmente, pessoas como Muhammad Yunus, a rainha Noor, Bill Clinton ou Jimmy Carter empurrando as bandejas ao longo dos trilhos de alumínio sob o olhar observador de Charlie, enquanto a música do Greatful Dead escapava dos autofalantes presos na parede. Jornalistas do Japão e da França ficavam parados no meio do café mirando as câmeras e murmurando em sua língua nativa, enquanto repórteres da imprensa escrita do *Time*, *Fortune* e *Business Week* se juntavam a Larry e Sergey para comer sanduíches de frango e ruminar sobre o futuro da busca. O café ficou parecendo um circo e perdeu um pouco da intimidade dos primeiro meses. Mas a comida sempre me atraiu.

Misturando partes iguais de fanatismo, ego e temperamento artístico, Charlie conseguia servir uma mescla de gostos exóticos, aliada a um discurso inteligente e ao companheirismo de interesse partilhado. Ele era confuso na cozinha, jogando recursos inadequados a exigências impossíveis, com o suor cobrindo sua testa e manchas de comida aumentando a marca do laço do seu avental feito sob medida. A lição do *data center* aplicada também à cozinha: unidade de produção barata esticada a seus limites oferecia performance superior. Servidores individuais, fossem de webpages ou de brócolis a vapor, poderiam não funcionar, mas o sistema não estava completamente quebrado desde que ele continuasse a produzir resultados. A seu favor, Charlie, Jin e o restante da equipe da cozinha do Google nunca experimentaram um desastre catastrófico. Dia após dia, eles nos alimentavam com uma infraestrutura que delizava suavemente entre inteligência e coração. Esse era o jeito Googley de ser.

CAPÍTULO 8

Cretinos safados que não entendem uma piada

— **QUANTOS GOOGLERS** são necessários para instalar uma lâmpada? — Sergey perguntou à equipe de IU no final de fevereiro do ano de 2000. Sua reclamação tinha a ver com os botões do navegador, um pedaço trivial de código que permitia que os usuários acrescentassem links de busca do Google a seu software de navegação da internet. Estávamos debatendo nomes e detalhes de design por e-mail, e a lista de pessoas envolvidas tinha aumentado para dez, incluindo Urs e Cindy. Sergey achou isso ridículo.

— Se continuarmos a fazer todo o nosso trabalho nessa velocidade — ele observou —, acho altamente improvável atingirmos um número significante das nossas metas. — Em vez de exaustivos testes de usuários e deliberações internas, ele argumentou: — Deveríamos instalar o serviço e testá-lo quando tivéssemos uma oportunidade. Não se esqueçam, podemos mudar tudo isso num estalar de dedos, ou deveríamos ser capazes de fazê-lo.

A perspectiva de Sergey "lançar primeiro, repetir depois" era qualquer coisa menos consistente. — Não acho que deveríamos ter uma reunião sobre um projeto como esse — ele disse — ou um grupo de e-mails, a não ser aquele para anunciar aos usuários o lançamento. Envolver todos em todas as questões não é um bom gerenciamento de tempo.

Sergey queria que uma pessoa ficasse responsável por isso: Salar. Como gerente de produtos, Salar poderia conversar com Karen para criar uma webpage, com Marissa ou Bay para verificar a IU, comigo para falar da marca e, então, trabalhar com um engenheiro para fazer as mudanças necessárias. Salar não tinha treinamento como gerente de produtos; não tinha MBA de uma faculdade de elite nem fora estagiário em uma empresa de consultoria caríssima, nem passara sua carreira subindo degrau por degrau na escada corporativa. Mas Sergey o considerava bem inteligente para dar conta do recado. Pensava o mesmo de Susan, que logo saiu do marketing para assumir um papel similar ao de Salar. Ainda mais importante era que Larry e Sergey confiavam que eles não interfeririam no que os engenheiros quisessem fazer.

Larry oficialmente se promoveu a chefe de produtos em março de 2000, ficando responsável pela entidade aglutinadora em volta do núcleo de gerenciamento de produto. Ele ia supervisionar qualquer projeto que exigisse recurso da engenharia (os "googlettes" estavam encubando em todo o prédio) incluindo o diretório e a busca WAP (protocolo de aplicativo do wireless) por celulares. Larry decretou que faria uma reunião na qual seriam ouvidos os pontos de vista de todos os cantos do Plex, desentendimentos seriam esclarecidos e editais seriam emitidos. Ele chamou isso de "revisão de produtos". O Google havia gerado um novo processo.

A revisão de produtos acontecia no escritório de Larry e Sergey. Eu cheguei cedo para conseguir um lugar e me sentar no sofá preto. De outro modo, teria que equilibrar meu laptop enquanto me sentava em uma bola de borracha. Um grande exoesquesleto (o protótipo para o projeto de escaneamento de livros de Larry) continha uma câmera e uma série de luzes apontava para a mesinha de café à minha frente. Karen White, Marissa Mayer, Jen McGrath, da equipe de frente, e Craig Silverstein trabalhavam à sua volta conectando cabos para que pudéssemos exibir maquetes na parede do escritório.

Sergey estava encostado em sua cadeira à nossa frente, lendo e comendo um sanduíche. Era difícil saber se ele estava prestando atenção.

Marissa definiu a ordem do dia determinando quais produtos discutir e quem deveria estar na reunião para apresentar o caso a favor ou contra as mudanças propostas. Marissa tinha 24 anos. Uma garota alta e loira de Wisconsin, bem treinada nas questões de IU e que nunca encontrou um problema que não conseguisse resolver imediatamente. Sua mente trabalhava com tanta rapidez que seu dique transbordava enchendo todo o espaço disponível para conversa com uma enxurrada de palavras. Ela descarregava o que estava pensando, pontuando sua frase com uma risada reticente, e, então, preventivamente, ela chamava a atenção para todas as objeções e pontos de vista alternativos que pudessem ser expressos. Demorei um pouco para me acostumar, embora tivesse convivido entre alguns nova-iorquinos.

Marissa assumiu o papel de guardiã da revisão de produtos com tanta seriedade como se fosse um guarda de embaixada em uma nação hostil.

Ela defendia ardentemente suas opiniões sobre o melhor modo de ajudar o Google a prosperar ao mesmo tempo em que protegia o santuário de ideias antagônicas. Nos meses seguintes, ela começou a cobrir tanto o processo de desenvolvimento de produto como a vida pessoal de Larry. Ela diminuiria o acesso que os outros tinham ao chefe de produto. É claro que nós poderíamos conversar com Larry fora da revisão do produto, mas como a reunião era agora o lugar no qual as decisões eram tomadas oficialmente, essas conversas poderiam ser encaradas como redundantes e um desperdício do tempo de Larry.

Ninguém queria desperdiçar o tempo dele. Larry continuava a ser uma pessoa modesta acerca de seu novo papel. Ele se sentava em sua mesa no fundo do escritório estreito, olhando de relance sobre a série de monitores de computadores quando apresentávamos algo de seu interesse. "Como o Yahoo lida com isso?", ele poderia perguntar nos mandando fazer um *tour* pela web para aprender se alguém já tinha resolvido nosso problema. Quando apresentávamos visões conflitantes, Larry solicitava os dados que apoiavam cada lado e então pronunciava seu veredicto salomônico. E quando Larry terminava, ele não tinha mais nada a dizer.

— Não quero mais falar sobre isso. Não vale a pena discutir. Apenas façam acontecer.

Larry (assim como Sergey) concluía as discussões abruptamente quando via que estava perdendo tempo com algo que já tinha sido decidido. Ele detestava reelaborar argumentos e ter que atualizar pessoas que não eram relevantes para a questão. Principalmente, ele não tolerava explicar o óbvio. Algumas vezes, bastava dar uma olhada. A gerente de projetos, Deb Kelly, propôs um novo método para colocar produto on-line e o apresentou a Larry.

— Ele fez um movimento com a sobrancelha — ela recordou mais tarde curvando uma sobrancelha como o Doutor Spock — e nem me deu um motivo. Ele simplesmente disse: "Não". Ficou claro que era uma ideia estúpida.

Não demorou muito para eu ter minha primeira experiência com a forma brusca com que Larry tomava as decisões. Larry queria renomear o link *cache* nas nossas páginas de resultados para a expressão "*show matches*". Clicar o link ainda conduziria os usuários a uma versão da página *cached*[49], mas ela agora

---

[49] Uma página *cached* é uma cópia que o Google armazena no seu índex quando ele rastreia a web. Não é a página ao vivo colocada no site propriamente dito, mas é como uma foto que o Google tira para referência. A página *cached* é hospedada pelo Google e fica disponível mesmo quando o site original sai do ar ou o conteúdo da página muda.

salientaria as palavras na página que combinavam com a consulta do usuário. Eu considerei a mudança de nome confusa e tinha certeza de que nossos usuários também achariam isso. Era uma questão de palavra e esta era a parte que eu dominava. Expus minhas objeções na reunião de IU e todos concordaram em não fazer a mudança sem antes testá-la.

Na manhã seguinte, encontrei a expressão "*show matches*" substituindo a palavra "*cache*" em todas as nossas páginas de resultado.

— A equipe de IU não tem controle sobre essas decisões — Bay Chang me lembrou o que tinha acontecido. — Larry queria a expressão "*show matches*". — Larry tinha encontrado Marissa quando ela estava indo embora para casa e eles decidiram juntos programar a mudança.

— Eu considerei cuidadosamente todo o feedback — Larry falou quando o confrontei. — E não quero continuar essa discussão. Existem coisas mais importantes para se fazer. Todos os argumentos foram repetidos, o que significa que é hora de decisão.

Eu pensei que o momento da decisão tinha acontecido durante a nossa reunião de IU.

"Por que o Google parou de mostrar as páginas *cached*?", foi a primeira reclamação de usuários que recebemos.

"Eu adorava as páginas *cached*! Para onde elas foram?", exigiram outros. Não foi o apocalipse, pois poucas pessoas usavam esse recurso, portanto, isso foi classificado como um mal menor. O mais alarmante de tudo é que os repórteres reclamavam para Cindy e passavam recados que estavam recebendo de seus leitores. Uma semana depois, mudamos o nome de volta para *cached* e acrescentei três novos pontos de dados no meu gráfico Google:

1. Nada era definitivo até Larry dizer que sim.
2. Larry se comunicava pessoalmente com as pessoas que poderiam programar suas decisões.
3. Larry apagava aquilo que ele tinha gravado nas pedras se as paredes ruíssem ao seu redor.

O terceiro ponto foi a lição mais importante para mim, pois desfazer coisas que tinham dado errado seria a cruz que eu teria que carregar enquanto estava no Google.

A primeira dessas lições começou como uma piada.

Você está brincando comigo?

Eram meados de março. Tempo de guardar os aquecedores e pôr para fora as bermudas cargo e sandálias. Abril estava chegando. Meu primeiro abril no Google.

Meu primeiro 1º de abril no Google.

Minha primeira oportunidade para me encarregar da ginástica suada que eu viria a conhecer como a piada de 1º de abril do Google. O dia 1º de abril iria se tornar um buraco negro no meu calendário, um poço de gravidade no qual minha atenção seria sugada. Sergey, ao contrário, adorava o 1º de abril. Seu senso de humor não parava nos limites do bom gosto, e, quando a data chegou, ele dinamitou a compostura e incendiou a moderação. O mais cruel dos meses, de verdade.

Eu estava indo para o Charlie's Café quando me encontrei com Sergey. O dia estava quente e meu espírito estava primaveril. Charlie tinha feito minha sobremesa favorita de maçã. Enquanto eu empurrava minha bandeja pelo balcão, conversei com Sergey sobre a possibilidade de fazer algo engraçado para o 1º de abril. Ele se animou e me encorajou a ir em frente. Naquela tarde, mandei a ele um comunicado à imprensa de que o Google tinha patenteado um "sistema alfanumérico" que eliminava as letras Q, Z e C. Elas eram redundantes e aumentavam o tempo de baixar uma página. Sergey achou divertido, mas, ele me informou, desnecessário. Susan iria conduzir nossos esforços para o 1º de abril. Se eu tivesse outras ideias, eu deveria combinar com ela.

Ai. Isso me machucou. Coisas engraçadas na homepage eram tarefas da minha área. Voltei para o quadro de desenho.

"Vamos ver. A mensagem deveria ser positiva. Improvável, mas não obviamente impossível. Hum. E se o Google fosse tão bom e desse os resultados antes mesmo que você os procurasse?"

Trinta segundos depois, eu estava digitando uma descrição de uma "Busca Antetemporal", um desenvolvimento inovador que antecipava os pedidos dos usuários. O tom era bem nerd, mas Susan gostou. Sergey o julgou exagerado (a mesma coisa que dizer que você é muito religioso), mas, por incrível que pareça ele disse que tinha potencial.

— Você poderia fazê-lo mais parecido com esse site "gatinhas pornô" que eu vi? — ele perguntou.

Sergey pediu para Susan incluir o engenheiro e sátiro Ray Sidney nas nossas discussões e garantir que a brincadeira fosse bem engraçada e tivesse bastante credibilidade tecnológica. Eu arrastei Ray e Paul Buchett para uma sala de reuniões e discutimos ideias. Naquela atmosfera com cheiro forte, Ray deu o nome "MentalPlex" para a nossa nova tecnologia de leitura de mente. Era o que eu precisava e comecei a escrever o texto para um link na homepage, uma dezena de mensagens de erro que seriam exibidas ao acaso quando alguém entrasse com uma consulta na caixa de busca MentalPlex, e uma FAQ explicando como visualizar a busca para que o MentalPlex pudesse detectá-la.

P: Não consigo visualizar ou clicar e tenho que usar meu dedo para ativar o mouse.

R: É preciso prática para visualizar o clique. Experimente empurrar o botão do mouse com seus cílios, e então aumente gradualmente a distância entre seu olho e o mouse.

Marissa salientou que, com nossas recém-lançadas interfaces em língua estrangeira, poderíamos estender a piada além do inglês.

— Uma das mensagens de erro diria que o MentalPlex detectou pensamentos estrangeiros — ela sugeriu —, e então podemos traduzir o texto da interface nas páginas de resultados em alemão.

No que viria a ser nossa tradição de 1º de abril, nossa webmaster Karen White trabalhou em uma velocidade desenfreada para cumprir o prazo e colocar imagens finais e cópias no lugar. Nós queríamos uma exposição máxima em todo o fuso horário, de modo que enviaríamos o MentalPlex às 20 horas de 31 de março e o manteríamos no site durante todo o dia seguinte.

Karen colocou o último dos arquivos às 19h55 de sexta-feira. Logo os usuários do Google veriam o desenho de uma espiral rodopiando na nossa homepage, convidando-os a experimentar o MentalPlex. Fiquei aliviado ao conseguirmos cumprir o prazo. Eu também estava apavorado.

O humor é algo subjetivo. Se não for bem-feito, o resultado é patético. Não queria que a minha primeira tentativa em imbuir personalidade na nossa marca fosse considerada imperfeita pelos especialistas em tecnologia, mas também não queria que fosse muito especializada, de modo que só os nerds a entendessem. Seria horrível contar uma piada para milhões de pessoas e ninguém dar uma risada, mas se o MentalPlex fosse bombardeado, tenho certeza de que Sergey entregaria tudo o que fosse engraçado para que os engenheiros fizessem, me condenando a escrever fichas técnicas de produtos e mensagens de erro por toda a eternidade.

Assim que Karen apertou o botão *submit*, comecei a abrir minha caixa de entrada compulsivamente para verificar os feedbacks dos usuários. Tinha a impressão de que a minha carreira dependia disso: se eu tinha conseguido ou não acertar o tom da piada, que parecia mais fraca e infantil a cada minuto que passava.

Às 20h01 o primeiro e-mail chegou. "O Google é incrível!", dizia o título. O usuário gostou do modo como brincamos com a nossa homepage. Mais e-mails começaram a surgir. As pessoas estavam surpresas. Elas não achavam que ferramentas de busca tinham senso de humor. Eles gostaram. Eles ficaram ☺. Adorei! Rolei no chão de tanto rir! Eles gostaram muito, muito. Eu deixei o brilho de adoração deles me cobrir com a luz que vinha da tela do meu laptop. No entanto, havia algumas poucas almas perdidas que não entenderam nada, e outras que julgaram que deveríamos deixar a comédia de lado e ficar com a busca, e alguns que ameaçaram sair se colocássemos desenhos na nossa homepage permanentemente. Um cara que se disse "incipientemente epilético" acreditava que nosso desenho de uma espiral giratória poderia induzir a ataques. Mas essas notas ácidas foram apagadas pelo coro de aleluias que chegaram constantemente durante as horas seguintes. Foi um festival de elogios, de alegria e amor! Será que eu estava ouvindo o ritmo da música que ecoa suavemente no céu?

"Desliguem isso. Ele pensa que eu sou alemão", este refrão desafinado ficou preso no meu ouvido.

"Eu achei o MentalPlex divertido, mas as línguas diferentes nas páginas de resultados fizeram com que ele ficasse mais difícil de usar. A piada fica sem graça rapidamente."

Vozes discordantes expressavam confusão e irritação. Elas evoluíam de um murmúrio baixo a uma arenga estridente e a uma cacofonia bem atordoante de um ultraje insistente que não poderia ser ignorado. Às 22 horas, já era bem claro para muitos da audiência global do Google que as piadas sobre a Alemanha e o controle da mente não eram engraçadas. Mandei um e-mail para Susan que ainda estava no escritório com os feedbacks e sugeri que eliminássemos a mensagem em alemão. Ela já tinha identificado o problema e chamado Sergey. Ele concordou em remover a mensagem de erro em alemão e o link para as páginas de resultados. OK. Um problema menor resolvido.

Mas era sexta-feira à noite. Todos os engenheiros estavam com Sergey, aliviando as tensões da semana no Zibbibos, um restaurante da moda a vinte minutos do centro de Palo Alto. Ninguém no escritório tinha autorização para fazer a mudança. Fiquei em casa observando mais e mais mensagens que reclamavam sobre os alemães, pensamentos alemães e piadas de alemão chegarem à minha caixa de entrada. Gotas de suor desceram pela minha nuca e escorreram espinha abaixo.

Meia hora se passou. Mais outra. Estávamos levando uma surra no e-mail. Finalmente, o ofensivo alemão parou. Graças a algum engenheiro anônimo, nenhum resultado indesejado em alemão confundia mais nossos usuários. Agora nossos resultados indesejáveis estavam em português. Os engenheiros acharam a piada tão engraçada que não quiseram eliminá-la por completo, então eles simplesmente mudaram a interface para outra língua. Os usuários não gostaram de alemão? Tudo bem, vamos dar a eles algo diferente.

— *Não! Não! Não!* — eu disse a eles. O problema não era a língua; era a dificuldade que a interface estrangeira fazia para se usar nossos resultados. Estávamos destruindo nossa marca, em vez de consertar as rachaduras, eles acharam mais divertido observar nosso patrimônio ir por água abaixo. Eu tinha vivido algumas crises de relações públicas antes, e esta estava se tornando uma *sabakova kashmar*[50], isto é, o pior dos pesadelos.

As reclamações continuavam a chegar, embora o tom fosse menos violento do que quando o texto em alemão estava presente. Os usuários ainda estavam infelizes, pois não conseguiam navegar facilmente pelo site. Estávamos rompendo uma regra básica de não criar dificuldades para o usuário conseguir o que buscava. Uma usuária lamentou que a nossa brincadeira estava lhe custando dinheiro; pesquisadora profissional, ela não conseguia mais usar o Google para fazer seu trabalho.

Eu tinha trabalhado em grandes empresas por muito tempo e sempre hesitei em levar problemas para o chefe. Mas eu já estava trabalhando no Google havia bastante tempo para ficar intimidado pelo organograma da empresa. Liguei para Sergey. Foi difícil nós ouvirmos com o barulho de fundo dos engenheiros bagunceiros em um restaurante lotado, mas pude notar que

[50] Um termo que aprendi na minha estada de seis meses na Sibéria. Significa "pesadelo de um cão".

ele ficou surpreso quando insisti que retirássemos todos os resultados em língua estrangeira.

Eu estava estragando a festa, mas Sergey concordou com relutância, muito provavelmente para que ele pudesse voltar às comemorações sem medo de interrupções.

Demorou um tempão para conseguir falar com Susan e já era meia-noite quando todos os textos em língua estrangeira foram retirados do site.

— Uma fração significante dos nossos usuários são completos idiotas — reclamou um engenheiro. — Como se eles não pudessem imaginar como usar nosso site só porque está em português.

O Google tinha claramente cruzado os limites de servir uma elite tecnológica para jogar no grande mercado de massas, um segmento on-line que ele sabia ser densamente povoado de gente sem noção.

— Estou mais preocupado porque ficamos assustados por um pequeno feedback negativo — disse Howard, o engenheiro iconoclasta. — Nós retrocedemos na brincadeira, que é uma parte importante do Google. Diluímos nossa brincadeira de 1º de abril para torná-la menos invasiva. Acho que é isso que acontece quando a gente cresce. A gente se torna uma empresa mais conservadora. — Ele não encarou isso como um desenvolvimento positivo.

Sergey concordou tacitamente que o problema não estava do nosso lado. Os resultados em alemão foram bem engraçados. Além disso, muito mais usuários deram um feedback mais positivo do que negativo sobre o MentalPlex.

Às 2 horas, fui para a cama. Sonhei um sonho monocromático sobre alemães e Lisboa, e um capitão de polícia que me olhava de modo interrogativo e perguntava: "Fechar? Mas todo mundo está se divertindo tanto!".

Na manhã seguinte, senti uma ressaca emocional. Tinha lançado uma piada que funcionava. MentalPlex se adequava perfeitamente ao estilo não convencional e meio nerd do Google. Sergey estava certo o tempo todo, era legal brincar com a nossa marca. Mas o erro de traduzir a interface de resultados me envergonhou. Fiquei preocupado por isso não ter envergonhado alguns de meus colegas.

Por que foi necessário tanto esforço para fazer uma mudança quando as reclamações começaram a chegar? Por que tomaram a decisão de mudar para português? Afinal de contas, quem tomou essa decisão? Qual era meu papel de gerente de marca se não gerenciar a marca? Agora eu entendia onde o verdadeiro poder residia no Google. Ele estava nos teclados daqueles autorizados a inserir um novo GWS, para na verdade verificar o código que fazia o site funcionar. Aqueles engenheiros eram os guardiões definitivos. Mesmo quando eu tinha sinal verde para pôr um projeto em funcionamento, alguém com uma ideia diferente e uma mão no controle poderia mudar nosso curso no meio da noite, me deixando sem saber o que estava acontecendo, enquanto eu dormia a alguns quilômetros dali. O MentalPlex quase nos descarrilou.

Assim que cheguei ao trabalho na segunda-feira, escrevi um memorando para evitar que isso acontecesse novamente. Incluí todos os dados que pude visualizar das seiscentas repostas de e-mail que recebemos. Setenta por cento gostaram do MetalPlex. O restante reclamou da tradução da interface em outra língua. Minha nota explicitava que não deveríamos nunca, jamais, tornar a busca mais difícil para aqueles que a procuravam. Fiz um rascunho de uma carta de desculpas aos usuários que haviam reclamado e ofereci mandar a eles camisetas do Google gratuitamente. O pesadelo estava acabado. Nós tínhamos levado nossos tombos e aprendido com os erros, e agora poderíamos seguir em frente.

— Não é bem assim — Marissa argumentou.

— O problema não é que traduzimos a interface para o alemão — ela disse —, mas que nós chamamos atenção para a mudança ao incluir uma "dica" sobre o MentalPlex detectar pensamentos em alemão. — No seu ponto de vista, se nós tivéssemos colocado uma nota na página informando que era uma brincadeira, ninguém teria ficado chateado.

— A maioria das pessoas provavelmente nem teria notado a tradução sem a dica — outro engenheiro concordou. — Apenas o texto navegacional da página estava em alemão, os resultados da web ainda estavam em inglês.

Como poderiam os usuários não notar, imaginei, que todo o texto, exceto os resultados verdadeiros, não estavam em inglês? E acrescentar uma linha no final da página explicando que tudo era uma brincadeira não teria apenas deixado de resolver o problema, mas teria sido uma admissão de que a piada era fraca demais para se sustentar. Jonathan Swift raramente usava asteriscos para explicar que estava sendo satírico.

Marissa e eu nunca concordamos com o que aconteceu com o MentalPlex. Ela questionou minha classificação dos feedbacks dos usuários mesmo depois de eu lhe enviar os e-mails originais. Eu tinha fatos objetivos e irrefutáveis à minha disposição; ainda assim, discordávamos fundamentalmente em como interpretar os dados. Não estava interessado em colocar a culpa em ninguém, mas eu queria garantir que nós aprenderíamos com nosso erro e não o repetiríamos. Para isso, tínhamos que atingir o consenso sobre qual tinha sido o erro.

Omid Kordestani, chefe do nosso grupo de desenvolvimento de negócios e vendas, deu sua opinião.

— Verdadeiramente amadorístico! — reclamou. Ele estava se referindo ao MentalPlex do começo ao fim. Omid não tinha sido informado sobre o MentalPlex, e quando aquilo explodiu no 1º de abril, ele ficou furioso. Calmo, sorridente, equilibrado, Omid ridicularizou nossa piada como algo capaz de distanciar os próprios anunciantes que sua equipe tinha trabalhado tão duramente para conquistar. E será que tínhamos considerado os usuários internacionais que não entendiam o humor norte-americano?

— Espero que isso nunca se repita — ele nos repreendeu. — Graças a Deus isso aconteceu numa sexta-feira à noite. — Havia apenas um lado bom que Omid via. Sites de portal como o Yahoo, que pensavam que poderíamos competir com eles, não mais se preocupariam conosco. Nós claramente não roubaríamos seus usuários com este tipo de idiotice imatura. Não éramos mais um bando de alunos de Stanford, Omid fez questão de lembrar. Estávamos fazendo funcionar um negócio sério, e isso parecera uma brincadeira de calouros bêbados. Acho que ele se lembrou de seus dias na Netscape, uma empresa que se afirmava em sua própria arrogância até que uma gigantesca bota de cano alto pisou em sua cabeça.

— Não se preocupe, Omid — Sergey falou de forma tranquilizadora. — Nós fazemos bobagens de vez em quando, mas não é ao acaso, e ela geralmente tem resultados positivos[51].

Mostrei a Omid todos os feedbacks positivos de nossos usuários, mas Cindy me falou que tínhamos estragado tudo. Omid era um acionista e deveria ter sido informado. Esta foi outra lição que aprendemos do jeito mais duro. Eu me consolei pelo fato de que, pelo menos, isso daria um ímpeto aos processos mais formais de trabalho; isso impediria os implementadores de GWS de, tarde da noite, pararem com suas improvisações desafinadas. Como se isso fosse acontecer.

---

[51] Sergey devia estar se referindo à sua própria piada de 1º de abril, uma mensagem para todo o pessoal anunciando que a diretoria tinha elevado o valor da ação do Google de 1,20 dólar para 4,01 dólares, que levou um funcionário a pedir dinheiro emprestado para comprar suas ações. O fato de Sergey ter mandado esta nota em 31 de março tornou tudo mais engraçado, pelo menos para ele.

Ninguém mais parecia ter aprendido a lição com o revés do MentalPlex, encontrei minha epifania no rastro do tumulto. Poderia construir a marca Google de dentro do produto. Não precisaria depender de anúncios de banner ou programas de cartão-postal. A personalidade do Google brilharia ao longo do caminho, do mesmo modo que nós (que eu) conversava com os usuários. Eu poderia tentar qualquer coisa, pois os únicos de olho em meu trabalho eram dois caras que notadamente não tinham inibições. Foi um momento de liberação.

Eu devia ao Google palavras. Agora eu lhes daria uma voz.

Desorientados ao extremo

O tempo no Google parecia uma espada de samurai. Tanta atividade acontecia simultaneamente que a narrativa linear deste livro achata a envolvente experiência em 3D de forma irreconhecível. Talvez se você arrancar as páginas, jogá-las para o alto e lê-las ao acaso à medida que elas caem à sua volta, entenda melhor como era. Eu estava na empresa havia cinco meses e a cada hora de cada dia uma outra via neural em meu cérebro se levantava e traçava uma nova rota para um destino inesperado.

— Esbocei algumas linhas que poderíamos colocar na homepage — contei a Larry e a Sergey em uma revisão de produtos. — Elas deveriam dirigir o tráfego repetitivo ao reafirmar nossa qualidade aos usuários de primeira viagem. Aqui está a lista.

Sergey não levantou os olhos de seu novo telefone que parecia estar desmontando.

— Como você define o usuário de primeira viagem? — Larry perguntou. — E se eles desligaram os cookies? — Olhou de relance para as dezenas de colunas de meu texto que o projetor exibia com clareza na tela. — Por que você não usa a citação testemunhal da revista *Time*? — perguntou antes que eu pudesse responder à sua primeira pergunta. — Acho que nenhum destes vai ser muito eficaz.

Sergey levantou a cabeça e olhou Larry, que ergueu uma sobrancelha em resposta e falou.

— Você precisa torná-los muito mais convincentes. Pois, se você imprimisse todos os dados das buscas do Google, a pilha de páginas iria alcançar daqui até a Lua.

Sergey sorriu e recostou em sua cadeira.

— Não — ele disse.

A sobrancelha de Larry se ergueu novamente e chegou ao seu limite.

— O que nós precisamos fazer — Sergey continuou — é testar as coisas que são completamente aleatórias para ver qual tem o maior efeito. — Sua sobrancelha chamou a de Larry e subiu alguns milímetros.

Eles se encararam em silêncio por alguns momentos, com as sobrancelhas fazendo uma dança em um circuito fechado de comunicação telepática. Algumas vezes, pensei que compreendia Larry ou assimilava onde ele estava, ou onde Sergey estava querendo ir. Observando os dois juntos, no entanto, era como tentar capturar um raio de luz em um espaço estreito entre duas estrelas gêmeas de nêutrons. Havia uma enorme energia sendo trocada, mas em uma faixa de espectro que eu não conseguia detectar. Sergey voltou sua atenção para o telefone desmontado.

— Sabe o que deveríamos fazer? — perguntou olhando para baixo. — Nós deveríamos fazer a homepage cor-de-rosa forte e ver como as pessoas reagem.

O rosto de Larry se iluminou como se todo aquele erguer de sobrancelhas lhe tivesse rendido um baile gratuito e uma rodada de bônus.

Eu sorri também, mas, quando parei, eles não pararam. Uma dúvida surgiu. Eles não estavam... eles não podiam estar... certamente eles não falavam sério quanto a esta sugestão, certo? Comecei uma longa viagem, da incredulidade à negação, até a refutação baseada na lógica, apenas para ser enviado de volta e chegasse a um argumento com base em dados, provando que minha ideia não tinha méritos. Enfiar a estaca em posições extremas e fazer os funcionários lutarem em busca de um santuário parecia agradar os nossos fundadores. Eles ficavam observando as veias da têmpora pulsarem e a palma das mãos suarem, enquanto os gerentes de produtos, o pessoal de operações e engenheiros sondavam cuidadosamente, tentando entender a lógica enquanto desbravavam um matagal de distrações para desmontar ideias explosivas.

— O Google foi a primeira empresa em que eu tive essa experiência — a gerente de projetos Deb Kelly relembra. — Quando você está pensando "Isso é maluquice. Isto é uma loucura. Isto é idiota", e então pensa um pouco mais sobre o assunto, chega à seguinte conclusão: "Na verdade isso pode ser muito inteligente, difícil, mas muito inteligente".

A loucura não era sem método. Não apenas as propostas mirabolantes de Larry e Sergey nos forçavam a raciocinar com mais clareza, mas começar com as antípodas ideológicas explorava o valor total da inteligência naquela sala. Depois que Larry e Sergey fizeram uma de suas sugestões ultrajantes, nada depois parecia inconcebível. Para separar o improvável do impossível, precisávamos prestar atenção e argumentar fatos, não suposições ou convenções. Se começássemos apenas com soluções "aceitáveis" que tinham sido tentadas antes, nunca iríamos revelar as descobertas transformadoras que destruíram mundos e os faziam surgir novos dos seus próprios escombros.

Urs compreendia isso melhor que a maioria. — Larry e Sergey tinham uma expectativa de que as coisas seriam diluídas ao longo do caminho — ele explicou. — Começar com algo que é mais ambicioso vai lhe render algo que é razoável. Mas se você não coloca a meta bem adiante, as pessoas já estão correndo menos riscos e são menos ambiciosas sobre quão grande uma ideia pode ser.

Foi por outra razão: porque o Google valorizava a inteligência mais que a experiência.

— Na melhor das opções — Urs disse —, você tinha alguém muito entusiasmado e que não sabia o que era impossível fazer e, por isso, ia mais longe. A grande questão era: "você pode fazer isso bem barato, para que, na verdade, seja algo acessível?". Talvez, mas sem tentar mensurar e fazer a próxima repetição, você não vai descobrir.

Eu sentia pena dos novos Googlers que entravam neste abatedouro da realidade pela primeira vez e olhavam em volta da sala com olhar assustado, tentando ver se era algum tipo de rito cruel de iniciação. Se você era uma pessoa concentrada, gostava de agradar o pessoal do trabalho, o que você dizia quando Sergey insistia: "Nós deveríamos esquecer isso (qualquer tópico que estava sob discussão) e focar em construir amarras espaciais[52]?".

As reuniões não eram o único lugar em que as ideias morriam. Se os fundadores não gostassem de uma proposta, eles a consignavam naquilo que o diretor de relações públicas, David Krane, chamava de "carta de inatividade".

— Você mandava alguma coisa para o espaço e não tinha resposta. Este era o jeito de você saber que sua proposta provavelmente não tinha sido aceita.

[52] Deb Kelly relembra isso como um modo de "pegar todas as ideias de lá. Por que não terceirizar para Marte? Qualquer coisa é possível". Ela admite com pesar: — Nunca consegui falar das amarras espaciais de modo convincente.

Não fazia diferença que quando Larry e Sergey realmente respondiam às nossas ideias, suas respostas eram frequentemente ambíguas.

— Se gostavam de alguma coisa, eles diriam: "Não parece ruim" — relembra o gerente de instalação George Salah. — Quando eles mandavam algo de volta, diziam: "Hum, isso parece de qualidade inferior". Ou usariam alguma técnica de dizer entre o sim e o não. Eles nunca davam uma decisão clara.

Quando eu levava uma cópia para a aprovação do Sergey, ele dizia: "É bonitinho. Eu gosto". ou "Não. Isso não é muito Googley".

Uma vez passei um dia com minha equipe desenvolvendo um raciocínio completo para uma campanha publicitária, apoiados naquilo que entendíamos sobre a audiência-alvo e suas motivações. Sergey olhou de relance os layouts, franziu o cenho e disse:

— Acho que você precisa pensar um pouco mais.

— É da ideia que você não gosta? Da arte? Das palavras? — perguntei, procurando algo mais definitivo para que pudéssemos eliminar o que era ofensivo. Ele simplesmente balançou a cabeça e olhou de volta para seu monitor.

— Pense um pouco mais sobre isso — repetiu, enfurecido.

Finalmente, cheguei à conclusão de que como Sergey era um engenheiro, queria que nossos anúncios mostrassem um mundo idealizado no qual tudo estivesse otimizado, inclusive as pessoas. Descobri que ele não gostava de imagens que não descrevessem a noção clássica de beleza e, portanto, pudessem ser vistas como discrepantes nos dados programados para a completa realização do potencial humano. Um anúncio do nosso programa de propaganda incluía a figura de um lutador de sumô suado. Sergey franziu o nariz quando a mostramos.

— Não acho que deveríamos exibir anúncios com pessoas não atraentes neles. Nossos anúncios deveriam ser sempre esteticamente agradáveis para que as pessoas tenham apenas pensamentos felizes quando pensam no Google.

Devin Ivester[53], que deixou sua própria agência de propaganda para se juntar a nós como líder da equipe de criação, relembra outra ocasião, quando mostrou a Sergey um anúncio com um homem exausto, dormindo no sofá, cercado por livros, anotações e papéis. A resposta de Sergey foi:

---

[53] Devin foi um dos poucos contratados que passaram pelo processo de seleção do Google sem ter um diploma de faculdade, uma conquista que ele atribui em parte à sua habilidade de rapidamente ter feito um brainstorming em sua entrevista, em parte por ter dito a Sergey que ele "não tinha um livro de regras para aplicar na nossa marca".

— Não, não podemos usar este cara. Ele é horrível.

— Você não quer dizer feio, certo? — Devin perguntou, ligeiramente perplexo.

— Bem, não, mas ele obviamente não é organizado. Ele simplesmente não é uma boa pessoa.

— Como ele não é uma boa pessoa?

— Bem, olhe para ele. Ele simplesmente está dormindo no sofá.

— Mas, se você ler o título, vai saber que ele está dormindo porque trabalhou a noite toda. Ele é incansável, mas chegou uma hora em que até ele teve que desistir.

— Bem, obviamente, ele é desorganizado, pois não consegue administrar sua carga de trabalho.

A lição que ficou para Devin foi que:

— Sergey tinha uma visão idealizada do que devíamos mostrar em nossos anúncios. Não tinha que ser exatamente como na vida real. De acordo com sua ideia de um Googler perfeito, era como as pessoas deveriam ser.

Talvez porque eles vissem um mundo através de um filtro polarizado do que é "ideal" e "de qualidade inferior" (ou o que é "bom" e "ruim", como queira), e eram tão confiantes na posição que ocupavam neste sistema binário que nossos fundadores demonstravam predileção por calúnias exageradas dos que não concordavam com eles. Em quase todas as reuniões, eles soltavam um palavrão para resumir tudo que ficava no caminho de seus importantes planos.

— Cretinos! — Sergey resmungava se um concorrente conseguia um cliente que estávamos querendo.

— Cretinos! — Larry exclamava quando um blogueiro levantava dúvidas sobre a privacidade dos usuários.

— Cretinos! — falavam mal da imprensa, dos políticos ou dos atordoados usuários que não conseguiam entender a superioridade óbvia da tecnologia por trás dos produtos Google.

Isso era um pouco intimidador até você se acostumar, mas não demorava muito para que a palavra "cretinos" se tornasse parte da nomenclatura corporativa para qualquer pessoa ou instituição que não visse as coisas do jeito do Google. Os serviços de classificação não contabilizaram corretamente o nosso tráfego? Cretinos! Vendedores de disco rígido se recusavam a fazer negócios com o preço abaixo do custo? Cretinos! Isso ficou tão predominante que alguém propôs a Sergey que seu discurso ao receber um prêmio on-line deveria ser: "Os Webbys são para os cretinos".

As coisas poderiam ser piores. Na verdade, poderiam ser muito piores.

Eu raramente ouvia uma blasfêmia nos corredores do GooglePlex, onde vozes alteradas causavam espanto. As pessoas poderiam ser exasperantes, mas o caminho certo era ameaçá-los com fatos até que sucumbissem à lógica superior. Não que Larry e Sergey não pudessem ser duros, mesmo um com o outro. David Krane, que viajava constantemente com os fundadores, via seu relacionamento desse modo:

— Esses caras tinham um canal de comunicação que era muito direto e muito aberto. Quando havia tensão, era porque estavam discutindo algum dado. Eles eram bem rudes um com o outro, chamando ideias de burras ou ingênuas ou se chamando de cretinos. Mas nenhum fazia cara feia.

Não demorou muito para perceber que Larry e Sergey queriam aperfeiçoar a organização até que ela fosse tão eficiente quanto sua tecnologia. Tudo que aumentava custos ou reduzia produtividade criava atritos e diminuía nosso progresso. Em termos ideais, produziríamos produtos perfeitos em massa, sem incorrer em gastos. Isso era impossível, é claro, mas não nos impediam de tentar.

De graça é demais

— Fiz um negócio fantástico com esses dados — eu me vangloriei ao Sergey ao apresentar uma planilha mostrando todos os países em que iríamos conseguir o ranking do tráfego assim que nosso contrato de pesquisa estivesse assinado. — Eles ofereceram um desconto de 20% no início, mas consegui diminuir isso pela metade.

Sergey se mexeu e fungou, olhando a planilha como se estivesse examinando pedaços de carne em uma travessa.

— Eu não acho que isso vai ser um dado muito útil — ele falou. — Eles não têm muita experiência nesse mercado e estão tentando expandir sua base de clientela. Ter o Google como cliente lhes daria uma grande credibilidade. — Eu sabia o que viria a seguir. Era tão inevitável quanto chover depois que você lava o carro.

— Na verdade, eles deveriam pagar pra gente — Sergey disse.

"Eles deveriam pagar pra gente" era o ponto de partida para qualquer negociação. Como o Google estava se destacando, a vantagem de se ligar à nossa estrela em ascensão crescia exponencialmente, pelo menos era o que pensavam Larry e Sergey. Como o valor da nossa marca beirava o infinito, nossos custos deveriam ser zero. Para os fundadores, ganhar um desconto grande não era uma vitória, era uma declaração de fracasso de se conseguir algo de graça. Suas altas expectativas por preços baixos se tornaram uma profecia de alta realização, poris eu detestava apresentar a eles qualquer proposta que tivesse apenas 10% ou 15% de desconto. "Nunca pague preço de varejo" era o mantra do Google. Eu tinha sorte, no entanto. O marketing não comprava serviços todos os dias, então eu não passava muito tempo tentando fazer os fornecedores concordarem com meu preço. Era um caso diferente para a equipe das instalações.

No final da primavera de 2000, a taxa de crescimento do Google estava se acelerando em todas as frentes. O tráfego estava aumentando, nossa propaganda tinha dado certo e tantos refugiados das pontocom reivindicavam espaços no Plex que as paredes inchavam cada vez que alguém soltava o ar. As filas se formavam do lado de fora do banheiro masculino, o que levou um engenheiro a instalar uma máquina de senhas ao lado das cabines. Nos escritórios saturados, a pessoa que ficava mais perto da porta tinha que se levantar quando um colega queria sair ou entrar. Os corredores estavam tão entupidos de mesas, cabos e componentes de computadores encaixotados, que um passeio pelo corredor parecia um *tour* por Akihabara[54].

— Ocupamos um prédio que supostamente tinha capacidade para 220 pessoas e colocamos 298 pessoas dentro dele — George Salah confidenciou quando não havia nenhum inspetor dos bombeiros por perto.

Os engenheiros Howard Gobioff e Ben Smith reclamaram ao eStaff (a equipe executiva) que falta de espaço era ruim para o moral da equipe e afetava de forma negativa a produtividade. No meio daquela loucura de contratação, eles estavam fazendo entrevistas por telefone debaixo das escadas e, lá fora, no jardim, porque todas as salas de reunião e escritórios privados abrigavam agora múltiplos ocupantes em período integral. Baias para duas pessoas continham quatro estações de trabalho e todas as vezes que os funcionários se ausentavam

[54] Um equivalente da rua 25 de Março, na cidade de São Paulo (N. E.).

do prédio por mais de um dia, os engenheiros recém-contratados se apropriavam de seu espaço. Pior de tudo, equipes inteiras de trabalho estavam divididas e dispostas em partes diferentes do prédio, prejudicando a comunicação.

Larry e Sergey deram permissão para George adquirir mais espaço. Sergey avisou a ele que o escritório do SGI, a seis quarteirões de distância, parecia "legal". Era uma piada. O complexo do quartel-general mundial do SGI tinha quatro prédios enormes, cada um deles era o dobro do nosso.

— Em abril de 2000, um edifício de escritórios do outro lado da rua ficou disponível — George relembra. — Eles queriam 8 dólares por metro quadrado e estávamos pagando, na época, cerca de 2,5 dólares. Eu disse para Larry e Sergey: "Este preço é ridículo. Não acho que deveríamos nem nos incomodar com isso". Eles responderam: "Não, vamos fazer uma oferta".

George sentiu que o problema iria começar. A taxa de desocupação no Vale do Silício era de 1% e os proprietários não precisavam negociar.

— Nós teremos que lidar com este cara no futuro — ele os preveniu. — Ele é dono de quase tudo em Mountain View. Não queremos ficar numa posição difícil com ele. Não vamos fazer nenhuma oferta.

Essa afirmação simplesmente deixou Larry e Sergey mais ansiosos.

— Não, não. Faça uma oferta — eles insistiram. — Uma oferta baixa. Vamos oferecer mais ou menos 6,45 dólares por metro quadrado!

George chamou um corretor. O corretor ligou de volta.

— O dono do imóvel gritou com o corretor — George relembra. — Como você ousa me fazer essa oferta? Você deveria pensar melhor. Não me traga esse tipo de oferta idiota. E diga a eles que o preço aumentou para 8,25 dólares! E bateu o telefone. Portanto, não conseguimos o prédio.

Duas semanas depois, a febre das pontocom estourou e a loucura do mercado de imóveis passou como uma brisa de verão. De repente, tudo ficou mais fácil. George sublocou um espaço naquele mesmo prédio por menos da metade do preço e, depois de um ano, ele alugou um prédio totalmente mobiliado ali nas redondezas por 45 centavos o metro quadrado.

Isso se tornou um padrão. Quando estávamos à beira de um desastre superpopulacional ou talvez algumas semanas além, George adquiriu mais espaço a preço de banana e os homens da reforma ressurgiram munidos de martelos e pregos. George engoliu cada prédio adjacente na trilha do Pac-Man. Até chegar diretamente ao complexo SGI. Três anos mais tarde, em

2003, devoramos este também.

Todas as vezes que o Google se expandia, novas configurações de cubículos apareciam. Havia os de meia altura, os com três quartos de altura, os com espaços para janelas e cubos-suítes com espaços para sofás e cachorros. Larry e Sergey queriam melhorar a compensação entre a produtividade e o aluguel. O que aconteceria se você pusesse três pessoas em um lugar destinado para duas? E cinco? Quantos estagiários você poderia enfileirar ao longo de mesas raquíticas em um corredor lotado? E se você fizesse um aquário com paredes de vidro em volta e colocasse quatro engenheiros lá dentro? Eles trabalhariam mais? Menos? As ideias nascem no cativeiro? Eles haviam repetido o experimento dos servidores e da placa de cortiça (com gente e paredes de tecido), reorganizando os elementos para se conseguir maior resultado computacional enquanto gerava a menor quantidade de calor. Tudo poderia ser mais eficiente e custar menos, tanto em tempo quanto em dinheiro.

Foi aí que Gerald Aigner entrou em ação. Gerald era uma espada flamejante de frugalidade empunhada pelos senhores do Google, uma lâmina de corte afiada com um sotaque austríaco e cabelos loiros bem curtos. Faíscas azuis e brancas cintilavam de seus óculos e iluminavam seu sorriso à Jack Nicholson, e o ar estalava quando ele franzia as rugas da testa. Antes de encontrar Gerald, verifiquei meus sapatos para ver se eles tinham solas de borracha e agradeci baixinho por não estar do lado contrário ao dele em uma mesa de negociação. Ainda existem alguns negociantes que tremem e piscam incontrolavelmente quando ouvem seu nome. Depois de negociar com Gerald, um vendedor se recusou a conversar com o Google novamente até que concordássemos com seu preço adiantado, sem qualquer discussão.

— É muito difícil negociar com vocês e não ganhamos nada — eles reclamaram.

— Gerald é provavelmente a pessoa mais difícil do planeta para se agradar — George confirmou. — Ele quer ganhar tudo e não dar nada em troca, quer as coisas mais rápidas do que o humanamente possível e que atendam às suas especificações exatas, o que pode ser surreal e bem bizarro.

Jeff Dean ouviu Gerald colocando vendedores rivais ao telefone juntos e fez com que eles disputassem seus lances, no estilo do clube da luta, até que só um estivesse de pé, oferecendo um preço que Gerald estivesse disposto a pagar.

Quando o Google precisou de espaço em um *data center* na Irlanda,

Gerald foi às três maiores instalações em Dublin e colocou uma contra a outra para ganhar a jogada. Quem estava mais disposto a rebaixar os próprios preços perante a concorrência e se tornar o principal parceiro do grupo? Quem estava disposto a sacrificar mais para fincar o pé em futuros negócios? Somente depois que ele os venceu e obteve as concessões que queria, assinou o contrato com as três. Ele precisava de toda a capacidade que pudesse adquirir, mas não havia vantagem em revelar isso antes.

— O homem tinha uma tendência para o barato — relembra o designer de hardware Will Whitted, que trabalhava junto com Gerald. — Eu gostava dele por isso. Todas as vezes que você dizia a ele o custo de alguma coisa, ele dizia que era demais. O cara me deixava maluco, mas quase sempre estava certo. Um cara brilhante.

— Isso é ridículo — Gerald falou sobre o custo das caixas que revestiam os nossos servidores. — Não deveríamos pagar trezentos dólares por um pedaço de folha de metal. — Ele convenceu Urs a se livrar das caixas e usar um design aberto baseado nas prateleiras de pão que ele tinha visto na cozinha de Charlie. A ausência de uma caixa tornou o serviço mais fácil.

— Não havia nenhuma peça que eu não pudesse trocar em menos de dez segundos — Whitted comentou sobre sua implementação da ideia de Gerald. — Aquilo permitiu que nós tivéssemos menos técnicos nos *data centers*. A média, nos Estados Unidos, é de um técnico para cada trinta máquinas. O Google estava funcionando com 3 mil máquinas por técnico porque não havia a caixa.

A especialidade de Gerald ia do nível mais baixo do hardware ao software que o fazia funcionar, o que o permitia descobrir como economizar onde os outros não conseguiam.

— Apesar disso — segundo Whitted —, Gerald morria de medo de eletricidade. Ele achava que, se tocasse em algo com cinco volts, seria eletrocutado.

— Isso é mentira — Gerald insistiu. Ele nega a maioria das histórias que seus antigos colegas contam sobre ele. Ele nega, por exemplo, que um vendedor jogou caixas de peças de computador em nosso estacionamento e foi embora quando percebeu que as tinha vendido abaixo do preço de custo. Bogdan Cocosel, que trabalhava com Gerald no hardware, me assegurou que isso realmente aconteceu e que quando as peças foram testadas, somente metade das máquinas funcionou. Felizmente, Gerald tinha um conhecimento tão grande de hardware que sabia como recuperar mesmo as peças com problemas.

Houve outras barganhas. Quando o Google precisou de um espaço para um *data center*, em Atlanta, George procurou a empresa recém-falida Cable and Wireless. Ele comprou um equipamento deles no valor de oito milhões de dólares por apenas um milhão e meio. Ele me falou que um desconto de noventa e cinco por cento foi um bom negócio.

Gerald lidou com inúmeros *data centers* falidos, embora nem todos tivessem chegado a este ponto antes de fazer negócios com o Google. A Exodus e a GlobalCenter, ambas hospedaram servidores do Google antes de mergulharem juntas no vermelho das dívidas. A MCI WorldCom deixou de funcionar antes mesmo de assinar o contrato com o Google. Gerald nega que ele, sozinho, levou *data centers* à falência.

— A bolha do pontocom estourou. Eles tinham construído todos esses *data centers* e não conseguiam ocupá-los. Não perceberam que estavam no ramo dos imóveis. Além do mais — ele explicou —, não acho que era um bom negociador. Só tirei de 80% a 90% do mercado.

Urs acha que ele fez mais.

— Gerald compreendia o custo da propriedade, frequentemente as pessoas não sabiam onde estavam se metendo e, certamente, perderiam dinheiro. Eles deveriam saber que o poder custa dinheiro e você não pode desperdiçá-lo. Você faz isso uma primeira vez, mas não faz isso uma segunda, e eles deixaram a gente fazer isso várias vezes.

Gerald garantia saber tudo sobre as empresas com as quais estava negociando, desde sua estrutura de custo e pontos de empate às tarifas de energia elétrica. Ele sabia que os *data centers* tinham que pagar pela eletricidade, mesmo se eles próprios não soubessem, e ele usava esse conhecimento para a vantagem do Google. Outros Googglers se aproveitavam das habilidades de Gerald para consertar seus próprios erros.

— Eu estava ligando os cabos das máquinas aos interruptores — Jim Reese me contou sobre uma visita ao *data center* do Google —, e de repente escutei um barulho: *Zzzzzzz! Ahhhhh!* Eu dei a volta e o Harry (outro engenheiro) estava parado, meio atordoado. Nós tínhamos fritado o rack inteiro. Todo o RAM. Memória RAM era algo muito difícil e muito caro, e não tínhamos créditos. Fui para o Exodus com um cheque de meio milhão de dólares nas mãos para quando eles descarregassem os servidores do caminhão. Fizemos Gerald convencer o vendedor que o RAM estava com defeito, pois como podia acontecer de 320 pentes de memória RAM não funcionarem, certo? Então, eles substituíram todos e os mandaram de volta para o fabricante.

Quando eu perguntei, Gerald desmentiu essa história também. Existe alguma coisa nele, entretanto, que faz surgirem essas histórias, talvez pelo modo como Urs o descrevia.

— Gerald era um "um cara muito intenso". Às vezes, as pessoas achavam que ele estava com raiva, mas ele estava apenas energizado com o problema pela frente e estava fisicamente batalhando para dar tudo certo. — De acordo com Urs, Gerald era "o par perfeito de que precisávamos". Ele o protegia.

— Urs me protegia do Larry e do Sergey — Gerald declarou. — Eu tinha uma vida muito boa porque podia fazer o que quisesse. Por fim, ele decidiu que queria viver aquela boa vida na Europa, criando mais uma — possivelmente verdadeira — história para acrescentar ao cânone do legendário Gerald.

— Quando Gerald quis trabalhar no escritório da Suíça — Jeff Dean escutou —, ele deu um jeito para que um Cantão perto de Zurique mudasse sua legislação tributária por opções. Não ficou claro se eles fizeram isso por causa dele, mas certamente pode ter sido.

Para mim, Gerald representava o ideal inatingível de sabedoria da barganha. Quando eu trazia contratos, ainda com a tinta molhada e escorrendo pelas margens de lucro retiradas de vendedores derrotados, Sergey fungava: "Estes termos não parecem muito favoráveis". Talvez devêssemos chamar Gerald para falar com eles. Parecia que ele estava dizendo: "Convoque o Príncipe dos Grandes Descontos! Deixe que ele limpe as carcaças e sugue o tutano dos ossos!". Talvez meus medos fossem exagerados, mas eu conhecia Gerald. Se ele se dispusesse a fazer um de meus negócios, eu poderia perder qualquer esperança de receber um favor futuro de meu fornecedor. O espectro me estimulou a apertar a negociação, que frequentemente era o suficiente para melhorar as condições. O representante de vendas com quem lidei jamais saberá o bem que causei ao apertá-lo como fiz.

Pense grande. Seja flexível. Reúna dados. Seja eficiente e econômico ao extremo. Eu estava mapeando o terreno incomparável do Google e começando a me sentir menos como uma criança perdida na mata e mais como um intrépido aventureiro explorando audaciosamente a *terra incógnita*. Mantive meus olhos abertos e dei um passo após o outro na direção que eu esperava que fosse a certa.

Examinando minhas opções

Homens sisudos vestindo paletós (mas sem gravatas) estavam reunidos no *lounge* Estou com Sorte, nossa maior sala de reunião. Observei o exército paralelo de factótuns carregando laptops ao entrar e sair, sussurando ao celular. Lá dentro, imaginei os diretores expondo nossa visão, fazendo revisões, movendo-se, agindo, argumentando e tentando manter os egos sob controle. Horas mais tarde, eles sairiam enquanto seus factótuns verificariam seus Palm Pilots e iam a passos rápidos pegar seus carros. Àquela altura, eu começaria a escanear meu e-mail atentamente.

Nunca tinha me encontrado com nossa diretoria cara a cara, mas sempre li as notas que eram distribuídas após as reuniões. Por quê? Bem, claro que eu queria saber sobre mudanças mais significativas em nossa estratégia e anúncios sobre importantes contratações de executivos e... Ah, que droga! Principalmente porque a diretoria estabelecia o preço de nossas ações.

Talvez este seja o momento de falar sobre dinheiro.

Quase ninguém falava de dinheiro no Google. Era um assunto fácil de evitar porque ninguém na empresa tinha dinheiro. Talvez houvesse uma ou duas pessoas que saíram de outras startups com dinheiro para gastar, mas se eles já estivessem bem ricos para se aposentar, escondiam isso muito bem. O que nós tínhamos era riqueza em potencial.

Eu mencionei que, ao entrar no Google, aceitei uma redução de 25 mil dólares no meu salário anual, o que não ajudou meu fluxo de caixa. Mas as opções de ações de pontocom valiam mais que o salário. Cada ação bloqueada no valor de compra de uma única cota de ação estabelecia o valor das ações no dia em que a opção fosse oferecida (o preço de exercício[55]). Mesmo se o preço das ações subisse vertiginosamente na época em que eu fosse exercitar minha opção e comprar as ações, eu pagaria somente o preço de exercício, garantindo um lucro robusto. As empresas geralmente ofereciam a seus primeiros contratados um número significativo de cotas, mas ficavam mais mesquinhos à medida que a empresa crescia. Quanto antes você entrasse, maior o risco. Quanto maior o risco, maior o potencial de recompensa. Compre em baixa, venda extremamente alto, aposente-se jovem.

Opções de ações diminuíam a distância entre uma vida de trabalho diá-

[55] O preço fixado previamente, ao qual é atribuído o direito de compra ou venda do ativo subjacente.

rio e uma vida afluente e confortável. Eu tinha visto amigos e vizinhos darem um salto adiante comprando mansões e saindo de férias em jatos particulares, enquanto meus filhos ainda dividiam um quarto e tinham sorte de passar um dia em um parque aquático. Por que eles? Por que não eu?

A verdade é que a maioria das pessoas no Vale do Silício trabalhava duro, tomava decisões difíceis e nem assim ultrapassava este limiar. O acaso tinha um papel muito importante. Ou podemos chamá-lo de sorte. Eu não era um empreendedor nem um cientista brilhante. Precisei saltar para o vagão de outro e rezar para que ele não fosse parar em um buraco.

— Estamos preparados para lhe oferecer um salário ligeiramente mais baixo do que você tem agora — o gerente de contratação do Yahoo tinha dito — e — ele fez uma pausa dramática — *mil* opções de ações. — Eu não explodi de alegria. As ações do Yahoo já estavam na casa dos 50 dólares cada. Se chegassem a cem, eu faria 50 mil dólares. Mas se as ações caíssem e nunca chegassem a cinquenta novamente, minhas opções estariam *afundadas* e sem valor.

Por causa do imposto, é aconselhável comprar suas opções no momento em que elas estão sendo emitidas, o que significava que eu teria que colocar 50 mil dólares do meu próprio dinheiro na mesa, 50 mil dólares que eu nunca mais veria se a empresa afundasse. Muitas pontocom realmente quebraram no grande golpe do ano seguinte, deixando pouca coisa em seu rastro a não ser banheiros de casas chiques empapelados com certificados de ação sem nenhum valor. Embora estivesse colocando dinheiro de imediato, na realidade eu não poderia tomar posse das opções imediatamente. Eu teria posse ou "vest" em uma agenda que começava com um "cliff" de um ano, o que significava que nenhuma ação realmente me pertencia até que eu tivesse completado doze meses na empresa. Então, eu receberia o restante das minhas cotas mês a mês pelos três anos seguintes, quando teria completamente "vested". Até a empresa abrir o capital, entretanto, eu não poderia vender minhas ações para ninguém a não ser para o emitente[56].

Quando li minha carta de oferta do Google, pensei que fosse um erro de digitação. Eu estava preparado para um corte no salário, mas a vírgula estava

[56] Alguns Googlers celebraram seu quarto aniversário usando uma "vest" (um colete) para ir trabalhar. Outros se demitiram. Um engenheiro com milhares de opções "vested" saiu da empresa esperando um rápido IPO e uma chuva de ouro. Em vez disso, a empresa abriu o capital depois de mais um ano, quando ele passava seus dias navegando na net, vivendo com sua namorada e sobrevivendo à base de miojo.

no lugar errado no número de opções oferecidas. Era uma ordem de grandeza muito maior do que eu esperava. O Google estava me oferecendo uma enorme participação, mas teria que apostar tudo para que a empresa ficasse no azul. Se o Google se desse bem, eu também ficaria bem. Salário? Apenas umas bebidas de graça e uma casquinha de siri de presente enquanto esperava a roleta parar de girar e pudesse, então, receber minhas fichas.

Nunca fui um cara de números, mas não sei como fiz as contas e os resultados pareciam muito bons. A diretoria se encontraria em um mês para aprovar a concessão de ações aos novos empregados e estabelecer o preço em que minhas cotas seriam avaliadas. Eu tinha decidido comprar as opções para evitar a penalidade fiscal e agora eu esperava para descobrir quanto eu teria que pagar por elas.

O e-mail com o título "Preço de exercício" caiu na minha caixa de entrada. Eu o abri. A diretoria tinha aprovado minha oferta do preço das ações por 20. Vinte centavos. Fiquei um pouco zonzo, já que a empresa não tinha uma receita nem um modelo de negócio aprovado, mas era razoável. Infelizmente, eu estava quebrado. Mesmo a 20 centavos por uma cota, eu não tinha dinheiro para comprar as opções. Meu capital estava empregado em uma significativa participação que eu tinha feito em brinquedos de pelúcia e pijamas com retardantes de chamas. Eu teria que pedir dinheiro emprestado aos meus pais.

Kristen considerou os méritos da minha decisão.

— Você quer pedir dinheiro emprestado? — ela perguntou, amorosamente. — Para comprar ações sem valor de uma empresa que não tem nenhuma receita. Você está ficando louco? Você não pode comprar suas ações mais tarde? Você vai conseguir o dinheiro de volta se eles fecharem o negócio? Você sabe que o carro está com problemas e precisamos fazer uma limpeza no encanamento. — Então, ela disse: —Tudo bem. Faça o que você quiser. Você tem certeza de que é isso mesmo que quer?

Meus pais também foram céticos, mas eram meus pais. Eles pegaram o dinheiro da poupança, embora eles tivessem certeza de que esse investimento não daria em nada, que iria tudo por água abaixo. Então, comprei as ações, esperei e observei a cada mês enquanto elas subiam alguns centavos nas reuniões de diretoria. Era tudo dinheiro de brinquedo, já que não tinha como receber em espécie. Assim mesmo, era difícil resistir a calcular o quanto eu valia, mesmo que fosse somente minha imaginação. Nunca falei disso no trabalho. Não era de bom tom discutir ganhos dentro da empresa. Estávamos ali pelo amor à tecnologia e para melhorar radicalmente o mundo. Realmente, nós estávamos. Seriamente. Principalmente.

Um mês a diretoria se reuniu e elevou a ação em dez centavos. De repente, eu poderia consertar a cerca do quintal ou o encanamento do banheiro. Na verdade, eu não podia fazer isso, porque o dinheiro só existia como um item em uma linha de uma planilha da contabilidade. Mas, em teoria, pelo menos, eu me sentia cada vez mais à vontade.

Afiliado com o fracasso

Finanças pessoais não eram conversadas no escritório, mas conversávamos livremente sobre como gastar o dinheiro da empresa.

— Tudo o que precisamos agora — informei a Cindy, depois que Larry e Sergey tinham dado ao nosso plano de marketing uma aprovação experimental — é de um orçamento. — Shari e eu começamos a esboçar um. Um departamento com meia dúzia de pessoas nunca poderia implementar todos os programas esboçados no nosso projeto, então Shari planejou contratar uma agência de promoção. Ela tinha conversado com uma que recomendara que fizéssemos campanhas sobre um "Desafio Google" e uma "Caça ao tesouro Google". Essas ideias me fizeram mal. Elas pareciam velhas. Um teste? Uma caça ao tesouro? Será que iríamos recortar e guardar cupons também?

— Larry e Sergey ficam intrigados com ideias como pintar o logo do Google nos telhados ao longo da rota de voo do aeroporto — Cindy falou. — Uma coisa ultrajante. Eles querem projetar o logo do Google na Lua.

Shari teria que lutar contra isso, eu estava ocupado resolvendo o programa afiliado proposto por Larry. Programas afiliados eram a última moda entre vendedores de varejo on-line como a Amazon. A Amazon encorajava outros sites a colocar links apontando um livro, vídeo ou CD em particular que eles tinham à venda. Os usuários que clicavam naquele link seriam transferidos para a Amazon, junto com a informação sobre qual site os tinham enviado. Se os usuários acabassem comprando algo, a Amazon pagaria uma recompensa ao referido website. Isso fazia sentido. Um agente referente receberia uma comissão quando a venda fosse feita. Mas nós não estávamos vendendo nada. Nosso serviço de busca era gratuito.

— Não entendo isso — eu disse para Shari. — Estamos pagando para as pessoas usarem um produto de graça? Será que as pessoas não vão abusar?

Conseguiríamos mais usuários, mas também acabaríamos pagando às pessoas que apenas clicaram nos links que tinham colocado em seus próprios websites. Não achei que isso fosse funcionar, mas, de qualquer modo, me informei, esperando que fôssemos por fim e enfiar o programa todo debaixo de uma pedra.

O primeiro cálculo de orçamento que Shari e eu fizemos sugeriu que seis milhões de dólares bancariam todas as nossas iniciativas de marketing. Demos meia-volta e revisamos cuidadosamente todas as variáveis, incluindo melhorias que poderíamos fazer no escritório. Dobramos o orçamento. Doze milhões de dólares. Estava perigosamente próximo do número que Scott Epstein, o vice-presidente interino de marketing, tinha mencionado pouco antes de sair da empresa. Ainda assim, era bem menos do que Shari tinha gastado em seus antigos empregos e Cindy nos garantiu que era uma quantia razoável para estabelecer uma marca global. Então, construímos uma planilha elaborada justificando a necessidade de gastar quase todo o dinheiro que tínhamos no banco em atividades promocionais. Cortamos, recortamos, reajustamos os números de todas as formas, mostrando quantas impressões geraríamos e quantos visitantes converteríamos em usuários regulares. Nosso argumento era claro, convincente e baseado em fatos. Apresentamos a soma de 12 milhões de dólares ao ano ao nosso controlador, que a colocou com todos os outros números do financeiro para ser analisado pela diretoria. Cindy apresentaria nosso caso.

— Nunca vou esquecer — disse Cindy, depois daquela fatídica reunião de diretoria —, John Doerr me perguntou: "Você prefere gastar dez milhões em marketing ou em máquinas?". E eu disse: "Máquinas". E ele disse: "Tudo bem então". E eu fui dispensada. Fiquei tão brava com Larry e Sergey por terem me levado ao matadouro e não dizerem uma única palavra durante a apresentação. Tenho certeza de que eles sabiam qual seria a reação da diretoria. Por que tivemos que passar por tudo isso, eu nunca saberei.

Quando a análise terminou, nosso orçamento de marketing tinha encolhido dois terços e a maioria do que ficou foi alocada para o programa afiliado, que, Larry nos informou com paixão, estava demorando demais para começar a funcionar.

Não fiquei totalmente surpreso com os cortes. Uma coisa era aprovar ideias abstratas, mas comprometer dólares reais para implementar um plano era algo bem diferente. Larry e Sergey esperavam que executássemos tudo o que tínhamos proposto; eles apenas não queriam gastar dinheiro com isso. Quanto ao programa afiliado, eu estava tentando resolver o melhor jeito de fazê-lo funcionar, apesar do meu desejo de que ele morresse. Uma lição útil que aprendi em uma grande empresa foi sempre dar prioridade às ideias do patrão, mesmo que não sejam evidentemente razoáveis.

Os Netscapees (como são chamados os empregados da Netscape), no nosso departamento de desenvolvimento de negócios, estavam aparando as arestas com a BeFree, nossa empresa de gerenciamento de programa afiliado. Esperava que levassem semanas para que tão complexa negociação fosse concluída. Estava perto do final do ano e ninguém fazia negócios sérios perto dos feriados. Larry fazia. Ele queria o programa lançado imediatamente. Cindy me mandou uma nota às 4 horas da madrugada, explicando isso sucintamente. Cada minuto que passava e o programa afiliado ainda não estava em funcionamento soava como uma afronta para Larry e se refletia em Cindy. E quando Cindy não conseguia dormir, eu tinha pesadelos. E quando eu tinha pesadelos, resmungava para minha mulher.

— Será que a gente não tem uma folga? Veja, as coisas estão indo muito bem no geral, se levarmos em consideração que o grupo de marketing é tão novo. Já desenvolvemos um plano de marketing e um orçamento...

— Espere, você não falou que o orçamento foi cortado? — Kristen perguntou só para provar que ela, às vezes, ouvia quando eu falava sobre trabalho.

— Organizei um comitê para dar prioridade a projetos — eu disse, a ignorando.

— Ah, então eles decidiram não acabar com seu comitê afinal de contas? — Agora ela já estava brincando comigo.

— Trabalhei com a engenharia para medir tráfego! Coletei testemunhos de usuários! Idealizei sozinho as diretrizes de IU!

— Tenho certeza de que os engenheiros apreciaram seu esforço — ela falou em um tom tranquilizante que costumava utilizar com as crianças. Decididamente, eu teria que parar de dividir tantas das minhas frustrações com ela.

Parecia que tínhamos sintetizado projetos enormes durante um período em que a maioria das empresas ficava comendo as sobras das festas de Natal.

E não apenas coisas dos sistemas. Tínhamos também começado a atualizar as páginas corporativas do Google, a rodar grupos de discussão com uma empresa de pesquisa externa, redesenhado nosso papel timbrado corporativo e imprimido garantias de vendas. Tínhamos até desenvolvido algumas táticas de marketing de guerrilha no MacWorld em São Francisco, onde nós chegamos de madrugada para entregar milhares de etiquetas de bagagem com a marca do Google, antes que os valentões do esquadrão da Apple nos afugentassem dali por não termos autorização.

— Etiquetas de bagagem são a chave para o crescimento do Google — Sergey comentou secamente quando mencionei que as buscas relacionadas à Apple no Google aumentaram notavelmente, senão significativamente, nas semanas que seguiram a ação.

Todo esse esforço fora realizado sem que tivéssemos nenhuma ideia de quais eram as prioridades ou estratégias da empresa. Comecei a suspeitar de que as expectativas do meu novo empregador sempre excederiam minha capacidade em pelo menos 30%.

O programa afiliado foi lançado no início de 2000, menos de um mês depois que o contrato foi assinado com a BeFree. Foi um período que consumiu todo o nosso tempo desde o primeiro dia. Dezenas de milhares de afiliados se inscreveram para ser pagos para enviar uma busca ou duas ao dia para o nosso site. A maioria do tráfego veio de um punhado de grandes sites e de um enxame de spammers desonestos. Não foi difícil colocar a caixa de busca do Google em uma página da web e então escrever um programa para manter as buscas entrando. A cada semana preparávamos uma lista de trapaceiros que precisávamos bloquear, mas eram os legítimos assalariados de baixa renda que consumiam a maioria do meu tempo. Eles reclamavam seus cheques de dois dólares como se estivessem passando fome.

Começamos pagando três centavos por busca enviada para nós, e então reduzimos para um centavo. O tráfego instantaneamente estacionou. Nunca achei que a despesa e o aborrecimento valessem a pena pelo pingo de novos usuários que estavam atraindo, mas Larry acreditava que conquistar novos usuários desse modo custava menos do que atraí-los com anúncios on-line. Susan assumiu o controle do programa algumas semanas depois, já que ela gerenciava nossos outros produtos de tecnologia de busca. Secretamente, vibrei por retirar aquele peso de minhas costas e me consolei com o fato de que, mesmo estando nas mãos mais capazes de Susan, nossa rede afiliada nunca contribuiu para o resultado final. Depois de um ano de seu lançamento, Susan me pediu para escrever uma carta informando aos nossos afiliados sobre o cancelamento dos contratos.

Essa foi uma das raras ocasiões em que considerei que cometemos um erro que poderia ter sido evitado. Como Susan concordou, alguns anos depois, no frigir dos ovos, não era o programa certo para nós rodarmos. Poderíamos ter usado melhor o tempo e o dinheiro, embora talvez isso só tivesse ficado óbvio para mim, pois o tempo e o dinheiro saíram do meu departamento. Larry enxergava a produtividade da equipe como sendo infinita, e um programa a mais para gerenciar dificilmente seria considerado um obstáculo. Se o programa afiliado interferisse em outras responsabilidades, então teríamos que simplesmente trabalhar mais e por mais tempo. Tínhamos sido abençoados com oportunidade sem limite, de modo que nossa produção precisaria crescer sem limites.

Quando encerramos nosso programa, não fazia diferença que a ideia original tivesse vindo de Larry. Os dados financeiros não davam suporte a ela, portanto, nós a retiramos, cravamos uma estaca em seu coração e a enterramos bem fundo no campo das ideias fracassadas.

CAPÍTULO 9

Wang Dang Doodle – Suficientemente bom é bom o suficiente

ERA DIFÍCIL me livrar das crenças arraigadas da minha longa carreira de gerenciamento de marcas. Sergey tentou me ajudar bisbilhotando preceitos do meu rígido sistema de crenças e me vencendo em todos. Caso em questão, a afirmação diária que eu cantava para a pureza inviolável do nosso logo.

Este é o nosso logo.

Ele tem essa aparência.

Se tem essa aparência, é nosso logo.

Porque nosso logo tem essa aparência.

Uma das convicções que eu trouxera comigo para o Google, baseadas nos dois livros que eu tinha lido sobre marca, era o que você precisava para apresentar a assinatura gráfica da sua empresa de um modo consistente, para martelar na consciência pública com milhares de tapinhas, cada um exatamente igual ao anterior.

Então, quando Sergey me lembrou que ele queria brincar com a assinatura gráfica da homepage do Google, fui contra. Lembre-se, este não era simplesmente o local mais destacado do nosso logo; era o único local do nosso logo. Não estávamos anunciando na TV, nem em outdoors nem na imprensa. Este era o único logo suspenso em todo aquele espaço branco. E embora tivéssemos milhões de usuários, não éramos tão conhecidos, para que pudéssemos acreditar que as pessoas tinham nossa marca impressa em seus cérebros.

Sergey não via desse modo. Ele já tinha mudado o logo duas vezes durante a infância do Google, acrescentando o clip-art de um peru no Dia de Ação de Graças de 1998 e colocando um desenho do Burning Man[57] quando o pessoal

[57] Uma reunião anual de milhares de espíritos livres que se vestiam simplesmente com bandanas e tinta

da empresa partiu para explorar a aridez do deserto de Nevada. Mas agora o Google era uma empresa de verdade, lembrei a ele. Empresas de verdade não fazem isso.

Mesmo enquanto discutíamos, Sergey convocou a webmaster Karen White para ressuscitar o peru para o Dia de Ação de Graças, criar um boneco de neve em dezembro, e enfeitar o logo com um chapéu e confetes para a virada do ano-novo de 2000.

— Que tal um alienígena? — ele perguntou. — Vamos colocar alienígenas na nossa homepage. Podemos mudá-los todos os dias. Vai ser como uma tira cômica.

Tentei não ser condescendente ao explicar novamente por que isso era ruim para a marca. Fiz uma lenga-lenga sobre a consistência de mensagens e pontos de contato uniformes e assegurei a ele que não era apenas minha opinião, era um consenso entre profissionais de marketing do mundo todo. Manipular o logo de alguém era diluir sua identidade.

Achei que finalmente o tivesse convencido.

Estava errado. Sergey não estava convencido; ele só não gostava de ficar se repetindo. Então, ele procurou Susan. Susan não discutiu; ela começou a procurar um artista para executar a ideia de Sergey. Ela encontrou o ilustrador Ian Marsden e o pôs para trabalhar. Em maio de 2000, Ian criou o primeiro Google Doodle[58]. Ele destacava (surpresa, surpresa!) alienígenas mexendo em nosso logo.

O professor da New York University (NYU), Ken Perling, criou um *applet*[59] de um coração palpitando para o Dia dos Namorados e um jogo de coelhinhos saltitantes para a Páscoa. Larry mostrou sua gratidão com uma oferta de ações do Google suficiente para tornar o código que Ken criou para nós linha a linha, muito provavelmente, o mais caro jamais escrito.

Nossos usuários adoraram a aleatoriedade do trabalho de arte do logo e nos mandaram dezenas de e-mails nos elogiando. A brilhante estratégia do Google de humanizar uma interface (que de outro modo seria considerada estéril) com lindos desenhos. Foi um grande sucesso e, como gerente de marca on-line da empresa, a pessoa responsável por construir a consciência do Google e o valor da marca, eu tinha me oposto a isso de modo inflexível. Sim, se tivesse dependido de mim, não haveria nenhum Google Doodle:

---

corporal para celebrar a tecnologia e a criatividade, reunindo estruturas únicas e as queimando.

[58] "Google Doodle" originalmente se refere a um logo que muda todos os dias para contar uma história, embora as pessoas agora se refiram a uma única alteração no logo da homepage como um Doodle.

[59] O sufixo "et" significa algo no diminutivo e "appl" vem de *application*, que significa aplicativo (N. E.).

apenas o nosso logo estático em exibição, envolto em uma folha de pixels brancos e cristalinos.

Era tão óbvio (para mim) que eu estava certo e ainda tão claramente errado. O Google fazia isso com você; fazia com que você duvidasse de suas próprias suposições e crenças baseadas na experiência, até que você começasse a imaginar se estava realmente enxergando bem.

Por que o errado estava certo

Regras de ordem do Larry:

- Não delegue: faça você mesmo tudo o que puder para que as coisas saiam mais depressa.
- Não interfira se você não estiver agregando valor. Deixe as pessoas que estão fazendo o trabalho conversarem umas com as outras enquanto você faz outra coisa. Não seja um burocrata.
- Ideias são mais importantes que a idade. Só porque alguém é mais novo não significa que não mereça respeito e cooperação.
- O pior que você pode fazer é impedir que alguém faça algo dizendo: "Não. E ponto final". Se você disser não, você deve ajudá-lo a encontrar o melhor jeito de fazer o trabalho.

Larry não anunciaria esse conjunto de princípios até 2004. Mesmo se eu os conhecesse desde o primeiro dia, teria demorado um pouco para reprogramar meu sistema operacional e aceitá-los. Acontece que eu era muito bom em dizer não.

Todos os meus empregos antigos tinham inculcado em mim a convicção de que más ideias, assim como cupins, devem ser exterminadas antes que possam corroer o âmago do nosso negócio. Se uma proposta não chegasse amarrada a uma garantia sólida de sucesso e fosse reforçada com uma projeção de cinco anos, pontos de equilíbrio, flechas de tendência ascendente, era uma má ideia.

No *Merc*, aprendi que a resposta presumível era sempre não, como em "se ninguém no comando lhe disse para fazer isso, não o faça". No Google, esta resposta supostamente seria sim. Você deveria tomar a iniciativa, muito embora nunca ficasse bem clara a qual distância você poderia ir sozinho.

Larry e Sergey nunca tinham trabalhado em uma empresa onde tivessem aprendido outra coisa; por exemplo, uma empresa que estivesse registrando eventos passados em restos de troncos de árvores por um século e meio. Então, eu precisava parar de dizer: "Esta é minha preocupação". E começar a dizer: "Aqui está o que você precisa fazer para que isso aconteça".

Sergey me deu uma oportunidade quando explodiu as represas da minha resistência e os logos da homepage começaram a surgir vertiginosamente. Se eu não conseguia impedi-los, pelo menos poderia desviá-los de sumir com o valor da marca que já tínhamos construído.

Karen White era a webmaster, e a webmaster tinha responsabilidade pela homepage. Ela também fazia parte de uma metade do grupo de marca on-line que se reportava a mim. Karen decorava os logos quando nós não tínhamos ajuda externa.

Na época em que Ian Marsden inicialmente rodou o Doodle, Karen contratou um estagiário para ajudar na atualização do website. O estagiário Dennis Hwang estava se formando em arte e ciências da computação e tinha participado da arte gráfica do filme de terror *Pânico no lago* ("Você nunca saberá o que o atacou."). Durante sua entrevista, Dennis mencionou que no seu último emprego ele foi voluntário para trabalhar no turno de trinta horas aos finais de semana sem remuneração. Isso chamou nossa atenção. E ele sabia desenhar. No ano seguinte, passamos a Dennis a responsabilidade de decorar o logo e deixamos de usar pessoal externo. Por que pagar pelo leite quando você tem uma vaca?

— Ei, amanhã é o dia da eleição! O que vamos fazer com o logo? — um engenheiro curioso perguntou para a Karen, para o Dennis ou para mim durante o jantar.

— Ah, alguma coisa muito legal. Vocês vão ver! — era essa nossa resposta. Então voltaríamos ao nosso cubo e discutiríamos se realmente faríamos um logo para o dia da eleição. Nos primeiros anos, este foi um processo cuidadosamente estruturado pelo qual instigamos alterações na homepage. Se decidíssemos ir adiante, Dennis começaria a trabalhar criando uma ideia após a outra. Dennis nunca dormia. Na calada da noite, sua caneta condutiva *Stylus* corria pela mesa digitalizadora conectada a seu computador, e, quando a manhã chegava, um novo logo estava pronto para enfeitar o site.

Uma das poucas decorações que nós realmente planejamos com antecedência foi a do Dia das Mães de 2000. Para provar que o Google não era constituído totalmente por metal e fiação ligados a cérebros positrônicos, sugeri que juntássemos fotos das mães de nossos colegas de trabalho e que elas fossem arrumadas em volta de um velho poema chamado "O que minha mãe significa para mim". Direto do manual de manipulação emocional da Hallmark. Recebemos uma avalanche de e-mails de fãs tão grande que fiquei nervoso.

"Suas mães devem estar *tão* orgulhosas", um usuário escreveu. "Quero que meu filho trabalhe no Google."

Recebemos mais cartas de elogio quando fizemos o mesmo no ano seguinte, mas também recebemos algumas questões pontuais sobre por que não havia nenhuma mãe negra retratada. Respondemos que nem todos os membros de nossa equipe estavam representados. Mas essa foi a última vez que nossas mães apareceram.

Algumas vezes, o trabalho de arte falhava. "Por que você colocou um peru, uma tartaruga e um termômetro no seu logo?" Alguns usuários perguntaram quando Dennis celebrou o feriado japonês Shichi-Go-San com uma grua, uma tartaruga e um tradicional saco de doces.

"Por que o Rei Netuno tem um erro?" Vários usuários notaram uma infeliz deformação na toga de Poseidon durante uma série de logos que Dennis fez para as Olimpíadas, que representavam figuras da mitologia grega.

"Sua posição política anticristã está sendo revelada." "Sua visão de mundo centrada no seu hemisfério é aparente." Ouvimos ambas as reclamações sobre as cenas com neve de um "feriado de inverno" que rodamos em vez de uma arte específica de Natal. Os australianos, em particular, quiseram deixar bem claro que dezembro é o mês do verão e, portanto, cenas de inverno na nossa homepage nos tornava desinformados, descuidados ou ambos.

"Onde está seu patriotismo?" Outros usuários exigiram. "Vocês celebram o ano-novo chinês, mas não o (escolha um): Memorial Day, Veterans Day, D-Day, V-J Day, President's Day." Queríamos que os logos fossem imprevisíveis e especiais, mas com o tempo eles tomaram vida própria com um conjunto de regras complicadas determinando o que iríamos comemorar e quem iríamos homenagear. Isso aconteceu mais tarde. Nos primeiros anos, Dennis e Karen tinham liberdade para escolher o que quisessem, por isso o Korean Liberation Day apareceu na lista duas vezes antes do Australia Day. Sim, Dennis representa Seul.

Suficientemente bom é bom o suficiente

— Você sabe qual é nossa maior despesa corporativa? — Sergey perguntou em uma TGIF. Os Googlers reunidos olharam sobre os laptops. Todos queriam ter a oportunidade de responder antes dos outros.

— Seguro-saúde! — gritou um engenheiro.

— Salários! Servidores! Impostos! Eletricidade! A conta do Charlie no supermercado! — exclamaram os outros.

— Não — disse Sergey, balançando a cabeça solenemente. — Custo de oportunidade.

Os produtos que não estávamos lançando e os negócios que não estávamos fazendo ameaçavam nossa estabilidade econômica muito mais do que um simples item do orçamento. Mesmo ao dar um salto para a frente, ficávamos para trás. O sucesso escorria por entre nossos dedos. Esta foi a palavra de ordem de Sergey para redobrarmos nossos esforços. Eu ouvi, mas às vezes tinha dificuldade para responder.

Depois de seis meses no trabalho, tinha muito o que fazer e eu varria minhas tarefas diárias como alguém que tira a poeira de uma casa. Grandes projetos amorfos, entretanto, como reorganizar todas as páginas de informação corporativa ou desenvolver uma estratégia de banner para nossos parceiros comerciais; eu não encontrava tempo para acabar.

Se eu não estava respondendo aos pedidos de meus colegas, participando de reuniões ou clicando meu mouse nos e-mails que infestavam minha caixa de entrada, estava sendo seduzido pelo ruído dos M&M's todas as vezes que alguém enfiava uma concha na lata do outro lado do corredor. Os aromas da cozinha impregnavam meus sentidos até que era compelido a olhar o menu do almoço e planejar meu repasto do meio-dia. Havia sempre alguém disposto a jogar o *Soul Calibur* no Blue Room depois do jantar, e a sauna me chamava quando a pressão ficava muito intensa. Eu pensava em todas as tarefas empilhadas em minha mesa enquanto um café expresso italiano fresquinho saía por meus poros.

No *Merc*, nunca me senti culpado de fazer ligações pessoais do telefone do escritório porque veja a carência de regalias que eles ofereciam: uma assinatura com desconto do nosso próprio jornal? Caramba! Obrigado. No Google, eu estava no paraíso do trabalhador, mas não achava que merecesse tudo aquilo. Eu estava trabalhando muito mais horas do que tinha trabalhado no *Merc*, mas isso nunca pareceu suficiente para justificar as recompensas que a empresa me outorgava. Quando as pontocom começaram a falir à nossa volta, eu me lembrava constantemente de como eu tinha sorte não apenas por ter um emprego, mas por ter um emprego tão incrível. A culpa de ser um sobrevivente me atormentava. Sim, eu estava criando grandes volumes de materiais, mas não estava indo rápido o bastante em direção a uma estratégia de marketing global. Cindy sabia disso. Ela deixou claro que queria mais urgência, mais ideias grandiosas, mais liderança de minha parte. Ela estava certa: eu podia, deveria fazer mais. Meus dias se estendiam por mais tempo. Eu ficava por ali no GooglePlex na escuridão (mas raramente sozinho), me forçando a ser produtivo. Será que só eu me sentia tão inseguro assim?

— Eu não sei se consigo durar um ano aqui — o guru de qualidade de busca Ben Gomes pensava de si mesmo após começar seu primeiro trabalho sério. — Espero que eu consiga. Quero conseguir minha aquisição de direitos — Gomes sobreviveu. — Alguns meses depois, comecei a trabalhar no ranking — recorda. — Eu ficava aqui até às 4 horas da madrugada e estava de volta às 10 horas. Minha vida toda estava aqui. Era *maravilhoso*. Eu realmente gostava disso[60].

As horas e a intensidade criavam um sentimento de camaradagem entre o turno da noite, sobretudo quando Larry e Sergey faziam serão no escritório. Era tão mais fácil encontrá-los sob a luz da Lua, desprovidos da cobertura protetora fornecida por agendas lotadas. As reuniões devoravam a luz do dia, mas, às 19 horas, o cenário se abria e o tempo de atividade era ininterrupto. Eu preparava a quinta xícara de café e enfrentava as monstruosidades à espreita nos cantos abandonados da minha lista de afazeres. Mas primeiro...

— Papai? Quando você volta para casa, papai? — uma das crianças cantarolava assim que eu ligasse para casa.

— Estou com saudade e quero ver você. — Kristen não se importava em jogar sujo na guerra pela minha atenção.

— Eu amo você, papaaaaai.

Como poderia culpá-la? Enquanto eu me aconchegava no seio da minha nova família Google, ela assumia os deveres paternais dos quais eu me esquivava. Brincar de uni-duni-tê, fazer macarrão, beijar o dodói e manter a casa

---

[60] O designer de hardware Will Whitted reclamou uma vez: — Detesto quando digo ao Urs que estou trabalhando 24 horas por dia e ele responde: "Bem, acho que você deveria trabalhar as noites também".

segura contra os perigos à espreita. Tudo isso enquanto ela dava palestras para os alunos de uma faculdade local sobre cinema de vanguarda russo e poesia persa do século 13.

Meus antigos trabalhos tinham sido em rádios e em jornais, ambos infames pelos pacotes de compensação obscenamente inflados, de modo que dinheiro nunca era problema a menos que quiséssemos comprar alguma coisa. Kristen não bancava a mártir, embora pudesse perceber suas dúvidas.

— Ele estava simplesmente disposto a tentar algo novo — ouvi quando ela falou a uma amiga no telefone. — É Google. Não. Goo-gle. Gooooo-gle. Como um bebê chupando uma chupeta. Sim, é uma empresa de verdade. Bem, não tão de verdade quanto o jornal era...

A sensação de que eu estava falhando em casa enquanto tinha um baixo desempenho no trabalho me balançou. Havia tantas coisas que eu *poderia* fazer melhor em ambos os lugares que comecei a analisar minha programação em segmento de trinta segundos e me comunicar em fragmentos de frases.

— Adam! Fora da cama, vestido e pronto para sair em noventa segundos. — Adam tinha 11 anos. — Nathaniel. Banheiro? Meias e sapatos no carro. Calças também. — Nathaniel tinha 6. — Avalon. Fraldas? — Avalon tinha 1 ano.

Surpreendentemente, as crianças não estavam equipadas com modo de interação. Eu tinha que me esforçar para lembrar que o objetivo de ser um pai não é baixar um conjunto de instruções, verificar se entenderam e, então, passar para outra tarefa de uma lista infindável.

Enquanto isso, pedidos de *status* surgiram na minha caixa de entrada à meia-noite perguntando pelas atribuições que me tinham sido entregues cinco horas antes. Mensagens instantâneas chegaram minutos depois.

— Eu estava pensando. Onde está o texto com os botões do navegador? Precisamos verificar o código em uma hora.

Se uma tarefa estava atrasada, o projeto por trás dela iria mais devagar até que caísse no final de uma pista em chamas e coberta de espuma. Eu queria fazer tudo certo, polir a prosa e aperfeiçoar o texto, verificar duplamente o alvo e deixá-lo cair exatamente perante a audiência certa. Os engenheiros queriam jogar tudo pela janela quando ainda estava bem longe de onde deveria estar.

"Suficientemente bom é bom o suficiente" era o padrão que Urs determinava para a engenharia. Naquelas seis palavras, ele encapsulava uma filosofia para se resolverem problemas eliminando a complexidade e aceitando o fracasso. Deveria ser costurado no revestimento de cada cubículo no Google. Ele conduzia o desenvolvimento de software do Google, o coração e a alma da tecnologia da empresa.

— Quando você tem uma lista que é maior do que você pode lidar, tem que priorizar — Urs nos instruiu. — Se você avança num projeto rapidamente e chega a 80% do caminho para resolver o problema, você não o resolveu, mas ele cai abaixo da linha, ao contrário daquele em que você ainda nem mexeu. — E, então, ele punha o dedo na ferida dos meus conflitos com a engenharia. — Quando um problema cai abaixo da linha, você deve trabalhar em outra coisa, mesmo se ainda não está concluído.

Meu Deus! Como eu posso parar de trabalhar em algo que não está finalizado? O mundo inteiro podia ver os arranhões na nossa pintura metalizada e nos tinidos dos painéis das portas da nossa identidade corporativa. Que vergonha!

— Mesmo se algo começa grande, sua importância diminui enquanto você trabalha nele porque você conserta algumas de suas partes — Urs me informou. — Em algum lugar, todos os problemas acima da linha que são importantes estão sendo trabalhados. Essa é a minha definição de sucesso: você faz um bom trabalho ao contratar pessoas, você se dá o luxo de fazer isso certo, e de ir muito além daquilo que você "precisa fazer[61]".

Toquei na importância da contratação na "Introdução", e vou tocar nela novamente nas páginas seguintes. Urs deixou claro que acrescentar uma equipe talentosa curava tudo, menos a calvície masculina. Larry e Sergey concordavam, desde que o talento dos novos contratados ficasse no âmbito técnico. Eu poderia contratar um coordenador de marketing, mas por um longo período as únicas pessoas adicionadas ao grupo de Cindy trabalhavam em relações públicas. Isso significava que eu tinha muito a fazer atualizando conteúdo do nosso website enquanto supervisionava nossos parceiros de propaganda dos programas afiliados e serviço de suporte de usuário.

Larry e Sergey queriam manter a proporção de engenheiros do Google para os não engenheiros em 50%, mas na loucura das pontocom as escolhas eram escassas. E contratar era a única área em que Urs não aceitaria nada menos que a perfeição.

— Em abril de 2000 — ele me contou —, não fizemos uma única proposta. Nosso plano era contratar de três a quatro pessoas por mês. Nos perguntáva-

[61] Urs declara que este ponto de inflexão ocorreu em meados de 2003.

mos: "Onde será que erramos? Será que fomos duros demais? Não podemos ter sucesso se não tivermos pessoas aqui dentro". Olhamos para todos e dissemos: "Não, na verdade, esta foi a decisão certa".

Felizmente (para quase ninguém com exceção do Google), a bolha pontocom explodiu no mês seguinte. Os codificadores repentinamente ficaram disponíveis para as chamadas dos recrutadores e Urs começou a reunir currículos que combinavam com o perfil de um bom engenheiro Google.

— Ninguém tinha experiência com ferramentas de busca — Urs relembra. — O mais importante era o que mais eles tinham feito, como eram bons tecnicamente e a rapidez com que podiam aprender. — Ele criou um mantra para o pessoal de recursos humanos do Google: "Contrate habilidade mais do que experiência". Generalistas brilhantes podiam se reprogramar como células-tronco dentro do corpo corporativo: eles resolveriam problemas, e então iriam transformar-se e ir adiante para enfrentar o próximo desafio.

— O fundamental — Urs disse — é que eles progridam de modo independente, porque não temos tempo para pajear ninguém. Eles precisam ter bom-senso se coordenam ou não[62].

Os generalistas do Google precisavam de um bom domínio, não apenas de codificação, mas de hardware e questões de desempenho essenciais para a expansão da ferramenta de busca. Os graduados mais recentes em ciências da computação não tinham essa vastidão de conhecimento, mas Urs e os fundadores continuavam inflexíveis de que as propostas fossem apresentadas apenas àqueles que a pudessem reformular rapidamente.

— Era difícil prever onde o próximo incêndio seria — Urs explicou. — Se você só sabe como fazer o *A* e a empresa avança num caminho onde o *A* não é mais importante, você tem uma reação intrínseca de argumentar que *precisamos* fazer o *A*. Se você é um generalista, se sente menos ameaçado por isso. Em vez de reclamar, você diz: "Tudo bem. Ótimo. Vai ser bom fazer uma coisa diferente".

Essa expectativa se aplicava a todos do Google. Eu tinha que identificar questões-chave e resolvê-las ou aprender como resolvê-las. Dizer: "Não posso fazer isso porque não sei como" revelava deficiência de iniciativa, flexibilidade e talvez até mesmo de QI. Isso foi um choque para o meu modo de pensar em

---

[62] Um punhado de verdadeiros cientistas — notadamente Amit Singhal e Monica Henzinger — entrou para a empresa no começo, mas eles eram exceções. O Google também contratou especialistas para criar aplicativos do Windows e gerenciar sua base de dados do Oracle quando Larry se convenceu de que os auditores não certificariam um sistema financeiro que nós mesmos tivéssemos construído.

como um escritório funcionava. Eu tinha trabalhado em muitos sindicatos, onde faziam reclamações se você tentasse fazer um trabalho que "pertencesse" a outra pessoa. Uma vez acendi as luzes em um estúdio de TV vazio e me chamaram a atenção porque as luzes do estúdio só poderiam ser acesas por um membro da NABET (*National Accreditation Board for Education and Training*[63]). Quando eu trabalhava em agências de propaganda, os compradores de mídia não escreviam texto, redatores não falavam com clientes, equipe de contabilidade não comprava tempo na TV. Era violar a ordem natural das coisas.

Matt Cutts, que criou um nicho ao atacar a pornografia e o spam que degradavam resultados de busca, resumiu a filosofia do nosso pessoal deste modo:

— Isso funciona muito bem se você contratar pessoas realmente inteligentes, que sejam flexíveis e consigam fazer as coisas. Então, os jogue no lado mais fundo da piscina.

O que você estudou antes da escola não era relevante. O que você tinha feito no seu trabalho anterior não importava. Quando você mergulhou no mar de necessidades do Google, alguém lhe jogou um projeto e você teve que agarrá-lo. Ou você aprendia a nadar com ele ou ele afundava com você.

Não há nada a dizer

Mesmo que Urs tivesse uma fixação doentia em contratar, ele parecia um cara correto que pensava além do preto e do branco. Ia do "Será que conseguimos fazer isso?" à questão nebulosa, "Devemos fazer isso somente porque podemos?". Eu fiquei impressionado com a posição que ele tomou em relação ao RealNames, mas não percebi que suas visões fundamentalistas de total honestidade tinham um lado sombrio, que se infiltrava na cultura da empresa e lançava uma sombra sobre trabalhar de modo colaborativo.

— Urs era escasso em seus elogios — falou diplomaticamente o cara de sistemas Ben Smith.

Smith[64] não era um cara falante. Não era agressivamente reticente, era simplesmente lacônico. Jogador de classe mundial de Ultimate Frisbee, Smith

[63] Conselho Nacional de Certificação para Educação e Formação (N. E.).

[64] O Google contratou um punhado de Bens. Vou me referir a cada um deles pelo sobrenome para não criar confusão.

tinha a intensidade da segurança atlética envolta de um intelecto capaz de resolver os mais intransigentes problemas de software. Era Steve McQueen com um PhD, talvez.

— Eu tinha escrito instruções detalhadas — Smith me falou acerca de uma peça de um software notoriamente instável que ele tinha levado a noite toda tentando consertar. — Expliquei para Urs antes de ir embora. Isso é o que nós fizemos. É assim que está funcionando. Aqui estão as coisas que precisamos observar. Aqui está o que vai dar errado, se der errado, e aqui estão dez etapas que você precisa seguir para desligá-lo. — Eu estava indo para casa, ouvindo o *Morning Edition*, quando recebi uma ligação de Urs. "Ele quebrou como você disse que iria acontecer. Eu consertei. Bom trabalho." Foi como se ele dissesse: "Suas instruções funcionaram. Obrigado por não ter ferrado a gente completamente".

— Urs lidava com as pessoas de um jeito muito engraçado — o engenheiro Ron Dollin confirmou. — Ele não elogiava. Se você estivesse fazendo um bom trabalho, isso bastava. Mas alguns de nós, sobretudo aqueles que não eram os super-homens da empresa, gostariam de ter recebido um pouco de incentivo aqui ou ali.

Então, por que Urs era tão parcimonioso com seus subordinados? Será que é porque os engenheiros são calados?

— Não acho que exista uma aversão a elogios por parte dos engenheiros — Urs replicou quando eu lhe perguntei sobre nossa cultura livre de elogios. — É um dos meus maiores problemas de gerenciamento. Eu mesmo não preciso de um elogio efusivo, não fui criado assim e isso não me é natural.

A barreira linguística contribuía para a reticência de Urs em elogiar sua equipe. "Bom" em alemão realmente significa "bom", ele explicou.

— Aqui ele significa "não tão bom, mas não está mau". Na Alemanha, você nunca diz "excelente", quase nunca. Você diria "muito bom" porque a nota mais alta na escola era "muito bom". É a melhor que existe. "Excelente" talvez seja usado em nível olímpico. Não algo que uma pessoa normal poderia conquistar. Isso era sempre certo desafio.

Urs não somente tinha dificuldades em elogiar, como lhe era difícil aceitar elogios também.

— Meu conselheiro em Stanford costumava me dizer que as coisas estavam "ótimas" — ele confidenciou com uma careta — e eu sabia que não estavam ótimas e tive dificuldade de entender. Na Suíça, você diria: "Isso está ruim, e isso está ruim, e isso é ruim. Por que você fez isso? Não vai funcionar".

— E aqui é assim: "Você acha que... talvez você pudesse...?".

Urs reconheceu que essa sua atitude criava problemas.

— Não tenho orgulho disso — ele disse —, porque nós tínhamos pessoas excelentes. É fácil esquecer, pois existem problemas em todos os lugares, e obviamente você enfoca nos problemas porque é o que precisa ser solucionado, certo? Mas pode parecer um "está tudo ruim", certo? Quando, na verdade, estava tudo ótimo. — E, então, apesar de tudo, como ele era Urs, ele acrescentou: — Exceto que ainda há problemas.

O tom estabelecido por Urs na engenharia era o tom comum a todo o Google. A empresa empilhava sua folha de pagamento com grandes realizadores desacostumados a não serem reconhecidos e, apesar das opções de ação e da comida de graça, eles frequentemente se sentiam pouco valorizados. Ao mesmo tempo, muitos se sentiam inseguros sobre suas próprias contribuições ou sobre qual era sua posição em relação aos seus parceiros.

Para o bem de meu próprio ego, decifrei diferentes tipos de feedbacks que recebia e desenvolvi uma escala interpretativa de sucesso. Desde o "Posso verificar novamente suas notas do SAT?" ou "Não acho que isso teria me ocorrido". E continuava assim:

É uma perda de tempo.

Não vale a pena falar sobre isso.

Isso não me ofende.

Vamos usar até podermos consertar.

Parece razoável.

Parece racional.

É um pouco interessante.

Também desenvolvi uma teoria pessoal de por que o encorajamento para aumentar a produtividade era fácil, mas o elogio efusivo se provou ilusório. Não era que as pessoas não esperassem e apreciassem uma performance excepcional, ou que os colegas e os gerentes eram invejosos demais para apreciar um trabalho perfeito. Bem o contrário. Se você supusesse que todos os seus colegas estavam no Google devido às suas habilidades e inteligências, chamar a atenção para seu sucesso seria um insulto, como se você se surpreendesse que eles tivessem feito o que era esperado.

Eu me consolei com essa ideia, embora pudesse ser considerada capciosa, pois não queria me alongar na possibilidade alternativa: a de que eu estava ouvindo tão poucos elogios porque ninguém achava que eu os merecesse.

O quê? Me preocupar?

O medo de ficar para trás virava meu estômago e deixava meu sono em frangalhos. Não tanto por causa de Urs. Apesar da carga massiva que Larry e Sergey haviam colocado em seus ombros, ao final de um dia cheio ele relaxava.

— Eu sempre tive habilidade para aceitar que existem coisas com as quais não posso lidar agora — ele disse. — E eu não me sinto mal por causa disso, pois sei que usei meu tempo da melhor maneira possível. As pessoas vão rir quando ouvirem isso, mas, na realidade, é mais fácil para mim aceitar o fracasso ou a imperfeição do que para outras pessoas, se tiverem uma boa razão.

Sempre me questionei sobre o uso do meu tempo e como eu estabelecia prioridades. Olhando para trás, Cindy fazia o mesmo. Um panfleto em que se convocava para um dia de trabalho usando a bicicleta chamava a mesma atenção que uma peça vital de um lançamento de produto. Assim que eu me trancava em um projeto, me forçava a ficar preso até que toda a preposição estivesse ligada a um objeto e cada particípio, devidamente colocado. Algumas vezes eu lutava com uma simples escolha de palavra por uma hora e então passava dias defendendo-a. Foco intenso. Execução obstinada. Progresso metódico. Longos períodos perdidos andando entre as árvores.

Urs costumava dar um passo atrás, semicerrar os olhos para deixar os detalhes de lado e ter uma ideia do quadro geral. Ele compreendia as minúcias, mas tinha bastante autodisciplina para não ficar obcecado com elas, o que permitia que ele pintasse com largas pinceladas. Como ele dizia: — Você deve falar tanto emocional quanto intelectualmente "Só consigo trabalhar certo número de horas. O melhor que posso fazer para melhorar o uso dessas horas é dar prioridade ao jeito certo, de modo que eu gaste meu tempo nas coisas que são realmente importantes". Então, se eu vejo algo abaixo da linha que está quebrado e eu posso consertá-lo, é importante *não* tentar consertá-lo. Porque isso só vai lhe prejudicar. Tanto pessoalmente, pois você vai trabalhar uma hora a mais e isso não é sustentável, ou vai prejudicar alguma coisa que está acima da linha e não está recebendo a atenção merecida.

O que isso lhe parece na prática?

— Qualidade do parafuso — Urs instruiu uma equipe de desenvolvimento incentivando-os a um adiantamento da data de lançamento. — Parafuse qualquer coisa que você possa parafusar. — Adotar esta mentalidade poderia ter reduzido a quantidade de antiácidos que eu tomava.

Concluí que Larry e Sergey confiavam em Urs porque eles dividiam sua preferência por soluções rápidas ao invés de soluções a longo prazo. Eles também, alegremente, sacrificavam a perfeição no altar da conveniência.

— Larry e eu discordávamos da importância de resolver problemas para que eles não acontecessem novamente — Craig Silverstein relembra. — Larry estava geralmente remendando coisas e lidando com elas mais tarde, e eu era sempre favorável a fazer um conserto completo. Seu ponto era "apague o fogo rapidamente e então você pode gastar tempo com outras coisas".

Por exemplo, quando resultados em duplicata começaram a surgir nas buscas, Craig queria reestruturar completamente o software para eliminar o problema.

— Não — Larry rejeitou a ideia. — Podemos fazê-lo funcionar melhor neste sistema.

— Então isso será bem frágil e posso garantir que com o tempo vai quebrar e será mais difícil de consertar — Craig advertiu. Mas claro que Larry venceu e Craig remendou o sistema em vez de substituí-lo. — Eu estava errado — Craig disse mais tarde. — Isso acabou nunca dando problema novamente e, pelo que eu saiba, ainda estamos usando a mesma técnica para lidar com o problema.

Urs fez o melhor que pôde para institucionalizar sua estratégia de priorização entre os engenheiros do Google. Ele montava revisões de projetos formais a cada duas semanas para forçar as pessoas a prestar atenção nas questões mais urgentes e identificar obstáculos que pudessem atrapalhar o progresso.

— Algumas vezes as pessoas tentavam resolver o problema — ele explicou. — Em vez de imediatamente dizer: "Por favor, me ajude a eliminar este problema".

— Era bem óbvio o que tínhamos que fazer — Sanjay Ghemawat me contou depois de alguns meses no emprego. — Eu via problemas na infraestrutura à minha volta. Então, muito do trabalho era encontrar os pontos mais dolorosos e trabalhar neles.

Assim que a agonia tinha sido reduzida a um latejar enfadonho, era o momento de partir para a próxima fonte de irritação. Uma desvantagem em potencial com a noção de Urs sobre a "autocorreção" dos engenheiros era que muitas pessoas poderiam estar trabalhando sem saber, separadamente, no mesmo problema. No começo isso não acontecia.

— Havia talvez duas ou três pessoas por projeto — relembra Jeff Dean —, então havia poucas pessoas trabalhando àquela altura e a gente sabia o que todo mundo estava fazendo.

À medida que o Google crescia, entretanto, a empresa instituiu um sistema automatizado de atualização semanal. Os engenheiros usavam isso para arquivar snippets[65] que descreviam as áreas que estavam trabalhando. O sistema compilava todos os snippets em uma única lista, que era enviada por e-mail a todos os interessados. Embora muitos engenheiros não cumprissem o prazo de entrega de arquivamento a cada semana ou ignorassem o processo, Larry e Sergey o levaram para outros departamentos, inclusive para o marketing. Isso era bem típico. A engenharia criava alguma nova tecnologia, a experimentava e então a dividia com todos para que a empresa ficasse alinhada em volta das mesmas ferramentas de produtividade.

Que nós usássemos os mesmos sistemas que a engenharia, entretanto, não significava que éramos parceiros igualitários no processo de desenvolvimento de produtos.

— Nunca, jamais, em tempo algum, atrase o lançamento de um produto apenas por um problema de marketing — Cindy nos preveniu. Isso era o terceiro trilho da política da empresa. Nós não poderíamos atrasar ou deixar de entregar. Se minha peça de um projeto não estava completamente pronta de acordo com meus padrões e a data de lançamento estava chegando, eu teria que jogar todos os parafusos soltos numa caixa, soldá-la bem e entregá-la para os engenheiros que esperavam, impacientes, por ela. E então seguir em frente.

Chegaria um dia (ou pelo menos um momento) em que seria apropriado parar e beber uma xícara de café descafeinado, refletir no que tínhamos conquistado e contemplar o futuro à nossa frente. Este não era o momento.

— Haverá muito tempo — Cindy nos lembrou em inúmeras ocasiões — para descansar quando morrermos.

---

[65] Pequenos fragmentos ou parágrafos (N. T.).

CAPÍTULO 10

Individualistas grosseiros com um gosto por pornografia

O PLANO de marketing que eu havia esboçado se perdeu com o tempo sem um orçamento para sua implementação. Então, Shari e eu recuperamos os elementos que nós mesmos poderíamos executar. Minha situação não era completamente insustentável. A maioria das minhas propostas incluía promoções on-line, que não exigiam dólares em espécie para a aquisição de espaço na mídia ou materiais específicos. Se fosse preciso, eu poderia fazer permuta de serviços de busca por espaço, em banners nos outros sites.

Shari não tinha as mesmas opções. Ela foi ficando cada vez mais frustrada com sua inabilidade para convencer Larry e Sergey a gastar na aquisição de clientes off-line. Quando ela solicitava recursos externos a resposta era sempre: "Por que você não faz isso sozinha? Não é tão difícil". Na cultura Google, quando você encontrava um muro, você construía uma escada. Se houvesse um fosso atrás do muro, você faria um barco. Se houvesse um crocodilo no fosso, você o alimentaria com um de seus braços e usaria o outro para remar. O sentido era: "Assuma a responsabilidade. Faça algo".

E foi o que Shari fez. Ela procurou uma agência para criar uma promoção off-line que tinha planejado. Ela não teve muita sorte.

— Ficamos desapontados em ver como Larry e Sergey tinham a mente estreita — a primeira agência a advertiu. — Não confiamos em Larry, você terá que nos pagar adiantado.

Larry e Sergey não disfarçaram sua antipatia em relação às agências de publicidade e à indústria à qual pertenciam. Eles ficavam enojados com a quantidade de troféus de autopremiação e matemática ruim e o jargão pseudocientífico usado para proclamar a eficiência da publicidade. Larry odiava até a folha de cartolina preta que as agências usavam para apresentar a criação das campanhas, cada conceito perfeitamente centrado para transmitir mais seriedade. Para Larry, uma boa ideia era autoevidente, mesmo se rabiscada em um guardanapo amarrotado com caneta esferográfica borrada. As agências de propaganda, ele insinuava, estavam repletas de simplórios trapalhões e hipócritas diabólicos.

Quando Shari conseguiu uma agência de promoção disposta a pegar nossa conta, ela agiu audaciosamente. Assinou um contrato e os pôs para trabalhar. Quando Larry e Sergey descobriram, deixaram bem claro que quando nos incentivaram a "fazer alguma coisa" eles queriam dizer "faça alguma coisa que não custe dinheiro ao Google". E isso não foi o pior.

O Google não reconhecia empresas externas que serviam à empresa, nem mesmo como referência a clientes. Como a companhia cresceu em largura e estatura, os fornecedores pediam permissão para anunciar seus laços conosco, frequentemente oferecendo profundos descontos se eles pudessem exibir o logo do Google na sua lista de clientes. Quase sempre dizíamos não. Nós gastávamos um tempo valioso avaliando fornecedores. Por que poupar nossos concorrentes e entregar de bandeja as empresas que encontramos com quem valia a pena fazer negócios? Seria bem melhor se os nossos competidores fizessem suas próprias escolhas, e talvez a fizessem mal.

Por isso, fiquei surpreso ao ler na publicação *Advertising Age* que tínhamos contratado uma agência para lidar com nossa conta de promoção de cinco milhões de dólares. Ninguém tinha autorizado o artigo ou sabia de sua existência. A agência tinha tomado a iniciativa para colocá-lo e exagerado os fatos. Não era o tipo de esforço criativo que esperávamos deles. Todos os botões de Larry e Sergey foram acionados imediatamente, poderosa e repetidamente, e, repentinamente, Shari tinha uma crise em suas mãos.

Eu quis ajudá-la, mas não havia muito o que eu pudesse fazer para convencer os fundadores a aceitar nossos novos parceiros. Shari teria que convencê-los sozinha.

E o vencedor é...

Todas as manhãs eu escaneava a imprensa por sinais que as placas tectônicas da nossa indústria haviam se movido durante a noite. Quem tinha sido adquirido? Quem tinha uma nova aliança? Quem precisávamos temer? Sentado em meu cubo, folheando o exemplar de maio de 2000 da revista *Upside*[66], encontrei uma análise profunda do espaço de busca. Eu o escaneei ansiosamente para ver como as coisas eram vistas do lado de fora do Plex. Lendo o artigo, aprendi que nosso foco na busca estava fora de moda e nossa estratégia estava condenada.

— No início, a busca era um item de importância e o mais importante conduto de tráfego no nosso site — o diretor da *Excite* falou para a *Upside* —, mas agora é apenas um entre muitos serviços. — Google tinha apenas a busca. Bem, busca e um diretório. Será que isso constitui "muitos serviços"?

— O que está faltando na busca é o contexto — disse Peter Kui da Disney Go.com[67] e acrescentou: — Você só consegue isso sendo parte da indústria do entretenimento... Haverá nicho para aqueles que fazem busca. Alguns verão isso de um ponto de vista da tecnologia, mas nós vemos mais longe. — O ponto de vista da tecnologia oferecia uma visão mais curta? Será que deveríamos estar trabalhando um ângulo Mickey Mouse?

O AltaVista enfrentava um sério desafio de conflito de canal, a *Upside* previu, porque estava mascateando sua tecnologia para outros portais enquanto mantinha um site próprio de consumidor. Bem, pelo menos alguém não estava se dando melhor do que nós. Espere. Esta não era nossa estratégia?

A Inktomi, de acordo com a revista *Upside*, era "o maior mecanismo de busca a enfocar exclusivamente em fornecer tecnologia de busca a outros sites". A Inktomi tinha o Yahoo como cliente. Eles tinham a AOL. Agora eles tinham a Microsoft. Apesar de todo este fabuloso sucesso, a Inktomi tinha perdido 2,4 milhões de dólares no seu quarto trimestre. Eles tinham negócios exclusivos com os três maiores sites da internet e estavam perdendo dinheiro? Aquele não era um bom presságio para uma empresa que estava apenas iniciando seus negócios.

A Ask Jeeves oferecia uma interface de "linguagem natural" que, eles afirmavam, poderia responder às perguntas escritas em inglês simples. Eles também tinham um desenho de um vistoso mordomo como logo e um grande orçamento de marketing. Eu havia testado a Jeeves e achei sua marca muito melhor que seus resultados de busca. Evidentemente, eles chegaram às mesmas conclusões, pois compraram a moderníssima empresa de busca Direct Hit

---

[66] John Ince, "Inside Search Engines", *Upside*, maio de 2000.

[67] Go.com saiu da fusão da Infoseek e a unidade on-line da Disney e apresentava conteúdo da Disney e da ABC.

no começo de 2000. A Direct Hit era muito boa, e quando perguntei ao Larry se ela era uma ameaça, ele replicou:

— Qualquer tecnologia pode fazer um bom trabalho com cem mil consultas ao dia. É bem mais difícil fazer o mesmo com cem milhões.

Ainda assim, boa tecnologia combinada com forte consciência de marca poderia fazer da Ask Jeeves o rolo compressor da busca. E não era sempre o mordomo que era o culpado?

Finalmente, a *Upside* começou a chamar o Google de arrivista, comentando: "Em termos de tecnologia pura, o Google tem obtido as melhores críticas".

— Google é um exemplo brilhante de uma tecnologia superior que realmente atrai tráfego na internet mais do que o marketing — apontou o analista Danny Sullivan, explicando por que o Google tinha crescido para mais de dez milhões de buscas ao dia em pouco mais de dois anos.

Não que isso fosse ajudar, a *Upside* opinou, já que "a empresa parece dar tão pouca atenção aos aspectos mais mundanos de desenvolver estratégias corporativas, penetrar novos mercados e criar receita. Nem ninguém no GooglePlex tem uma programação definida de quando o Google tornará a tecnologia de busca em lucro". Sim, eu estava imaginando isso mesmo.

A conclusão do artigo implicava que a Ask Jeeves definitivamente daria um passo adiante porque ela "tem um claro senso de direção e está criando um nicho importante que tem grande potencial como ferramenta para o serviço de cliente". O Google, ele sugeriu, poderia ser um alvo de aquisição para o AltaVista.

Quando terminei de ler, percebi que tinha me permitido inalar o ar de inevitabilidade que se espalhava como nevoeiro pelo escritório. As pessoas estavam trabalhando muitas horas, nossa tecnologia funcionava perfeitamente e a receita continuava a crescer. Como as coisas poderiam dar errado? Ainda assim, com toda a segurança que eu sentia dentro do GooglePlex, havia um mundo de dúvidas do lado de fora de nossas portas. Jogadores estabelecidos tinham marcas mais elegantes, maiores fatias do mercado e melhores estratégias de negócio. O único ativo do Google era ter uma ferramenta razoavelmente boa para encontrar informação.

A busca, entretanto, surpreenderia os céticos. A tecnologia não é apenas importante; mas é importante de um jeito que era imediata e completamente óbvia. As pessoas buscavam com um propósito: encontrar certo item de informação de que precisavam. Um site que obscurecia sua caixa de busca por trás de um muro de links e promoções pagas era tão útil quanto uma caixa de lápis de cor para preencher palavras cruzadas. Divertido e gostoso de brincar, mas inútil para a tarefa à frente.

Os fundadores do Google acreditavam profundamente que a simplicidade era uma vantagem. Eles comparavam o Google à sua essência por uma razão: como insaciáveis consumidores de dados, eles próprios o utilizavam. Para eles, o Google era uma ferramenta, nada mais. Um martelo fazia uma coisa realmente, realmente bem. "Contexto" não faria o martelo trabalhar melhor. Nem o desenho de um mordomo.

Em 2000, apenas um punhado de pessoas enxergava o valor da busca pura claramente e muitos deles já trabalhavam no Google. Silenciosa e continuamente, e sem nenhuma dica para seus colegas do final do corredor, os engenheiros estavam criando um plano para dividir sua visão de um martelo perfeito com uma audiência muito maior.

Porque, eles sabiam, o mundo estava cheio de pregos.

O papel de Larry e Sergey

Larry e Sergey, apesar de toda sua obscuridade e antipatia em relação aos pensadores tradicionais, eram fáceis de se aproximar e fáceis de se gostar. Isso era uma sorte, já que eu tinha entregado a eles as chaves para o meu futuro, eles se posicionaram no volante da minha alma e a conduziram em desabalada carreira por estradas esburacadas e montanhas com curvas derrapantes. Meu ego lutava para se manter firme. Eles tinham 26 anos, mas não foram os primeiros jovens bem-sucedidos que passaram por minha carreira. No *Merc*, eu tinha encontrado Ellon Musk, do Zip2, que vendeu sua startup por 300 milhões de dólares aos 28 anos, antes de ajudar a fundar uma nova empresa chamada PayPal. Bem-sucedidos, executivos da jovem tecnologia cresciam como grama no Vale, surgindo em todos os lugares e atraindo a atenção por sua inexperiência enquanto sufocavam paradigmas existentes em um campo atrás do outro.

Anne, minha chefe no *Merc*, era dez anos mais nova que eu, e, mesmo assim, ela me ensinou como discordar respeitosamente dos meus superiores perante decisões catastróficas. Tinha a certeza de que Larry e Sergey agiriam diplomaticamente com seus superiores se tivessem um. Os patrocinadores viam a falta de respeito em relação aos outros entre os empreendedores do Vale do Silício como demonstração de confiança e desaprovavam quando um de nossos candidatos parecia "temeroso em relação à autoridade". Essa observação jamais foi feita em relação a nossos fundadores, que só respeitavam os dados.

Como progenitores de uma galinha dos ovos de ouro que tinha nascido de suas próprias mentes, Larry e Sergey não tinham qualquer obrigação de referenciar quem quer que fosse. Eles tratavam a rainha da Inglaterra como uma igual e Benazir Bhutto como uma amiga. Quando queriam um conselho de negócios, eles chamavam Jeff Bezos ou Warren Buffett. Eles falavam rispidamente com líderes industriais que não compreendiam o que era óbvio para eles, repreendiam fornecedores e ignoravam ou atormentavam membros da equipe da empresa que não concordavam com suas ideias, mesmo se aqueles funcionários tivessem mais experiência ou formação mais avançada[68]. Eles não eram intencionalmente grosseiros, apenas constantemente impacientes para manter as coisas andando ao longo do caminho que algumas vezes só eles podiam enxergar.

Antes mesmo que tivessem fundos para abrir a empresa, "os caras do Google" antagonizaram potenciais investidores com seu estilo agressivo. Eles não cediam nenhum centavo e não deixavam nada na mesa. Eles insistiram que a Kleiner Perkins e a Sequoia investissem juntas ou, então, nada feito, porque era vantajoso para o Google ter ambas das principais empresas de capital de risco do Vale os apoiando.

Nossos fundadores estabeleceram os termos da avaliação de acordo com o que eles viram com o potencial de tecnologia que eles haviam criado, não de acordo com a perspicácia acumulada dos homens que tinham fundado o Yahoo, eBay, Sun e a Amazon. Nem Larry e Sergey tinham estudado administração ou dirigido uma grande corporação, mas Larry tinha estudado mais de duzentos livros de administração para se preparar para o seu papel de dirigir o Google como uma entidade competitiva. Ele confiava em sua própria síntese do que tinha lido tanto quanto qualquer coisa que ele poderia ter aprendido em uma sala de aula. Engrandecimento pessoal frequentemente acompanha

[68] Larry e Sergey se afastaram de seus progamas de PhD em Stanford para dar início ao Google, para desapontamento de seus pais, que eram professores. Sergey mencionou que sua mãe recebeu as boas-novas sobre o Google com a pergunta "Então, você vai tirar o seu diploma agora?".

um senso de infalibilidade, mas Larry e Sergey raramente exibiam sinais de indevida autoimportância. Eles não gritavam com as pessoas nem proferiam grandes discursos ou acreditavam nas exageradas declarações que a imprensa fazia sobre o Google. Na verdade, qualquer sinal espalhafatoso em apresentações ocasionava um rápido pedido: "vamos direto aos dados".

Eles realmente tinham o ego saudável, claro, e conforme suas reputações aumentavam rapidamente com a empresa, eles até brincavam com as enormes capas de revista que o departamento de relações públicas pendurava nos corredores, que exibiam o retrato deles em tamanho grande. Larry afirmava que a exibição não provava que a empresa estava promovendo um culto à personalidade; não ainda, pelo menos.

— Quando tivermos estátuas — ele advertiu —, vocês podem se preocupar.

MISC comunicações

Devido a seu hábito de interromper abruptamente debates, fiquei surpreso como Larry e Sergey valorizavam a opinião dos outros. E não tínhamos escassez de comentários. Os Googlers dividiam seus pontos de vista de bom grado. Mesmo que agressivamente.

Chame isto de "crowd-sourcing"[69] ou "iluminação mediante insights alternativos", perguntando o que os outros Googlers achavam fundamental no modo como o Google trabalhava. Afinal de contas, os Googlers tinham sido cutucados, estimulados e farejados antes de ganharem uma mesa no Plex, de modo que qualquer um que usasse um crachá era claramente um dos iluminados. Não importava se uma ideia viera de alguém recém-saído da faculdade ou de um veterano vice-presidente de engenharia. Ela dependeria apenas dos seus próprios méritos, mais do que do *status* da pessoa que a estava apresentando. Até um humilde marqueteiro poderia fazer sugestões e esperar que elas fossem consideradas.

— Larry e Sergey estavam dispostos a um debate intelectual honesto — Salar me disse —, e eles queriam ouvir ideias. Se você tivesse uma opinião formada, mesmo que eles não concordassem com ela, eles queriam debatê-la.

[69] Modelo de produção que utiliza a inteligência e os conhecimentos coletivos e voluntários espalhados pela internet (N. T.).

Inputs[70] externos ao GooglePlex? Isso não tinha o mesmo peso. Como eu percebi com os feedbacks recebidos depois do 1º de abril, descontávamos a insatisfação do usuário a menos que ficasse claramente demonstrado que causaria mudanças significativas no comportamento atual.

Nossa arrogância definitivamente tomou um tom desagradável nas conversas sobre o Google, ocupando espaço na imprensa e entre aqueles que tentavam fazer negócio conosco, mas eu raramente via isso expresso nos Googlers em relação a seus próprios colegas.

Quando os Googlers se engajavam em flagrante discussão, eles o faziam no Googlers-MISC[71], a Las Vegas dos fóruns de discussão, em que nada estava fora dos limites. No MISC, os Googlers elaboravam teorias sobre provar que P = NP era o melhor jeito de fazer sapos levitarem. Eles debatiam a marca da água mineral que Charlie deveria estocar nas microcozinhas, uma discussão que abrangia o total de sólidos dissolvidos, o tamanho da garrafa e os benefícios da presença do urânio natural para a saúde. Depois de uma semana dessa discussão, a paciência de Charlie se esgotou e ele ameaçou jogar fora todas as garrafas e deixar o pessoal beber água do lago.

Comecei uma linha de discussão rancorosa no MISC ao sugerir que trocássemos os *donuts* gratuitos que Ed Karrels trazia às sextas-feiras, por *bagels* fresquinhos. Essa discussão durou anos. Um pedido com um assunto "sua mãe não trabalha aqui", requerendo aos Googlers que colocassem ordem nas coisas, acionou uma explosão de fúria politicamente correta sobre o valor do tempo da engenharia, o papel das mulheres no local de trabalho no pós-feminismo e a necessidade absoluta e desesperadora do segundo andar de ter mais talheres. Essa durou tanto quanto a discussão sobre o físico corrupto de *Star Wars*: *A ameaça fantasma*.

O MISC era para onde eu ia para sentir o pulso da cultura Google e os sinais que demonstravam que aquela cultura era vibrante, diversificada e ocasionalmente obsessiva.

---

[70] *Input* é uma tag (palavra-chave) HTML utlilizada para definir um campo de entrada de dados em um formulário (N. E.).

[71] Para "miscelânea". O MISC estava aberto para qualquer Googler que tivesse a paciência de lê-lo.

O eterno "Por quê?"

A imagem mental que eu tinha dos engenheiros do GooglePlex era de nerds introvertidos com habilidades sociais retardadas e uma pele que jamais via o Sol. Achei que eles seriam facilmente intimidados por personalidades fortes de vozes altas e atitudes autoritárias. Não que eu me enquadrasse nessa categoria, mas depois de sete anos trabalhando com um bando de jornalistas inquisitivos e ferinos, que discutiam questões *ad infinitum*, eu esperava que as coisas no Google fossem mais fáceis. Julguei que a reação contrária mais poderosa viria das molas do meu teclado enquanto eu digitava diretrizes no computador.

Descobri que os mais afiados repórteres investigativos são mais facilmente acalmados do que o mais brando engenheiro que tomava Prozac. Engenheiros não aceitam intuição, não são levados pela emoção, recusam-se a se submeter à retórica e não conseguem deixar nada que apresente defeito passar sem nenhum comentário. Engenheiros nunca deixam de perguntar "Por quê?", até que consigam uma resposta que considerem irrefutavelmente verdadeira.

Como Craig Silverstein me explicou: — Não faz parte da personalidade dos engenheiros ficarem quietos quando sentem que as coisas vão dar errado... e ser intimidado por pessoas não é muito produtivo.

— Os engenheiros do Google são tão obstinados — concordou Matt Cutts —, que, às vezes,quando achávamos que Larry e Sergey estavam errados, nós simplesmente os ignorávamos. Muitos empregados do Google não tinham experiência com trabalho não acadêmico. Eles nunca tinham experimentado o chicote de uma reprimenda de um cliente ou a ferroada da crítica de um colega, então seus impulsos para saltar obstáculos e espalhar as sementes de sua sabedoria continuavam livres.

— Eles brigavam por tudo — de acordo com o gerente de recursos humanos Heather Cairns, que frequentemente lidava com questões relacionadas a benefícios do trabalho. — "Por que tenho que assinar isso? Eu não vou assinar." Eles desafiavam as coisas mais mundanas, minuciosas, mesmo se fossem algo para seu próprio benefício.

A gerente de projetos Deb Kelly, que recebia um constante fluxo de feedback não solicitado, ficava se perguntando sobre os conselhos e as perguntas que fizeram para ele. —Por que você está ganhando peso? Não tenho certeza de que já fomos apresentados.

Este estado de perpétuo "Por quê?" ocasionalmente irritava até outros engenheiros. O designer de hardware Will Whitted considerava esse questionamento um saco:

— Isso pode ter sido muito importante para fazer o Google funcionar, mas me irritava muito. Porque eles eram realmente, realmente brilhantes e, como tinham sido bem-sucedidos em uma coisa, achavam que automaticamente sabiam sobre todo o restante. Então, eles podiam opinar sobre como fazer um design térmico e me diziam qual tamanho de parafuso usar. Eles honestamente pensavam que essa informação faria as coisas darem certo ou achavam que o que eu estava fazendo estava errado e faria as coisas darem errado.

Sair incólume dessa briga de ideias exigia acesso à informação do funcionamento interno da empresa. A princípio, essa informação circulava livremente, permeando o Google como ondas de rádio. Você só tinha que saber em que frequência ligar. Eu comecei a bisbilhotar nos informes semanais da engenharia e mergulhar fundo no MOMA, nossa intranet. Eu prestava atenção durante as TGIFs e ouvia conversas nas mesas do almoço. Ninguém, conscientemente, tentava limitar o fluxo de dados, mas não tínhamos uma política formal de atualização nas iniciativas da empresa.

As reuniões de revisão de produto de Larry criavam uma ligação central de informação. Eu podia me sentar no sofá preto, plugar diretamente na cabeça de Larry e obter acesso total a tudo o que eu precisava saber. Nada era melhor para meu trabalho do que fazer um download direto da fonte de direção estratégica do Google. Correntes frescas de visão clara levavam embora a ambiguidade sobre as interfaces de usuários, características de produtos e posicionamento competitivo. Relaxei com minha visão desobstruída das deliberações que dirigiam a criação de nossa empresa, abençoadamente ignorante, que logo eu seria banido deste éden de informações e forçado a me alimentar de pedaços de informações com as quais eu teria que fazer o meu trabalho.

Sim, estou dizendo não

Com todos expressando opinião sobre tudo, eu tinha que falar cada vez mais alto e com mais insistência para a minha voz não se perder no barulho. Aparentemente outras pessoas também se sentiam assim. Tínhamos diálogos profundos.

Quando eu precisava ir adiante em uma discussão, ou devido ao nome de algum produto ou ao texto de uma linha promocional da homepage, comecei a fazer alianças. Coloquei Salar no topo da minha lista de favoritos, já que ele e outros que tinham se juntado ao Google antes da mudança para Mountain View[72] tinham peso no processo de tomada de decisões. Qualquer um de nós poderia conversar com os fundadores e expressar nossa opinião, mas as vozes deles eram as primeiras a serem procuradas e as primeiras a serem ouvidas. Quando alguém desse ciclo interno se opunha à minha posição, conquistar o apoio de outro para contrabalançar se tornava essencial.

A maioria das discussões inflamadas rapidamente diminuía de intensidade, o calor se dissipava por meio de chamas nas listas de e-mail com tópicos específicos, os clubes particulares nos quais os Googlers podiam se reunir para mastigar suas próprias entranhas. Especialmente assuntos quentes, que, entretanto, poderiam engolir a lista completa dos Googlers, indo para cada caixa de entrada da empresa.

— Engenheiros gostam de argumentar — Urs reconhecia. — Você não quer deixar isso, mas isso não deveria atrapalhar. Com o tempo fizemos uma lista moderada[73] de Googlers simplesmente porque as pessoas não estavam pensando que as suas mensagens iam para trezentas pessoas.

— Os Googlers tinham crenças apaixonadas — lembrava Matt Cutts, cujo primeiro trabalho no filtro de pornografia foi publicamente escolhido na lista da engenharia. — Duas pessoas completamente bem-educadas e de bom-senso, você teria que mandá-las dar um passeio em volta do quarteirão para que pensassem no assunto, pois ambas tinham crenças muito fortes.

Matt acreditava que quebrar a cabeça com questões que as pessoas de fora não se importavam, se é que elas notavam, não era sobre espaço nem política. Era sobre determinar o que era melhor para os usuários. A questão, então, era sobre quem melhor representava a voz destes usuários dentro do Google.

Pensei que fosse eu.

Eu lia os e-mails dos usuários. Escrevia as palavras que falavam com eles do nosso site. Tinha passado décadas em contato direto com todos os tipos de clientes que não compreendiam como usar qualquer aparelho com mais

[72] Susan Wojcicki, Marissa Mayer, Jeff Dean, Salar Kamangar e Urs Hölzle estavam neste grupo.

[73] Significava que os posts tinham que ser aprovados por um moderador designado antes de serem destinados a todos.

de dois interruptores e um botão. Nas reuniões da equipe de IU e de revisão de produtos, era fácil, para mim, enxergar as mudanças que poderiam causar confusão, pois aquelas mudanças me confundiam. Eu podia não ser um cara digital, mas representava melhor esse papel do que meus colegas, que podiam citar de cor o nome de meia dúzia de sistemas de operação de fontes abertas e os considerava superiores ao Windows.

Marissa Mayer também lutou para canalizar a preocupação dos usuários usando como referência sua mãe, que vivia no Meio-Oeste, como alguém para se considerar ao introduzir recursos e funções, ou rearranjar a interface. Nada mais natural que o papel de Marissa, como engenheira de IU interina, a levasse a salvaguardar os interesses dos usuários, e ela o fazia com intensidade. Seu entusiasmo e inteligência arrastavam suas opiniões como um rolo compressor. Se você não fosse inicialmente oprimido, ela lançava onda após onda de dados, ideias e argumentos como se fossem a tropa norte-americana desembarcando na Normandia.

Em uma empresa controlada por dados, os números são um bastão a empunhar, e Marissa citava estatísticas que a convenciam que ela estava correta empiricamente. Mas apesar de ter visto o poder da análise quantitativa persuadir, eu nunca tinha subido a bordo no trem dos dados. Como consequência, nem sempre estávamos de acordo.

Se me faltava a fé numerológica de meus colegas, eu dividia algumas de suas características: o foco que detectava imperfeições mínimas, a inabilidade para ignorar verdades inconvenientes e a indisposição obstinada para ceder minha posição até estar completamente derrotado. Eu defendia aquilo em que acreditava, mesmo quando meu único apoio eram as portas do inferno que estavam às minhas costas.

Venho de um bando de gente cabeça-dura.

Eu frequentemente cedia em questões de design, ou pelo menos afunilava meus pontos de vista através da Karen, que tinha total credibilidade como uma webmaster imparcial, mas minhas desavenças com Marissa sobre texto e estilo aumentaram de intensidade depois do episódio do 1º de abril, do MentalPlex.

Muitos Googlers acreditavam que eles falavam a língua do "usuário médio" com fluência nativa, não percebendo como o palavreado nerd que eles traziam nas conversas sobre privacidade ou comunicações de clientes era forte.

De que os usuários gostavam? O que eles achavam inoportuno? Ofensivo? Por que alguém iria se ofender com isso? Todos nós citávamos o evangelho da eficiência e jurávamos colocar nossos usuários em primeiro lugar.

Não importava a natureza de nossas opiniões contrárias, nossa cultura exigia uma resolução rápida. Os Googlers queriam que as coisas ficassem prontas. Sanjay descrevia deste modo a abordagem dos engenheiros nas disputas:

— Nós dissemos que podemos continuar a discutir isso por muito tempo e tentar chegar a um acordo, ou podemos simplesmente ir em frente e fazer pelo menos em parte o que sabemos.

Rendição completa não era uma exigência. Se havia impasses, Urs marcava uma reunião e anunciava:

— Tudo bem, nós discutimos por uma semana. Não apareceu nenhum novo insight. Vamos levantar os prós e os contras, tomar uma decisão e seguir adiante. Porque está na hora de seguir em frente.

Larry era o único que podia fazer este papel em relação às divergências interdepartamentais, e, devido às diretrizes de Cindy em não retardar lançamentos de produtos por razões de marketing, havia um risco em defender uma perspectiva de marca depois de certo ponto. Eu tinha dificuldade em reconhecer este ponto. Quando minha ausência de instinto de autopreservação tornava-se aparente, outros procuravam minha ajuda para levar questões à gerência superior. Será que eu poderia levar nossas preocupações sobre a má qualidade da tradução? Será que eu poderia pôr o freio em um plano de estratégia em relação ao Japão? Será que eu poderia me jogar na frente do lançamento de um produto mal programado?

Sim.

Sim.

Sim, eu poderia.

O delicioso sabor da pornografia

Larry e Sergey se fixavam ao acaso em detalhes que chamavam sua atenção, por exemplo, o tom exato de amarelo a ser aplicado no Google Search Appliance (nossa "ferramenta de busca numa caixa" para intranets corporativas) ou o estilo da biografia deles no website, mas, principalmente, eles estabeleceram uma infraestrutura de gerenciamento, escreveram algumas regras e deixaram o sistema rodar. Cada nova camada do processo exigiria tempo de compilação e fazer as coisas mais devagar, pelo fato de que eles promulgaram um estilo *laissez-faire* que praticamente deixava os empregados fazerem o trabalho ao seu próprio prazer.

Autonomia total era algo satisfatório para a maioria dos engenheiros. — Larry e Sergey iam às reuniões semanalmente, sentavam-se no fundo e ouviam as pessoas conversarem — Matt Cutts recordou. — Eles davam espaço para decidir o que achássemos que fosse mais importante a fazer. — Isso não quer dizer que os fundadores não expressavam suas crenças firmemente. — Se alguma coisa não combinava com suas intuições — Matt acrescentou —, eles lutavam até ter bons dados ou uma boa razão para acreditar ou tinham visto aquela pessoa estar certa algumas vezes. Então, eles estariam dispostos a confiar nas escolhas daquela pessoa.

Matt conquistou seu bocado de economia ao realizar um dos trabalhos mais sujos da empresa. Ele estava no Google havia um mês ou dois quando a gerente de projetos Deb Kelly parou no seu cubículo e fez uma pergunta.

— Ei, Matt. O que você acha de pornografia?

— Isso depende — Matt replicou. — Por que você está perguntando?

Deb precisava de alguém para trabalhar em um filtro para selecionar "conteúdo adulto", o que significava estar exposto às partes mais sórdidas da web.

Matt concordou em fazer o trabalho, achando que duraria apenas algumas semanas. Em vez disso, levou três meses para testar o protótipo. Uma análise completa exigiu conduzir mais buscas do que Matt tinha tempo para fazer sozinho, então, em maio de 2000, ele pediu ajuda a seus companheiros Googlers.

Ninguém reagiu.

— É estranho — Matt disse à sua esposa naquela noite. — Pensei que as pessoas iriam se aproveitar ao ter uma oportunidade oficial para olhar pornografia.

Sua esposa pensou que era apenas uma questão da motivação certa. — Por que eu não faço cookies? — ela sugeriu. — Pelo menos as pessoas vão ganhar uma pequena recompensa.

No dia seguinte, Matt reiterou sua necessidade de ajuda, mas acrescentou sua oferta de "cookies pornôs" gratuitos para todos que participassem. Procure um site pornô, ganhe um cookie. Fui um dos que não resistiu ao tal convite. Nas horas seguintes, aprendi várias palavras novas e novos significados para algumas coisas que achei que já conhecesse.

A pornografia é um negócio mortal, que frequentemente leva à exploração de nova tecnologia. Trabalhando naquilo que seria chamado de SafeSearch, Matt se conscientizou de um novo problema para o Google. O Spam. Os spammers tentavam jogar com o sistema e, portanto, conquistar uma classificação mais alta nos resultados de busca do que eles mereciam. Matt começou a pensar nos spammers como "bandidos" que colocavam texto branco invisível em um fundo branco, enchiam suas páginas de palavras-chave e empregavam uma ampla variedade de meios sofisticados e desonestos para enganar o robô de busca do Google.

— Quando você começa a ver o spam, a praga é: você começa a vê-lo em todos os lugares — Matt contou. Ele ficou ofendido com o comportamento antiético dos spammers e continuou a pensar no problema, mesmo depois de ter concluído seu filtro e ter começado a trabalhar no sistema de publicidade do Google. Larry e Sergey não consideravam que o spam fosse o problema, pois eles tinham confiança que o algoritmo PageRank do Google separaria o joio do trigo.

— Demorou certo tempo para o Google despertar para o fato de que, apesar do PageRank ser muito resistente aos spams, ele não era 100% perfeito — Matt notou. Ele tomou a iniciativa de acionar o alarme. Embora isso não fosse mais sua área de responsabilidade, nem uma área de preocupação para a gerência, ele pediu para trabalhar na luta contra o spam. — Uma coisa eu aprendi no Google — ele me disse. — Você constrói sua própria credibilidade. Se tomar a iniciativa, é muito mais provável que você vá realizá-la do que se ficar sentado e esperar alguém dizer: "O que você quer fazer com a sua vida?".

Em poucos dias, Matt se juntou ao grupo de oito engenheiros concentrados na busca de qualidade total, que incluía Jeff, Sanjay e Amit Singhal. Eles o convidaram para ficar com eles na mesa de pingue-pongue e investigar os aspectos mais profundos da tecnologia central do Google. Matt ficou íntimo dos segredos do Google, dos fatores que pesavam e que determinavam se um website estava próximo do topo da primeira página de resultados ou enterrado em algum lugar na página trinta.

Matt sempre me pareceu um pilar de retidão moral, um guardião da fé na integridade algorítmica e um veemente protetor da pureza do Google, nosso próprio xerife Elliot Ness, trazendo para a justiça aqueles que prosperavam como parasitas no contrabando de tráfego. Como um estudante da Universidade de Kentucky, ele havia se matriculado em um programa cooperado por meio do Departamento de Defesa e acabou passando alguns semestres na Agência Nacional de Segurança (NSA — *National Security Agency*). Este estágio foi um grande incentivo para os teoristas de conspiração que monitoravam o Google. O elo "secreto" de Matt com o governo fazia suas antenas se eriçarem, pois eles acreditavam que ele ainda servia como um canal entre o grande governo e a grande busca[74]. Na verdade, no Google, Matt era um dos caras que menos se parecia com um "espião".

Como ele entendia os detalhes mais internos dos cálculos da classificação do Google, sentia-se ultrajado quando um aviso de um webmaster qualquer especulava, em 2001, que o Google estaria manipulando resultados para aumentar as vendas das propagandas. Se um negócio não aparecia perto do topo de nossos resultados, eles alegavam que ele teria que comprar anúncios para garantir sua presença na primeira página que os usuários viam após realizar uma busca. Este boato não era uma surpresa devido às práticas realizadas pela maioria dos mecanismos de busca da época. A Federal Trade Commission tinha chamado oito dos concorrentes do Google por não deixar clara a separação entre a colocação paga, a propaganda e os resultados produzidos por algoritmos. Matt novamente tomou a iniciativa para apresentar um problema que os outros não viram imediatamente. Ele procurou o gerente de relações públicas, David Krane.

— Então, enquanto eu estou compilando — ele pediu a Krane —, tudo bem se eu entrasse nesse fórum e desmistificasse os conceitos errôneos?

Krane se reportou a Cindy, e Cindy tinha lido o *Cluetrain Manifesto,* um guia que instruía as empresas a falar de maneira direta e simples com o público em vez de se preocupar com uma linguagem fácil criada por um comitê, repleta de lisonjas corporativas. Cindy garantiu que todos no marketing o leriam também. Krane deu carta branca ao Matt para falar livremente em nome da empresa, sem ter que passar seus comentários pelas relações públicas.

Nascia assim o "GoogleGuy". O codinome de Matt se tornou uma voz de respeito na comunidade webmaster e uma fonte de informação confiável de

[74] Matt vestido com uma capa de chuva imitando um espião para a festa de Halloween do escritório no mesmo ano que eu fui fantasiado do diretor do FBI Skinner do *Arquivo X*. Uma foto nossa foi parar no Slashdot, e eles seriamente consideraram as implicações de agentes do governo aparecendo em uma festa oficial do Google.

dentro do Google. O GoogleGuy corrigia informações erradas, abafava boatos e explicava por que o Google fazia certas coisas que pareciam sem propósito para quem estava do lado de fora.

Iniciativa cruzada com autonomia fornecia benefícios imprevistos em áreas inesperadas. Desafios inesperados também. Outros engenheiros procuraram falar em uma linguagem simples em nome do Google sem o apoio formal dos ajudantes de Cindy, sem sequer nosso conhecimento.

Isso me faz lembrar de Ray Sydney.

O jeito de Ray

Ray, o empregado número seis do Google, incorporava o culto da autoridade individual. Seu discurso repleto de "cara", irreverências e paixões não previsíveis obscureciam uma educação conquistada na Caltech, em Harvard e no MIT (Massachusetts Institute of Technology). Ray era nossa primeira linha de defesa contra webmasters que golpeavam o Google com consultas automatizadas. Webmasters e SEOs[75] queriam garantir que seus sites aparecessem perto do topo dos resultados do Google; para tanto, usavam um software que conduzia buscas automáticas repetidas para palavras-chave que eram importantes para eles. Em períodos de muito volume, consultas automatizadas diminuíam a velocidade do Google para todos, por isso a considerávamos uma violação de nossos termos de serviços[76].

Ray considerava as consultas automatizadas não autorizadas uma questão pessoal. Se ele conseguisse descobrir o endereço de e-mail do spammer, ele enviava uma advertência concisa "cessar e desistir". Se ele não conseguisse encontrar um endereço de e-mail, bloqueava o endereço de IP (Internet Protocol — protocolo de internet) do spammer, o único número designado a um computador conectado a internet, e ele não conseguia acessar o Google como um todo.

Ninguém ficou imune. Quando um usuário deixava um livro na tecla *enter* e enviava a mesma consulta para o Google 39 mil vezes, Ray cortava o acesso de todos naquele endereço. A consulta era "Isto é a CIA" e veio do

[75] Otimizadores de mecanismos de buscas: consultores que ajudam clientes a conseguir classificação mais alta nos resultados da ferramenta de busca.

[76] De acordo com Matt Cutts, em certo ponto as consultas automatizadas vindas do Web Position Gold — o software usado pelos SEOs — eram responsáveis por 4% das consultas que o Google recebia.

quartel-general da agência em Langley, no estado da Virgínia. Outro usuário buscou "importadores de petróleo bruto" muitas e muitas vezes. Ray ficou irritado e cortou o Departamento de Estado também.

Se Ray não conseguisse identificar um endereço do IP específico, ele contatava o provedor de internet (ISP) do spammer e pedia que eles mesmos rastreassem o transgressor e cortassem seu acesso ao Google. Se o ISP se recusasse a fazer isso, Ray blefava: ele bloqueava o acesso ao Google de todos os endereços de ISP. Isso geralmente chamava a atenção deles. Foi assim que Ray cancelou o acesso ao Google para a maior parte da França. O ISP francês com certeza notou o fato, sobretudo porque, naquela época, eles estavam em negociação para se tornar um de nossos maiores clientes.

Ray não odiava os franceses. Ele fez o mesmo com os alemães. Também um grande ISP norte-americano, embora não tivesse postado uma nota a seus clientes que reclamaram.

"Resumindo a história", ele escreveu, "algum usuário do seu ISP estava abusando do Google. Infelizmente, não conseguimos cortar o acesso apenas desse indivíduo maléfico. Como seu ISP não nos respondeu, não tivemos escolha a não ser cortar acesso ao Google de um grande número de endereços IP."

Cindy ficou "descontente" quando leu a nota de Ray estampada no título de um artigo da CNET, que descrevia o tratamento rude do Google aos usuários. Ela "sugeriu" que eu assumisse a comunicação com o usuário relacionada a interrupções de serviço e "trabalhasse com" Ray para abrandar o tom de sua correspondência. Era difícil me manter atualizado porque Ray era cheio de iniciativas. Ele não era parte da equipe de desenvolvimento de negócios da empresa de acordo com o organograma, mas nunca deixou que isso o impedisse.

— Bem, para ser direto — Ray disse a um parceiro que queria renovar um contrato para a tecnologia Google —, está claro o que você espera do nosso relacionamento, mas não está nada claro o que nós vamos lucrar com isso. Portanto, me parece uma má ideia continuarmos negociando. Deste modo, a menos que eu esteja deixando passar algum ponto importante aqui, por favor, pare de realizar buscas no Google imediatamente.

Muitas coisas deixavam Ray irado. Ele mandava longas notas para todos os Googlers exigindo que limpássemos as cozinhas, os vestiários, mudássemos nossas técnicas de entrevistas, nossas práticas de segurança, nossos hábitos pessoais e nossa gramática. Sempre que tinha oportunidade, ele também nos incentivava a reciclar o lixo. Quando algo o incomodava, ele não esperava que se resolvesse sozinho.

— Será que podemos, por favor, por favor, por favor, simplesmente terminar nosso relacionamento com esses sanguessugas — ele suplicou a Larry Page, quando um parceiro continuava a lhe irritar. — Nem que seja para me fazer feliz?

Impulsivo e teimoso, Ray sempre vai personificar para mim o ego da engenharia do Google, um caubói solitário patrulhando a fronteira eletrônica em escandalosos shorts cor-de-rosa, encarando os bandidos e os fazendo tremer, para então ir de encontro ao pôr do sol que não era tão colorido quanto ele.

Um único engenheiro com este tipo de poder revela as suposições inerentes na cultura Google. Os indivíduos eram considerados capazes de pesar os efeitos de suas ações e presumivelmente levar em consideração o melhor para a empresa (e para os usuários do Google). Éramos encorajados a agir com esses interesses sem hesitação. Gaste tempo fazendo algo, não decidindo.

De todos os elementos do "pensamento de grande empresa" que eu tive que desaprender, este foi um dos mais difíceis. Eu constantemente procurava garantias de que tinha o poder de dar um passo além, mas ouvia a pergunta: "Por que você ainda não terminou isso?". O lado bom dessa filosofia é que o Google fazia as coisas rapidamente e a maioria delas tinha um resultado positivo. O lado ruim é que os Googlers algumas vezes interpretavam mal a exata quantidade de poder que possuíam e quando podiam usá-lo.

Shari descobriu o lado ruim do jeito mais difícil. Ela tinha chegado ao limite com Larry e Sergey. Eles não apoiavam seu trabalho com a agência de promoção e, sem a ajuda externa, ela não poderia avançar em seu trabalho. Ela jogou as mãos para cima em sinal de frustração e aproveitou para jogar a toalha.

Na sua festa de despedida, em um restaurante mexicano local, eu disse adeus à única pessoa no Google que entendia completamente a prática da marca para a aquisição de clientes. O Google não fazia esse tipo de marketing. A empresa rejeitava qualquer tentativa de enxertar práticas tradicionais em sua nova linha de negócios.

Entre salsas e brindes, resolvi que permaneceria aberto a novas ideias e a novas abordagens. Eu daria certo. Provaria a mim mesmo e a meus adaptáveis colegas que este velho Doug ainda podia aprender uns truques novos.

PARTE II

O Google cresce e encontra sua voz

Mais do que uma startup.
Ainda não uma gigante de busca.
A fase esquisita do Google.

CAPÍTULO 11

Decolagem

ENQUANTO EU tentava descobrir o que fazer a seguir, os engenheiros estavam se matando para fazer as coisas grandes, difíceis e complicadas que precisavam ser feitas. Seus esforços de um ano inteiro passaram a render frutos exatamente na época em que eu comecei a me situar.

A história da engenharia começou em junho de 1999, antes que eu tivesse ouvido a palavra "Google". Jim Reese, o neurocirurgião que se tornou administrador de sistema tinha acabado de ser contratado. No seu primeiro dia, ele chegou às 8 horas e trabalhou direto por quatorze horas. No dia seguinte, ele chegou um pouco mais tarde, por volta das 10 horas, para adicionar servidores de backup para a intranet do Google e lidar com questões de rede no Plex. Ele saiu do escritório por volta das 16 horas para um jantar mais cedo a caminho do Exodus, o *data center* do Google, onde ele ficou até às 5 horas. Ele fez o mesmo no dia seguinte, e novamente todos os dias daquela semana, incluindo, sábado e domingo. Sua tarefa, designada pelo Larry sem explicação, era instalar 2 mil novos servidores e colocá-los on-line.

Essa quantidade de computadores não caberia na gaiola que o Google possuía naquela época, então, Jim precisava arrumar espaço adicional no *data center*.

— Eu trabalhei o mais que pude — ele disse — negociando com o pessoal das instalações da Exodus. Em 1999, espaço para gaiolas era difícil de conseguir e a Exodus estava bem cheia. — Em parte por causa de empresas como eBay, cuja gaiola era próxima da do Google. — Eles tinham um espaço dez ou vinte vezes maior do que o nosso e tinham talvez uns oitenta computadores lá dentro — Jim relembra —, enquanto nós tínhamos oitenta computadores em apenas um único rack. — Havia nove racks apertados na gaiola do Google, mas, como Jim e seu novo parceiro Schwim perceberam quando olharam de perto, não estavam completamente lotados.

— Se movermos cada gabinete deste lado da gaiola alguns centímetros apenas, teremos o espaço exato para colocar outro rack. — Schwim salientou, virando-se de lado para se espremer pelo corredor. — O único problema é que não há como passar um rack por aqui. Nós vamos ter que remover a lateral da parede da gaiola.

Eles chamaram o gerente de instalações, descreveram o que queriam e saíram para almoçar.

Quando voltaram, a cerca de arame que protegia a lateral do espaço do Google tinha sido cortada e removida. Jim e Schwim deslizaram o rack para dentro, cabearam os computadores, os conectaram ao interruptor geral e os ligaram. Tudo se acendeu como era de se esperar. Jim verificou novamente as conexões no fundo do rack enquanto Schwim ficou na frente digitando os comandos para monitorar seus progressos.

— Nossa! — Jim ouviu Schwim anunciar na frente do rack.

— A única coisa de que lembro — Jim relembra — é que eu estava sentado no chão do *data center*.

— Acabamos de perder o rack! — Schwim gritou. — O que está acontecendo? — Voltou para trás e encontrou Jim no chão meio tonto coçando a cabeça. Uma viga de metal de noventa quilos, suja de sangue, estava ao seu lado, do alto da gaiola.

— Ahh... — disse Jim meio trêmulo, apontando para cima, em direção a um punhado de cabos rompidos que tinham caído no caminho da viga. — Vamos precisar de mais fibras.

— Você é o único neurocirurgião por aqui — replicou Schwim avaliando a situação tanto com preocupação como com a praticidade de um engenheiro. —Você acha que pode se consertar?

A equipe de instalações, por razões que só ela conhece, tinha desparafusado o apoio das vigas enquanto removia a parede. Na opinião médica profissional de Jim, aquela viga poderia ter feito um estrago considerável nele se tivesse caído alguns centímetros mais perto.

— Eles foram muito, muito, muito bons para nós depois disso — ele falou sobre a equipe da Exodus.

Jim finalmente encontrou um espaço desocupado em um canto do prédio e a Exodus concordou em colocar uns muros em volta. Ele passou a maior parte dos meses de junho e julho instalando 2 mil computadores novinhos em folha dentro da gaiola. Nem sempre as máquinas funcionavam. Elas foram construídas rapidamente e com peças adquiridas a preços bem razoáveis.

— Em alguns racks — Jim relembra —, tínhamos 56 de 80 máquinas funcionando, então passávamos uma semana instalando essas máquinas e depois outra semana consertando as que não instalamos.

Por fim, Larry contou a Jim por que seu trabalho era tão urgente. O Google tinha assinado um contrato com a Netscape para ser a sua ferramenta de busca alternativa. Se os usuários da Netscape não conseguissem encontrar o que queriam usando o diretório aberto da própria Netscape, eles poderiam fazer a busca da página do diretório usando o Google. Portanto, o Google precisava de mais poder de computação para lidar com o tráfego em potencial.

Jim testou a capacidade do Google enquanto adicionava as máquinas, analisando para ver se elas poderiam aguentar o volume de tráfego e quaisquer picos ocasionais que pudessem ocorrer.

— Em geral — ele me contou —, você gostaria de ver duas vezes a capacidade. Para picos, você gostaria de ver quatro vezes a capacidade. A Netscape antecipou um aumento de 1,7 vezes sobre o tráfego já existente no Google, de modo que eu o testei. Em quase cinco vezes, estávamos bem.

Não foi fácil. Jim e Schwim ainda estavam no *data center* instalando as máquinas na noite de 24 de junho. A Netscape anunciaria o acordo e começaria a direcionar o tráfego para o Google na manhã de 25 de junho. Schwim trabalhou até 2 horas, quando a falta de sono acumulada tomou conta dele e ele foi para casa dormir.

Felizmente, Jim tinha recrutado outro cara da área técnica para ajudá-lo na linha de chegada. Embora já fizesse algum tempo que Sergey havia sujado suas mãos instalando máquinas, ele ficou no *data center* com o Jim até 5 horas.

— Ele não sabia todos os detalhes técnicos de como fazer o roteamento — Jim lembrou. — Mas ele estava lá se arrastando no assoalho, correndo os cabos e ligando os interruptores.

Para Jim, isto foi o ápice de semanas de trabalho físico exaustivo, e, quando ele finalmente se jogou na cama, teve uma sensação de conquista. O Google tinha evitado um desastre em potencial ao triplicar sua capacidade em tempo recorde. Uma hora depois seu telefone tocou. Era Sergey.

— Venha para cá imediatamente. Estamos entrando em colapso.

O comunicado à imprensa da Netscape tinha chegado às agências de notícias às 6 horas. Horário da Costa Oeste.

Em segundos, o tráfego do Google havia aumentado não apenas 1,7 vezes, mas sete vezes. Os servidores não conseguiam lidar com a carga. Sergey e Jim correram de volta para a Exodus e começaram desesperadamente a ligar o último lote de máquinas que eles tinham nos racks.

Enquanto isso, eles faziam de tudo para eliminar as exigências estranhas na infraestrutura do Google. Eles impediram o rastreador de acrescentar websites ao índex do Google e realocaram aquelas máquinas para fornecer resultados. Isso ajudou, mas não foi o bastante. O tempo de resposta tinha diminuído consideravelmente, e alguns usuários simplesmente não recebiam nenhum resultado. O lançamento mais importante do Google até aquele momento estava se equilibrando à beira de um abismo e em vias de se tornar um desastre de proporções épicas.

A atmosfera no escritório que Craig Silverstein dividia com Amit Patel estava austera enquanto Larry, Sergey, Urs e o restante dos engenheiros do Google revisavam suas opções. A Netscape não era um parceiro pequeno como seu primeiro cliente, VMWare. Se esse relacionamento fosse pelo ralo, todos saberiam e a reputação tecnológica do Google estaria acabada. Eles conseguiram pensar em apenas um modo de aumentar a capacidade para servir os usuários da Netscape.

— Feche as consultas para o Google.com — Larry instruiu a equipe.

Nas horas seguintes, qualquer um que entrasse no Google.com veria uma página estática em que se explicava que o Google estava fora do ar. Cada computador e cada bit da largura da banda que o Google tinha em seu comando estava servindo resultados para o Netscape. Larry e Sergey estavam arriscando a reputação de seu próprio site para manter a credibilidade como um parceiro de tecnologia confiável.

Na hora do almoço, o tráfego já tinha diminuído bastante e Larry e Sergey deram o OK para colocar o Google de volta no ar. Schwim e Jim voltaram para a Exodus e terminaram a instalação dos últimos dos servidores; em quatro horas eles tinham colocado um adicional de trezentas máquinas on-line encerrando a crise imediata.

Quando Jim e Schwim saíram do ambiente climatizado do *data center* e foram ao encontro do ar quente da noite, eles receberam outra ligação. A equipe de engenharia da Netscape estava em uma choperia em Mountain View celebrando a parceria e queria que a equipe técnica do Google se juntasse a eles.

— Eles nos ofereceram uma grande festa pós-lançamento — Jim relembra. — E a coisa mais comentada várias e várias vezes era: não acredito que vocês fecharam seu próprio site apenas para atender o nosso tráfego. — Os Googlers presentes perceberam que seu sacrifício tinha valido a pena.

O acordo com a Netscape prometia resultar em uma bela amizade. O Google conquistou não apenas sua confiança, mas também acesso a um completo conjunto de dados no fluxo de consulta da Netscape, dados que poderíamos analisar e comparar com nosso próprio tráfego. Mais importante, a primeira grande crise da empresa nos fortaleceu. Larry e Sergey nunca mais subestimariam os desafios de ocupar um novo território. Embora parecesse épica naquele período, a batalha da Netscape seria considerada como uma pequena batalha assim que o Google se engajasse com os grandes jogadores na guerra pela supremacia da busca.

Aquele dia estava chegando.

O que está fora do ar?

Um pouco depois da meia-noite, em um sábado no outono de 1999, o telefone de Jim interrompeu novamente seu sono. Era Sergey novamente.

— O site está fora do ar. O que aconteceu? — Sergey queria saber.

— Não fui eu — Jim replicou com um bocejo. — Você me acordou.

Um disjuntor na Exodus tinha invertido e derrubou o disjuntor geral do Google, uma peça barata de hardware da Hewlett-Packard pela qual todo o tráfego do Google fluía. A Exodus tinha colocado o disjuntor antes que o Google levasse os primeiros racks para sua gaiola e tinha feito isso apressadamente. O dispositivo foi colocado no chão, embaixo de um dos racks, e estava ligado aos fios de tal modo que tinha que ficar lá. Ficou conhecido pelos técnicos pela designação "interruptor no chão". Não havia backup e, quando ele falhou, o Google ficou off-line até que aparecesse alguém para fazer algo.

— Sergey tinha ido a uma festa. Ele chegou em casa e notou que estávamos fora do ar — relembra Jim, que fez o login, descobriu qual era o problema e fez a Exodus ligar o disjuntor novamente. O Google ficou off-line por cerca de meia hora.

— Nós deveríamos estar monitorando nosso site, não é? — Sergey falou quando Jim ligou para informar que o site já estava no ar.

Jim passou o restante da noite de sábado e o domingo de manhã monitorando o Google. Seu roteiro verificava o site a cada cinco segundos para garantir que ele estava funcionando e ligava para um número de telefone se algo desse errado. Na semana seguinte, todos do departamento de operações ganharam um pager[77].

O Google tinha ficado apagado pela segunda vez, mas os ânimos não se alteraram, nem cabeças rolaram.

— Se Larry e Sergey ficaram chateados com alguma coisa — Jim me falou — foi porque pensavam: por que ninguém nunca pensou nisso? Somos um bando de pessoas inteligentes e nunca nenhum de nós pensou em monitorar nosso próprio site.

O sistema de alerta do pager[78] criou seus próprios problemas. "Claus"[79], um engenheiro de logs, foi um dos primeiros a ter um, e ele observava cuidadosamente enquanto os números do nosso tráfego eram anotados graficamente, ameaçando derrubar o sistema de logs. Os logs eram dinheiro, nós cobrávamos dos anunciantes com base no que eles continham, de modo que ele criou seu próprio roteiro para triturar os números e ligar para seu pager quando o processo tinha terminado. Isso acontecia cerca de três vezes a cada hora, toda hora, o dia todo. De acordo com o engenheiro Chad Lester: — Claus manteve o Google vivo nos primeiros dias. Ele dormia na sua mesa e em intervalos de vinte minutos entre os pagers. Em um mês, ele recebeu uma conta do pager de mil dólares.

O Google renegociou seu contrato de serviço de pager, mas nunca comprometeu a confiabilidade de seu site novamente. O Google.com ficaria on-line não importava o que acontecesse.

---

[77] Ele prefere que eu não use seu nome verdadeiro.

[78] Bipe.

Aí vem você-sabe-quem

Durante a primavera de 2000, eu não senti nenhum grande estresse na empresa à medida que me acostumava a seu ritmo. Os elementos básicos tinham se aglutinado: um espaço físico, uma equipe de engenharia central, finanças, pessoal de recursos humanos e até mesmo o marketing em apoio a um produto pelo qual a demanda parecia insaciável. Nos meses seguintes, a calma continuou. Uma necessidade não atendida previamente estava se apressando em direção ao fornecedor de uma solução gratuita e contrariava nossos números de audiência, cada vez mais altos a cada investida. Em 8 de maio de 2000, o tráfego do Google atingiu 8 milhões de buscas por dia. Duas semanas depois, eram 9 milhões. Em teoria, poderíamos crescer eternamente, mas cada salto ameaçava interromper nossa caminhada de um jeito abrupto e confuso, pois não conseguíamos adicionar capacidade com rapidez suficiente.

O maior salto estava para acontecer algumas semanas mais tarde. Ninguém falava sobre isso, mas enquanto eu ficava na fila do café debatendo o que eu iria comer do menu de Charlie daquele Appallachian Day (pé de porco, *consomé* de quiabo, torresmos, empadas com maionese e cachorro-quente com queijo). Parecia haver mais cadeiras vazias que o normal. Os poucos engenheiros que eu vi de relance enchiam suas bandejas rapidamente e voltavam à mesa, demonstrando estresse e fadiga como jogadores depois de uma partida.

Boatos e sussurros sobre um grande negócio estavam se espalhando pelos cabos e pelos cubículos, mas ninguém confirmava qual era o negócio que tentávamos conseguir.

Urs sabia. Ele arrebanhou sua equipe operacional para construir capacidade nas gaiolas do *data center* tão rápido quanto humanamente possível. Nós precisaríamos de cada servidor que pudéssemos montar para alimentar o gigante faminto que esperávamos manter ali.

Estávamos indo atrás do Yahoo.

O contrato com a Inktomi para fornecer resultados de busca para o Yahoo iria vencer em junho de 2000 e o Yahoo não pretendia continuar a parceria, um fato que estavam tentando esconder do restante do mundo. Eles queriam que o Google fornecesse a busca alternativa em seu site, assim como fizemos para o Netscape. Se o usuário não conseguisse encontrar no diretório do Yahoo, eles usariam o Google para procurar na web.

Por que a mudança? A Inktomi encarava o portal de busca como uma via secundária sem lucros (eles se concentravam no fornecimento de serviços de busca para redes internas de grandes empresas), portanto, eles não sentiam a necessidade de prover os interesses do Yahoo. Isso abriu uma porta para o Google. Larry e Sergey se esforçaram para oferecer termos financeiros favoráveis[80]. O que também pode ter ajudado foi o fato de que os caras de Stanford que controlavam o Yahoo e os caras de Stanford que controlavam o Google tinham muito em comum, ou o fato de que Omid Kordestani conhecia Udi Manber (o melhor cara da busca do Yahoo) ou que o Google e o Yahoo compartilhavam um membro da diretoria na pessoa de Mike Moritz, da Sequoia Capital, um canal de comunicação que facilitou o progresso do negócio.

O Google também prometeu modernizações enormes na qualidade de busca. A tecnologia do Google havia ultrapassado a da Inktomi e continuaria a fazê-lo, talvez porque Google realmente se importasse, verdadeira e profundamente, com a busca do consumidor. Entretanto, o Google não era o único concorrente a tentar uma posição na mesa para comer o almoço da Inktomi.

— A FAST[81] era assustadora no começo de 2000 — Urs admitiu. — Eles tinham um enorme índex e eram muito rápidos. Sua qualidade não era ruim, mas eles tinham problemas de verdade ao tentar manter seus índices atualizados. Talvez estivessem tentando fazer muitas coisas. Em 2001, sentimos que éramos claramente melhores do que a Inktomi em relação aos resultados, claramente melhores que o AltaVista, claramente melhores que a FAST. Nós tínhamos a melhor ferramenta de busca.

E quanto à qualidade comparativa do Google no ano anterior quando a Netscape tinha se tornado um parceiro?

— A Netscape foi meio louca de mudar sua busca para nós[82] — Urs confessou. Ele acreditava que eles fizeram a mudança em parte porque não se importavam muito com a busca... era um centro de custo.

Sem mencionar que Omid Kordestani era um excelente vendedor.

— Omid podia digitar "IBM" no Google e digitar "IBM" no AltaVista — Urs relembra — e dizer: "Ei, olhe, nossos resultados não são melhores?". — Era este o nível de sofisticação. Nossa busca era boa, mas nossa cobertura era ruim.

---

[80] Incluir garantias para milhões de cotas das ações do Google assim que a empresa abriu o capital.

[81] Fast Search and Transfer era uma empresa de busca norueguesa. A Microsoft a comprou em 2008.

[82] Manber se tornou vice-presidente da engenharia do Google no início de 2006.

Em todos os tipos de consultas, nós não tínhamos a página e o AltaVista e a Inktomi tinham. As expectativas das pessoas eram simplesmente baixas.

Este não era o caso do Yahoo, onde Udi Manber, um especialista de busca, era o cientista-chefe.

— Udi escreveu o contrato — Urs me falou —, então ele prestava atenção às coisas importantes.

Manber não aceitaria nada menos do que o melhor que o Google pudesse produzir e ele sabia que era bem mais do que a ferramenta de busca que estavam oferecendo naquela época.

Larry e Sergey se comprometeram com o Yahoo de que o Google faria inúmeras melhorias em questão de semanas: montar dois novos *data centers*, inclusive um na Costa Leste, para atualizar o índex e rastrear com mais frequência, reduzir o spam nos resultados e cumprir limites severos quanto à latência, a demora entre a entrada de uma busca e a entrega do resultado. Cada uma dessas promessas exigiria um enorme esforço para serem cumprida, mas, se cumprissem todas, o Google daria aos usuários do Yahoo uma experiência de busca visivelmente melhor. Melhor, mas não "a melhor".

— O que era importante — Urs me confidenciou — era que, se você registrasse[83] algo e tivesse a propriedade, iria querer se certificar de que, com o tempo, poderia inovar e realmente ter algo melhor do que a busca do Yahoo alimentada pelo Google. E esta era a busca do Google, irrestrita por um acordo comercial.

Será que a empresa deu um passo maior que a perna? O tráfego do Yahoo era um gigante perto do Google[84], e a partir do momento em que a Inktomi deixou de responder às consultas do Yahoo, o Google precisaria responder a cada uma delas correta e rapidamente. Com a capacidade que tínhamos naquela época, seria como colocar uma mangueira de jardim em um hidrante.

— Operacionalmente, foi um grande acúmulo — Urs disse —, então, nós precisávamos conseguir muitos servidores. — Cinco mil para ser exato e cada um deles exigia montagem manual. Os novos *data centers* que iriam recebê-los ainda teriam que ser alugados ou preparados para sua ocupação. Novos

---

[83] Registrar e licenciar são traduções de "syndication" (N. T.).

[84] O Yahoo tinha 48,6 milhões de visitantes em abril de 2000, o que o tornava o número 2 na classificação daquele mês da Media Metrix, atrás apenas do AOL. O Google tinha ligeiramente mais que 3 milhões de visitantes e não chegava nem nos cem primeiros.

sistemas de rede teriam que ser desenvolvidos para assegurar que as consultas fossem para o lugar certo e os resultados fossem idênticos, sem importar onde as máquinas estavam situadas.

A equipe de operações do Google[85] trabalhou com a empreiteira Rackable Systems[86] para construir as máquinas com as peças que Gerald fornecia. Uma "bat caverna" foi montada entre o Café do Charlie e o departamento de marketing para o pessoal do Ops testar e queimar os servidores antes de mandá-los para a Costa Leste. Os racks carregados eram grandes e pesados, mas frágeis. Tentamos alugar um caminhão e deixar o Ops transportar os racks eles mesmos, entretanto, um deles caiu no caminho e quase matou um técnico.

A decisão foi de usar apenas profissionais. No entanto, isso não evitou que os caras da Ops jogassem os pentes de memória RAM, no valor de centenas de milhares de dólares, dentro de seus carros e os levassem por toda a cidade.

Assim que todos os racks ficaram prontos, eles precisariam ser transportados pelo país da noite para o dia. Christopher Bosch alugou um caminhão para dirigir sem interrupção até o novo *data center* na Virgínia. Ele só sairia da estrada para trocar de motorista no caminho, e assim que chegassem no *data center* os racks sairiam da carroceria e iriam diretamente para a nova *server farm*. A capacidade de atendimento era apenas o primeiro item de um longo checklist e, de certo modo, o mais fácil. A pressão para se construir rapidamente era enorme, mas pelo menos com o hardware a tarefa estava claramente definida, o processo conhecido e o progresso claramente mensurável. Entretanto, adicionar hardware para acrescentar capacidade não resolveria os problemas do Google por si só, mesmo que fosse sem o acordo com o Yahoo.

— Nosso tráfego estava aumentando 8% por semana havia muito tempo — disse Jeff Dean. — Toda vez que você tem essa taxa de crescimento, basicamente tem que fazer melhoramentos no software continuamente porque você não consegue implementar o hardware com a rapidez necessária. Eles estavam trabalhando o máximo que podiam, mas se você adicionar 4% de máquinas por semana e tiver um crescimento de 8%, isso não é suficiente. Então, nós

[85] Keith Kleiner, Shawn Simpson, Frank Cusack, Marc Felton, Gabe Osterland e Dave McKay, com ajuda de Jim Reese e Larry Schwimmer, além de Christopher Bosch, que se tornou aprendiz de Gerald para negociar aquisições.

[86] A Rackable Systems cresceu tão rapidamente que abriu o capital em 2005. Em 2009, ela comprou os restos do SGI (também conhecido como Silicon Graphics), a empresa cujos antigos escritórios o Google agora ocupa.

trabalhamos continuamente para aprimorar o sistema de entrega de resultados e olhamos designs alternativos para peças que conseguissem mais rendimento. — Este tipo de software exigia criatividade e design avançado que não podia ser programado do mesmo modo que uma linha de montagem de servidores.

— Na realidade, isso era bom para nós — disse Urs, que acreditava que obrigações contratuais para atualizar continuamente o índex e cumprir as garantias de latência tornaram o Google "uma empresa mais adulta", por forçá-la a monitorar de perto seu próprio progresso. — Nós sempre queríamos ser rápidos, mas o contrato dizia "máximo de uma hora de latência[87]". Nós tínhamos que começar a medi-la. Quando conseguimos medir algo, é bem mais fácil colocar objetivos e se perguntar: "Podemos fazer isso 10% melhor no mês que vem?". Muitas dessas coisas começaram assim.

Último rastreamento

Além de mais velocidade e maior capacidade, o Google tinha prometido ao Yahoo resultados mais atualizados. Uma proposta aparentemente razoável, exceto que em março de 2000 o rastreador do Google estava defeituoso e quase não funcionava. O software Googlebot tropeçava pela web juntando URLs, perdia seu equilíbrio e então parava. Os engenheiros recomeçavam e a mesma coisa acontecia novamente. Tentava-se novamente. Falhava-se novamente. O Google não tinha construído um novo índex em aproximadamente quatro meses, o mesmo tempo que eu estava na empresa, embora nunca tenha falado dessa coincidência para ninguém.

Criar um índex exigia semanas coletando informações sobre os websites existentes e o que eles continham, e esses dados tinham que ser compilados em uma lista utilizável de URLs, que podiam ser classificadas e apresentadas como resultados de busca quando alguém submetia uma consulta. A maioria dos usuários acreditava que, ao digitar um termo de busca, os resultados refletiam o exato momento na web em que eles pressionavam o botão *enter*, então ficavam surpresos e, às vezes, com raiva, quando não se deparavam com as informações mais recentes e as notícias mais atuais. Quando um índex não tinha sido atualizado por mais de um mês, ele se tornava aparen-

[87] A média de atraso no retorno de resultados em qualquer horário.

temente ultrapassado e o descontentamento do usuário aumentava. O índex do Google não estava simplesmente velho, estava coberto de mofo. Sem um rastreador em funcionamento, o Google violaria seu contrato com o Yahoo e, pior, o Google.com iria se tornar cada vez mais inútil.

— Não era muito tolerante com as falhas da máquina — Jeff Dean relembra sobre o rastreador —, uma confusão de scripts Python que só funcionava pela metade — escrito antes que ele tivesse entrado para a empresa[88]. — Portanto, quando uma máquina falhava no meio de um rastreamento, ele simplesmente fechava. Bem, aquele rastreador não servia para nada. Vamos começar tudo novamente. Então, você rastreava por dez dias e a máquina parava novamente. Oh, meu Deus! Descarte tudo. Comece de novo. Isso era um sacrifício — Jeff retratava o plano de backup assim. — Que merda! Vamos tentar novamente.

Infelizmente, quanto mais o índex crescia, mais as máquinas precisavam rodar e, quanto mais as máquinas rodavam, mais provável era que uma ou mais delas falhariam[89], sobretudo porque o Google não se importava em ter o tipo de hardware que avisava quando uma máquina dava problemas.

— Nossas máquinas não tinham paridade — notou Jeff. A paridade podia dizer se a memória de um computador estava aleatoriamente invertendo bits. — Memória de paridade era para servidores de alta qualidade, e memória de não paridade era do tipo que as massas populares compravam. O problema era que se vocês tinham muitos dados e você dissesse classifique, ele era classificado. E se você classificasse novamente, ele acabava sendo classificado, na maior parte, de um jeito diferente. Como consequência, os engenheiros do Google tiveram que construir estruturas de dados que fossem elásticas para enfrentar o que Ben Gomes chamava de "memória contraditória".

— Por certo tempo, eu tinha todos esses erros porque as máquinas eram de baixa qualidade — Gomes me contou. — Eu estava escrevendo este código, um dos meus primeiros grandes projetos ao sair da faculdade, e ele estava caindo o tempo todo. Eu estava sentado nesta sala com gente que eu realmente respeitava, Jeff, e Sanjay e Urs, e Jeff falou: "As peças estão funcionando na sua maioria, mas o pageranker fica falhando", e eu quis me enfiar debaixo da

[88] Python é uma linguagem de programação de alto nível.

[89] Cinco mil máquinas rodando por 24 horas era o equivalente a quase quatorze anos de tempo de computação. A probabilidade de uma ou mais máquinas falharem era alta.

cadeira. Fiquei acordado noites inteiras tentando descobrir por que ele estava falhando. Finalmente verifiquei uma única coisa que havia programado para zero e, quando eu olhei, ela estava no quatro. E eu pensei: o erro não foi meu. Depois disso comecei a me sentir melhor.

Finalmente, em março de 2000, um novo rastreador veio mancando para a linha de chegada. Segundo Gomes, "cheio de dores".

— O índex de março foi o último suspiro do velho rastreador, mas ele tinha tantos erros que era impossível empurrá-lo para fora.

Este índex passou a ser conhecido internamente como o "MarIndex" denotando tanto o mês em que foi criado e a qualidade de seu conteúdo. Larry e Sergey declararam estado de emergência e, como eles fariam vez ou outra quando um evento ameaçava destruir a empresa, eles convocavam uma reunião de guerra. Jeff Dean, Sanjay Ghemawat, Craig Silverstein, Bogdan Cocosel e Georges Harik levaram seus computadores para a sala de reunião amarela para quebrar a cabeça e solucionar o problema. No início de abril, eles tinham consertado o índex a ponto de ele ser enviado aos servidores, mas ele mancava e tropeçava em cada passo no caminho.

O velho rastreador nunca seria capaz de saltar os círculos do Yahoo.

Aspirante a 1B

Urs reconheceu, desde o início, que, antes que o Google pudesse dar um grande salto para uma posição mais alta, teria que corrigir os erros do passado, sobretudo o código de base que rangia subjacente aos sistemas principais.

— Consertamos alguns dos problemas — ele notou depois de apagar os incêndios que ameaçavam consumir o Google no dia em que ele entrou ali pela primeira vez. — Mas deveríamos realmente recomeçar tudo do zero.

Isso era algo arriscado de se fazer, pois exigia recursos difíceis de se encontrar para consertar algo que ainda não estava quebrado. A maioria das empresas adiaria tal tarefa complexa até um momento em que estivesse menos ocupada.

— Esse não era o principal problema do dia — Urs me falou. — O site não ficou fora do ar por causa disso; era apenas um problema de produtividade. Se você ficar nesse velho e confuso mundo por muito tempo, sua eficácia continuará diminuindo.

Ele deu o sinal verde no outono de 1999 para a criação de um novo código de base chamado Google Two. Novos sistemas iriam rodar no Google Two e o código de base original seria descartado aos poucos. Jeff e Craig começaram a trabalhar nisso, mas escrever uma nova infraestrutura levava tempo, e o tempo se recusava a parar, mesmo para os engenheiros do Google.

Nos meses que se seguiram, o tráfego inflado aumentava a pressão em todos os pontos, e como Urs havia previsto, rachaduras começaram a aparecer nas linhas do código original de Stanford.

Sentado em uma banheira de água quente no Resort Squaw Valley durante a viagem anual de esqui da empresa, dois meses antes de o índex de março desmoronar, Craig sugeriu para Jeff que eles escrevessem um rastreador e indexador totalmente novos para o Google Two. Seria mais fácil do que substituir os antigos, peça por peça. Jeff achou que fazia sentido. O MarIndex repentinamente deu urgência àquele projeto. Junto com Sanjay e Ben Gomes, eles arrancaram as envelhecidas entranhas do Google e as substituíram com blocos de algoritmos simplificados e de alta eficiência.

A equipe não sabia que o Yahoo estava rondando ali por perto, fisgando a linha de Omid, ou que, quando ele fizesse o contrato em maio, eles teriam apenas um mês para completar o trabalho. Os novos sistemas teriam que estar completamente estáveis sob uma carga tripla que o Google jamais tinha experimentado. Eles precisariam distribuir consultas para milhares de servidores em múltiplos *data centers* e equilibrar automaticamente o fluxo de tráfego com base na disponibilidade das máquinas. Os engenheiros não poderiam desligar o Google para testar o sistema e eles não poderiam deixar cair nenhuma consulta do Yahoo quando o negócio estivesse fechado. O Google aceitou o risco, mas os talentosos e práticos engenheiros puderam inferir que isso indicava um desejo de morte da empresa. Tantas coisas para dar errado. Urs avaliou a situação e as habilidades de sua equipe e decidiu que eles precisavam de mais um desafio.

A grande baleia-branca da busca, no começo de 2000, era um índex de 1 bilhão de URLs. Ninguém tinha visto nada assim de perto, mas Urs saiu com seu arpão para caçar a fera com o novo e brilhante rastreador do Google. Com apenas metade das páginas do índex totalmente indexadas (o que significava que o rastreador examinaria todo o seu conteúdo não apenas para identificar a URL na qual o conteúdo se alojava), isso não faria sombra à Inktomi, que declarava ter rastreado

110 milhões de páginas completas. Um bilhão de URLs não era uma exigência do acordo com o Yahoo, mas para a equipe de rastreamento, o índex "1B" tinha significância histórica. Ele catapultaria o Google a uma liderança incontestável como o construtor da melhor e mais extensa tecnologia de busca no mundo.

— Na busca — Urs acreditava —, a discussão era: Como poderíamos ultrapassar nossos sistemas atuais e fazer com que pareçam ridículo? Esta é a melhor definição do sucesso: se um novo sistema aparece e todo mundo diz "Nossa, não acredito que nós usávamos essa coisa velha, tão primitiva e limitada comparada a isso".

— Urs disse apenas: "Teremos um índex 1B"— relembra Ben Gomes —, e parecia conversa de louco. — Gomes sabia que aumentar o Google de tamanho exigiria mais do que simples avanços nos métodos. — Meu conselheiro costumava dizer — ele falou — "Uma ordem de magnitude é qualitativa, não quantitativa". Quando você sabe por ordem de magnitude, o problema é bem diferente e exige soluções diferentes. É descontínuo.

Com essas duas tarefas igualmente impossíveis, cumprir as exigências do Yahoo e criar o primeiro índex com 1 bilhão URLs do mundo, Larry e Sergey atingiram as duas. E fariam ambas, ao mesmo tempo. O Google começaria a responder às consultas do Yahoo na segunda-feira, 3 de julho, deixando o feriado de 4 de julho para consertar algum grande desastre que pudesse ocorrer. Era a margem de erro de um dia para analisar um código complicado, encontrar defeitos, eliminá-los e, se necessário, reiniciar um sistema com o qual nunca tinha lidado e com a carga que agora seria exigida dele 24 horas por dia, sete dias por semana.

Antes de rodar, você tem que rastrear

Bem tarde, em uma noite de abril, no GooglePlex, um clique constante ocupava o espaço entre as paredes, ecoando o barulho da chuva de primavera batendo nas janelas. No seu escritório, Jeff Dean olhou sobre o ombro de Sanjay Ghemawat, sugerindo variações de código enquanto Sanjay digitava e as linhas do texto rolavam pela tela como os degraus de uma escada rolante ascendente.

Craig Silverstein deu uma passadinha por ali retorcendo uma aranha de brinquedo preta e roxa nas mãos. Craig olhou por cima do outro ombro de

Sanjay e usou a aranha para apontar um comando para o qual ele tinha uma pergunta. Jeff respondeu e Craig saiu dali satisfeito. A aranha ficou abandonada, mas não sozinha. Um bloco de quebra-cabeça preso por um elástico e um extensor de bíceps estavam largados ali, testemunhos visíveis das frequentes visitas de Craig. Ben Gomes estava parado no corredor jogando bolinhas para o ar e catando algumas delas. Fazer malabares o rejuvenescia depois de horas olhando para uma tela e quebrava as crostas que se formavam em sua criatividade. Dentro do "Ben Pen", o escritório que ele dividia com Ben Polk e Ben Smith[90], a trilha sonora do filme *A Missão*, de 1986, uma história de orgulho e luta pela redenção, aumentava de intensidade.

Eles estavam pajeando o rastreamento.

Os engenheiros se revezavam no monitoramento do progresso do rastreamento para garantir que ele não iria falhar por causa de uma única máquina que tivesse enlouquecido. Urs tinha finalmente confidenciado à sua equipe o motivo pelo qual ele estava insistindo na criação desse novo código. Agora todos sabiam que o acordo com o Yahoo era verdadeiro e o prazo-limite estava definido. A intensidade presente no grupo de engenharia parecia uma massa de cimento de estresse e pressão que endurecia a cada hora que passava.

Até mesmo os implacáveis JeffnSanjay não ficaram imunes a seus efeitos.

— Fazia apenas alguns meses que eu tinha entrado — relembra Sanjay —, e foi um dos períodos mais estressantes do meu trabalho no Google. Nós sabíamos do negócio e sabíamos que tínhamos que deixar as coisas prontas. Nós sabíamos somar dois mais dois.

Sanjay trabalhava no novo sistema de indexação que seria testado pela primeira vez com o índex de abril. Ao invés de levar três ou quatro meses, o índex teria que estar concluído em um mês.

— Quando algo falhava, a gente corrigia — ele me contou. — As pessoas acordavam depois de algumas horas para ver se alguma coisa ruim tinha acontecido e, então, iam consertá-la. O estilo de trabalho era constituído por longas horas, atenção constante e consertar rapidamente o que dava errado.

Jeff relembra esse período todo como o mais exigente da sua década no Google.

---

[90] Os Googlers gritavam "Ben!" só para ver as três cabeças se virarem de uma vez, embora os Bens tenham logo adquirido uma arma de brinquedo para desencorajar essas interrupções.

— De março de 2000 ao final de 2001, o tempo foi gasto freneticamente redesenhando nossos sistemas e experimentando ideias diferentes num curto período. A dificuldade era o produto de várias dimensões diferentes. Quantas consultas você tem? Qual o tamanho do seu índex? Com que frequência você quer atualizar o seu índex?

Os Bens serviam como um barômetro perfeito para entender o estado do desenvolvimento do software. Como cada um deles carregava sua parte de carga, sinais da pressão que eles estavam sofrendo aumentavam. Gomes foi o primeiro porque ele estava ajudando JeffnSanjay com o código para o rastreador e o indexador, e na atualização do pageranker. Polk foi o seguinte, já que ele trabalhava com Bogdan para impulsionar o índex para os *data centers*.

— Era um negócio bem traiçoeiro — Gomes relembra — porque você tinha que copiar nas máquinas que estavam atendendo o tráfego naquele momento e, então, em algum instante, fazer a inversão acontecer. O novo índex era praticamente maior e mais complexo e você nunca sabia o que poderia dar errado numa inversão. — Algo quase sempre estourava. Gomes uma vez começou a explicar o processo a um colega: — Se as coisas vão bem... — então ele fez uma pausa e perguntou: — O que eu estou falando? "Se as coisas vão bem"?

Ben Smith cuidava da infraestrutura da linha de frente, que permitia ao Google entregar o índex para o Yahoo. Smith e Craig Silverstein eram especialistas no Google Web Server (GWS), o sistema que verdadeiramente se comunicava de modo direto com os usuários. Esse papel colocou Smith na função de reunir o rebanho sobre os problemas de latência.

— Foram os meses mais miseráveis da minha vida — Smith falou sobre as mudanças para receber o Yahoo. — Eu ia pra casa quando o Sol estava nascendo. Dormia umas quatro horas e voltava para o trabalho.

Todos sentiam na nuca o hálito do fracasso e cada garganta sentia o gosto da bile que surgiria se atrasássemos o calendário. No entanto, nem todos sentiam isso com a mesma intensidade.

— Eu não estava muito preocupado — Urs me falou. — O que nós prometemos para o Yahoo era bem menos do que nossas metas em termos de cobertura [o índex 1B]. O que mais assustava era a parte da confiabilidade, não a da qualidade. Eles não podem medir qualidade.

Urs sabia que, afinal de contas, era apenas um acordo comercial e que o Yahoo dava as cartas.

— Se o Yahoo quisesse desistir, eles poderiam ir embora. Eles nem precisariam de um pretexto. Era um contrato praticamente unilateral.

O Google corria um risco calculado ao dar garantias ao Yahoo, mas Urs fez o cálculo e se sentia confortável com os fatos, tanto que ele dormia bem à noite.

— Nós prometemos 99,5% de tempo de atividade funcional — ele disse — e não havíamos chegado lá ainda. Então, você olha para as multas e diz, tudo bem, se isso por ventura acontecer, nós vamos pagar essas multas. Felizmente, numa boa parceria, as pessoas costumam recompensar você se estiver trabalhando seriamente. E nós estávamos definitivamente tentando seriamente.

O final do "The"

Então, o que todo esse esforço produziu?

— Principalmente — Jeff disse —, nós queríamos muito mais consultas por segundo entregues por nossas máquinas. Uma das grandes coisas que fizemos foi mudar completamente o formato do índex para torná-lo muito mais compacto.

Em termos leigos, o índex do Google estava cheio de espaços que não precisavam estar lá, como se fosse uma calça larga em constante perigo de cair. O Google desperdiçava um tempo precioso procurando encontrar nos bolsos vazios os bits de que precisava. Uma das inovações de JeffnSanjay era empurrar a maioria das ocorrências de uma palavra em particular para dentro de um único bloco na base de dados. Era mais ou menos como colocar moedas de dez centavos em um bolso e as de 25 no outro; então, se você encontra dez centavos, você sabe que não vale a pena perder tempo procurando nesse bolso uma moeda de 25 centavos. Os softwares que buscavam o índex poderiam dizer rapidamente pelo título de um bloco que não precisava de nada que estava contido ali e assim passar adiante, o que tornava a máquina mais rápida.

— Nós melhoramos isso — Jeff disse. — E acrescentamos um modo de pular tabelas, a fim de pular trechos cada vez maiores do que simples blocos.

A meta era minimizar o número de vezes que o Google lia cada disco rígido, porque mover fisicamente uma cabeça pelo disco é bem mais lento do que fazer as coisas em um circuito eletrônico. JeffnSanjay reescreveram o sistema de programação dos discos para dar a cada um deles seu próprio código. Isso reduziu o tempo de busca de 30% a 40%. Um aumento de 30% era como correr um circuito de quatro minutos em menos de três. Uma conquista surpreendente. Mas ainda não era o bastante.

Então Jeff e Sanjay se livraram do "The".

"The" é a palavra mais comum em inglês e contém pouquíssima informação útil. JeffnSanjay decidiram ignorá-lo liberando 1% do espaço que estava sendo usado no índex. Ponto negativo? Ficou infinitamente mais difícil encontrar informação sobre a banda de rock alternativo dos anos 1980 chamada The The. A engenharia adora suas compensações.

Para evitar que a falha de uma única máquina corrompesse os dados e exigisse o religamento de todo o rastreamento, a equipe da sala de guerra implementou um ponto de verificação, que salvava os rastreamentos de modo que, se as coisas explodissem, eles poderiam voltar ao último ponto de verificação, em vez de começar tudo novamente desde o início.

Com o hardware a caminho dos *data centers* e o rastreador, o indexador, o ranker e o lado da entrega progredindo, somente um problema permanecia. O Yahoo queria que seus resultados de busca fossem atuais, então eles insistiram para que pelo menos uma parte de seu índex fosse atualizada diariamente.

Pense em uma trapaceira em uma mesa de *blackjack*[91]. Ela arruma cuidadosamente as cartas para garantir que todos recebam uma boa mão, mas não tão boa quanto a dela. Ela começa a distribuir as cartas na mesa. Agora, imagine que ela tente acrescentar novas cartas ao baralho que está em sua mão enquanto distribui as cartas, melhorando todos os resultados, inclusive os dela própria. Era este o problema.

O algoritmo PageRank do Google exigia um dia e meio para completar o índex. Acrescentar informação a cada 24 horas significava que o PageRank teria que rodar mais rápido enquanto integrava os novos dados em seus lugares apropriados.

— Era mais difícil atualizar um índex todos os dias do que ter um índex estático — Jeff explicou. — Havia muito mais peças se movendo.

Jeff estava exausto. Sanjay estava sobrecarregado. Ben Gomes tinha o prato cheio. Levaria anos para uma equipe de programadores dedicados desenvolver um sistema de indexação adicional, e faltavam apenas algumas

[91] Blackjack é um jogo de cartas praticado nos cassinos, também conhecido como "21".

semanas para que o contrato começasse a valer. Larry e Sergey, compreendendo a necessidade desesperada, abriram as comportas dos recursos e deram a Urs carta branca para fazer o que fosse preciso. Urs nunca foi um cara de desperdiçar oportunidades; ele saiu e contratou uma pessoa.

— Eu não tinha experiência em rastreamento — Anurag Acharya relembra — e o Google não dizia às pessoas no que estavam trabalhando. — Urs tinha lançado seu canto de sereia no tom perfeito e convenceu seu antigo colega da Universidade da Califórnia, em Santa Bárbara, a abandonar seu trabalho acadêmico e ir para o Vale do Silício.

No seu primeiro dia, Anurag se concentrou na parte do sistema de indexação. Naquela mesma noite, Urs parou para uma conversa sobre seu trabalho seguinte.

— Vou dar uma olhada nos logs — Anurag sugeriu. — E vou ver qual pode ser o problema.

— Por que você não faz uma indexação adicional por enquanto? — Urs replicou casualmente. — E aí a gente vê?

— Eu disse sim — Anurag me contou sobre aquela conversa. — Como se eu soubesse realmente o que significava fazer indexação adicional. E lá se foram os próximos cinco meses.

O Google não costuma dar trote em seus calouros, mas Anurag deve ter sentido como se tivesse os olhos vendados em uma sala repleta de universitários bêbados munidos de pás de madeira. Ele foi atingido com questões complexas sobre como rastrear sites adicionais, classificá-los apropriadamente e, então, integrá-los sem sobressalto no índex existente.

— Eu não acho que fui trazido aqui especialmente para o índex — ele disse. — Simplesmente aconteceu. Eu cheguei naquele momento e naquele momento esses eram os problemas.

— Anurag começou e alguns de nós na empresa já o conhecíamos — disse Ben Smith, que tinha sido aluno de Anurag na Universidade da Califórnia, em Santa Bárbara —, e ele basicamente desapareceu. Ele não aparecia na hora do almoço. Ele ficava sempre no seu escritório. Ficou até tarde lá por dois meses. O que está acontecendo com este cara? E então Urs me chamou em seu escritório e disse: "Isso é o que vai acontecer. Em breve. Você pode ajudá-lo?". Tudo bem. Agora eu entendi o porquê.

Smith sabia exatamente onde estava se metendo. A primeira vez que Urs pediu a ele para assumir a indexação adicional tinha sido há um ano, em seu primeiro dia de estagiário no Google. Smith tinha recusado.

— Eu disse — ele me falou com uma risada — para ele: "Isso é grande demais para um projeto de verão, ninguém sabe realmente como fazer isso. Não quero encarar". — Agora ele e Anurag teriam que descobrir como fazê--lo em questão de semanas.

Smith já tinha aumentado a velocidade da taxa de resposta do Google ao aperfeiçoar a habilidade da ferramenta de busca para consultas *cache*. A primeira vez que alguém procurou "hotéis em Madri", o Google procurou por todo o índex e então armazenou a consulta e os resultados que tinha encontrado. A vez seguinte que alguém procurasse "hotéis em Madri", o código de Smith entregaria os mesmos resultados da memória, sem ter que procurar no índex. Em vez de acessar centenas de máquinas, uma consulta *cached* usou apenas uma, o que foi redução enorme no custo da busca. Infelizmente para Smith, o novo índex adicional ameaçava desfazer seu trabalho, pois um índex continuamente atualizado tornaria rapidamente as consultas *cached* obsoletas.

— Anurag trabalhou dobrado talvez seis ou oito semanas e ele conseguiu alguma coisa que funcionava mais ou menos — relembra Smith. — Ele escreveu um novo servidor chamado "o misturador", que escondia o fato que nós estávamos falando de dois índices diferentes [um índex diário e o índex principal] e os misturou[92].

— Anurag e eu estávamos muito estressados — Smith continuou. — Por alguma razão nós tínhamos que manter silêncio. — Eles não poderiam falar sobre o que estavam fazendo ou por que ficavam no escritório todas as noites mesmo depois que os vampiros codificadores já tinham ido para casa. — Por muitos e muitos dias, nós saímos de lá por volta das 3 horas ou 5 horas da manhã. Era neste período que Anurag e eu podíamos tentar ligar nosso novo sistema, pois era quando o Google tinha a menor quantidade de tráfego de busca. Havia muitos dias em que as coisas eram assim: "Vamos ligar e ver como ele funciona", pois nós não sabíamos realmente. O misturador conversava com o *cache* e o misturador conversaria com o adicional. E algumas vezes o misturador derretia e outras vezes o adicional derretia porque nós não tínha-

[92] Anurag trabalhou com Howard Gobioff para integrar o índex adicional com um novo rastreador e com Smith na integração com o sistema de entrega.

mos capacidade suficiente e dizíamos: "Tudo bem. Por quê? O que aconteceu e como consertá-lo?".

As horas de trabalho e o estresse acabavam com a tolerância entre os engenheiros até que restava muito pouco para isolar suas frustrações dos atritos do mundo lá fora.

— Por um longo período da minha carreira aqui — Smith me contou —, trabalhei na infraestrutura ou no lado da entrega. Larry parecia muito mais interessado no produto. Ele não estava interessado no lado da infraestrutura do acordo com o Yahoo; ele nem sabia o que estava acontecendo em relação a isso. Eu me lembro de uma vez em que ele entrou na minha sala e fez uma piadinha: "Você precisa relaxar mais", e eu simplesmente o pus para fora.

Como o índex 1B devorava quase todas as máquinas disponíveis, somente algumas centenas restaram para a equipe adicional usar. Mesmo se a Ops pudesse construí-los com mais rapidez, não havia *data center* para colocá-los. A equipe lutou bravamente à medida que os últimos dias de maio terminavam e julho ameaçava aparecer no horizonte, como a estrela da morte imperial.

Yahoogle

Restava uma semana para o prazo final.

As máquinas foram construídas, os *data centers* preenchidos. O rastreador tinha funcionado. O indexador tinha funcionado. O pagerank tinha funcionado. O Google tinha identificado 1 milhão de URLs e agora poderia buscar nelas. Nós tínhamos a tecnologia superior. O acordo com o Yahoo provou que sabíamos fazer negócios inteligentes. Era o momento de deixarmos de nos esconder e nos mostrarmos ao mundo.

Às 2h59 da manhã de segunda-feira, 26 de julho de 2000, Cindy estava sentada em seu escritório, os dedos posicionados no teclado, esperando para pressionar a tecla *send*. Na sua tela, estava um comunicado à imprensa que anunciava que o Google era agora a maior ferramenta de busca do planeta. Um minuto mais tarde, bem a tempo de alimentar o vazio das notícias matinais na Costa Leste, a mensagem estava a caminho. Cindy deu aos editores de negócio e tecnologia uma hora para digerir este bocado tentador, e então serviu o prato principal: um comunicado no qual anunciava que o Google tinha assinado um contrato para substituir a Inktomi como provedor de tecnologia de busca do Yahoo. Foi a maior conquista para a curta vida de nossa empresa. Os especialistas ficaram desapontados.

— Os analistas concordaram que o anúncio deve ter ferido o orgulho da Inktomi — a CNET relatou —, mas eles disseram que as implicações relativas à receita eram mínimas... Este lado do negócio não rendia muito dinheiro e ocupava cada vez mais o segundo lugar, perdendo para a sua divisão de serviços de rede que estava em plena ascensão. O mercado de busca em geral, enquanto isso, permanece com a margem reduzida, um negócio de *commodities*... — disse Dick Pierce, o chefe de operações da Inktomi — em que perder o portal como um parceiro de licenciamento de busca terá pouco impacto em relação aos lucros.

Wall Street não acreditou. Na verdade, trabalhou pesado. No final do dia, o preço da ação da Inktomi tinha caído 18%, apesar do fato de que o Yahoo tinha feito um agrado à Inktomi, os nomeando parceiros "da busca corporativa" para uma iniciativa lançada naquele mesmo dia, porque todos sabiam que o dinheiro de verdade da busca estava no lado corporativo.

Com *timing* impecável, eu tinha planejado as minhas primeiras férias para coincidir com o momento mais importante na história do Google. No domingo à noite, tive dificuldade de pegar no sono em nosso hotel em Lake Tahoe, e, na segunda-feira, eu estava de pé logo cedo mudando os canais da TV a cabo procurando notícias sobre o grande negócio chamado Yahoogle enquanto minha família estava aconchegada embaixo dos cobertores. Para minha surpresa, a notícia não foi manchete em nenhum dos grandes jornais e, inacreditavelmente, não esteve nos jornais de terça-feira. O *San Francisco Chronicle* fez uma breve menção na seção de negócios e o *Mercury News* publicou algo, mas, mesmo assim, essa pequena cobertura significava que as coisas tinham mudado. Até aquele ponto, a corrente principal da mídia tinha retratado o Google como outra startup peculiar e outra esquisitice cultural da Califórnia, com ênfase nos modos excêntricos dos empreendedores do Oeste. Entretanto, agora o Google era um item na seção de negócios, sugerindo que a empresa deveria ser levada a sério como uma entidade corporativa.

Nós não nos importamos com o que a imprensa falou. Sabíamos que tinha sido uma grande vitória. Os Googlers no Plex celebraram. Na segunda-feira, Charlie e sua turma prepararam um luau para o almoço e o serviram ao ar livre. A grama estava verde e tinha sido recém-cortada, a comida estava quente e era abundante, e os espíritos estavam elevados. A música enchia o ar e as margueritas espirravam dos copinhos descartáveis quando foram levantadas em um brinde quando Larry e Sergey, usando colares de flores de plástico, apresentaram o cofundador do Yahoo, David Filo. Filo evitou os costumeiros tapinhas nas costas e preferiu fazer um breve discurso que se resumiu a:

— Obrigado. Temos muito o que fazer. Vocês deveriam voltar ao trabalho. — Talvez seu parceiro ausente, Jery Yang, fosse o cara das festas.

Susan Wojcicki distribuiu camisetas que ela tinha encomendado secretamente com a frase "Google e Yahoo estão com sorte", a primeira roupa comemorativa oficial do Google. Se você quer fazer um grande negócio no mercado de ações, descubra um amigo que esteja no negócio das camisetas entre São Francisco e San Jose, e peça para ser alertado todas as vezes que uma encomenda urgente for feita. A sabedoria popular no Vale do Silício declara: Se não estiver em uma camiseta, não aconteceu realmente.

Copie isso, meu amigo

Sábado, 1º de julho. O Google estava entregando o índex 1B a todos os seus usuários de um novo *data center* na Costa Oeste. Tudo o que restava era carregar uma cópia do índex no novo *data center* da Virgínia e o velho na Exodus. A transmissão na Virgínia transcorreu normalmente, mas quando a Ops tentou mandar uma cópia para a Exodus, ela falhou. A conexão entre os *data centers* não podia ser restabelecida, portanto, o dado não poderia ser enviado. Sem uma cópia do índex, o terceiro *data center* seria inútil e o Google estaria despreparado para atender às consultas do Yahoo, que deveriam começar a chegar em 48 horas.

Jim, Schwim e Zain Kahn carregaram a velha perua Volvo de Jim e partiram em alta velocidade para verificar o que estava acontecendo. A linha de rede entre os *data centers* ainda não estava funcionando. Em vez de confiar em estranhos para ativar o cabo, eles optaram por um sistema de backup conhecido entre os técnicos como "sneakerware".

— Nós simplesmente arrancamos as oitenta máquinas que continham o índex — relembra Schwim, que ajudou a carregar as máquinas que continham o futuro do Google para dentro do Volvo. Os técnicos entraram com os disco rígidos e se dirigiram para a Exodus, onde eles os empilharam no chão da já superlotada gaiola. — Nós empilhamos oitenta máquinas no chão com nada ao redor delas, nem mesmo os gabinetes, e as conectamos naqueles ridículos filtros de linha para que pudéssemos copiar o índex. Você pode imaginar alguém que trabalhava na Inktomi pensando: "Nós temos esse lindo espaço e há uma pilha de... 'merda', e eles conseguem o contrato?". Como um dos caras da Ops comentou mais tarde: "Nunca subestime a largura da banda de uma perua cheia de discos rígidos".

Apesar de a gaiola da Inktomi ser mais bonita, ela não era completamente segura. O Google não tinha saída suficiente para plugar todas as suas máquinas, então Zain se arrastou pelo chão e tirou um cabo que não estava sendo usado do lado da cerca da Inktomi. Teria sido a máxima das indignidades se algum dos antigos parceiros do Yahoo estivesse por perto para testemunhar o fato, mas, para o Google, foi apenas uma oportunidade de improvisar.

Ao sabor da correnteza

Na manhã de domingo, 2 de julho, Howard Gobioff manobrou sua Honda Nighthawk preta no estacionamento do Google, desligou o motor, tirou o capacete, soltou seu rabo de cavalo e subiu as escadas. Lá dentro, o jogador de hóquei romeno Bogdan Cocosel tinha ficado acordado a noite toda enquanto o impulso propagava o novo índex para milhares de servidores em todos os *data centers*. Bogdan cuidou do sistema e, quando parecia que ele ia engasgar, Bogdan praguejava com entusiasmo. Howard sentou-se no terminal para substituí-lo.

Para os de dentro do GooglePlex, foi uma madrugada gloriosa. Não tinha mais volta. Howard observou enquanto o índex deslizava ao longo da borda irregular da capacidade do disco. O impulso se manteve o dia todo e, na manhã seguinte, o índex de 1 bilhão de URLs finalmente ficou preso, carregado e pronto para funcionar. O Yahoo iniciaria a transição às 20 horas.

Segunda-feira, 3 de julho, 19h45. A equipe ficou por perto da sala de Urs, antecipando a abertura da fonte e da enxurrada torrencial de consultas para dentro do rio de consultas do Google.

Eram 20 horas, mas a enxurrada não apareceu. Sequer um fiozinho passou. Não havia consultas vindas do Yahoo sendo transmitidas para o Google.

Será que o Yahoo voltara atrás? Será que, de algum modo, a Inktomi sabotara o negócio? Urs chamou Udi. Sim, deveria ter acontecido às 20 horas. Infelizmente o Yahoo estava tendo problemas para reconfigurar o DNS (domínio do nome do servidor) que encaminharia as consultas para o Google em vez de ir para a Inktomi. Ninguém no Yahoo havia trocado a entrada de DNS em um bom tempo e eles tinham esquecido como fazer isso.

— Deve estar chegando agora — Udi disse a Urs.

— Hum... Não.

— Agora?

— Ainda não. Tente mudar a data de validade do DNS.

Uma pausa.

— Que tal agora?

O tráfego do Yahoo veio varrendo os *data centers* do Google, e o Google pareceu crescer em sua magnitude para ser elevado na crista das consultas ao ponto mais alto nas empresas de busca on-line. Um estouro foi ouvido e um viva se levantou entre os Googlers reunidos. Alguém havia aberto uma única garrafa de champanhe Dom Perignon e estava circulando com xícaras com um golinho da bebida para cada uma das dezenas de pessoas presentes. Urs foi ainda mais sucinto do que seu companheiro do Yahoo tinha sido.

— Viva para qualquer coisa! — disse levantando seu copo.

Os engenheiros tomaram seu champanhe em um gole só e começaram a mexer nos sacos de Big Mac que Craig Silverstein tinha trazido do McDonald's. Eles limparam os dedos engordurados nas calças jeans e foram dormir por muitas horas.

A mudança tinha acontecido com perfeição. Nem uma única consulta fora perdida. O Yahoo tinha licenciado apenas uma porção dos dados do Google, uma distinção que provavelmente não faria diferença para a maioria dos buscadores do Yahoo, mas significava que o Google.com retinha superioridade absoluta.

A única pergunta incômoda era se o índex 1B cruzaria a linha de chegada com o índex adicional correndo ao seu lado. Isso não aconteceu. A solução adicional continuava a iludir os esforços hercúleos dos engenheiros nos meses seguintes. O Google cumpriu as exigências do Yahoo assegurando que o índex adicional seria concluído rapidamente e, enquanto isso não acontecesse, o novo indexador possibilitaria atualizações mensais para assegurar as novidades.

O acordo com o Yahoo encerrou todas as minhas preocupações quanto ao futuro do Google. Nós tínhamos a energia do nosso lado e nenhum obstáculo à vista. Se conseguimos tirar o Yahoo da Inktomi, quem poderia nos deter? Eu me permiti acreditar que provavelmente estava vivendo uma história de sucesso do Vale do Silício.

Liguei para meus pais para contar as novidades, já que eu não sabia se a internet chegava em Jacksonville. Dei a entender que eu poderia pagar o dinheiro que eu tinha tomado emprestado para pagar minhas ações. Não imediatamente, claro, mas algum dia.

Tudo em família

Minha parte no tango Google-Yahoo aconteceu algumas semanas antes do anúncio oficial. Omid queria agradar o Yahoo comprando propaganda deles como um gesto de boa-fé, então programei centenas de anúncios em banners que eu havia criado para o site deles. Sergey insistiu que eu conseguisse o melhor retorno para o nosso investimento, muito embora ele soubesse que o objetivo principal era criar uma atmosfera de boa vontade. Ele me instruiu a comprar anúncios não direcionados porque eles eram mais baratos do que os canais de conteúdo Premium do Yahoo, e porque eles nos davam exposição de marca, mesmo se ninguém clicasse neles. Eu mencionei que eles eram mais baratos?

O Yahoo também queria conseguir o máximo da nossa oferta de amizade e resistiu quando eu tentei negociar taxas mais baixas para nossa compra. Foi uma conversa difícil, na qual eu tive que conciliar as instruções de Sergey para maximizar valores com nosso objetivo diplomático maior de deixar o Yahoo feliz. Eu não queria forçar demais, ainda assim me senti na obrigação de não concordar com tudo e aceitar qualquer coisa que o Yahoo quisesse nos cobrar. Não importava o que eu tinha negociado, eu sabia que Sergey iria pensar que nós estávamos pagando demais. Então eu descobri outro fator complicador: a representante de vendas do Yahoo designada para nossa conta era casada com David Krane, que tinha sido contratado como gerente de relações públicas do Google. David não era o único executivo a ter um casamento misto, isto é, alguém com o marido ou mulher trabalhando para um concorrente em potencial. Ele nem era o único empregado no departamento de marketing que tinha se casado com alguém com uma fé diferente. Deixe-me dar um exemplo de como as coisas eram complexas e semi-incestuosas no Vale do Silício. Nós usávamos o eGroups da empresa para mandar nossas newsletters "Google Friends" para os usuários, porque o irmão de Larry, Carl, era um dos fundadores do eGroups. Larry tinha feito a configuração para o servidor original do eGroups e por certo tempo o coração computacional do eGroups vivia debaixo de sua mesa. Na mesma semana em que anunciamos nosso negócio com o Yahoo, o Yahoo anunciou que estava comprando o eGroups por 428 milhões de dólares (o Yahoo tem sido muito generoso com a família Page). Com a integração do eGroups no grupo Yahoo, começamos a ter problemas com a nossa newsletter, desde a questão de formatação a dores de cabeça administrativas. Felizmente, um dos engenheiros de software absorvido com o Yahoo junto com o eGroups também tinha uma conexão com o marketing do Google. Ele era o marido de Cindy. Quando nossa situação ficava difícil e os canais de comunicação normais falhavam, o "amigo especial" de Cindy geralmente nos ajudava a resolver os problemas.

O Vale do Silício é um laboratório repleto de corporações absorvendo e digerindo empresas de tecnologia menores apenas para descobrir mais tarde que elas mesmas estão sendo absorvidas ou crescendo demais a ponto de ter de se separar de suas próprias subsidiárias. Os empregadores tendem a fazer contratações de uma mesma piscina de funcionários várias e várias vezes, então todos acabam trabalhando com todos em determinado período, ou pelo menos para as mesmas empresas. Mudar de emprego é algo encorajado (não, esperado), já que nenhum lugar poderia ser interessante e inovador o suficiente para durar uma carreira inteira. Por isso a pergunta que Sergey me fez ao me entrevistar para o trabalho não foi: "Por que você quer sair do *Mercury News*?", mas sim: "Por que você esperou tanto tempo?".

Não é de se admirar que a rede social criou raízes aqui: somos uma grande família interconectada cujos membros sempre ficam felizes ao descobrir como estão relacionados uns com os outros. "Ele trabalhou na Intel. Ela costumava ser minha assistente no *The Sun*, mas me deixou por uma nova startup em Cupertino." Um número surpreendente de trabalhadores em tecnologia tem amigos e amantes com quem dividem suas intimidades, mas não os detalhes na sua vida no escritório. O Google não era mais imune à sedução da fraternização dentro do prédio do que era com os relacionamentos que cruzavam linhas concorrentes. Havia romances. Havia casamentos. De vez em quando, casos amorosos. Minha sensação é de que o número desses namoricos não era diferente em uma distribuição normal de uma população do tamanho da do Google, sobretudo uma tão densamente povoada com jovens energéticos e superdotados. Eu seria indiscreto ao entrar em detalhes da vida particular das pessoas, além do que os participantes reconheciam publicamente, e também seria irrelevante, já que os relacionamentos no escritório tiveram pouco impacto no andamento da empresa. Geralmente, pelo menos. Eu percebi a força de um par que se formava dando um puxão na minha habilidade de fazer o meu trabalho.

A insistência de Larry e Sergey em ver as medidas das performances do marketing redobrou com a nossa compra de anúncios do Yahoo. Eles começaram a exigir a melhor medida de nossas técnicas de aquisição de clientes. E aquele texto promocional na nossa homepage? Que mensagens converteram a maioria dos novos usuários a se tornarem usuários regulares? Depoimentos? Promessas? Comparações? Quantos anúncios eles clicaram? Em quantas buscas eles fizeram?

O único modo de responder a essas perguntas era gerar a homepage dinamicamente, essencialmente para implementar um código que nos desse habilidade para entregar versões variantes da homepage para os usuários que vinham ao nosso site. Isso nos permitiria mostrar a diferentes usuários textos diferentes e então rastrear o que eles veriam depois.

Larry me deu a tarefa de escrever o texto para ser exibido em abril de 2000 e determinou que o código da homepage dinâmica seria feito por Marissa. Uma equipe de logs iria gerar o relatório sobre quantos novos usuários voltaram. Apesar de ter demorado bastante para terminar as mensagens da homepage que eu escrevi, a criação da homepage dinâmica era mais esquiva. Logo, cada conversa que eu tinha com Larry se transformava em uma inquisição sobre o teste da taxa de conversão.

— Doug, quando vamos ver esses números? — Larry me perguntava. — Estamos desperdiçando dinheiro, pois não estamos usando efetivamente o nosso mais poderoso meio promocional.

O teste da caixa de conversão era um de meus principais ORCs (objetivos e resultados-chave) e cada vez que eu dizia ao Larry que não tinha dados, um pouco da minha credibilidade desaparecia. Usei cada método à minha disposição para acionar o projeto, mas eu simplesmente não conseguia avançar na minha prioridade. A única pessoa que podia fazer as coisas funcionarem era Marissa, e tinha sido anunciado na TGIF que ela e Larry agora eram um casal. Finalmente, no final de agosto, me arrastei e fiquei esperando do lado de fora do escritório de Larry até que ele ficasse sozinho; então, entrei e fechei a porta atrás de mim.

— Larry, eu supliquei, bajulei, exigi — eu disse—, mas o código da homepage dinâmica ainda não foi implementado, de modo que não podemos testar as taxas de conversão. Você pode recomendar alguma outra abordagem? — Estava frustrado e nervoso e não consegui esconder isso muito bem. Estava admitindo que não conseguia realizar algo. No Google, essa não era uma jogada que favorecia sua carreira. Eu me senti desconfortável ao contar para o presidente da empresa que o obstáculo no meu caminho era a engenheira que ele estava namorando. Larry ouviu em silêncio minhas preocupações.

— Não se preocupe, Doug — ele afirmou com um sorriso largo. — Vai dar tudo certo. — Então, ele pôs a mão no meu ombro, apertou de leve e me levou até a porta. Foi um momento estranho para mim. A seriedade de Larry emanava dele como se quisesse me dizer que ele entendia o meu dilema, que estava tudo bem entre nós, que a situação se resolveria e que ele cuidaria de tudo. Voltei para a minha mesa inseguro do que fazer a seguir. E se outros problemas surgissem com Marissa? Eu já tinha percebido que tínhamos perspectivas diferentes sobre nossa marca. Será que eu teria que falar com Larry para resolver as coisas todas as vezes que discordássemos?

Coincidência ou não, em alguns dias o código da homepage dinâmica estava completo. Pelo menos em teoria. Ainda precisávamos de um roteiro para a webmaster Karen poder rodar o programa em sua máquina Windows. Isso demorou várias semanas. Então, a equipe de logs teve problemas ao extrair do usuário os dados de que precisávamos. O primeiro relatório não ficou pronto até novembro.

Jamais acreditei que meus colegas da engenharia estivessem intencionalmente negligenciando minha prioridade número um. Qualquer um dos milhares de projetos competindo pela sua atenção tinha o direito legítimo de passar à frente de um pedido do marketing. Por mais severos que Larry e Sergey fossem com o marketing, eles o eram ainda mais com os engenheiros. Afinal de contas, os fundadores também eram engenheiros e compreendiam o que os engenheiros podiam fazer. Eles simplesmente não entendiam por que não estavam fazendo tudo mais depressa e deixavam isso bem claro.

O feedback para o nosso grupo era mais ambíguo.

— O marketing deveria ter menos medo de correr risco — Larry disse.

— E ser mais criativo — Sergey acrescentou.

— E mais produtivo — eles concluíram. Cindy nos mantinha informados quanto à inabilidade do marketing em fazer as coisas acontecerem. Era assunto de discussão no nível executivo. Parecia que acontecia com frequência.

— Não deixe nada te impedir de entregar um trabalho — Cindy escreveu na minha avaliação de seis meses. — Descubra o caminho mais rápido para fazer algo. E não deixe seu alto padrão cair!

— Certamente — eu assegurei a ela. Mas sem o apoio da engenharia algumas coisas simplesmente não iriam acontecer, e o apoio da engenharia só vinha quando um projeto era endossado por Larry ou Sergey. Negociar relacionamentos pessoais para conseguir sua bênção acrescentava um fator complexo.

O Google era uma empresa que forçava a aproximação mais do que a maioria, desde os seus espaços de trabalho superpovoados às refeições partilhadas e viagens de esqui da empresa toda, a uma acessibilidade eletrônica constante 24 horas ao dia, sete dias por semana. Nós víamos muito uns aos outros e frequentemente nos tornávamos bons amigos, mas a aproximação também afastava as pessoas. Pecadilhos e esquisitices se tornavam irritações inevitáveis. Era difícil ter privacidade e a higiene pessoal ocupava lugar de importância. Havia correntes de desapontamento e aporrinhações, e algumas vezes expressões abertas de exasperação quando a pressão se intensificava. No meio disso tudo, as pessoas se apaixonavam e se separavam. Formavam laços para a vida toda ou terminavam seus casamentos. Para alguns, o Google se tornou mais um estilo de vida do que um emprego.

Eu gostava de ir trabalhar. Gostava do meu emprego. Gostava de desafios. Gostava da energia e dos meus companheiros de trabalho, com quem eu estava passando mais tempo do que com minha família. Mas, para mim, o GooglePlex era simplesmente um lugar para trabalhar. Eu era um homem de 41 anos, casado, com três filhos, dois carros, um gato e uma hipoteca. Eu já tinha um lar.

CAPÍTULO 12

Nomes e diversão

SERGEY ESTAVA sentado com Susan na frente da canoa de alumínio que eu estava conduzindo pelo Russian River, em Sonoma County. Era setembro de 2000 e eu estava usando todas as habilidades navegacionais que tinha aprendido nos acampamentos de férias para nos manter longe das pedras e dos galhos das árvores. À nossa volta, outros Googlers atiravam mangueiras de água e gritavam ruidosamente quando alguém encalhava ou afundava.

— Coloque a pá mais perto da canoa de Larry — Sergey insistiu enquanto arrancava a camisa e se aproximava da lateral da embarcação. Num instante, ele estava fora da canoa e nadava em direção ao seu cofundador, agarrando a murada do barco dele, jogando água e balançando como se quisesse virá-lo, antes de ir atacar um dos outros engenheiros.

Quando chegamos ao último banco de areia, duas horas mais tarde, Larry estava à espera para se vingar. Enquanto eu empurrava a canoa para a praia, ele veio em nossa direção chapinhando na água rasa.

— Ah — eu pensei —, ele vai atacar Sergey.

Fui pego totalmente de surpresa quando Larry contornou Sergey e me atacou, me atirando na água. Eu nunca tinha sido atacado fisicamente por um gerente antes. Era o tipo da barulheira indisciplinada típica de rapazes adolescentes. Saí da água sorrindo. O passeio de canoa tinha a intenção de forjar laços mais fortes entre os Googlers e romper as crostas que cobriam nossa vida enclausurada nos cubículos. Era uma diversão ordenada pela empresa, mas era divertido.

A esta altura eu devo ter dado a impressão de que o Google era uma implacável panela de pressão na qual nós dávamos cada gota de suor e de paixão para conquistar o bem maior visionado pelos nossos brilhantes e exigentes fundadores. E era isso mesmo. Uma gerente de projetos grávida, tomada pela exaustão, se desculpou comigo por não responder a um e-mail depois da meia-noite. Ela admitiu, de modo envergonhado, que tinha dormido. Entretanto, o Google também era um excelente lugar para se ficar, cheio de pessoas interessantes, ativas fisicamente e de inteligência brilhante.

— Quero Urs no meu barco — brincou o engenheiro John Bauer quando estávamos escolhendo parceiros para o passeio de canoa. — Não consigo viver sem ele.

Fizemos uma aposta entre os funcionários para adivinhar o primeiro dia em que iríamos conseguir fazer 100 milhões de busca e o vencedor ganharia uma nova scooter elétrica. Tínhamos uma festa do sorvete para a limpeza da primavera e uma enxurrada de piadas de nerds. ("Quantos engenheiros da Microsoft são necessários para se trocar uma lâmpada? Nenhum. Eles simplesmente declaram Darkness[93] como padrão.")

Quando Karen saiu de férias, encomendamos mil bolinhas de plástico de playground e enchemos seu cubículo com elas. Quase um ano depois, ainda havia bolinhas sendo jogadas de um lado para o outro e rolando debaixo das mesas.

Para o Mardi Gras[94], Charlie enfeitou o café com contas coloridas e assou bolinhos em formato de bebês. Para o 5 de Mayo[95], experimentamos caranguejo e *tamales* de batata-doce, acompanhados de *horchata* e sangria.

Para o Halloween, tínhamos ponche com sangue coagulado, bonequinhas-bebês em tamanho real flutuando nas tigelas (Charlie tinha um fetiche por comida enfeitada com bebês) e um desfile de fantasias que incluíam coroinhas com padres pecadores, sobreviventes de acidentes aéreos, vítimas de mordidas de tubarão ensanguentadas... E estas eram apenas as fantasias usadas pela nossa não tão politicamente correta gerente de recursos humanos, Heather.

E nós tínhamos fãs. Turistas com camisetas da Linux tiravam fotos de recordação debaixo da placa do Google na porta da frente, prova de que o Yahoo nos colocou em evidência e de que nossa marca estava chamando mais atenção do que uma típica empresa de tecnologia.

Parecia que eu simplesmente tinha que me levantar e dar alguns passos para além de minha cadeira, em qualquer direção, para experimentar algo novo e divertido.

---

[93] Em português significa escuridão (N. E.).

[94] Mardi Gras é o Carnaval de Nova Orleans.

[95] Nos Estados Unidos, o 5 de Mayo é uma comemoração dupla: do orgulho e da herança mexicana, e também da liberdade e democracia durante os primeiros anos da Guerra Civil Americana (N. E.).

— Anéis penianos? — ouvi por acaso um representante de vendas perguntar a outro enquanto passava por seu cubo. — Quantos destes nós temos? E vibradores? Quantos podemos conseguir com isso?

"Deve ter um armário no estoque que eu desconheço", eu pensei — "ou talvez eu tenha esquecido de me inscrever na lista de e-mails das festas depois do trabalho".

Anunciantes de serviços para adultos, soube quando perguntei, estavam entre os nossos primeiros clientes. Eles tinham que saber quantas impressões de anúncios precisávamos entregar direcionadas para as palavras que definiam seus negócios. O representante de vendas estava verificando o inventário de buscas projetadas para essas palavras-chave. O Google não era o local de trabalho apropriado para quem tinha sensibilidades à flor da pele.

Os momentos mais leves ajudavam a carga a ficar mais suportável, mas era a audácia das nossas iniciativas de negócio que faziam meu sangue correr e impedia que eu me sentisse preso em uma armadilha. Nunca sabia quando uma bola iria me atingir na cabeça e reprogramar meu pensamento uma vez mais.

Diga que você irá

— Que droga é essa que você está pensando? — perguntei ao Larry quando ele explicou sua ideia para um novo sistema de anúncio do tipo "faça você mesmo".

Os engenheiros continuavam inovando nosso sistema inicial de anúncios CPM, começando a colocar anúncios do lado direito da página dos resultados de busca, além dos que ficavam no topo. O próximo passo, Larry nos informou, seria um recurso que tornaria possível a qualquer um criar anúncios sozinho para o lado direito do site e postá-los ao vivo no Google em poucos minutos. Estabeleceríamos diretrizes, termos e condições, mas estaríamos rodando os anúncios antes de verificar se eles estavam de acordo. Na verdade, qualquer um que tivesse um cartão de crédito válido poderia fazer um anúncio sobre qualquer coisa.

Qualquer um. Qualquer coisa.

— Como a nossa marca vai sobreviver a anúncios racistas, pornográficos e difamatórios? — protestei. — Eles com certeza vão aparecer nas nossas páginas de resultados. Nós queremos nossa marca associada a um discurso de ódio ou coisa pior? Eu tenho uma sensação ruim sobre isso.

A decisão de Larry de deixar o usuário criar anúncios ao vivo no nosso site sem passarem por uma revisão me convenceu de que ele ocupava uma realidade alternativa e severamente distorcida. Permitir a publicação de anúncios sem filtragem era uma crise clássica de marketing prestes a acontecer. Qualquer tolo poderia enxergar isso. Evidentemente, o tolo era eu.

Outros compartilharam da minha incredulidade. Um engenheiro ficou tão horrorizado com o plano que pensou em escrever uma carta para os investidores na diretoria informando que eles estavam prestes a perder todo o dinheiro que haviam investido na equipe. Chad Lester, o engenheiro carnívoro, entretanto, celebrou a tolerância de risco de nosso fundador.

— Fiquei animado com isso — Chad me contou depois. — Era como se ainda estivéssemos na escola e fôssemos invadir a casa de alguém. Por que não tentar e ver o que acontece?

Eu tinha visto gerentes criarem um consenso antes de irem adiante com decisões impopulares, e eu conhecia patrões que punham o pé na água para testar a temperatura, porém estavam preparados para sair rapidamente caso a temperatura subisse ou caísse abaixo do seu nível de conforto. Este era um tipo diferente de liderança. Larry estava tão impregnado de sua convicção que ele simplesmente afastou a oposição para o lado e foi em direção ao risco destemido ou sem hesitação. Ele estava absolutamente convencido de que anúncios sem filtro eram o certo a fazer.

Em retrospecto, o entusiasmo de Larry e Chad refletiam a diferença em nossos estágios de vida. Eu era um pai de meia-idade com muito a perder se o Google morresse na praia. Chad e Larry estavam apenas começando sua carreira. Eles podiam se permitir incendiar o Vale do Silício, onde fracassos audaciosos rendiam mais respeito do que um sucesso elementar.

Nem todos os caras de meia-idade são conservadores demais para sobreviver a uma startup, mas para ser bem-sucedido, você tem que amar as incertezas do modo que Chad amava costelinha de porco. Você precisa de uma grande reserva de energia para ocupar-se de tudo que vem pela frente e confiança para se levantar quando você cair do trapézio e cair no chão duro. Eu tinha me mudado para Nagoya sem saber falar japonês e para Novosibirsk sem saber uma palavra de russo. Eu saí de um emprego estável no *Merc* para assumir uma posição insegura em uma empresa desconhecida sem uma rede de segurança.

Eu não tinha medo do desconhecido. Nem queria ver meu bravo novo mundo implodir por causa de decisões imprudentes e mal tomadas. Eu considerava cada vez mais difícil julgar o que caía nessa categoria.

Havia pessoas de minha idade no Google quando eu entrei, e pessoas mais velhas que eu depois de alguns meses. O designer de hardware Will Whitted tinha 54 anos quando começou e ele não via nenhuma lacuna entre seu processo de pensamento e o de seus colegas mais jovens. — Acho que eu penso mais jovem, o que provavelmente significa "mais irresponsavelmente" do que a maioria das pessoas — ele confessou. — Havia aqueles no Google que tinham o problema oposto: eram bem mais jovens do que eu, mas eram percebidos pelas pessoas que importavam como se fossem velhos. Ser lento e muito conservador podia nos causar problemas.

Aqueles que tiveram sucesso, assim como eu estava tentando ter, precisavam estar abertos a novas ideias sem se importarem com sua origem ou parecerem desafiar a lógica.

É difícil aceitar que tudo que você sabe está errado, ou que pelo menos precisa ser provado que está correto novamente. A decisão de Larry de rodar anúncios sem filtro abriu a ferida em minha oposição de mexer com o nosso logo. Ele testou minha decisão de adotar uma perspectiva mais ampla para ver o panorama das oportunidades se abrindo para nós, mais do que muros nos aprisionando. Se o Google estivesse repleto apenas de pessoas que compartilhavam uma perspectiva de "grande empresa", reduzindo riscos, nunca colheríamos os raros frutos que florescem apenas em ambientes extremos.

A primeira família da publicidade on-line

Larry tinha decidido. Lançaríamos nosso novo programa de anúncios do tipo "faça você mesmo" no final de 2000. Começamos a debater como chamá-lo. "AdsToo" era um nome que funcionava para a engenharia (era a versão 2 do sistema de anúncios e os engenheiros são muito literais). Ninguém quis que aquilo se tornasse um apelido permanente.

Como ninguém, nem nenhum departamento, detinha a identidade do produto, o processo se tornou confuso. Larry queria um nome que não ficasse engraçado quando fosse falado várias vezes em seguida. Omid queria a separação do nome do Google e o nome do produto (então sem "Googlads"). Essas eram as diretrizes. As sugestões surgiam de todos os cantos, cada uma delas sendo paparicada por seu criador e apoiada por outros.

Salar apoiava "PrestoAds" antes de decidir que era muito anos 1970. Ele mudou sua preferência para "Self-serve Ads", que claramente descrevia a característica única do produto.

"AdsDirect" tinha o suporte de Susan.

Eu propus "GIDYAP" (Google's Interactive Do-It-Yourself Ad Program). Todo mundo detestou. Tentei "BuyWords" a seguir: uma brincadeira com "bywords" (palavras para se viver) e "buy words"(palavras para se comprar). A equipe de vendas gostou, e Bart concordou que o nome tinha certo apelo. Larry deu sua bênção.

— Tudo feito — eu pensei, mais uma vez errado ao confundir consenso por aprovação final.

Então, o lobbying começou.

Salar apontou que o conceito de direcionar para uma palavra-chave era algo relativamente novo e nós queríamos um nome que deixasse claro como ele funcionava. BuyWords poderia insinuar que estávamos vendendo colocação em nossos resultados de busca atuais mais do que apenas anúncios ao lado dos resultados. Ainda assim ele preferia BuyWords a AdsDirect, que eu argumentava ser genérico demais e lembrava a velha mala direta.

Susan contra-argumentou que o "AdsDirect" lembrava aos usuários que eles não precisavam de um intermediário para criar ou publicar seus anúncios e, portanto, sugeria a vantagem de um preço com desconto.

Cindy expressava uma leve preferência para o BuyWords porque o via com um modo de engajar a imprensa na nossa recusa de vender colocação nos resultados. Mas ela gostava do DirectAds também.

Mais uma vez estávamos num impasse. Fui para casa naquela noite e passei uma hora inventando mais nomes enquanto meus meninos faziam a lição de casa e Kristen dava banho no bebê. De manhã, eu enviei uma nova lista de possibilidades:

"Promote Control".

"Ad-O-Mat".

"Ad Commander".

"Impulse Ads".

Eu não gostava de nenhum deles, mas me senti muito bem com o último na minha lista: "AdWords".

— É novo! E melhorado! — fiz a propaganda. — É como o BuyWords sem o Buy! Também soava como Edwards, o que é um grande *plus* no meu entender.

Salar gostou mais de AdWords do que BuyWords. Omid gostou. Bart gostou. Larry gostou.

Sergey deu o voto final. Ele informou a equipe de engenharia que nosso novo sistema seria chamado de "AdWords". Ele se esqueceu de me contar, ou a qualquer pessoa do marketing, sobre sua decisão. É difícil imaginar tal esquecimento em uma empresa voltada para a marca como a Procter&Gamble. Na perspectiva de um engenheiro, entretanto, a questão do nome só precisaria ser resolvida para que os caracteres pudessem entrar no programa antes do "congelamento do código", quando nenhuma grande mudança seria permitida. As questões de marketing que acompanhavam o estabelecimento de uma marca eram secundárias e poderiam ser trabalhadas depois que o código já estivesse travado. Foi Jen McGrath, da equipe de linha de frente, que me informou que meu sobrenome viveria para sempre. Consagrado no fluxo de rendimento do Google.

Lagostas e pornografia revisitadas

O AdWords tinha um longo caminho a percorrer antes de vir a público. Os engenheiros lutaram com o software que publicaria os anúncios e cobraria por eles. A equipe de IU trabalhou com Salar para finalizar a interface em que os anunciantes iriam navegar para criar e ativar suas campanhas. A relações-públicas apresentaria o AdWords para a imprensa. Eu criei a linguagem que nós usaríamos para explicá-lo diretamente aos nossos usuários. Havia muito a fazer. Precisávamos de uma FAQ, mensagens de erro, termos e condições, serviços de e-mail para clientes e materiais de venda. Um engenheiro ficou alterando as coisas nas semanas anteriores ao lançamento. Muitas longas noites se seguiram.

Eu não me importei, porque o AdWords dava outra dimensão ao meu papel. Eu não estava apenas construindo a marca Google, mas também nosso resultado final. Daí em diante, escrevi todas as palavras que apareceriam em nosso website voltadas para nossos consumidores ou clientes. Comecei a me enxergar como a interface humana entre a empresa e as pessoas que usavam nossos produtos. Acho que isso subiu um pouco à minha cabeça. Se eu ia ser a voz do Google, a voz do Google ia se parecer comigo. Aterrorizei meus colegas com exigências sobre tom, estilo e o abuso de letras maiúsculas e pontos de exclamação. Os engenheiros viam o tamanho da letra e a pontuação como botões que eles pudessem girar para aumentar a animação em uma escrita que, de outra forma, seria maçante. OLHE! ISTO DEVE SER IMPORTANTE! Fui enfático ao dizer que a maioria das exclamações era completamente supérfluas! A menos que estivessem escrevendo sobre Dick e Jane! E Spot!

Tudo foi feito.

O AdWords foi lançado silenciosamente, em uma versão beta, em 27 de setembro de 2000. Duas horas depois, Lively Lobsters, em Kingston, Rhode Island, se inscreveu como o primeiro cliente (palavra-chave: lagosta) com um anúncio de 83 dólares. Ryan Bartholomew, dono da Lively Lobsters, gerente de propaganda e único funcionário, rapidamente imaginou que o AdWords seria um jeito fácil de fazer dinheiro com os programas afiliados de outros sites. Ele publicou um anúncio no AdWords para livros no Amazon.com, assim como Jeff Dean tinha feito em seu primeiro sistema de anúncios do Google, e ganhou uma comissão que cobriu bem mais do que seus custos. Ele descobriu que programas afiliados em sites de adultos podiam ser bem lucrativos. De acordo com Bartholomew, ele aumentou seu império de otimização de afiliados para um negócio de dezesseis pessoas, que faturou mais de 12 milhões de dólares em anúncios no Google na década seguinte.

Lagostas e pornografias. Desde seu primeiro cliente, o AdWords provou sua versatilidade em potencial como ferramenta de fazer dinheiro. Mais vinte clientes se inscreveram nos dois dias seguintes e, com eles, vieram questões que não tínhamos considerado. Alguém queria usar "Google" como uma palavra-chave que acionasse a exibição de um anúncio. Isso estava certo? Jane Manning, a gerente de projetos, decidiu que isso era um mau precedente e nós não permitimos. Deveríamos tratar os anúncios direcionados a marcas registradas de outras empresas do mesmo jeito? Um engenheiro sugeriu que proibíssemos qualquer direcionamento de marca, mas, como eu imaginei, lidaríamos com problemas como "staples", que é tanto um nome de empresa como um termo genérico. Larry e Sergey decidiram não restringir as marcas registradas de outros, mas a questão iria enfim parar nos tribunais, e, na época em que eu escrevia este livro, a Justiça tinha ficado do lado do Google. Esta era parte da hesitação de trabalhar para uma empresa livre de precedentes. Improvisávamos à medida que avançávamos e observávamos o restante do mundo tentando nos alcançar.

O AdWords foi formalmente lançado em 23 de outubro de 2000 e acelerou em direção às luas de Júpiter, a caminho de alguma galáxia distante feita inteiramente de dinheiro. Não houve crises de relações públicas. Se anúncios não apropriados surgiram, ninguém notou porque eles eram simples pontinhos em um oceano de buscas. Ainda assim instituímos um limite para garantir que os anúncios fossem revisados antes que entregássemos muitas impressões e contratamos um funcionário temporário para verificar cada anúncio manualmente.

O Google jamais se cansaria de obter sucesso com grandes ideias que eu achava ridículas? Estava começando a me sentir um velho ranzinza gritando para os moleques não pisarem na sua grama.

Rindo de nossos erros

Eu tinha batizado o AdWords com meu próprio sobrenome. Em seguida, eu trabalhei para dar a ele minha própria voz. Encorajado pelo feedback no MentalPlex e por minha crescente segurança como o cara da palavra do Google, comecei delicadamente a introduzir pedacinhos de humor onde não eram esperados.

"Tudo bem, temos um problema aqui", escrevi numa mensagem de erro. "Não apenas alguma coisa não funcionou bem com o nosso software, mas deu tão errado que o nosso gerador de relatório automático não consegue descrevê-lo para nosso grupo de engenharia. Você pode ajudar." Continuei a sugerir que os usuários nos mandassem e-mails com detalhes incluindo seus signos astrológicos.

"Desculpe se alguma coisa não funcionou completamente", dizia a outra mensagem. "Se soubéssemos exatamente qual era o problema, nós lhe diríamos ao invés de mandar essa mensagem de erro inútil. Na verdade, se soubéssemos, nós já o teríamos solucionado. Fique tranquilo. Um relatório logo será entregue para nossa equipe de engenharia detalhando a coisa ruim que aconteceu aqui."

Quando a equipe do AdWords não levantou objeções, mas me agradeceu profusamente, fiquei contente. Eu não mais trabalhava numa empresa onde todos queriam uma chance de neutralizar a minha linguagem. Meus colegas não sabiam que marqueteiros "profissionais" iriam supor a ignorância do usuário, mirar no mais baixo denominador comum e usar palavras polissilábicas. Não seria eu que diria isso a eles. Além disso, eles estavam concentrados no código que estava em sua tela. Palavras não precedidas por um *prompt* de comando eram insignificantes.

Comecei a escrever textos para o site como se o leitor fosse um amigo. Coloquei referências aos Simpsons nas nossas FAQs, fiz trocadilhos em nossa newsletter, e depois que o engenheiro Amit Patel confessou amar os prossímios e seus olhos arregalados, comecei a incluir lêmures em todos os meus exemplos. ("Não quero que ninguém saiba que eu gosto de corrida de lêmur. Essa informação é confidencial?") Isso deixou meu trabalho muito mais divertido, mas também deixou claro que um ser humano de verdade havia tocado a página que o usuário estava lendo.

"Algumas vezes temos que fechar um serviço para implementar melhorias." Escrevi sobre um instável lançamento de produto. "Algumas vezes ele decide fazer uma pausa para uma xícara de chá com biscoitos."

Descobri que o humor não era muito engraçado quando chegava a hora de traduzir nossas FAQs para línguas nas quais as piadas não funcionavam. Ou quando uma piada estava gasta. A mensagem de erro que eu escrevi para o orkut, nosso experimento em rede social, logo ficou sem graça depois do serviço sair do ar diversas vezes[96].

"Servidor mau, muito mau", ele dizia. "Você não vai ganhar *donuts*. Sinto muito, o servidor do orkut.com agiu de um modo inesperado. Sentimos muito pela inconveniência e pela falta de consideração que nosso servidor tem com os outros."

Pensei que eu tivesse escrito um tributo divertido a um desenho animado obscuro, mas a página se tornou foco de intensa frustração do usuário. Uma busca do Google por "servidor mau, muito mau" ainda trás aproximadamente 10 mil resultados, a maioria deles lenga-lenga sobre problemas de conectividade.

Apesar das falhas ocasionais, eu sabia que tinha encontrado meu caminho. Estava cada vez mais consciente de que o Google estava desenvolvendo

[96] Para saber mais sobre o orkut, ver capítulo 25.

uma voz e aumentando cada vez mais minha confiança na habilidade de falar por ele, não apenas para os usuários, mas para aqueles que também trabalhavam no GooglePlex.

Em novembro de 2000, quase um ano depois que comecei a trabalhar lá, escrevi duas linhas que me definiram exatamente por aquilo que o Google deveria ser, como um novo tipo de entidade corporativa; duas linhas que destilavam a essência da empresa da qual eu queria fazer parte. Foi uma engrenagem que se encaixou no lugar, assegurando meu papel e firmando o som da voz do Google de uma vez por todas. Foi na época certa, pois o Google estava recebendo gente nova todos os dias. Eles traziam nova energia e ideias, mas com sangue novo a aparência da empresa não podia evitar a mudança.

CAPÍTULO 13

Não é o mesmo blá-blá-blá de sempre

— ESTAVA ALMOÇANDO — disse Allegra Tudisco, a nova coordenadora de marketing que eu havia contratado em setembro — e me apresentei a todos na mesa. Todos disseram o nome com exceção de um cara que parecia bem tímido. Perguntei quem ele era e ele disse que seu nome era Larry; então, eu perguntei o que ele fazia. E ele disse que era Larry Page, o CEO. Eu não tinha ideia.

O Google tinha atingido um marco cultural. A empresa cresceu tanto que Larry e Sergey não tinham mais tempo para entrevistar cada candidato pessoalmente. Isso provou ser um problema para Larry, uma semana depois, quando ele visitou nosso novo escritório de nove pessoas em Nova York. Eles se recusaram a deixá-lo entrar, pois não acreditaram que ele era quem dizia ser.

Na maior parte dos casos, o crescimento significava que tínhamos mais coisas em andamento. Mais trabalho de infraestrutura, mais acordos em negociação, mais vendedores ligando para clientes e mais produtos em desenvolvimento. Um desses produtos era uma barra de ferramentas que colocava uma caixa de busca dentro do navegador do usuário, permitindo que ele realizasse buscas do Google sem entrar no Google.com. O produto tinha sido elaborado por Joel Spolsky, um desenvolvedor contratado, com base em protótipos desenvolvidos por meu colega da equipe de IU, Bay Chang. O Googler David Watson criou a primeira versão em funcionamento, e Eric Fredricksen finalizou o software que nós realmente lançamos. Larry não via a hora de apresentá-lo ao mundo.

A barra de ferramentas do Google era mais que simplesmente uma caixa de busca. Ela tinha "recursos avançados". Uma barra verde de certo comprimento era exibida aproximando o PageRank da página da web que o usuário estava visitando. O PageRank era a avaliação do Google de determinada página, ao se verificar a importância dos sites conectados a ela. Então, saber o PageRank de uma página lhe informaria se o Google reconhecia este site como confiável ou não. Esta era apenas uma das funções nerds que os engenheiros adoravam porque fornecia um ponto de dados objetivos por meio do qual poderia se formar uma opinião. Até aqui tudo bem. Exceto que, ao se ativarem os "recursos avançados", eles também possibilitavam ao Google enxergar cada página que o usuário visitava.

Para dizer qual era o PageRank de um site, o Google precisava saber qual site você estava visitando. A barra de ferramentas enviava este dado de volta para o Google se você permitisse e o Google te mostraria a barra verde. A chave era "se você deixar", porque você também poderia fazer o download de uma versão da barra de ferramentas, o que não enviaria nenhum dado de volta para o Google. O usuário poderia fazer essas escolhas, embora Larry e a equipe de engenharia acreditassem, e esperavam, que a maioria das pessoas não descartaria os recursos avançados somente porque o Google poderia observar seus hábitos de navegação. Estamos falando aqui de alguns dados extras gratuitos. Enquanto saber o PageRank de certa página tinha apenas valor nominal para os usuários, saber os sites que eles visitavam seria extremamente valioso para o Google. O indicador de PageRank fornecia uma justificativa para essa coleta.

Eu considerava isso uma enorme invasão de privacidade. Sabia que planejávamos tornar anônimos os dados e que não combinaríamos a lista dos sites visitados à identidade do usuário. Ainda assim, eu achava isso assustador e descobri que não era o único. Então, como informar isso aos usuários sem assustá-los?

Se disséssemos que clicar nos recursos avançados mostraria ao Google todas as webpages que o usuário visitava, muitas pessoas jamais fariam o download de qualquer versão do software. Isso seria um desastre. A barra de ferramentas era uma arma secreta contra a Microsoft. Incorporando a barra de ferramentas ao navegador, o Google abria outra frente na batalha para o acesso não filtrado para usuários. Bill Gates queria um controle completo da experiência PC e havia muitos rumores de que a versão seguinte do Windows iria incorporar uma caixa de busca no desktop. Precisávamos garantir que a caixa de busca do Google não ficasse obsoleta. Para fazer isso, precisaríamos aproveitar a força da Microsoft em nossa vantagem e jogar um grupo da empresa sediada em Redmond contra o outro.

Se a barra de ferramentas do Google se tornasse tão popular que as pessoas fizessem os downloads do Internet Explorer apenas para rodá-lo, então a gangue do browser dentro da Microsoft nos defenderia quando a máfia do Windows tentasse inevitavelmente nos apagar. Enquanto isso, nós iríamos pegar uma carona no web browser mais popular do mundo e ganhar milhões de usuários.

O texto que os usuários veriam ao fazer o download da barra de ferramentas do Google tinha que ser sutil e acalmar suas preocupações; ao mesmo tempo, devia minimizar os riscos. Poderíamos simplesmente enfiá-lo no EULA (*end user licensing agreement*[97]) em letras bem pequenas e ninguém perceberia. Quase ninguém lia os termos legais de utilização antes de instalar um software. Sabendo disso, pensei longamente e cheguei a uma resposta apropriada. As duas linhas a que eu me referi anteriormente.

"POR FAVOR, LEIA ISSO CUIDADOSAMENTE", escrevi na primeira linha em vermelho e em negrito. Em uma linha separada, logo abaixo, também em vermelho e em negrito, vieram as palavras; "NÃO É O MESMO BLÁ-BLÁ-BLÁ DE SEMPRE". O texto que vinha a seguir era igualmente sutil: "Ao usar a versão Recursos Avançados da barra de ferramentas do Google, você pode enviar informações sobre os sites que visita no Google".

Isso parecia abordar tudo.

Talvez eu estivesse cego, mas acreditava que contar aos nossos usuários explicitamente o que pretendíamos fazer e dar a eles o poder de decidir se eles queriam continuar ou não era a coisa certa a fazer. Eu não queria inserir informação que eles pudessem encontrar por acaso, eu queria colocá-la em quadros bem grandes diante de seus olhos e em letras garrafais.

Havia outra razão altruista também. Eu pensei que pudéssemos prever críticas futuras e desconfiança se fôssemos francos sobre nossas ações. Isso pouparia a mim, como pessoa responsável pela comunicação com o usuário, muita dor de cabeça.

Sim, eu esperava que algum dos nossos usuários em potencial iria se afastar, mas os que concordassem compreenderiam completamente a troca que estavam fazendo. Eu acreditava que o valor da barra de ferramentas ficaria tão óbvio para eles que eles convenceriam os outros. Por fim, até mesmo os que tinham ficado hesitantes no começo seriam convencidos.

Bay, nosso guru do IU, achou que o texto iria assustar muitos usuários desnecessariamente, embora não insistisse em que nós o mudássemos. Eric, o

[97] Contrato de Licença do Usuário Final (N. E.).

criador da barra de ferramentas, também expressou preocupação, mas concordou que falar abertamente com as pessoas sobre questões de privacidade iria assegurar-lhes de que nada sinistro estava à espreita.

Sentia a verdade daquilo profundamente na minha alma. Aquelas duas frases desencadearam em mim a certeza de que a empresa nunca tentaria esconder uma verdade desagradável de seus clientes. Ela se esforçava para ser completamente transparente em suas ações. A empresa não fazia o mal. Eu defenderia com toda força que nós nos engajássemos na questão da privacidade e informássemos aos nossos usuários exatamente quais informações estávamos coletando. Certamente isso se alinhava com nossos valores centrais.

Quando a barra de ferramentas do Google foi lançada em novembro de 2000, o instalador incluiu o texto que eu tinha escrito, com a fonte vermelha e em negrito, e todo o restante. A página que os usuários viram depois de instalar a barra de ferramentas também chamava a atenção para a coleta de informação e oferecia links para a política de privacidade do Google e instruções de como desativar a função. As pessoas prestaram atenção.

Em vez de uma gritaria, houve um longo silêncio. Quando os usuários nos mandavam e-mail com preocupações, educadamente citávamos o texto na página de instalação e reiterávamos que tínhamos descrito todas as opções disponíveis a eles. Quando a questão surgiu nos quadros de mensagem, os usuários que já tinham feito o download da barra apontaram para a mensagem em vermelho e perguntaram o que mais uma pessoa iria querer em relação a uma notificação. Aqueles que fizeram o download da barra com Recursos Avançados foram bem informados de sua escolha. O professor da Carnegie Mellon, Randy Pausch, confirmou isso com um estudo de usuários que o levou a concluir que a mensagem em vermelho do blá-blá-blá realmente funciona e que ela chama a atenção do usuário de maneira positiva.

Durante anos, as pessoas falavam sobre o Google como uma marca que podia tratar de questões difíceis que a Microsoft nunca iria abordar sem acionar os alarmes. A mensagem "blá-blá-blá" representava grande parte disso.

Organizações jornalísticas, desde o CNET e o *MIT Technology Review* ao *USA Today* e *Washington Post*s se referiram ao texto de divulgação do Google em artigos sobre a empresa e a privacidade dos usuários sempre dando ao Google o benefício da dúvida, pois ele claramente se esforçava em mostrar aos usuários suas intenções.

Acreditei que tinha descoberto a galinha dos ovos de ouro da comunicação ao usuário, e o marqueteiro cínico que havia dentro de mim se regozijou. Poderíamos desarmar qualquer questão controversa usando nossa arma secreta: uma estratégia brilhante e tortuosa que foi criada com honestidade absoluta. Era realmente a melhor política.

Devo ter levado essa política longe demais. A cada novo produto que apresentava, eu me recusava a apoiar admissões rancorosas sobre o que os usuários poderiam ter interesse em saber. Eu exigia uma postura de peito aberto. Eu havia me convertido, como o apóstolo Paulo na estrada a Damasco, pelo raio que nossas letras vermelhas em negrito tinham atingido através da nossa jovem marca. Quanto mais você informava as pessoas, mais elas confiavam em você. Assim como o MentalPlex, a lição parecia ser clara e aguçada como um cristal partido. Ainda assim, mais uma vez os outros consideraram os mesmos dados e viram luzes diferentes. A questão da privacidade do usuário não surgiria durante meses, mas ela nunca deixaria de voltar, não importa o quanto a ignorássemos.

De Parvis Grandis

"Essa é a versão X.X da barra de ferramentas do Google", escrevi. "Versões preliminares, se existirem, têm apenas valor sentimental. Tal é a transitoriedade das coisas materiais."

Eric, o engenheiro da barra de ferramentas, ficou satisfeito. Ele tinha esperado algo mais tradicional para os usuários do texto e verificou se estavam atualizados com o mais recente software. Ele logo acrescentou sua assinatura pessoal à caixa de informação: "*De parvis grandis a cervus erit*" (Pequenas coisas formam uma grande pilha).

Nem sempre as coisas aconteciam tranquilamente quando eu escrevia um texto a pedido da engenharia. Por exemplo, nós íamos e voltávamos no texto para exibir quando os usuários passavam o cursor sobre o botão "estou com sorte" na homepage.

Aquele botão era uma anomalia. Se os usuários clicavam nele depois de digitar um termo na caixa de busca, em vez de ver uma página completa de resultados, ele iria diretamente para aquela que teria sido a primeira da lista. Larry e Sergey eram tão confiantes na sua tecnologia que eles achavam que o primeiro resultado forneceria informação adequada para a maioria das buscas. Infelizmente, a maioria dos nossos usuários não tinha ideia do que o botão "estou com sorte" fazia. Entretanto, eles nos informavam que gostavam de ver a frase na homepage e que também gostavam da atitude confiante que ela sugeria. Então, nós a mantivemos — um pequeno triunfo para os sentimentos e a construção da marca sobre a eficiência fria e sem emoção[98].

Em dezembro de 2000, eu propus "ir para o resultado de ranking mais alto" com o texto explicando "estou com sorte". Bay gostava de como isso enfatizava nossa qualidade. Salar gostava que ele informava aos usuários sobre nosso método único de ordenar as páginas. Marissa achou péssimo. Literalmente.

— Ranking é uma palavra áspera que também significa "mau cheiro" — ela apontou. Ela preferia "vá ao primeiro resultado", pois ela não tinha certeza de que os usuários achavam que os resultados de busca tinham sido "ranked" (quer dizer, classificados). Provavelmente eles consideravam que tinham sido "pontuados" ou "ordenados". Você diz assim, eu digo assado. Terminamos por não programar nenhum texto de rolagem no final de contas.

Recebi puxões similares quando enviei o texto para Schwim em Ops para a resposta automática que o nosso sistema mandava para todos os que nos escreviam. Ele mandou de volta. Com alterações.

Schwim se via como um apanhador no campo de centeio, o único par de mãos a tocar nossas comunicações externas. E ele levava a sério seu dever autodesignado de evitar que a marca do Google despencasse no poço sem fundo da mediocridade. Ele reescrevia o texto que não apresentasse os padrões que ele julgava que o Google deveria manter. Quando um erro flagrante aparecia misteriosamente da noite para o dia no e-mail de saída que eu tinha escrito, eu o confrontava. Não tinha sido sua culpa. Outro engenheiro tinha solicitado uma mudança e inserira o erro no texto. Eles tinham me mandado cópia da sua discussão on-line, mas eu não tinha respondido, talvez porque a conversa tenha acontecido à 1h30 da manhã.

Anos mais tarde, Schwim explicou:

— Tínhamos um grande lançamento de produto — me lembrou. — Não íamos para casa. Não íamos dormir. Nós queríamos dar feedback, mas não

[98] Uma vez calculamos que a entrada para os caracteres de texto extra para "estou com sorte" bilhões de vezes custou ao Google milhões de dólares ao ano em uso da banda larga e receita perdida. Se os usuários forem diretamente para o website de outro, eles ignoram os anúncios nas páginas de resultado do Google.

havia ninguém por perto porque, surpreendentemente, você tinha ido dormir — disse isso jocosamente, mas com um traço de verdade. Os engenheiros não gostavam muito do fato de que eu tinha uma família em casa e uma vida fora do escritório. Ou que meu dia começava às 6 horas, no horário em que o dia deles estava acabando. Ou você estava disponível quando eles precisavam ou não, e, nesse caso, eles tomavam suas próprias decisões e seguiam em frente. Nada poderia atrasar o progresso da empresa.

Talvez seja por isso que Cindy manteve minha promoção a diretor de marketing em segredo, contando apenas ao nosso grupo. Tenho certeza de que foi difícil convencer Larry e Sergey a acrescentar uma camada de gerenciamento à organização, embora dezembro de 2000 tenha marcado o nosso primeiro mês lucrativo. Que mensagem alguém no nível de diretoria do marketing enviaria para o restante da empresa? Indicaria que o marketing estava ganhando importância? Eu estava fazendo meu trabalho e o que restava do de Shari, mas eu não estava escrevendo códigos. Decidi enxergar a promoção como um passo positivo. Tinha criado um estilo para a marca e colocado as nossas promoções externas em ordem. Agora, eu era a voz do Google. Pelo menos Cindy achava que eu merecia certo reconhecimento. Quando 2001 começou, eu aguardava ansiosamente um ano de interação com nossos usuários. Meu novo desafio seria encontrar um modo de responder às muitas, muitas questões que eles estavam começando a nos fazer.

CAPÍTULO 14

Googlebombs e falha no e-mail

O ACORDO com o Yahoo turbinou o crescimento do Google. Claus, no nosso grupo de logs, desenhou de forma cuidadosa e científica nosso tráfego com giz de cera em rolos de papel de três metros de altura colado na parede de um dos corredores. Marcos significativos foram anotados precisamente, com cores diferentes para representar os componentes da nossa audiência (buscas no Google.com *versus* buscas no site dos nossos parceiros como Netscape e Yahoo). Colinas verde-claras rolavam na frente de picos dentados verde--escuros, e, além deles, podia ser vista uma cadeia de montanhas imperiosas de cor de laranja, que se estendia à frente de um alpe na cor púrpura, que majestosamente fazia sombra em todos os outros. Os cumes representavam as segundas-feiras e os vales de cada lado refletiam a queda do tráfego nos fins de semana.

Os Googlers anotavam no gráfico suas próprias datas de contratação e outros eventos importantes (como a fundação do clube de vinho do Google). A assinatura de celebridades convidadas apareciam com regularidade. Al Gore estava lá, Jimmy Carter; Chris Martin do Coldplay e sua namorada, Gwyneth Paltrow. Claus rapidamente diminuiu a escala do gráfico de modo que as 300 mil buscas não mais aparecessem como uma colina que chegasse ao meio da página. Essa marca agora representava 3 milhões de buscas. Em alguns meses, ele recalibrou de modo que a mesma altura equivalesse a 30 milhões de buscas. E, ainda assim, a montanha crescia até atingir o topo do gráfico.

Schwim enviou e-mails anunciando o enorme incremento no número de buscas por dia no Google.com, que começou por volta de 4 milhões quando fui contratado no final de 1999. Menos de um mês depois, este número, sem incluir nossos parceiros, aumentara para mais de 5 milhões. Mais dois meses e ultrapassamos 8 milhões, e, no meio de setembro de 2000, estávamos realizando 1 milhão de buscas por hora. Passaram 90 dias e eram mil buscas por segundo. Claus acrescentou pedaços de papel para a lateral na parte superior do gráfico, pois o volume de nosso gráfico marcava inexoravelmente para cima e para a direita.

As operações tinham mudado para a velocidade máxima da construção das máquinas para o acordo com o Yahoo, e agora o pedal da produção estava preso ao chão. Frotas de computadores forneciam tanta capacidade que um *data center* inteiro podia ficar off-line sem tirar do ar o Google e seus parceiros. Quando um novo índex foi construído, os técnicos copiaram todos os seus arquivos para um *data center* e então passaram a atualizar o seguinte. Isso causou alguma estranheza nos nossos resultados.

— Durante cerca de uma semana de cada mês — Matt Cutts relembra —, dependendo da aleatoriedade e da sorte, ou você era encaminhado para um velho *data center* ou para um novo *data center*.

Se sua busca fosse roteada para um *data center* que não tinha sido atualizado e então você fizesse a mesma busca novamente para um *data center* que tivesse sido atualizado, seus resultados apareceriam pulando, como se estivessem dançando. A "Google Dance" tornou-se um evento de muita preocupação para os que se importavam com sua posição nos resultados de busca. No website Webmaster World, comentaristas nomeavam cada transição do índex como se fosse um furacão e o resultado poderia ser igualmente devastador para qualquer negócio cujo website desaparecesse da primeira página de resultados. Para o Google, a transição não estava apenas relacionada a acrescentar mais dados ao índex. Era o momento de torcer os algoritmos de classificação também.

O foco do Google variava constantemente da busca de qualidade para a infraestrutura. A inovação inicial do PageRank, em Stanford, aprimorou a relevância da busca. Os sistemas funcionando no começo de 2000 levaram a um índex de 1 bilhão de URLs e a taxa de repostas mais altas. Em 2001, o pêndulo balançou de volta para a busca de qualidade.

— Larry costumava falar: "busca é barato demais" — Urs me contou. — O custo por consulta é realmente muito baixo. Considerando a receita que temos, deveríamos ser capazes de fazer muito mais.

Gastar dinheiro para melhorar a qualidade da busca criaria uma brecha perceptível entre os resultados do Google e os dos nossos competidores, o que permitiria que construíssemos uma marca com base na qualidade. Outras empresas teriam que investir na mesma proporção ou mais para, pelo menos, se equiparar. Nós lançaríamos uma corrida armamentista e levaríamos os nossos oponentes à falência.

— Subir o custo da busca vai, na realidade, aumentar o lucro da busca — Urs acreditava. — Sua linha de cima vai subir com muito mais rapidez do que sua linha inferior e sua margem é realmente muito grande.

Larry e Sergey queriam o foco na eficiência, mas também queriam descobrir quanto o Google poderia melhorar se conseguíssemos colocar o dobro de máquinas no problema da busca da qualidade. Então, eles fizeram uma experiência.

— Em 2001 — Sanjay relembra —, eu estava sentado com Larry no escritório dele e ele simplesmente disse: "Aqui estão 3 mil máquinas. Descubram alguma coisa para fazer com elas". E não era apenas a questão de ter todas essas máquinas disponíveis à nossa volta. Estava impulsionado pela necessidade de descobrir como usar tanta computação para fazer coisas interessantes. E isso foi apenas o começo.

— Havia a intenção de mandar um sinal — Urs confirmou. — Vamos supor que as máquinas são abundantes: o que poderíamos fazer?

As 3 mil máquinas foram seguidas por mais 10 mil, todas alocadas para incrementar a qualidade de busca. Jeff, Sanjat e Amit Singhal[99] concentraram todo aquele poder computacional em uma explosão de inovação que aumentou incrivelmente a habilidade do Google em retornar resultados relevantes. De acordo com Jeff, uma chave para melhores resultados era "ser muito mais cuidadoso sobre como lidamos com o texto-âncora".

Quanto mais páginas contivesse um índex, mais informação havia sobre quem estava conectado a quem. E era importante para o Google saber o que esses links diziam. A redação de um hiperlink real é o texto âncora. Associar esse texto ao conteúdo da página se tornou uma enorme ajuda. Por exemplo, alguns links para a Universidade da Califórnia, em Berkeley, continham seu nome em espanhol ou sinônimos como "Cal" ou "Bears". Entretanto, algumas vezes, confiar demais no texto-âncora causava problemas.

— Alguns textos-âncoras eram bons, outros, nem tanto — Jeff explicou. — A consulta para "suflê de limão gelado" costumava trazer a homepage do

[99] Amit Singhal entrou em dezembro de 2000 e liderou o esforço para aumentar a qualidade de busca do Google.

MapQuest. — Um website usou essa frase exata para um link na MapQuest e o Google deu muito peso a esta associação. Outro exemplo foi "mais perverso que Satã". Em 1999, essa busca trouxe a homepage[100] da Microsoft.

Sergey instruiu Cindy a dizer aos jornalistas que isto foi consequência de uma "anomalia causada pela quantidade de flutuações no espaço da web", uma frase sem sentido que foi repetida literalmente nas histórias que pretendiam explicar a falha.

Algumas vezes a linguagem do link era enganosa intencionalmente. Os webmasters perceberam que podiam afetar o ranking de resultados por certos termos de buscas se intencionalmente apontavam páginas com textos-âncoras bem específicos, um truque conhecido como "Googlebombing". A Googlebomb que me causou a maior dor de cabeça foi "filho da puta idiota". Em 2002, na época da eleição presidencial, realizar uma busca naquilo que chamávamos eufemisticamente de "FPI" (filho da puta idiota) trazia uma loja on-line que vendia material de campanha de George Bush. Como responsável pelo serviço do consumidor, tive que me proteger da merda que caiu em cima de nós vinda de adeptos ultrajados do presidente. Entrei em contato com o pessoal do website de Bush e expliquei que não foi uma desconsideração intencional do Google. Então, elaborei uma mensagem dizendo o mesmo a nossos representantes do serviço do consumidor para usar como resposta aos usuários. A melhor resposta, entretanto, veio de alguém já familiarizado com o assunto.

Alguns meses depois que a Corte Suprema finalizou a eleição de 2000, Eric Schmidt convidou seu amigo Al Gore para falar no Google sobre a campanha, a internet, o meio ambiente e sobre o que mais ele quisesse. Gore chegou na TGIF montado em uma de nossas scooter elétricas.

— Acabei de chegar de Washington — ele disse para as risadas aprovadoras enquanto desmontava e pegava o microfone. — Vocês devem saber que eu sou o homem que costumava ser "o próximo presidente dos Estados Unidos" — brincou recebendo aplausos ensurdecedores. Quando começaram as perguntas, um Googler perguntou a Gore se ele conhecia a Bush Googlebomb. Ele conhecia.

— E qual foi sua opinião sobre isso? — Foi a pergunta seguinte.

---

[100] Em 2004, uma consulta no mecanismo de busca MSN da Microsoft por "mais perverso que Satã" trouxe tanto o Google e a Microsoft, mas uma busca para "corporação do mal" foi diretamente para a própria página da Microsoft.

Gore fez uma pausa e olhou em volta por um instante, como se estivesse procurando uma câmera de TV ou repórteres. Não havia nenhum, embora a sala estivesse lotada com os Googlers sentados em cadeiras dobráveis ou de pé em cima das mesas dos cubículos para enxergar melhor.

— Bem — ele falou finalmente, com uma expressão completamente neutra. — Eu realmente acredito que vocês podem ter descoberto a inteligência artificial.

Os usuários orquestrariam muito mais Googlebombs nos anos seguintes, desde "vitórias militares dos franceses", que levava a uma página de erro do Google que dizia: "Sua pesquisa — vitórias militares dos franceses — não encontrou nenhum documento correspondente. Sugestão: você queria dizer *derrotas* militares dos franceses?" Para "gerência indisponível", que imediatamente direcionava os usuários para uma página no Google.com que exibia perfis da nossa própria equipe executiva. Só isso deveria provar aos céticos que o Google não manipulava seus resultados de busca ou injetava um viés caso a caso.

Wait a minute Mr. Postman

Cada vez que uma Googlebomb detonava, minha agenda ia para o inferno. Eu tinha que deixar tudo o que estava fazendo para apagar um mar de chamas que poderia prejudicar nossa marca. O apoio ao usuário lançava sombras sinistras sobre o meu mundo, mas o pobre coitado que enfrentava o dilúvio infindável de mensagens da caixa de entrada era o nosso único representante dos serviços de consumidores, Max Erdstein.

Recém-saído de Stanford, com formação em história, Max tinha se oferecido para fazer qualquer coisa no Google, o que significava trabalhar inicialmente escrevendo projetos como a newsletter Google Friends e responder aos e-mails de usuários. Depois que Cindy havia reestruturado o grupo de marketing, Max se mudara para meu mundo, trazendo atrás de si a responsabilidade pelo raquítico departamento de suporte ao usuário do Google, que naquela época era composto por Max, um computador e uma cópia do Microsoft Outlook.

Max nunca imaginara que nosso serviço de consumidor se tornaria uma bolha predadora que consumisse todo seu tempo, mas ele logo se viu respondendo roboticamente a mais de mil e-mails ao dia aos usuários do mundo todo. Com a carga pesada, ele não fazia nada mais que responder sucintamente: "Obrigado! Continue usando o Google!". E-mails em língua estrangeira representavam o maior problema. Não sabíamos se as pessoas queriam nos elogiar ou nos aborrecer. Tentamos usar um software de tradução da web, mas mais nos confundiu do que qualquer outra coisa.

Enquanto isso, havia rumores de que para o vice-presidente de vendas, Omid, o apoio aos anunciantes e serviços de buscas dos clientes, era a sua maior prioridade. Será que Max pode ajudar com isso também? Apesar de tudo, ao contrário dos usuários, essas pessoas estavam nos pagando. Max estava esvaziando um oceano com uma colher de chá. Quando o acúmulo de e-mails sem resposta começou a crescer, Sergey ofereceu uma perspectiva útil.

— Por que precisamos responder e-mails dos usuários afinal de contas?

Sergey pensava que responder às perguntas dos usuários era algo ineficiente. Se eles escreviam para nós sobre problemas com o Google, seria uma informação útil. Deveríamos anotar os problemas e consertá-los. Isso deixaria os usuários mais felizes do que perdermos tempo explicando que estávamos consertando as falhas. Se os usuários nos mandavam elogios, não precisávamos escrever de volta, pois eles já gostavam de nós. Então, realmente, não seria melhor não responder a nenhum deles? Ou melhor, talvez escrever algum código que gerasse respostas aleatórias que pudessem ser utilizadas na maioria dos casos.

Devido à sua falta de preocupação com os e-mails não respondidos, os fundadores não se preocupavam com a angústia de Max em relação à natureza monótona e frustrante de seu trabalho. Além disso, quando o Google começou, Larry e Sergey tinham respondido a todos os e-mails eles mesmos e escrito os códigos, desenhado os logos e lidado com as perguntas da imprensa. Nós tínhamos mais recursos agora, então, como alguém podia reclamar já que todos nós tínhamos pequenas parcelas de responsabilidade na onda do *big bang*, que foi a conversão do Google de um projeto de duas pessoas para uma corporação completa.

Finalmente, eu percebi que a resposta, como sempre, estava nos dados. Na primavera de 2000, pedi a Max para começar a quantificar quantos e-mails ele recebia e respondia por dia. Coloquei os dados em um gráfico e estimei a capacidade máxima de Max. Então, extrapolei quantos equivalentes de Max precisaríamos para responder a todos os e-mails em 48 horas depois de recebê-los. Os dados mostraram claramente que precisaríamos de mais um Max e também de ferramentas melhores para gerenciar o próprio e-mail.

De modo relutante e sob pressão de Omid, o eStaff nos deu o sinal verde para contratar outro representante do serviço de consumidores (CRR) e para comprar um sistema de gerenciamento eletrônico de relacionamento do consumidor (CRM). Imediatamente, comecei a procurar ambos, uma tarefa que se tornou urgente naquele verão, pois Max se mudara para seu novo papel ajudando anunciantes a gerar melhores retornos das suas campanhas de AdWords. A equipe de vendas o apelidara de "The Maximizer".

Tinha tentado contratar temporários antes de Max sair, mas os que apareceram não conseguiam entender as sutilezas dos protocolos de busca ou dominar as complexidades do nosso estilo de escrever. Max controlava a rede do *campus* de Stanford e apresentou alguns candidatos: Anna Linderum, uma estudante estrangeira que doava seu tempo, pois não podíamos legalmente contratá-la, e Rob Rakove, um estudante da escola politécnica. Eles rapidamente dominaram a arte de responder de modo inteligente a usuários perplexos.

Enquanto isso, depois de cinco meses, após rejeitar vários candidatos, contratei Denise Griffin, em outubro de 2000, para preencher a vaga em período integral de CSR. Surpreendentemente, poucos candidatos tinham o temperamento e a habilidade necessários para escrever e representar o Google com a graça e a gramática que o emprego exigiam. Denise tinha esse perfil, formação em Berkeley e experiência em serviço comunitário, o que Sergey achou interessante.

No dia em que Denise começou, estávamos com 3 mil e-mails atrasados. Os problemas continuavam a aparecer como fogo de metano que surgia no terreno do aterro sanitário rua abaixo. Uma estrela pornô precisava desesperadamente que nós retirássemos seu número de telefone fixo do nosso índex. Fãs de história que afirmaram que Israel tinha afundado um navio de guerra norte-americano em 1967 fizeram objeções por terem sido classificados como grupo extremista em nosso diretório. Os turcos se sentiram ultrajados por um anúncio sobre genocídio direcionado pela palavra "Turquia". E estas eram as reclamações menores. Estávamos atingindo o limite do que o nosso software do Outlook poderia fazer. E as perguntas dos usuários estavam se tornando mais complexas e levava-se cada vez mais tempo para respondê-las.

Nossa saída de e-mails era mais lenta do que o Sergey se lembrava (e talvez otimizasse inconscientemente) e a taxa de resposta pessoal de uma por minuto para uma velocidade preguiçosa de uma para cada três minutos. Claro, Denise e Rob não podiam tirar as respostas de sua cabeça como Sergey tinha feito, mas, aos olhos dele, isso não desculpava a baixa produtividade. Então Cindy descobriu alguns e-mails sem repostas de uma semana, que poderiam ter resultado em notícias negativas.

— A situação está ficando fora de controle — ela me preveniu. — Você precisa encontrar uma saída.

Sabe aquele sonho em que você está tentando correr de uma figura ameaçadora e suas pernas viram manteiga derretida? Eu sentia meus pés atolados em uma massa grudenta de texto que era nossa base de usuários pedindo ajuda.

Voltei para a única solução que sempre funcionava. Argumentei os números com Salar e o convenci a colocar outro CSR em nosso grupo. Omid fez um pedido em separado para uma pessoa atender aos clientes anunciantes. Com dois funcionários a mais, conseguiríamos fazer progresso em apenas alguns meses até que o número de mensagens dobrasse novamente. Solicitado por Salar, Sergey concordou em nos deixar contratar outro CSR. *Um* CSR, isto é, para lidar tanto com o suporte de usuários e os anúncios. Não seria suficiente, mas era melhor do que nada.

Como muitas das mensagens que entravam não estavam em inglês, mandei uma nota pedindo para os Googlers testarem suas habilidades linguísticas na esperança de encontrar alguém interno com habilidades de tradução.

As línguas faladas pela equipe incluíam árabe, chinês, hindu, indonésio, japonês, hebreu, romeno e sueco, mas de nada adiantou. Os engenheiros não tinham tempo nem inclinação para procurar, nos spams de língua estrangeira, por mensagens urgentes. Precisávamos de uma tecnologia melhor para separar as mensagens, armazenar respostas comuns e enviar respostas em bloco, mas escolher o software correto de gerenciamento de relacionamento com o consumidor (CRM) exigia habilidade de engenharia para avaliar a eficiência e segurança do código que instalaríamos. O gerente de projeto de engenharia, Mieke Bloomfield, concordou em me ajudar a separar os bons dos ruins.

Mieke e eu aprendemos rapidamente que as necessidades triviais do Google não impressionavam as grandes empresas de CRM. Seu enfoque estava em empresas que gerenciavam extensas operações de venda e forneciam suporte de produto para milhares de clientes pagantes. Nós não precisávamos identificar grandes gastadores em potencial, e não tínhamos o desejo de criar o perfil do comprador. Simplesmente queríamos uma ferramenta que pudesse traçar medidas básicas em volta do volume e das taxas de respostas. E não queríamos gastar uma tonelada de dinheiro. Infelizmente, era um mercado de negociantes.

Kana, que Wall Street apelidou de líder no espaço CRM, tinha acabado de fazer a divisão das suas ações em uma alta de cerca de 1.500 dólares a ação. Wall Street acreditava que as ferramentas CRM eram tão essenciais para a economia da web como foram as pás na corrida do ouro, e seus vendedores faziam os preços de acordo. A solução mais barata para a rival de Kana, a eGain, custou mais do que uma centena de milhares de dólares. Larry e Sergey teriam preferido escrever nossas respostas a mão com canetas de pena do que colocar essa quantia de dinheiro no código de outra pessoa. Nem os vendedores estavam dispostos a fazer adaptações para servir a uma pequena startup como a nossa. Quaisquer funções que quiséssemos adicionar só poderiam ser feitas durante seu ciclo de desenvolvimento regular e apenas seria incorporado se fosse vantajoso para seus outros importantes clientes.

Então, procuramos empresas de segunda linha que ofereciam versões mais simples e que poderíamos simplificar ainda mais. Depois de avaliar meia dúzia, escolhemos uma empresa com um ano de existência que vou chamar de "Miasma". Ela oferecia o que precisávamos. Uma solução simples para o roteamento de e-mail, um modo de armazenar uma lista de respostas e suporte para algumas línguas estrangeiras. A Miasma propôs nos fornecer cinco licenças (licenças de usuários individuais) e mais um ano de contrato de manutenção e instalação a um custo total de 35 mil dólares, além das despesas de viagem para seus técnicos virem e plugarem tudo. Eu considerei uma proposta relativamente razoável.

— A tecnologia é boa, eu acho — Sergey me disse depois de assistir a uma demo. — Mas eles deveriam nos pagar para implementá-lo. Eles precisam de referência para clientes e estamos crescendo rapidamente. Eles poderiam aprender muito, observando como fazemos nossas mudanças. E garantir duas licenças extras para Larry e para mim. Eles deveriam dar isso de graça porque não vai custar nada e seremos bons usuários de testes.

A Miasma não iria nos pagar, mas eles reduziram o preço quase pela metade, incluindo cinco licenças individuais e o custo da viagem para instalar seu produto, além de nossa disposição de agir como referência para eles (evidentemente, a lógica de Sergey não foi totalmente inútil). Agendamos a data de instalação e esperamos a chegada da tecnologia que simplificaria nossa vida.

Os técnicos da Miasma trabalharam diligentemente para instalar o software e fazê-lo rodar enquanto nos treinava a escrever as instruções para o roteamento de e-mail para as filas próprias e para o encaminhamento de mensagem para nossos "experts" em tradução ou vendas acompanharem. Tudo estava indo de acordo com o planejado e, embora estivéssemos cada vez mais atrasados durante o período de transição, eu tinha confiança que tínhamos instalado uma solução para um problema crescente. Dissemos adeus à equipe de instalação, certos de que iríamos atualizar nosso e-mail em pouco tempo.

A princípio, os problemas eram pequenos. Nossos "experts" da engenharia não conseguiam ler os anexos formatados em Rich Text em suas máquinas com o Linux, então eles não conseguiam nos ajudar a responder às perguntas técnicas. Algumas das rotas eram imprevisíveis, e todos que nos contatavam recebiam respostas múltiplas automatizadas. Então, um dia, um pedido de ajuda que eu mesmo havia mandado para o e-mail corporativo da Miasma voltou como não entregue. Pareceu um mau presságio.

Os funcionários da Miasma ficaram ansiosos em ajudar quando finalmente entramos em contato com eles, e continuamos a plugar emendas quando a necessidade aparecia. Eles fizeram um relatório para que pudéssemos ver o quanto estávamos atrasados e nos deram acesso ao sistema pela internet remotamente. Acrescentamos memória RAM ao servidor que ficava abaixo da mesa de Denise e aprendemos como religá-lo quando ele congelava, o que acontecia com frequência. Embora a Miasma tenha aprimorado a organização do nosso e-mail, ele rodava lentamente e exigia repetidas intervenções manuais. Com a nova tecnologia completamente instalada, ainda estávamos respondendo aos usuários com a mesma velocidade anterior.

Ficamos cada vez mais para trás. Verifiquei a lista de espera um dia e vi que tínhamos mais de 10 mil e-mails não respondidos. A equipe técnica da Miasma voltou para retorcer, afinar e dar reinicialização no servidor, mas, depois de meses de idas e vindas, desistimos. Declaramos a falência do e-mail, arquivamos as mensagens não respondidas e começamos de novo do zero. Conseguimos normalizar nosso sistema depois de alguns meses, mas nunca nos aproximamos do nível de resposta rápida que eu imaginava. A cada semana, enquanto eu relatava nossos números anêmicos, sentia a pressão para fazer as coisas melhorarem.

Se Max tinha sido capaz de responder a um número *X* de e-mails sem a Miasma, Salar perguntou, por que a Denise e Rob não são capazes de responder a alguns múltiplos de *X* com a nova ferramenta? Por que contratar mais gente se não estávamos tirando tudo das pessoas que tínhamos? Eu sabia que o problema não estava nas pessoas que respondiam aos e-mails, mas no aumento de consultas complexas em língua estrangeira e as limitações dos softwares que estávamos usando.

Eu havia me colocado em uma posição arriscada. O produto que eu escolhera tinha falhado no objetivo de melhorar o rendimento, e, ao contrário, atrapalhara nossa habilidade de manter o nível que tínhamos conseguido previamente. Não importava se Larry e Sergey tivessem gostado do software e consideraram até mesmo usá-lo em seu e-mail pessoal. Não importava que as restrições do orçamento me impedissem de comprar de um fornecedor mais estabilizado. Não importava que os negociantes parecessem comprometidos em cortar a cabeça das toupeiras quando suas problemáticas cabecinhas aparecessem para fora para nos insultar. Estávamos caindo no quesito produtividade e eu tinha que organizar essa bagunça.

Denise e Rob trabalhavam aplicadamente longas horas para eliminar o acúmulo, mas se eles respondiam às perguntas rápidas, o tempo de respostas para perguntas mais técnicas se arrastava. Se eles enfocavam as questões técnicas, a taxa de resposta caía, pois era preciso mais tempo para encontrar as respostas. Os e-mails em língua estrangeira simplesmente ficaram no limbo. Isso continuou o ano inteiro, com problemas surgindo e e-mails indo e voltando para o suporte técnico da Miasma na Índia. Finalmente, a Miasma anunciou que eles entregariam um upgrade completo dos seus softwares para consertar todos os nossos problemas e trazer de volta o brilho do Sol na nossa rede. Primeiro, pensei, precisamos atravessar o fogo que consome o suporte do usuário.

Apocalipse do Post

Era novembro de 2000 quando eu fiquei sabendo que o Google estava comprando outra empresa. A aquisição, de codinome "Yogi", era um arquivo on-line de posts da Usenet conhecido como Deja News. Iríamos anunciar o acordo em fevereiro.

Se você for um aficionado da Usenet, provavelmente não vai gostar do que eu vou dizer aqui, então, por que não pular para o próximo parágrafo e evitar o mal-estar? Claro que não! Se você gosta de Usenet, você vive com mal-estar.

A Usenet é uma rede de computadores que antecedeu o World Wide Web. Fundada em 1980, ela oferecia um lugar para acadêmicos e cientistas dividirem informações com colegas ao postarem mensagens em newsgroups ou num quadro de avisos eletrônicos. Os newsgroups eram divididos em categorias por assunto como "comp" para computadores ou "SCI" para a ciência ou "rec" para recreação. O nome que vinha depois do ponto indicava o subgrupo como em "sci.research.AIDS". Com o tempo, a Usenet voltou a seu nobre propósito de refletir preocupações comuns e questões do nosso tempo com grupos como "rec.arts.movies.slasher". E uma explosão de arquivos binários que continham software codificados, músicas e imagens colocadas em website que exigiam cartão de crédito e prova de maioridade. Além disso, a natureza do diálogo na Usenet mudou de discussões acadêmicas áridas para polêmicas apaixonadas sobre política e religião, e uma variedade de outros assuntos duvidosos, fazendo nascer termos como "mail em chamas" e "cantarolando".

Deja News hospedava um arquivo atualizado continuamente de 500 milhões desses posts que vinham desde 1995, incluindo clássicos como o anúncio do lançamento do AltaVista e a primeira menção ao Google. Infelizmente, o Deja News não mais podia manter o serviço. Na verdade, ele não poderia sequer fornecer acessos para todos os dados que tinha arquivado. Desesperado, ele procurou o Google buscando um modo de evitar que seus dados caíssem na obscuridade. Reconhecendo o valor do conteúdo, Larry e Sergey lhes propuseram pegar o arquivo, limpá-lo, torná-lo mais acessível e hospedá-lo daí em diante. O Google já tinha seus planos de lançar seu próprio site Usenet no groups.google.com, portanto o timing foi perfeito. Ainda assim, era um ato de misericórdia e todos os envolvidos sabiam disso.

A transação aconteceu rapidamente; rápido demais para o Google poder fazer mais do que o lançamento de um serviço baseado nos arquivos recém-adquiridos de posts da Usenet, enquanto nossos engenheiros organizavam os dados do Deja e construíam um sistema melhor para entregá-lo. O site interino não conteria todos os posts desde 1995 como tinha o Deja, ofereceria apenas os posts de até um ano antes. Os usuários não poderiam navegar por diferentes grupos (embora pudessem fazer buscas neles) ou postar novas mensagens. Mais importante, eles não poderiam "explodir" ou remover posts que já tivessem escrito, mesmo se já os tivessem deletado previamente (Deja tinha suprimido a exibição de comentários deletados, mas nunca os expurgou realmente da sua velha base de dados). Alguns usuários do Deja estavam prestes a redescobrir as mensagens ofensivas e constrangedoras que tinham escrito em um momento de raiva ou bebedeira, antes que tivessem pensado duas vezes e as deletado. Ou, pelo menos, eles acreditavam que as tinham deletado.

Eu podia pressentir as nuvens de merda se juntando.

Elaborei um texto para a homepage antiga do Deja e uma FAQ explicando que o Google estava engajado em uma "luta de força com gigabytes de dados indisciplinados" para reintroduzir um novo e melhorado arquivo Usenet. Deixei bem claro que o esforço continuava e que logo as coisas melhorariam.

Em uma segunda-feira, 12 de fevereiro de 2001, o velho Deja.com desapareceu e o site interino do Google foi ao ar. Em segundos, as afrontas começaram a transbordar dos sistemas límbicos obstruídos através da rede e inundaram minha caixa de entrada. O suporte ao usuário começou a responder na linguagem tranquilizadora que eu havia fornecido, reconhecendo que tínhamos "recebido um número de perguntas e comentários" e informando nossos consumidores raivosos que compreendíamos "a inconveniência que isso tinha causado". Cindy me assegurou de que o tom estava perfeito. Eu tive que concordar e, como ambos éramos profissionais da escrita, eu acreditei que isso seria o fim dos problemas.

Não foi. Os fãs incomodados do Deja reagiram como se tivéssemos roubado favos de mel de suas colmeias e eles fossem as abelhas reagindo com força. Eles avançaram em nós como um enxame. Seus e-mails sobrecarregaram nosso frágil sistema CRM durante toda a tarde de segunda-feira e continuaram chegando depois. Não podíamos responder às perguntas especializadas que se relacionavam apenas à Usenet, e nossas respostas genéricas simplesmente deixaram os usuários ainda mais agitados. Nossas caixas de entrada ficaram cheias de lama e de fogo.

Larry e Sergey ficaram surpresos com a ingratidão dos usuários do Deja. Tínhamos recuperado uma fonte valiosa da internet de um monte de cinzas da história à nossa própria custa e nos comprometemos a lançar um arquivo melhorado com acesso a muitos mais dados que o Deja já tinha oferecido.

— O que tem de errado com essas pessoas? — eles pensaram. E não demorariam muito para descobrir. Em alguns dias, Usenetters descontentes estavam literalmente batendo na porta da frente do Google para reclamar.

— Ok, caras, vocês estão no modo de controle de danos, ajam de acordo!!! — gritou um usernette. — Até agora a atitude de vocês foi realmente presunçosa — ele continuou nos comparando com a Firestone, cujos pneus defeituosos e fatais foram assunto de um recall de segurança, embora eu não conhecesse ninguém que tivesse morrido por falta de acesso a posts de três anos antes no rec.arts.sf.starwars.

Wayne Rosing, nosso chefe de engenharia desconsiderou o ataque dizendo:

— O que importa é se estamos fazendo a coisa certa, e se as pessoas não compreendem isso agora, elas vão, por fim, entendê-las.

Foi uma lição que iria moldar a atitude do Google em relação ao público dali em diante. Claro que tínhamos pessoas chateadas com o MentalPlex, mas pelo menos nós concordávamos que suas reclamações poderiam ter fundamento. Com o Deja, estávamos claramente do lado dos anjinhos. O público simplesmente não entendia. Mesmo quando trabalhávamos demais, gastávamos nosso próprio dinheiro e tentávamos fazer algo para o bem deles, eles berravam, esbravejavam e gemiam. Já que os usuários não estavam sendo tão razoáveis, poderíamos ignorar suas reclamações. Nossos fundadores concordaram com a ideia, eles sempre seguiam seus instintos.

Perguntaram-me se Larry e Sergey eram realmente brilhantes. Não sei dizer qual era o QI deles, mas eu vi com meus próprios olhos que a visão deles queimava com tanta intensidade que chamuscava tudo o que ficava à frente. A verdade era tão óbvia que eles não precisavam das sutilezas da sociedade para dar vida às suas ideias. Por que demorar para explicar quando o valor do que estamos fazendo era tão óbvio que as pessoas iriam enxergar por si só?

Essa atitude era tanto a força do Google como seu calcanhar de Aquiles. Desde lançar uma melhor ferramenta de busca em um campo superlotado a rodar textos sem filtro no AdWords, o sucesso das ideias controvertidas deu ímpeto à convicção de que a opinião pública inicial era frequentemente irrelevante.

No final do ano, provamos que nossa intenção tinha sido honorável, rodando não apenas as funções que os usuários tinham exigido, mas um arquivo que se estendia havia vinte anos ao invés dos cinco que o Deja tinha oferecido[101]. Esse foi praticamente o trabalho de uma pessoa só, Michael Schmitt, um engenheiro que assumiu a condução de uma busca global para rastrear backups de fitas e CDs dos primeiros posts da Usenet e um hardware que pudesse lê-los. Ele recuperou para a posteridade a primeira menção da Usenet da Microsoft, a primeira referência de Tim Berners-Lee do "World Wide Web" e a revelação pública de Marc Andreessen de que o navegador Mosaic iria se tornar Netscape.

— Se houvesse justiça no mundo — escreveu um ex-descontente Usenetter — vocês deveriam ser ricos e Bill Gates deveria estar na fila do bandejão.

Não que Larry e Sergey precisassem confirmar que tinham feito a coisa certa, mas, ainda assim, era algo agradável de ouvir.

[101] Embora tivéssemos matado o BigMailBox, o legado do serviço de e-mail do Deja, em junho de 2001, dizendo aos usuários que "enquanto o Google mantinha este serviço durante a transição do arquivo do Usenet do Deja, oferecia e-mail que não combinava com nossa missão central de dar aos usuários acesso a todas as informações on-line". Bem. Não naquela época.

CAPÍTULO 15

Gerentes em banheiras e em água quente

<u>UM MÊS</u> depois de comprarmos o Deja, 140 Googlers fizeram as malas, embarcaram em uma frota de ônibus e se dirigiram às montanhas. Era hora da viagem anual de esqui do Google.

Esse ritual teve início quando o Google tinha apenas oito pessoas e Larry cuidadosamente dirigiu uma van alugada para Lake Tahoe enquanto Sergey, Craig, Ray e Harry matavam o tempo brincando com jogos de lógica no banco de trás e Heather se esforçava para ficar acordada. O grupo economizou 2,50 dólares ao dia designando Larry como o único motorista, o que era uma dádiva, pois, afinal, Larry não estava disposto a deixar sua vida na mão de outra pessoa.

Eu não fui com o grupo em 2000, embora lembretes frequentes de Heather deixassem bem claro que a viagem de esqui não era opcional. A viagem era um exercício de formação de equipe e, portanto, apenas para funcionários. Sem a presença da família. Aquilo não caiu bem com Kristen, que já conhecia um pouco do Google para ter suas reservas. O fiel da balança deve ter sido o dia em que ela veio almoçar e notou uma jovem atraente de 20 e poucos anos cujo fio dental estava visível demais através de suas pantalonas transparentes.

— Quem é aquela? — minha esposa sussurrou em meu ouvido quando a jovem passou por ela e foi em direção às sobremesas.

— Ah, apenas uma das engenheiras — respondi. — Ela tem uma moto — acrescentei.

Então, quando falei para a Kristen que o Google exigia a minha presença nas encostas do Lake Tahoe para uma viagem exclusiva para funcionários, ela entendeu o seguinte: "Por favor, fique em casa com nossos três filhos enquanto eu embarco num ônibus carregado de adrenalina, com pós-adolescentes encharcados de hormônios, para três dias de um bacanal com bebedeira, uso de drogas e troca de chaves dos quartos".

Ela estava certa. Eu sei, pois no ano seguinte eu a convenci de que minha carreira estaria prejudicada se eu não fosse viajar. O Google pagava todas as nossas despesas de viagem, incluindo ônibus fretados, comida e acomodações no elegante resort Squaw Creek e nos dava um extra de cinquenta dólares para gastar com lições de esqui. Não iria me custar nada e seria por apenas alguns dias. Por favor, meu bem? Por favor?

Dividimos quartos para economizar dinheiro e eu fiquei com Bay e nosso advogado recém-contratado, Kulpreet Rana. Bay perdeu no palitinho e dormiu no chão. Embora tenha orgulho de dizer que eu era tão perdidamente sem noção que deixei de participar de qualquer coisa mais decadente do que um banho tarde da noite, em uma banheira de água quente ao ar livre com Larry, Salar, Urs, Omid e uma dúzia de outros Googlers, estava claro que alguns de meus colegas demonstravam menos controle.

Eu tinha ouvido histórias de excessos envolvendo não apenas meus colegas recém-formados, mas aqueles que teoricamente tinham anos de experiência para distinguir o que era melhor. Muitas dessas histórias começavam coincidentemente com uma visita ao Canto do Charlie — o quarto que o *chef* Charlie ocupava com Leith, da contabilidade, e uma SUV lotada de bebidas trazidas de Mountain View. Quando a viagem aumentou de tamanho, a hospitalidade de Charlie cresceu em reputação e a festa foi realocada para uma suíte luxuosa enorme e uma sala de reuniões com um open bar repleto de bebidas no valor de 75 mil dólares e um amplo suprimento de outros lubrificantes sociais. As especialidades da casa incluíam brownies com infusão de ervas e Goo Balls de chocolate meio amargo[102]. Por coincidência ou talvez pelo humor perverso de Heather e do pessoal de recursos humanos responsáveis pelo evento, o quarto de Larry geralmente ficava ao lado do espaço da festa. Teve um ano em que toda a bebida foi descarregada por engano na suíte de Larry. Ele não bebia, embora às vezes colocasse um pouco de cerveja em um copo para deixar os outros mais à vontade.

— Minha mente vale dinheiro — Larry explicou uma vez para Charlie, apontando uma garrafa — e aquilo mata o cérebro.

— Acho que ele podia ficar sem algumas células cerebrais — Charlie me contou mais tarde.

---

[102] Dica de preparo: não cozinhe os ingredientes mais do que uma vez, pois perderão a potência. Apenas misture com a manteiga e coloque no chocolate.

Outros funcionários da equipe executiva estavam mais dispostos a sacrificar pedaços da massa cinzenta, e Charlie garantiu que o quarto deles tivesse um estoque de suas coisas favoritas, no caso de eles não quererem participar da festa no Canto do Charlie.

— É muito legal ver as pessoas se soltarem e se divertirem — Charlie observou, confirmando as oportunidades de interação do pessoal. — Os Googlers realmente se soltavam de um modo que você não veria em outro lugar. — Eles deviam ter em mente os caras da Ops vestindo toga e estavam dispostos a provar que não usavam nada por baixo. Ou talvez a representante de vendas que saltou nas costas de um colega, arrancou a camisa dele e começou a chicoteá-lo como se fosse um jóquei. Ou talvez o gerente sênior que foi visto se arrastando de quatro no corredor, latindo como um cão.

Havia uma festa do pijama com prêmios para fantasias. Larry ganhou uma aposta com Sergey, Salar e a engenheira Lori Park que terminou com os perdedores pulando no gelado Lake Tahoe depois do jantar.

— Tentamos recriar a atitude não corporativa do Google — Charlie me explicou. — Um tipo de "foda-se", do mesmo jeito que o Google se referia à indústria de tecnologia como um todo.

Algumas pessoas que visitavam o Canto do Charlie ficavam por lá, e passavam a noite no chão, embora isso implicasse riscos, já que desmaiar deixava a pessoa vulnerável a trotes estudantis, aplicados pelos que ainda estavam sóbrios o suficiente e se mantinham, ainda, em pé. Outros não conseguiam se lembrar onde tinham caído: um engenheiro acordou sem as roupas e depois descobriu que as tinha deixado na banheira de água quente. Ele timidamente foi à portaria procurá-las. A noite toda se viam figuras vestidas com roupão branco circulando de quarto em quarto, então iam ao bar ou ao spa, numa celebração à estação.

Conforme a empresa crescia em tamanho, mais não engenheiros participavam. Muitas eram mulheres. A viagem de esqui do Google ficou conhecida como uma grande festa para se entrar de penetra, com música ao vivo de bandas como os Fabulous Thunderbirds, álcool à vontade e muitos jovens solteiros procurando se livrar do estresse do Vale do Silício. Havia uma multidão de convidados não convidados.

Eu me desconvidei depois da minha primeira viagem. Ficava trabalhando sozinho no Plex enquanto os telefones tocavam à minha volta. Eu levava candidatos à entrevista pelos corredores vazios e comia pizza que eu mesmo encomendava para os poucos que estavam trabalhando por ali. A semana de esqui se tornou a época de limpar a minha caixa de entrada e adiantar projetos atrasados.

Em 2007, o tamanho da empresa tornou a viagem anual de esqui impossível, e o Google a encerrou em troca de pequenos passeios para locais mais "família", como a Disneylândia. Esta talvez tenha sido uma boa troca, embora eu vá sempre me lembrar com carinho das cicatrizes que ganhei jogando broomball[103] e a camaradagem das experiências divididas nas encostas e no alojamento. Minhas lembranças, entretanto, paravam na banheira de água quente e conversas ao lado da lareira e podem não ter sido tão apaixonantes como as vividas pelos meus colegas mais brincalhões. Você terá que perguntar a eles sobre isso.

Notícias surpreendentemente boas

— Mesa! Mesa! Mesa! — gritou a multidão na TGIF.

Na frente da sala, Omid Kordestani, chefe de vendas, deu um largo sorriso, puxou a perna de sua calça Armani preta e subiu na mesa de conferência enquanto segurava o microfone com uma mão. O grupo explodiu em gritos.

— Omid! Omid! Omid!

Omid era muito popular no Google. Ele sempre chegava à TGIF preparado com um sorriso, uma piada e uma pilha de números que levavam a uma conclusão muito feliz.

Assim que nós tivemos o processo de OKR funcionando no começo de 2000, Larry e Sergey deram a Omid uma meta: ele deveria conseguir meio milhão de dólares de renda dos anúncios no final do primeiro trimestre. Acreditei que Larry e Sergey queriam fazer Omid entrar em combustão espontânea. Afinal de contas, esse era apenas o primeiro período no qual nosso programa de propagandas original tinha ficado ativo (bem antes do AdWords ser lançado). Larry e Sergey não contavam com a meta de Omid ou com quaisquer dicas e promessas de receitas que não pudessem se materializar, eles apenas se importavam com os dólares verdadeiros no banco. Omid tinha pouco mais

[103] Hóquei no gelo com uma bola de tênis e vassouras curtas, usando sapatos comuns.

que meia dúzia de pessoas em seu departamento e o Google era desconhecido fora do Vale do Silício. Tínhamos problemas de engenharia, ferramentas incorretas e infraestrutura frágil, e nossos concorrentes estavam fazendo negócios com grandes descontos.

Ainda assim, Omid deixava transparecer que os números eram bons quando ele apresentava suas atualizações nas nossas TGIFs semanais. Entretanto, foi só no final do trimestre que vimos como os números realmente eram bons.

Omid se levantou e, com um jeitão de um clássico showman, falou sobre a dificuldade de atingir a meta agressiva da equipe exatamente meses depois do lançamento de um novo produto. Ele mostrava gráficos com rodapés ilegíveis e planilhas repletas de números pequenos demais para ler. Ele nos contou que mesmo com todos os desafios que a empresa tinha enfrentado, tivemos muita sorte de conseguir alguma receita. Então, com um sorriso e um floreio, ele revelou que o Google tinha reservado 636 mil dólares para o trimestre. Esta receita já estava na casa. A equipe de vendas tinha conseguido mais de 1 milhão de dólares em compromissos de renda como um todo, colocando a empresa no caminho para um grande segundo trimestre também. O aplauso foi instantâneo e prolongado. Nossa equipe de vendas, pensei, era impressionante.

Três meses mais tarde, Omid e sua equipe bateram sua meta novamente. Na terceira vez, começamos a chamar Omid, o presunçoso. Sergey jocosamente o acusou de subestimar o que sua equipe poderia conseguir, embora sua meta tenha aumentado consideravelmente a cada trimestre. Omid fingiu estar chocado e negou qualquer culpa. Todos nós atacamos, embora alguns novos funcionários não entendessem por que estávamos provocando a pessoa que tinha nos dado tão boas notícias. Isso se tornou tradição na TGIF. Na ausência de Omid numa sexta, Sergey mostrou o relatório de vendas. Ele fingiu olhar as planilhas de Omid e os materiais cuidadosamente.

— Deixe-me resumir — ele falou finalmente, olhando em direção à equipe de vendas, imitando Omid. — Estamos "enrolando". — A sala explodiu em risadas.

A mesa tinha sua própria história.

Quando nossas reuniões semanais ficaram grandes demais para o corredor do lado de fora do escritório de Sergey e Larry, nós as transferimos para o Café do Charlie. A acústica era ruim, então, para sua apresentação, Omid subiu sobre uma cadeira e ficou em uma mesa de almoço enorme. Ele tinha acabado de concluir seus comentários quando desabou. Houve um ruído alto quando as pernas de metal se dobraram espontaneamente e um grito involuntário: "Ohhohhh!". A multidão viu Omid momentaneamente parado no ar. Com agilidade surpreendente, ele executou um giro acrobático e caiu de pé no chão com seus sapatos pretos italianos. A sala se encheu de aplausos.

— Ele conseguiu desmontar! — gritei.

Depois daquilo, cantos de "Mesa! Mesa!" saudavam Omid em todas as TGIFs, e ele agradecia humildemente. Finalmente, alguém colocou um saco de juta cheio de areia em cima da mesa e Omid, impecavelmente vestido, colocou seus sapatos firmemente sobre ele para dizer que sim, apesar de todas as possibilidades contrárias, sua equipe de vendas tinha novamente quebrado um recorde. Para os funcionários do Google que eram acionários essa história nunca deixava de ser contada.

Como o Google era tão direto com suas informações financeiras, não apenas nas TGIFs, mas também no MOMA (a intranet), nunca havia surpresa de descobrirmos repentinamente que nós possuíamos uma riqueza além de nossos sonhos mais malucos. Qualquer um poderia verificar a receita e os números da despesa e fazer algumas projeções. Um dia, eu calculei nosso ganho por ação, então usei o Yahoo para comparar qual seria o preço razoável da ação, caso a empresa tivesse o capital aberto. Então, multipliquei o número de ações que eu tinha por aquele valor.

— Não é dinheiro de verdade — eu repetia para mim mesmo —, não é dinheiro de verdade. Nós não tínhamos um CEO. Não tínhamos um CFO. E ninguém estava fazendo planos para abrir o capital. Voltei ao trabalho cantarolando uma musiquinha alegre.

Um CEO? Agora o IPO?

— Schwim? Você tem uma pergunta? — Sergey perguntou sabendo de antemão qual seria a pergunta.

— Sim — disse Schwim. Parado na frente, na TGIF, em fevereiro de 2001. Os Nooglers tinham sido introduzidos. Larry e Sergey tinham revisto as notícias da semana. Omid tinha completado seu slide show. Agora era o momento das Perguntas e Respostas.

— Como está o andamento da busca pelo CEO? — Schwim queria saber. Era a mesma pergunta que ele fazia toda semana. Todos estávamos cientes de que havia um checklist de itens a ser completado antes que a empresa abrisse o capital e nossas opções de ação tivessem valor real. Um CEO estava na lista. Também um CFO (Chief Financial Officer).

Sergey fez uma pausa para dar um efeito dramático.

— Estamos fazendo progressos — disse com o olhar sério. Era a mesma resposta que ele nos dava toda semana.

Quando eu entrei em 1999, muitos de nós pensavam que o Google iria abrir o capital em um ano. Não estávamos obcecados com a ideia de um IPO, mas era o máximo da era pontocom e era isso que as startup*s* faziam depois de seis meses de funcionamento. Larry e Sergey não pareciam estar com muita pressa. Eles não sentiam a urgência de contratar um CEO, apesar da insistência da diretoria. Algumas vezes, faziam um comentário desdenhoso sobre alguém que tinham entrevistado. Eles não citavam nomes, apenas desqualificações vagas com base na falta de conhecimento tecnológico ou "Googleyness".

Na TGIF de 23 de março de 2001, Larry e Sergey apresentaram dois Nooglers para os funcionários reunidos: Dirk Aguilar, um analista de propagandas internacional, e Eric Schmidt, como presidente da diretoria do Google. Eu supus que Eric iria se tornar o CEO do Google assim que conseguisse se desembaraçar de suas responsabilidades como CEO da Novell. Fiquei animado, não apenas porque conhecia Eric e achava que ele iria nos encaminhar para o domínio da busca, mas porque a longa espera havia finalmente acabado. A luz que podíamos ver no fim do túnel era o símbolo pulsante do Google circulando a placa da Nasdaq na Times Square[104].

Quando fiquei sabendo que o Google tinha contratado um CEO "corporativo", me permiti ter um fio de esperança. Certamente alguém que já tinha trabalhado para empresas enormes e competitivas como a Novell e a Sun Microsystems veria a importância de um marketing forte; talvez, visse a marca como uma ferramenta poderosa para conseguir uma fatia do mercado. Talvez ele quisesse contar a história do Google de um jeito criativo e novo para o mundo todo. Talvez ele aumentasse a equipe anêmica de Cindy, reforçasse

---

[104] Bart Woytowicz, gerente de operações de propaganda, perguntava inevitavelmente nas TGIFs se estávamos perto de um IPO. Ele apareceu na festa de Halloween vestindo apenas um barril para significar a pobreza que lhe era infligida pelo controle artrítico do Google no processo de se tornar uma empresa pública.

meu orçamento capenga e transformasse nosso pequeno departamento em um gorila gigante. Talvez ele encontrasse a cura para a lepra e ajudasse o cego a enxergar. Quem sabe? Eu sabia. Larry e Sergey nunca iriam contratar alguém assim.

— Não acredito em feiras de negócios — Eric informou a Cindy e a mim em uma reunião que ele marcou para nos conhecer um pouco depois que assumiu o cargo. Havia um novo xerife na cidade e nossos dias de devassidão e recessos tinham terminado. As ideias de Eric sobre o marketing espelhavam a dos nossos fundadores, apenas com um traço de paranoia afiado pela experiência.

— Eu vi como os orçamentos para feiras de negócios crescem e saem do limite — Eric falou. — Até que eles ficam tão inchados que você acaba pagando por depósitos cheios de estandes e mobília, e caminhões para transportá-los. Não vamos fazer isso.

— Não vamos gastar dinheiro do marketing nos grandes meios de comunicação — ele continuou —, sem espaços na televisão, nem propaganda em revista. E tudo o que você precisar comprar tem que ser assinado por mim pessoalmente.

Sentei-me, surpreso pela implicação de que nós tínhamos um custo pesado e de que precisaríamos aprender a autodisciplina. Nunca tínhamos participado de uma feira de negócios. Tínhamos um estande: uma moldura vagabunda que ia de um lado para o outro em um tubo com imagens que nós colamos usando velcro. Não tínhamos feito nenhuma propaganda no mercado de massa, além de negociar banners e nossa compra no Yahoo. Eric obviamente não sabia nada sobre nosso departamento de marketing, mas ele tinha chegado empunhando sua espada para nos derrubar. Eu estava atordoado, mas não surpreso. Como nosso novo CEO, Eric queria controlar os custos e deixar claras as suas regras no seu primeiro dia. Também não fiquei surpreso que Larry e Sergey não se importaram de contar a ele que nosso grupo de marketing não era como os outros com os quais ele já devia ter trabalhado ou, se o fizeram, ele não acreditou neles.

Meneamos a cabeça e soltamos algumas interjeições, murmurando améns e hosanas quando ele nos deixou. Ele pareceu ouvir um pouco. Quando contamos a ele que as camisetas do Google eram nossa maior despesa, ele sorriu de modo aprovador.

— Tudo bem. Continuem o trabalho. Se alguém gosta do nosso produto a ponto de querer usar a nossa marca, devemos fazer tudo o que pudermos para tornar isso possível. E é muito bom para o estado de espírito da equipe ter alguém vestindo o logo da companhia. — Logo ele estaria assinando despesas altas de algodão pré-lavado.

Cindy e eu concordamos que precisávamos atualizar Eric. Elaborei algumas anotações com nossa estratégia de marca e listei nossas principais diretrizes:

- Relações-públicas (RP) e o boca a boca funcionam melhor do que anúncios.
- Anúncios pagos trabalham contra a nossa marca. Concentre-se na "alegria da descoberta"[105].
- Cresceremos mais rapidamente conseguindo que os usuários atuais façam mais buscas do que pelo marketing de massa.
- Todas as nossas promoções devem incluir um modo de medir o sucesso.
- Interação do produto é, e deve permanecer, uma experiência de marca primária.
- A retenção dos esforços do usuário deveria se concentrar em melhorar a IU e o suporte do usuário.

Deixei as anotações na caixa de entrada de Eric e fiz uma cópia para Larry e Sergey. A resposta foi ensurdecedora, pois eu devo ter ficado surdo já que não ouvi mais nada. Considerei isso um bom sinal. Não recebemos mais nenhum feedback de Eric de como gastar o orçamento. Aparentemente, ele percebeu que estávamos fazendo a coisa certa. Ou mais provavelmente ele imaginou que se nós ferrássemos tudo, o nosso impacto na saúde da empresa não seria maior do que um espirro. Ou talvez ele estivesse apenas concentrado em nossa prioridade número um: encontrar mulheres.

— Larry e Sergey pesquisaram — o gerente sênior de recursos humanos, Stacy Sullivan, me contou — e eles acreditavam que ter uma boa mistura de gêneros criava um ambiente de trabalho mais saudável. Para as poucas mulheres que tínhamos [contratar mais mulheres] iria facilitar suas vidas. Elas teriam uma comunidade.

---

[105] Eu acreditava que os usuários sentiriam uma conexão profunda se soubessem do Google por meio de notícias ou amigos e, portanto, sentissem que o tinham descoberto sozinho. A propaganda paga despersonalizava essa experiência, pois estava claramente sendo vendido simultaneamente. Danny Sullivan, o famoso guru da busca, descreveu isso desse modo em julho de 2000: "Quando eu falo sobre mecanismos de busca para grupos e menciono o Google, algo estranho acontece em alguns membros da audiência. Eles sorriem e concordam com a cabeça, do jeito que você faz quando encontrou uma saída secreta que ninguém mais sabe. E todas as vezes que falo isso, vejo mais e mais pessoas sorrindo e assentindo desse modo. Contentes de ter descoberto o Google. Danny Sullivan, Searchenginewatch.com/2207571, "The Search Engine Report", 5 de julho de 2000.

É verdade que empresas tecnológicas masculinas algumas vezes desenvolvem brincadeiras como as de faculdade e eu nunca duvidei do comprometimento de Larry e Sergey em contratar mulheres aptas tecnicamente. Entretanto, eu imaginava se o ideal de um "ambiente mais saudável de trabalho" não era levado pela profunda necessidade dos nossos fundadores de levar vidas que continham mais do que um código. No *Mercury News*, tínhamos uma vez publicado um anúncio no qual assegurávamos ao leitor que: "Em algumas partes do mundo a linguagem do amor não é a JAVA". O Google não era um desses lugares. Contratar mais mulheres não iria evitar uma cultura Neandertal, aumentaria as possibilidades de socialização, e, finalmente, a continuação da espécie. Já que Larry e Sergey mais ou menos viviam em um escritório, não era surpresa para ninguém que eles namoravam membros da equipe. Teria sido mais do que um choque se eles realmente tivessem encontrado mulheres aceitavelmente inteligentes e não recrutadas para o Google apenas para que pudessem vê-las ocasionalmente.

Não importa o raciocínio, eu descobri que a ênfase na igualdade de gêneros era real.

— Por que não temos camisetas Google para mulheres? — Sergey me perguntou depois que uma visitante saiu de seu escritório com uma camiseta masculina GG. Ele estava bem chateado. Quando uma vez, na França, ele foi criticado sobre as empresas norte-americanas e suas enormes camisetas que nenhuma francesa usaria, ele insistiu que corrigíssemos o problema de uma vez por todas. Encomendei camisetas femininas, mais do que pensava que nós fôssemos distribuir, porém elas nunca ficavam no estoque. Eu não entendia por que elas eram tão populares, por causa de nossa limitada equipe feminina, até que minha prima me agradeceu por eu ter lhe enviado uma e ela comentou:

— Elas são bem transparentes. Isso foi intencional?

Gerenciamento ausente

Eu vi Eric com frequência nas primeiras semanas. Parecia que ele gastava muito do seu tempo andando pelos corredores, com um olhar divertido no rosto, como se não acreditasse que tinha entrado para trabalhar em uma empresa com grandes bolas de borracha, lâmpadas decorativas, animais dormindo nos sofás, algumas vezes com os bichos de estimação que eles tinham trazido para o trabalho jogados ao lado deles.

Geralmente, quando eu via o Eric, ele estava na companhia de alguém. Um dia era o governador Howard Dean. Mais de uma vez era o Al Gore. Gore aparentemente tinha muito tempo livre, eu o encontrava em todos os lugares.

— Boa tarde, senhor vice-presidente — eu disse ao homem alto parado no mictório ao meu lado, enquanto fazia uma pausa entre as reuniões. Aquela experiência acabou dissipando minha sensação de reverência. Quando Eric e Al pararam na porta de meu escritório conversando sobre o interesse de Gore em criar uma nova rede de TV independente, gentilmente fechei a porta com meus pés. Eu tinha trabalho a fazer.

Não tinha certeza quanto a Eric. Ninguém parecia saber o que ele fazia, já que Larry e Sergey ainda estavam tomando todas as decisões. Além dos editais de compra, não ouvíamos muito o nome dele por um tempo, talvez porque ele ainda não tivesse oficialmente o título de CEO até agosto de 2001.

Eric realmente acrescentou transparência no processo de tomar decisões, forçando as discussões nas reuniões públicas de modo que todos pudessem participar, mesmo se nem sempre soubéssemos os ingredientes por trás daquela argumentação.

— Numa cultura que é voltada para o consenso — Eric explicou ao repórter Fred Vogelstein, em novembro de 2005 —, o truque é fazer todo mundo participar da decisão e garantir que todos sejam ouvidos[106]. — Isso não era verdade antes de o Eric vir para o Google. Como alguém viajando para uma galáxia mais distante em volta das estrelas do nosso Universo, eu apreciava os esforços de Eric em lançar luz em um processo que frequentemente tomava tudo e não deixava escapar nada. Esse apoio para a transparência me fez vê-lo como um aliado, um amigo do marketing e a voz da razão.

Um mês antes que Eric pudesse implementar suas ideias como CEO, as tomadas de decisão vindas de cima do Google alcançaram seu ápice e seu ponto mais baixo. Larry decidiu que julho seria usado para reorganizar o grupo de engenharia. Isso não pegou bem.

---

[106] Fred Vogelstein, Wired.com, 9 de abril de 2007, disponível em: <http://www.wired.com/epicenter/2007/04/my_other_interv/>.

Nossos fundadores cortavam a burocracia do mesmo modo que cortavam gastos: com uma machadinha em vez de uma faca de cozinha.

Larry confiava em seus novos gerentes de produto, Salar e Susan, e duas novas contratações, John "J.P." Piscitello e Pearl Renaker, que começaram em abril de 2001. Todos se reportavam diretamente a ele. Ele não estava nada satisfeito com a meia dúzia de gerentes de projeto que estavam fazia meses trabalhando com a engenharia. Gerentes de projeto criavam cronogramas, alocavam recursos e estimulavam os engenheiros para garantir que os produtos fossem enviados a tempo. Eles realizavam análises de desempenho e evitavam que pessoas como eu incomodassem a equipe técnica com pedidos que poderiam fazer as coisas andarem mais devagar. Também agiam como um amortecedor entre os engenheiros e os executivos, ou como o engenheiro de sistema Ben Smith descrevia: "Protegiam seus funcionários da merda que vinha de cima". Em uma empresa como o Google, ficar entre os fundadores e os engenheiros não garantia reconhecimento nem prêmios.

Eu gostava dos gerentes de projeto. Mais importante: eu precisava deles. Eles eram nossos contatos para qualquer tarefa que exigisse recursos técnicos, como avaliar vendedores ou traçar a performance de nossos anúncios de banners. Os gerentes de projetos designavam engenheiros para trabalhar conosco; engenheiros que estavam sob muita pressão e normalmente não considerariam uma tarefa do marketing importante a ponto de ser incluída na sua lista de afazeres.

Wayne Rosing entrou para o Google no final de 2000 e, em janeiro de 2001, assumiu a vice-presidência da engenharia substituindo Urs Hölzle, que, como primeiro Google Fellow, partiu para resolver questões de operações em larga escala causadas pelo nosso rápido crescimento (coisas como consumo de energia e eficiência nas centrais de servidores). Wayne tinha um jeito bondoso e parecia Charlie Brown, exceto quando usava ocasionalmente um brinco de diamantes ou tingia seu cabelo de vermelho. Ele trouxe consigo décadas de experiência com liderança de grupos de engenheiros, incluindo na Sun Microsystems Laboratories, que ele tinha fundado. Wayne descobriu que os engenheiros do Google tinham um grande controle de seu próprio destino, algumas vezes eles atuavam e às vezes ignoravam prioridades que vinham de Larry e Sergey num caráter de urgência volátil.

O ambiente da empresa logo ficou pesado com rumores de que grandes mudanças organizacionais estavam chegando, fermentando o pessoal que cochichava nervosamente sobre demissões e o que isso significaria em uma empresa que ainda dava os primeiros passos. Ainda assim, quando Wayne convocou uma reunião para todos da engenharia, em junho 2001, e anunciou uma reorganização, a maioria dos engenheiros foi pega de surpresa. Assim como os gerentes de projeto, que ficaram sabendo publicamente que seus empregos não mais existiam.

Quando o anúncio foi feito, houve um burburinho audível entre os engenheiros presentes. Eles geralmente respeitavam os gerentes de projeto e achavam que eles tinham um papel real a desempenhar. E foram contra a ideia da demissão.

Para conter a revolta que se espalhava, Larry se posicionou na frente da sala e deixou bem claro tudo de que ele não gostava sobre o sistema do gerenciamento da engenharia, partindo da ideia de que não engenheiros estavam supervisionando os que sabiam mais de tecnologia. Os comentários atingiram os gerentes de projeto, alguns deles sentiram-se ofendidos pessoalmente, sobretudo porque Larry não tinha levantado as questões com eles individualmente antes da reunião.

— Foi uma droga — um dos gerentes de projeto me contou depois —, me senti humilhado. Larry falou na frente da empresa toda que não precisava de gerentes e ele falou do que não gostava em nós. Ele disse coisas que ofenderam muitas pessoas.

O murmúrio tornou-se então mais alto.

— Eu gritei com Larry — o engenheiro Ron Dolin admitiu —, porque ele disse que os gerentes que eles estavam planejando demitir não estavam fazendo um bom trabalho. E eu disse que não era um bom lugar para fazer uma análise de desempenho. Mandar essas pessoas embora era completamente ridículo, e o modo como foi anunciado foi completamente não profissional.

— Eu fiz o possível para lembrar que havia valor real no gerenciamento — Stacy Sullivan relembra. — E você pode montar seu próprio estilo de como fazê-lo. Eric disse: "Deixe eles tentarem". Wayne disse: "Deixe eles tentarem, a empresa é deles". Isso me incomodou. Tentamos dar um *input*, eu, Omid, Urs. Mas, no final, espero que tenha sido uma lição para Larry e Sergey.

A solução que Larry queria era que todos os engenheiros se reportassem diretamente a Wayne. Embora isso estivesse posicionado como um modo de simplificação da estrutura da engenharia, a maioria daqueles com quem eu falei pensava que se tratava apenas de as prioridades de Larry não estarem sendo atendidas.

— Larry e Sergey tinham algumas coisas que eles queriam que fossem melhoradas — o criador do Gmail, Paul Bucheit, explicou —, e havia alguns grupos que estavam fazendo suas próprias coisas e não o que Larry e Sergey queriam.

Por exemplo: Larry queria escanear livros. Muitos, muitos livros. Cada livro da Biblioteca do Congresso. Mas ninguém parecia interessado em assumir um projeto tão ambicioso. Com os engenheiros operando como unidades autônomas sob a proteção dos gerentes de projeto, Larry ficava cada vez mais frustrado.

Howard Gobioff estava convencido de que:

— Isto se tratava de pessoas que ficavam entre Larry e Sergey e os engenheiros. Numa época em que a organização era pequena a ponto de os fundadores ainda quererem pôr a mão na massa. Isso foi muito mal conduzido. A maioria dos engenheiros ficou furiosa, pois gostava dos nossos gerentes. Eles não eram técnicos, portanto, não tinham ilusões de que sabiam mais do que nós.

Urs se culpava.

— Foi minha inexperiência em gerenciamento que causou isso — ele me disse — e Larry ser tão bom para reconhecer o conflito de longo termo que criou. — Urs tinha acreditado que seus engenheiros iriam atender às necessidades de codificação do Google, então ele sondava potenciais gerentes de projeto por habilidade organizacional e testava suas habilidades com pessoas ao invés de seu conhecimento técnico.

— Então... o que eu subestimei — ele continuou — é que gerentes sempre tomavam decisões. Eles têm que fazê-lo para que as coisas funcionem. Se você está numa área altamente técnica, não pode tomar boas decisões se você mesmo não for altamente técnico. Nós mudamos naquele ponto nossa estratégia para contratar gerentes, divergindo da coordenação que dizia que o que mais importava era a liderança técnica.

Larry reconheceu o problema antes de Urs, mas nenhum deles tinha a experiência de fazer essa transição com delicadeza e sem sofrimento. Em vez disso, Larry simplesmente fazia o que lhe era natural. O sistema não funcionava, então era só reiniciá-lo.

— Não consigo pensar em nada que tenha deixado as pessoas no Google tão deprimidas, pelo menos na engenharia — Paul Bucheit lembrou depois. — As pessoas se sentem um pouco donas da empresa, têm ideia de que ela é sua grande família. E, de repente, alguns de seus amigos foram chutados da ilha. Então, você pensa: "Isso não é o que eu pensei que fosse. Pensei que estávamos todos juntos nessa e simplesmente decidimos nos livrar dessas pessoas".

Na maioria das empresas, a noção de um chefe de engenharia supervisionando diretamente centenas de pessoas era ridícula, mas como acreditávamos que os engenheiros do Google se autodirigiam, Wayne simplesmente eliminou a camada de gerenciamento entre eles. Ele os dividiu em equipes de três, e cada equipe tinha um líder técnico que era um engenheiro, não alguém contratado para gerenciar.

A questão era que cada uma dessas equipes também teria um gerente designado pela nova organização de produtos de Larry. Não era muito sutil essa introdução de um verdadeiro sistema de gerenciamento de projetos. Os gerentes de projeto que davam suporte aos engenheiros foram substituídos por homens de confiança de Larry, que estariam cautelosos.

— Você poderia fazer muita coisa com a liderança tecnológica — o expert em qualidade de busca Ben Gomes me explicou — por causa das pessoas que contratamos. Em qualquer outro lugar, fazer trezentas ou quatrocentas pessoas se reportarem a uma única pessoa seria uma loucura. Ainda assim, isso funcionou razoavelmente bem, por certo tempo. E, depois, deixou de funcionar.

No fim das contas, os gerentes de projetos foram poupados. Urs absorveu a maioria deles na sua área de atuação. Mas a angústia promovida pela reorganização não desapareceu rapidamente. Quando a poeira assentou, os 130 engenheiros se reportavam diretamente a Wayne. A burocracia havia acabado. Não havia hierarquia. Não havia análise de desempenho. Os engenheiros estavam sozinhos, entidades independentes conectadas apenas aos outros membros de suas equipes e ligados tenuamente à organização central. Sua interação direta com Larry continuava, principalmente na revisão dos produtos. Wayne começou a fazer reuniões semanais e a caminhar pelos cubos regularmente para se assegurar de passar algum tempo com os engenheiros e deixar que eles pudessem abordá-lo com questões que os preocupassem.

Era um sonho dos engenheiros que se tornou realidade ou parte de um pesadelo, dependendo de com quem você conversasse. Não havia chefes sem noção para atrapalhar e atrapalhar as coisas, mas não havia sinais claros vindos de cima sobre o que era importante, o que era urgente e o que era ambos. Os grupos lutavam por recursos e brigavam com a redundância. Alguns engenheiros precisavam de mais feedbacks sobre o que estavam fazendo e se estavam fazendo benfeito, e outros imaginavam as oportunidades de subir.

O verdadeiro significado da reorganização não ficaria aparente imediatamente, pois logo depois que começamos a reconstruir nosso mundo, o restante do mundo desmoronou.

CAPÍTULO 16

Nova York ainda está viva?

ENQUANTO EU dirigia para o trabalho em 11 de setembro de 2001 minha mente estava no Ask Jeeves. Muito tarde, na noite anterior, Larry tinha encaminhado um artigo do *Wall Street Journal* anunciando que nosso competidor estava comprando a Teoma, um novo mecanismo de busca promissor. Isso me preocupou. A marca Jeeves era forte, embora sua tecnologia de busca não pudesse ser comparada ao Google. Se eles realmente melhorassem a tecnologia deles, se tornariam um adversário forte.

No rádio do carro ouvi algo sobre um acidente de avião em Nova York, e imaginei um aviãozinho pequeno como um Piper Cup, que estaria passeando e chegou muito perto de um arranha-céu. Mas, então, falaram de outro avião. Outro avião tinha colidido com o World Trade Center. Aviões a jato, repletos de gente. O World Trade Center estava em chamas. Pessoas estavam saltando pelas janelas. Outros aviões estavam desaparecidos. Ninguém sabia o que estava acontecendo.

Quando cheguei no trabalho, a TV estava ligada na sala de reunião azul. Alguns engenheiros estavam sentados, paralisados, com o cereal empapado nas tigelas intocadas. Eu me sentei para assistir e não me mexi por meia hora. "Meu Deus", eu pensava. "Oh, meu Deus." Não conseguia pensar em mais nada. Não me ocorreu nada que eu pudesse fazer sobre o que estava acontecendo. O desastre era do outro lado do país, a milhares de quilômetros de distância. Jamais havia considerado que eu trabalhava para um serviço de informação global poderoso e que o Google poderia oferecer ajuda de algum modo.

Sergey entrou. Ele estava com o cenho franzido e visivelmente agitado. Mas seu raciocínio estava claro. Ele viu problemas e nunca passou pela sua mente que nós pudéssemos *não* ajudar, que nós *iríamos* não ajudar. Ele tinha tido dificuldades em acessar organizações de notícias on-line. Pessoas desesperadas por informação os tinham sitiado e estrangulado seus servidores. Ele nos instruiu para começar a baixar as HTML das notícias de qualquer fonte que pudéssemos acessar. Ele queria o texto e as imagens também. Sergey já tinha falado com nossa webmaster Karen e com Craig, um dos poucos engenheiros que poderiam manualmente fazer mudanças no nosso website. Iríamos colher quaisquer páginas que pudéssemos e iríamos hospedá-las no Google.com, que era mais capaz de lidar com volume de tráfego alto do que o *The New York Times* ou a CNN.com.

Ninguém perguntou se estava de acordo com nossos direitos legais nos apropriar do conteúdo dos outros. Não discutimos se usar um link para notícias *cached* combinava com nossa marca, nossa missão ou nosso papel como uma ferramenta de busca. Ninguém discutiu se os links iriam perturbar a estética da nossa homepage. As pessoas precisavam urgentemente de informação e não as estavam conseguindo. Nós poderíamos ajudá-las. Claramente era nossa responsabilidade fazê-lo.

Percebi, então, como Sergey via o Google como uma extensão de si mesmo. Não era uma corporação anônima presa às tradições da indústria. Ele o havia criado com Larry e as únicas regras que valiam eram aquelas com as quais eles concordavam. Assim como William Randolph Hearst e Joseph Pulitzer tinham imprimido sua personalidade em seus jornais, Larry e Sergey tinham imprimido o Google com muito mais do que simples linhas de código. A diferença, entretanto, era que os fundadores do Google usavam o poder da sua "imprensa" para apresentar não apenas seus próprios pontos de vista, mas todos os pontos de vista.

Voltei para minha mesa e verifiquei minha caixa de entrada. "Nova York ainda está viva?", era o assunto de uma mensagem de Chad.

"Oh, Cristo!", pensei. É isso mesmo. O Google tinha um escritório no centro de Manhattan. Eric Schmidt supostamente estaria fazendo uma visita lá naquela manhã. A resposta que veio de Nova York era de que todo mundo estava bem. Eles tinham evacuado o escritório perto do Empire State Building quando o primeiro avião bateu. Eles estavam em choque e preocupados com amigos e familiares.

Meu cérebro finalmente descongelou e pensei no que Sergey estava tentando fazer. Percebi que seria melhor hospedar conteúdos de notícias reais do que colocar a esmo pedaços de trechos baixados por toda a web. Contatei Martin Nisenholtz, chefe do serviço on-line do *The New York Times*, e perguntei se ele queria que o Google hospedasse cópias das páginas que eles estavam postando. Martin ficou agradecido pela oferta, mas depois de verificar com seu webmaster, a recusou. Eles acreditavam que seus servidores seriam capazes de aguentar a carga.

Enquanto isso, Karen tinha reunido artigos do *Washington Post* e da CNN e os colocou em uma página do Google.com/currentevents. Precisávamos de um indicador para nossa homepage, então rascunhei um parágrafo e lhe entreguei. Dizia: "Se você está procurando por notícias, irá encontrar as informações mais atuais na TV ou no rádio. Muitos serviços de notícias on-line não estão disponíveis devido à demanda extremamente alta. Abaixo estão os links para sites de notícias, incluindo as cópias *cached* exatamente iguais ao modo como apareceram hoje mais cedo".

Não pensei muito nas implicações do que eu tinha escrito e que seriam esmiuçadas e analisadas nos meses seguintes como uma admissão de que a "nova mídia" não tinha ainda suplantado a antiga, em um momento de crise nacional. Essa não foi a minha intenção, mas eu sabia que nosso índex da web não era atualizado em tempo real. Buscas no Google não conseguiriam trazer nenhuma notícia recente, então, o melhor que poderíamos oferecer aos usuários eram links para os sites de notícias que aparentavam estar funcionando, além de cópias estáticas de reportagens. Parecia óbvio para mim que as imagens ao vivo da televisão de Nova York seriam a janela mais informativa do que estava acontecendo exatamente naquele momento.

A corrente principal da mídia, entretanto, não correu para minimizar o poder do Google. Meia hora depois que a mensagem apareceu, a ABC News pediu um link para o site deles. Então, foi a vez da MSNBC. Nós adicionamos ambos e, ao fazê-lo, excedemos o limite de caracteres para nossa tabela de HTML, quebrando a homepage do Google. Karen e Marissa lutaram para consertá-la enquanto a atmosfera do dia se alternava entre a depressão por causa dos acontecimentos, a obsessão em juntar qualquer pontinha de informação e o estresse por tentar fazer mais do que podíamos para ajudar.

Alimentamos palavras-chave relevantes no nosso sistema de propaganda de modo que buscas em tópicos como "World Trade Center" exibia mensagens conectando a nossa página de notícias. Preparamos um link para a Cruz Vermelha para incentivar doações de sangue, então descobrimos que o site deles tinha sido esmagado e não poderia ser acessado. Nossos engenheiros rodaram um rastreador especial usando a ferramenta de indexação adicional que tínhamos construído para o acordo com o Yahoo, para buscas que trariam resultados atualizados dos sites de notícias.

Logo estaríamos inundados com e-mails de usuários bem-intencionados que queriam que o Google os ajudasse a ajudar outros. A maioria das mensagens era sobre o diretório de notícias específicas que havíamos criado. Pedidos para ser adicionados à lista de links aumentavam a cada atualização. Uma webmaster tinha um site no qual as pessoas podiam colocar mensagens informando aos outros que elas estavam bem. Uma Wicca (uma bruxa boa) queria um indicador para seu "livro de curas on-line". Um velho amigo do Salon.com queria um link para sua cobertura. Um usuário britânico sugeriu que adicionássemos fontes de fora dos Estados Unidos. Expliquei a todos eles que nossa missão não era "substituir os serviços de notícias on-line, mas ajudar as pessoas a obter informações que elas não conseguiriam de outro modo". Ainda assim, a cascata de entrada de links se tornou uma catarata, rugindo em concerto com o ímpeto das notícias de Nova York, do Pentágono e da Pensilvânia.

Concordei em adicionar uma perspectiva global, então perguntei aos Googlers quais sites eles usavam no exterior. Eles mandaram de volta fontes em alemão, holandês, sueco, norueguês, dinamarquês, romeno, polonês, espanhol, basco, ucraniano, japonês e russo. Obedientemente, verifiquei todos eles. Infelizmente não consegui ler nenhum, portanto, não tinha como avaliar se eles estavam apoiando o extremismo nas suas manchetes em negrito ou se tinham um viés enterrado nas pequenas letras abaixo. Tentei conseguir confirmação de pelo menos dois Googlers antes de encaminhar os sites para Karen postar. A equipe de jornalismo me enviou uma lista dos principais sites de notícias que estavam vendo nos logs de busca, uma indicação de quais fontes as pessoas no mundo todo estavam tentando encontrar. Se eu não conseguia validação do meu pessoal, considerei a popularidade da busca como uma prova de sua legitimidade.

Enquanto as mudanças rolavam o dia todo, a reação do usuário estava em todos os lugares. Alguns elogiavam a utilidade das nossas informações. Outros reclamavam do texto que direcionavam as pessoas às suas emissoras de TV. Alguns sugeriram que não era nosso papel agir como provedor de notícias. Alguns nos advertiram de que a nossa interface organizada tinha chamado sua atenção primeiro e ameaçaram sair se não limpássemos a homepage e tirássemos os links.

Eu fiquei pensando no provincianismo dessas pessoas. Eles não entendiam que algo de extraordinário tinha acontecido e que exigia medidas extraordinárias de nossa parte. Para sermos justos, se Sergey não tivesse dado uma martelada na imagem perfeita e polida da nossa marca, eu também estaria confuso. Éramos uma corporação, uma entidade legal fornecendo um produto exclusivamente para receber lucros, e ainda assim estávamos como qualquer outro transeunte bem-intencionado tentando fazer respiração boca a boca em uma vítima de um acidente de trânsito. Deveríamos manter uma distância profissional ao invés de colocar HTMLs apressadas que tornariam nossa homepage uma bagunça?

Como sempre, havia também os que pensavam que não estávamos fazendo o bastante. Um usuário alemão sugeriu que pintássemos o nosso logo de preto. Steve Schimmel, do nosso grupo de desenvolvimento de negócios, argumentou que nossa resposta não tinha um "lado humano", que deveríamos colocar uma "mensagem de pesar" na homepage. Cindy e eu discordamos com ambos. Não parecia apropriado partir tão rapidamente para uma mensagem de condolências enquanto as notícias ainda continuavam a chegar. Será que parecíamos insinceros, esquisitos ou, pior ainda, parecia que estávamos capitalizando na tragédia nacional? Eu não quis tomar nenhuma decisão drástica que poderia mais tarde ser considerada mal-intencionada. Já podíamos ver um oportunismo perturbador crescendo à nossa volta. Uma organização de notícias pediu para ser colocada mais alto na nossa lista, enquanto outros exigiam saber por que seus competidores apareciam e ele não. O empurra-empurra por uma posição ficava mais intenso a cada hora.

Eu compartilhava com Steve minha crença de que expressar sofrimento pessoal por meio do nosso logo da website ou uma mensagem na homepage seria banalizar uma tragédia devastadora. A ferida ainda estava muito recente para dar voz à nossa dor. O que não contei a ele é que eu achava que seria um alto engrandecimento, como se o Google estivesse dizendo: "Olhe para nós. Veja como somos importantes. Neste dia de desespero, estamos fazendo uma declaração na nossa homepage. Não é uma coisa bacana?".

Como de costume, Sergey estava lá para ajudar com meu dilema.

— Quero colocar uma mensagem de luto no site — ele disse. — Oferecer condolências e um link para mais informação.

Tudo bem então. Elaborei um texto e enviei para ele, junto com minhas reservas sobre o seu *timing*. Ele descartou minhas considerações e me instruiu a colocar um link no dia seguinte, indicando nossos sentimentos de pesar e apoio.

Naquela noite, fui para casa em choque e deprimido. Pelo menos eu tinha sido capaz de me iludir que estava fazendo algo útil em vez de ficar sentado assistindo, impotente.

"Então, é assim que o Google lida com uma crise", pensei enquanto monitorava o e-mail mais tarde naquela noite. Não tínhamos nenhum plano em andamento, mas também não havia pânico nem caos. Nessas circunstâncias únicas, as pessoas faziam o que sabiam fazer melhor e pensavam em como contribuir mais. Resolver os problemas, encontrar soluções e calmamente discutir questões contenciosas. No final das contas, nossos líderes tomavam as decisões e terminavam o debate e nós seguíamos em frente.

O dia seguinte não começou bem. O *Washingtom Post* interpretou nossas mensagens que direcionavam os usuários para suas televisões como se o próprio Google tivesse sido incapaz de lidar com o aumento de tráfego. Usuários perguntaram por que nós não tínhamos modificado nosso logo para homenagear os mortos, ou pelo menos deveríamos ter colocado uma bandeira na nossa homepage para mostrar solidariedade com nossos compatriotas. Tínhamos mudado nosso logo por coisas menos importantes. Por que não agora? Expliquei como eu me sentia em relação a um logo comemorativo, mas eu tinha reservas particulares sobre colar uma bandeira na homepage. Para mim, balançar o símbolo de nosso país nos daria recompensa imediata, mas mandaria a mensagem errada. Eu me sentia fisicamente mal de observar meu país sendo atacado, mas não queria que o Google fizesse um gesto nacionalista idiota apenas para provar que éramos norte-americanos leais. Pessoas demais tinham declarado superioridade moral antes de 11 de setembro porque tinham bandeiras nas mãos, mesmo se sua atitude fosse para promover interesses próprios.

Meu pai voou em missões com a OSS sobre a Alemanha e a França ocupada durante a Segunda Guerra Mundial. Ele me ensinou que qualquer um pode tremular uma bandeira e que a verdadeira medida do patriotismo é o que você realmente faz quando seu país precisa de você. Ouvi este conselho do fundo do meu coração. Ainda assim, nós do Google éramos norte-americanos e queríamos mostrar nosso apoio, e rapidamente ficou óbvio que nossos usuários, pelo menos para aqueles em nosso país, esperavam que fizéssemos isso. Tentei descobrir um modo de fazê-lo apropriadamente.

Enquanto isso, Tim Armstrong, o chefe de nossa equipe de vendas de Nova York[107] contou que eles estavam planejando reabrir o escritório do Google no dia seguinte. Tinham esvaziado suas cozinhas e doado a comida para os bombeiros e a polícia, mas estavam ansiosos para restabelecer um pouco da rotina.

Desliguei-me do trabalho. Meu coração não estava ali. Comecei a inserir termos de busca no Google para ver o que eu poderia aprender sobre quem e o porquê daquilo ter acontecido. Qual era o significado da data 11 de setembro? Não descobri muita coisa. O *The Turner Diaries*, uma obra de ficção neonazista datada de 1968, se referia ao bombardeio que aconteceu em Houston em 11 de setembro. A Declaração de Princípios Israel e Palestina foi assinada em 13 de setembro. Conexões muito tênues.

Mais curioso foi uma mensagem de 4 de setembro da Usenet arquivada nos grupos do Google. Um escritor que se denominava "Nostradamus" tinha escrito: "Espere sete dias e então talvez responderei essa mensagem. Veja, vou embora em sete dias e você não terá notícias minhas novamente". Sete dias depois era 11 de setembro. Kulpreet, nosso advogado, me informou que o FBI já tinha feito perguntas sobre isso.

Assim que os nomes dos terroristas suspeitos foram liberados, os busquei pelo Google. Apenas um retornou algo interessante. Uma organização de ajuda palestina sediada nos Estados Unidos apareceu quando procurei por Mohamed Atta. Entretanto, seu nome não estava em nenhum lugar do site. Cliquei na versão *cached* da página do Google, uma foto de como o site parecia quando o rastreamos havia algumas semanas. A versão mais antiga da página fazia referência a vários casos com os quais a organização esteve envolvida, incluindo do jovem de 17 anos Mohamed Atta. Atta fora tratado em um hospital norte-americano depois de ter sido ferido a bala. Li a versão recente do website novamente, mas a história de Atta não mais aparecia. Pelo que pude observar, sua biografia fora a única que tinha sido removida. Eu não tinha ideia se o nome Atta era um nome comum, e não sabia se esse era o mesmo Mohamed Atta que havia sido identificado como sequestrador. Mas eu queria ajudar e este item apagado pareceu suspeito. Inseguro sobre o que fazer com essa informação, consultei Sergey. Ele me disse para informar o FBI.

Sergey também estava pensando como o Google poderia ajudar a identificar os terroristas. Mas seu pensamento foi mais longe do que o meu. Primeiro ele

[107] Tim tornou-se CEO do AOL em 2009.

encaminhou para mim e Karen um formulário da Terrorist Activity Information (Informação sobre Atividades Terroristas) para postar os sites de modo que os usuários pudessem dar informações ao FBI. Então, ele pediu muito calmamente ao nosso pequeno grupo para começar a verificar nossos arquivos de log.

— A essa altura o Google já é bem grande, e é inteiramente possível que os terroristas o tenham usado para planejar seus ataques — ele disse. — Podemos tentar identificá-los tomando como base as intersecções das consultas de busca conduzidas durante o período que antecedeu os sequestros.

Fazia sentido. Depois de 11 de setembro, havia muitas consultas sobre o World Trade Center e o potencial explosivo de um avião de carreira com o tanque cheio, mas era provável que não houvesse um grande número antes daquela data.

Uma rápida nota de explicação sobre quais dados estavam em nossos logs. Não tínhamos informação pessoal sobre usuários (nomes e endereços), mas, como a maioria dos websites, o Google tinha colocado uma série única de números em cada computador quando o usuário estava conectado com o nosso site. Esta série de números é conhecida como um "cookie". Nos nossos logs, todas as buscas estavam associadas a um cookie e a um endereço IP e do computador que conduz a busca. Então, se você visse um cookie conectado a diversas buscas relacionadas ao bombardeio, poderíamos identificar o endereço da internet do usuário. E, ao procurar outras buscas que ele tinha conduzido, também podíamos determinar sua identidade no mundo real. Por exemplo, se o usuário tivesse buscado seu próprio nome (uma ocorrência relativamente comum), aquela busca seria conectada ao seu cookie para outras buscas que ele tivesse realizado.

Sergey compilou uma lista de palavras para procurar nos blogues, incluindo "Boeing", "escola de aviação", "aeroporto Logan" e "capacidade de combustível". Na primeira rodada, a equipe de logs encontrou cerca de mil consultas ao dia que combinavam com alguns desses critérios. Adicionei um conjunto de termos que tirei de buscas em quadros de aviso nos quais os nomes dos sequestradores tinham aparecido antes de 11 de setembro, embora eu percebesse que era mais provável que essas mensagens fossem coincidências colocadas por infelizes usuários que tinham o mesmo nome dos sequestradores.

No meu entender, ninguém de fora do Google tinha solicitado que minássemos os logs, embora reportagens indicassem que o governo tinha instalado máquinas Carnivore (computadores que podem monitorar comunicação na internet) em alguns ISPs para rastrear conversas pela web em tempo real. As reportagens também diziam que o governo estava procurando logs ISP por tráfego com um endereço de e-mail específico. O interesse da administração Bush nas conversas da internet tinha se expandido exponencialmente da noite para o dia.

Eu não tinha pruridos para ajudar no esforço de Sergey nessa busca. Ninguém sabia se havia outras células terroristas prestes a atacar, e, se houvesse, onde seria o ataque? Se pudéssemos fornecer informação que salvasse vidas, tínhamos a obrigação moral de fazê-lo. O custo em termos de uma potencial perda de privacidade parecia insignificante, já que nossos parâmetros eram restritos. Tentaríamos identificar indivíduos que tinham exibido antes de 11 de setembro um interesse suspeito por assuntos claramente relacionados aos sequestros.

Assim mesmo, não havia como evitar o fato de que estávamos examinando minuciosamente usuários específicos com base em suas buscas. Se os encontrássemos, tentaríamos descobrir suas informações pessoais com base nos dados existentes sobre eles em nossos logs. Penso nisso quando escuto uma discussão sobre privacidade na internet. O texto "Blá-Blá-Blá" que escrevi para a barra de ferramentas tinha sido meu primeiro encontro com questões potenciais da privacidade do usuário. Essa era a segunda. O debate sobre os dados do usuário não era um fato com o qual tínhamos nos engajado internamente ou com nossos usuários, e me preocupei que isso seria uma questão de comunicação potencialmente devastadora para nós. Resolvi descobrir um meio de desarmá-la, assim que a vida voltasse a uma aparente normalidade.

A busca em nossos logs pelos terroristas de 11 de setembro não resultou em nada interessante. O mais perto que chegamos foi um cookie que tinha procurado tanto o "World Trade Center" e "sequestro na Egypt Air". Se os terroristas *tinham* usado o Google para planejar seu ataque, eles o fizeram de tal modo que não conseguimos desvendar.

Voltei minha atenção para nossa florescente página de notícias e recursos, que tinha crescido como mato em uma longa lista de links para fontes de notícias e organização de ajuda. Tinha sido visitada mais de 400 mil vezes no dia seguinte aos ataques. Minha responsabilidade era atualizá-la, o que rapidamente se tornou um papel politicamente sensível. Um de nossos investidores nos pediu para adicionar um site de doação mantido pela empresa que ele apoiava. Um de nossos vendedores tinha um cliente que cobria tecnologia. Agências de notícias do mundo todo suplicavam para serem adicionadas. Eu não tinha estabelecido critérios para determinar qual link valia a pena ou não, então fui rápido, verificando com Cindy os pedidos que poderiam ser aceitos ou não, ou que pudessem ter ramificações nas relações públicas. Os usuários pediam fontes de notícias do Oriente Médio, da África e do Canadá. Eu tinha negligenciado nossos vizinhos do Norte e eles se sentiram subestimados. Adicionei a CBC, um serviço de notícias em inglês dos países árabes e fontes africanas. Lembrei a todos de que a página era um serviço temporário e "não pretendia se tornar uma função permanente em nosso site". Eles pareciam não se importar.

Na semana seguinte, eu caminhava sobre uma linha estreita, me equilibrando entre as novas circunstâncias, inseguro de qual seria o passo seguinte. Era uma situação na qual não poderíamos rodar testes de usuários ou depender dos dados que tínhamos na casa. Tínhamos que seguir nossos instintos. Eric proibiu viagens desnecessárias e cancelamos o lançamento de um grupo internacional de sites Google, pois o Afeganistão era um de seus domínios incluídos. Eric também nos alertou para sermos sensíveis ao interagir com usuários raivosos, devido ao período estressante. Não levamos a sério o seu conselho. Um usuário irado sobre os resultados quando procurava seu próprio nome ameaçou aparecer em nosso escritório e "fazer um Rainbow 6 na porta da frente do Google"[108]. Coloquei a polícia em contato com ele. Outro usuário, irritado porque fizemos *cached* de suas fotos com direitos autorais, nos repreendeu ao telefone com obscenidades. As fotos em questão eram fotos amador de seu gato, que ele havia postado on-line. E assim ia. Depois de 11 de setembro, não podíamos desconsiderar nenhuma ameaça vinda de algum louco.

Enquanto isso, eu continuava a lutar para acertar o tom de nossa comunicação com os usuários. Na segunda-feira depois de 11 de setembro, um aluno da Boston University chamado Alon Cohen nos enviou uma imagem por e-mail e perguntou se poderíamos colocá-la na nossa homepage. Era um laço de fita vermelho, branco e azul, e era exatamente o que eu queria. Não era genérico nem espalhafatoso, e não berrava: "Olhe para nós! Somos patriotas!". Era simples e de bom gosto, e transmitia respeito. Enviei para Karen e pedi

---

[108] *Rainbow 6* é um romance de Tom Clancy. A história foi passada para a linguagem de *videogame*, e no jogo a um grupo paramilitar de armamento pesado é destacado.

sua opinião. Ela gostou e então eu a enviei para Larry e Sergey. Postamos o laço naquele dia — na homepage — com um link para a mensagem de condolências que tínhamos colocado na semana anterior. Quase imediatamente um usuário ofendido reclamou porque não tínhamos usado "uma bandeira norte-americana verdadeira", afirmando que nosso laço tinha um "fedor politicamente correto". Ele foi mais rude que a maioria, mas dificilmente o único a exigir que demonstrássemos um patriotismo mais aberto.

Um representante de anúncios do escritório de Nova York pediu para criarmos camisetas Google com a versão do nosso logo com as estrelas e listras da bandeira americana. Ele queria distribuí-las a seus clientes. Seus colegas adoraram a ideia, mas, outra vez, me vi na posição de dizer: "Opa, breque!".

— Fomos cuidadosos com o próprio site para não cruzar os limites entre apoiar e chamar atenção para o fato de que estávamos fazendo isso como uma empresa chamada Google — expliquei em uma nota enviada a ele. — Acho que isso poderia cruzar aquela linha por, literalmente, nos embrulharmos na bandeira. — Passou pela minha cabeça que gerenciamento de marca era saber o que você precisava para dizer "não". Quanto mais crescíamos, maiores eram as forças batendo em nossa marca e mais poderosas as correntes que poderiam nos deixar à deriva da âncora da nossa estratégia. Sem cuidado constante, a confiança que tínhamos construído com o público iria se arrebentar nas pedras. Baseei minhas decisões na experiência, intuição, contatos com consumidores, discussões em equipe, feedback do fundador e meu próprio senso do que era "Googley". Mas eu estava apenas adivinhando.

Em 11 de setembro, o mundo todo mudou. As velhas regras não valiam mais. Com exceção do Google, onde a anarquia das mensagens expôs mais claramente nosso modo de operação normal: Larry e Sergey fizeram o que pensaram que era certo e a marca do Google acompanhou. Corri atrás dos nossos rebatedores, sempre um passo mais devagar e uma base atrás. Assim que assumi uma posição, pensei que eles tinham me declarado impedido ("Google só faz buscas"). Larry e Sergey correram ("Agora fazemos notícias também"). Tentei voltar para um terreno familiar propondo um cronograma para retirar a página de notícias.

— Deveríamos voltar para nossa homepage normal na segunda-feira, 24 de setembro — recomendei. — Quanto mais esperarmos, mais embaraçoso será remover o laço e o link, porque, quando fizermos isso, as pessoas vão dizer que não nos importamos mais. — "O fluxo natural das notícias deveria diminuir depois da segunda semana", pensei. Esta era a natureza dos desastres e da atenção do público. Os usuários entenderiam nosso retorno ao negócio de sempre. Além disso, estávamos agora rastreando sites de notícias com mais frequência e incluindo esta informação nas buscas do Google. Poderíamos indicar às pessoas este serviço. Larry rejeitou meu plano.

— Nossa busca de notícias não funcionou suficientemente bem para usá-la como substituta — ele disse.

Sergey acreditava que os Estados Unidos iriam atacar o Afeganistão em uma semana e a página de notícias iria mais uma vez ser valiosa. Os jornalistas informaram Cindy de que eles também adoraram a ideia. E, assim, ela ficou e eu voltei para cuidar do meu jardinzinho de links.

Em 3 de outubro, parecia ser o momento de começar a rodar mensagens promocionais da nossa homepage novamente. Linhas promocionais atraíam anunciantes e levavam ao uso de nossos serviços, mas tínhamos parado de exibi-las em 11 de setembro. Se colocássemos o laço de fitas e o link do memorial ao lado da linha promocional, pareceriam anúncios. Recomendei que nós os colocássemos no fim da página, onde ficariam levemente assimétricos e, portanto, temporários, facilitando sua remoção no futuro. Larry pensou que pareceria que os empregos e os links das informações corporativas já constantes do fim da página estavam conectados também ao 11 de setembro. Ia responder às suas preocupações quando teve início o bombardeio no Afeganistão.

— Esqueça o laço e a linha promocional — Larry ordenou. — Coloque uma manchete de notícias no lugar.

— Não tão rápido — Urs respondeu. — Somos agora um site de notícias? Estamos competindo com a CNN? Por que ter uma manchete em nossa página de abertura? Posso entender essa escolha em um evento como o 11 de setembro, mas não vejo sentido em fazer isso agora. Alguém pode me explicar o raciocínio?

A empresa se dividiu com a questão. Karen achava que isso nos colocava perigosamente perto de nos transformarmos em um portal. Marissa achava que deveríamos esperar até que pudéssemos fazer as notícias "direito", implementando o serviço de notícias automatizado que o engenheiro Krishna Bharat estava construindo. Cindy ainda estava recebendo comentários simpáticos sobre a página dos seus contatos na imprensa e queria continuar assim. Argumentei que portais como o Yahoo tinham equipes dedicadas a gerenciar as notícias melhor do que Karen e eu poderíamos fazer sozinhos. Nossa página, usando uma das frases favoritas de Cindy, que sempre me fez estremecer, "era Mickey Mouse". Salar ficou do lado dos dissidentes.

— Pretendemos atualizar as últimas notícias sobre a guerra a cada momento? — ele perguntou. — Não estamos estabelecendo expectativas nos usuários e fazendo um mau trabalho em cumpri-las? — Salar pareceu persuasivo, especialmente quando Omid se juntou ao nosso coro de nãos. Foi um típico episódio de tomada de decisão no Google: *inputs* vindos de todos os lugares e jogados para serem processados pelos fundadores. Coloquei um último ponto de vista que pensei que encerraria a questão: apenas uma pequena porcentagem de pessoas que via o link das notícias clicava nele. O uso de um espaço valioso da homepage era claramente ineficiente.

Nada disso importou no final, pois uma das pessoas que clicava no link da homepage era Sergey.

— Como usuário, eu simplesmente quero ver o que está acontecendo no mundo usando alguns sites importantes — ele nos contou. — Não vejo pressa em nos livrarmos disso principalmente com os ataques dos Estados Unidos e da potencial retaliação terrorista.

Sergey julgou ser útil, então, era útil. Isso também era típico do modo que as decisões eram tomadas. O link das notícias subia e o laço descia. Por dias, semanas, meses, cultivei nossa página de notícias para mantê-la atualizada, adicionando links ao Departamento de Defesa, à Casa Branca e notícias de última hora sobre o Paquistão, Afeganistão, o vírus antrax e o Corão. Chequei reportagens de notícias da África, Ásia e Europa, o CDC, o FDA, a CIA e as Nações Unidas. Isso me deixou incrivelmente bem informado. Fiquei obcecado com meu poder editorial sobre uma página vista por milhares de pessoas todos os dias. Bem, ligeiramente tonto talvez, era, afinal de contas, apenas uma pilha de links, o equivalente on-line a um cd gravado com várias músicas de estilos diferentes.

Um dia, Cindy perguntou qual era o raciocínio por trás dos links que eu escolhia ou rejeitava. Expliquei que minhas decisões se baseavam no valor que cada site fornecia ao equilíbrio das notícias já representadas. Oferecia uma perspectiva diferente? Alcançava um público ainda não atendido? Qual era o tamanho do seu nome? Caberia no espaço alocado? Ou faria minhas colunas organizadas crescerem assimetricamente e ficarem antiestéticas? Em outras palavras, minhas decisões eram completamente subjetivas. Cindy me avisou que haveria consequências para a equipe de relações públicas se eu deixasse alguém de fora. Eu precisava ser mais inclusivo e tomar decisões mais depressa porque os jornalistas que ficavam esperando se irritavam e sua cobertura poderia refletir isso.

Enquanto isso, Krishna estava trabalhando com seu novo programa de busca de notícias e, em novembro, adicionamos um link para um grupo de artigos que seu algoritmo selecionou: a primeira versão do que viria a ser conhecido como Google News. Este dia pressagiou que minha lista de links feita à mão ficaria obsoleta. Os algoritmos de Krishna poderiam separar muito mais informações, fazê-lo muito mais rapidamente e entregar histórias de relevância real em vez de indicadores para páginas de abertura. Seu avanço teve o efeito colateral infeliz de tornar mais difícil para os jornais venderem seus produtos impressos.

Minha página de lista de links seria apenas a primeira vítima da agregação automatizada das notícias on-line. Em meados de 2003, nós a excluímos para sempre. Havia outro código para 11 de setembro à medida que se aproximava o primeiro aniversário dos ataques, enfrentamos novamente a questão de uma homepage comemorativa do evento. Sugestões surgiram de todos os lados: "coloque a bandeira a meio mastro na letra *L*", um Googler sugeriu. "Torne o *L* nas torres do World Trade Center", escreveu um usuário.

Karen, Marissa, Denis e eu debatemos por um longo tempo antes de concordar em simplificar: colocaríamos o mesmo laço que tínhamos usado antes com a data 11/09/01 embaixo. Nada mais. Também o exibiríamos apenas para os usuários nos Estados Unidos, não para os do exterior. Preparando-me para uma avalanche de e-mails raivosos, elaborei respostas para as principais questões que eu esperava que fossem surgir.

Colocamos o laço e esperamos. O primeiro e-mail de resposta me surpreendeu. "Parabéns", dizia,"por resistir à pressão de criar uma interface especial como memorial. A internet está cheia destes eventos especiais que são muito centrados nos EUA e simplificam a enormidade dos acontecimentos durante e depois dos ataques. O Google é obviamente criado por indivíduos com uma perspectiva global e uma compreensão sofisticada da complexidade da política mundial atual e problemas culturais. Ao manter a interface Google padrão, vocês permaneceram inteligentemente cosmopolitas e abertos, numa época em que essas características parecem tragicamente raras."

Outros usuários fizeram comentários parecidos. O dia passou tranquilamente para nós.

O Yahoo escolheu um caminho diferente. Eles colocaram toda a sua homepage em um tom cinzento fúnebre e, no meio dela, uma enorme caixa preta contendo as seguintes palavras: "11 de setembro de 2001 — Nós lembramos. Um tributo para mais de mil vidas perdidas". Havia um link chamado "clique aqui para aprender, compartilhar e lembrar".

Apreciei o impulso por trás da decisão deles de criar um memorial vivo, mas vendo essa abordagem em ação ficou evidente para mim a diferença entre nosso site e um portal "tradicional". Não estávamos ligados na geração de conteúdo, ou de evocação de lembranças, ou de criar uma atmosfera de luto. A marca do Google foi construída com simplicidade e funcionalidade e estávamos cientes disso. Reconhecemos o aniversário do 11 de setembro e fornecemos nosso costumeiro serviço de busca. Nossos usuários podiam direcionar o Google para encontrar a informação que queriam obter. Não tentamos dizer para as pessoas como se sentir na ocasião nem construir uma experiência para eles baseada no que considerávamos mais significante.

— Acho que você articulou o insight correto — Marissa concordou. — Como uma empresa, não temos uma perspectiva única para oferecer sobre esta tragédia, então podemos reconhecê-la e a honrarmos, não faz sentido preparar conteúdo sobre ela.

Desde aqueles dias, o Google tem desenvolvido outros modos para se comunicar diretamente com os usuários: inúmeros blogues oficiais, feeds de notícias e vídeos do YouTube produzidos pelo Google. Entretanto, nossa resposta ao 11 de setembro transbordou as barreiras de nosso canal de comunicação e ajudou a estabelecer o Google como mais do que uma corporação desinteressada. Os usuários podiam sentir a presença das pessoas atrás da tela branca inóspita da nossa homepage e ver as sombras que apareciam quando corríamos nos bastidores tentando encontrar modos de ajudá-los. Não havia dúvidas sobre nossa intenção e as constantes atualizações que fazíamos, que apesar de nem sempre serem profissionais na aparência, eram esforços sérios para ir acima e além das expectativas mínimas de nosso serviço em um momento de necessidade nacional. Considero este um dos melhores momentos da empresa. Tenho orgulho de ter feito parte dele.

PARTE III

Onde estamos

Grandes ideias do Google.
Há fortunas a serem feitas.
E erros também.

CAPÍTULO 17

Dois porta-vozes, uma voz

O GOOGLE passou por alguns períodos difíceis em 2001, embora o trabalho duro e o estresse tenham valido a pena. Os números da receita da empresa continuavam a aumentar. O tráfego subia. No entanto, os ataques de 11 de setembro se infiltraram no espírito de todos.

Minha atitude no trabalho era geralmente positiva. Eu tinha descoberto como contribuir para algo sem o mínimo valor nominal, e a variedade de tarefas que exigiam minha atenção garantiam que eu nunca ficasse entediado. Eram muitas horas de trabalho e raramente via minha família, mas, fora isso, a vida era boa. Em qualquer narrativa decente, certa quantidade de conflito deve ocorrer. Tive minha cota de disputas com Larry e Sergey, mas a maioria de meus atritos diários surgiam do meu relacionamento difícil com Marissa Mayer.

Marissa e eu cruzamos caminhos com frequência cada vez maior naquele ano. Passávamos semanas cantarolando nos campos do produto em perfeita harmonia, concordando em projetos significantes como o RealNames, e então alguma pequena diferença de opinião sobre uma palavra aqui ou ali dava início a uma guerra de fogo que queimava todos os telhados de palha na nossa aldeia comunitária. Muitos de nossos desentendimentos surgiram de um desejo compartilhado de fazer o que era melhor para os nossos usuários. A satisfação deles era nossa divindade em comum, mas nós a adorávamos de modos diferentes. Esses desentendimentos começaram a ter um peso maior quando o papel de Marissa se expandiu e ficou mais difícil apelar de suas decisões, em especial porque ela controlava a agenda e a lista de presença para as reuniões de revisão de produto, o local lógico para se colocar essas discussões. A cada passo, as resoluções decididas em nossas reuniões de IU eram desfeitas na revisão de produto, nas quais Marissa era frequentemente a única integrante da equipe presente.

No final da primavera de 2001, a equipe de IU debateu o esquema de cor para nossa crescente linha de produto. Os grupos do Google deveriam ser verdes ou laranja? E quanto à busca de imagem? Enviamos um modelo para comparar implementações. Depois de semanas de discussão, Marissa levou sua recomendação diretamente para a revisão de produto. Ela entregou para Larry a "decisão final" depois daquela reunião, apesar de nos ter encorajado a discutir paralelamente na equipe de IU.

— Uma decisão final não nega todas as discussões paralelas? — Karen perguntou. — Compreendo a urgência em tomar essas decisões, mas como Larry não tinha outras páginas para fazer comparações, este pode ter sido um voto fraudado. Dedicamos horas a isso e parece que a coisa certa a fazer seria conseguir consenso. De outro modo, por que a discussão? — Vindo de Karen, que sempre mantinha um tom tolerante, a acusação era particularmente ferina.

Marissa respondeu que o cronograma tinha ficado claro desde o início e que "o movimento para a frente" era necessário para manter as coisas nos trilhos para o lançamento da semana seguinte. Já que estávamos falando sobre isso havia mais de um mês, ela pensou que não iríamos chegar a um consenso e, então, ela simplesmente levou o que nós tínhamos.

O desejo de Marissa de "consertar as coisas" assim que se deparava com elas era um impulso comum entre os engenheiros, e Marissa era inquestionavelmente produtiva. Mas onde Urs tinha enfatizado a necessidade para *não* fazer as tarefas que estavam abaixo da linha de prioridade, o foco de Marissa parecia disperso. Cada problema que surgia exigia sua solução imediata, mesmo que ele pertencesse ao reino de outra pessoa.

Bay Chang, que também era da equipe de IU, tinha feito sua tese de doutorado sobre interações homem-computador. Ainda assim, ele reconhecia que em certo ponto a criatividade entrava na equação. Quando pensávamos demasiado sobre determinada questão, ele curvava graciosamente.

— Acho que talvez eu deva calar a boca — ele dizia —, porque eu tenho contribuído demais para o design desta página. Nós, engenheiros, deveríamos provavelmente estar envolvidos em desenhar quais componentes são necessários e como as partes técnicas da página funcionam, e deixar os designers fazerem o layout. É uma divisão melhor de trabalho.

Ouvi isto como um aval para meu próprio pensamento, de que o julgamento humano representava um papel, mesmo em uma atmosfera em que cada suspiro inalava estatística e exalava análise. Marissa tentava basear cada decisão em dados, apenas dados. Esta era uma abordagem dificilmente considerada não razoável, e a maioria dos Googlers a teriam apoiado. Talvez eu simplesmente não confiasse nos dados que via.

Eu tinha minhas próprias idiossincrasias, é claro; obstinação e autorretidão, entre elas. A combinação não levava a resoluções rápidas ou pacíficas. Quanto mais Marissa e eu discordávamos, mais eu ficava irredutível em assuntos de pouca importância, como se nosso filtro de pornografia deveria selecionar "conteúdo adulto" ou "conteúdo maduro".

A questão do que fazer sobre Chad foi um grande problema.

Em 1º de agosto de 2001, cheguei para trabalhar e descobri que nossa homepage exibia um novo recurso. Havia um link para uma página que descrevia as aventuras de nosso adorado e guloso engenheiro Chad tentando ir de bicicleta da Califórnia para a Flórida. Eu realmente gostava de Chad e sabia que ele estava queimando algumas costelinhas de porco naquele passeio pelo país que o levaria às Montanhas Rochosas. Entretanto, por tudo que eu tenho de mais sagrado, não consigo imaginar por que estávamos contando a história de suas aventuras na homepage de nosso mecanismo de busca. Cindy também ficou intrigada. E a equipe de IU, incluindo nossa webmaster Karen, também pensou: "O QUE é exatamente esta M...?".

— Então... esta página foi colocada num prazo curto — Marissa nos explicou. — Alguém trouxe a ideia ontem no almoço. Urs a apresentou para mim e Jen McGrath, e nós colocamos a ideia na revisão de produtos. Larry gostou e informou o eStaff. Algumas horas mais tarde ela estava no site. Desculpe por não avisar antes, mas a oportunidade era essa, pois sua viagem está em andamento e já perdemos metade dela.

Ah, era uma coisa da engenharia!

— A viagem de Chad é muito descolada — Marissa insistiu. — Queremos dar apoio e achamos que as pessoas poderiam achá-la interessante.

A página incluía um mapa mostrando a localização geral de Chad e oferecia camisetas do Google para quem capturasse sua imagem e nos mandasse a foto.

Adicionar algo irrelevante na homepage no meio da noite me pareceu uma agressão desnecessária.

— Devido à nossa propensão de testar cada pequena modificação que fazemos na IU — argumentei em resposta —, isso me parece uma mudança bastante significativa sem nenhuma discussão prévia. Não acho errado homenagear Chad ou ter uma linha promocional divertida na homepage. Mas como esta, em particular, envolve relações públicas, serviço do consumidor e nossa marca, gostaria que Cindy e eu tivéssemos sido consultados antes.

É improvável que colocar isto na noite anterior e nesta manhã teria feito alguma diferença.

Marissa apontou para Urs e deu a entender que a urgência tinha sido dele. Simplesmente não havia tempo para notificar a equipe de IU até depois da página de Chad ter sido despachada. Ela concordou que a página deveria ter ficado presa até de manhã e me lembrou que ela tinha trabalhado muito para fazer o processo da equipe IU funcionar. Ainda assim, fiquei chocado com a exclusão sistêmica do marketing de decisões com impacto óbvio na marca. Em retrospecto, não sei se foi algo muito errado.

Parte do poder da marca do Google era a imagem do nerd chique incompetente que ela projetava, embora um site que servia a milhões de usuários ao redor do mundo estivesse sendo administrado por um punhado de nerds que não pensavam em nada além de colocar o que viesse às suas mentes na homepage. Acho que eu tinha um bom ouvido para aquela vozinha nerd e conseguia canalizá-la nas comunicações que eu criava, mas também sabia que sempre queria aparar as arestas e fazer as coisas fluírem melhor na tela. Aí era a minha formação em inglês se manifestando. Apare demais e acabará com uma esfera perfeita que não acrescenta nada de interessante.

Então, apesar de na época eu ter ficado bem perturbado por ter sido usurpado, a tensão entre mim e Marissa, na realidade, pode ter resultado em uma marca melhor. Uma marca que se equilibrava em uma linha estreita entre um estado nerd declarado e o sustento polido. Nós éramos o *yin* e o *yang*: marketing e engenharia, loquacidade e linguagem dos nerds, um apóstrofo gracioso em fonte Garamond clássica complementando um apóstrofo vertical rigidamente fixado em ASCII.

Tudo bem, então não era uma combinação perfeita. Houve muitas ocasiões em que o centro não se segurou; quando fizemos algo que eu considerava inaudível ou Marissa considerava insuficientemente Googley. O Google era uma empresa de engenharia. Quando não concordávamos, fazíamos o que eles achavam melhor.

Uma conclusão do debate da bicicleta (como passei a chamar o incidente com Chad) foi que Marissa concordou explicitamente que o texto no site era meu território, mesmo que ela rejeitasse, reescrevesse ou editasse o "texto final" que eu encaminhava para ser postado. Nós nos confrontamos frequentemente nos meses e anos seguintes. Algumas vezes eu ganhei, outras, perdi, mas as discussões eram sempre elucidativas. E quando Marissa e eu concordávamos no melhor modo de abordar um tópico ou sobre princípios que não deveriam ser violados, eu tinha a certeza de que tínhamos capturado um pouco do elemento essencial do que significava ser Googley.

Logo depois de 11 de setembro, Larry concordou com o pedido de Marissa para se juntar à equipe de gerenciamento de produtos (PM). Ele a deixou responsável pela experiência do usuário no Google.com, a parte de encarar o usuário de nosso negócio e a base de nossa marca. Marissa tinha trabalhado como líder da IU por algum tempo, mas agora era oficial. Sua mudança para o lado do produto causou algum espanto, porque significava que ela abdicaria de seu direito de engenheira, um sacrifício parecido com abrir mão de ser cidadão do Império Romano para se tornar um escravo trácio. Também significava que ela se reportaria a Larry.

No final, a mudança de Marissa foi brilhante para ela. O gerenciamento de produto lhe deu um campo maior de trabalho do que ela teria como contribuidora individual na engenharia. Ela se tornou a discípula que espalhava as palavras de Larry, uma palavra frequentemente passada a ela em conversas restritas dos dois, o que dificultava saber onde as ordens de Larry terminavam e a interpretação de Marissa começava. Larry raramente refutava as diretrizes de Marissa, embora, por fim, passamos a acreditar que o evangelho que ela pregava, se não fosse fiel à sua fonte, pelo menos não era antiético com ela.

Catalogando nossos problemas

Para um observador casual, o Projeto Hedwig era um produto estranho e aleatório, uma ferramenta para procurar catálogos de venda por correspondência que permitia aos usuários colocar as imagens das páginas impressas on-line. Se clicasse *enter* em "camiseta, camisola azul" aparecia um panfleto da GAP. Não muito útil, importante ou urgente. Mas Hedwig tinha um plano secreto. Larry queria provar que era possível digitalizar cada página já impressa.

Catálogos estavam disponíveis. Não custavam nada. Podiam ser facilmente escaneados, já que ninguém se importava se fossem danificados nesse processo. E talvez ainda mais importante: seus editores não se importariam com a proteção dos direitos autorais de seu material reproduzido. Do que um negociante reclamaria por ir ao encontro de um barco repleto de novos consumidores em potencial sem pagar pelo papel, tinta ou um funcionário do governo para encher suas caixas de correio? Pelo menos essa era a teoria.

Em outubro de 2001, Pearl Renaker, uma nova PM contratada, começou a pedir aos Googlers para entregar a ela todos os catálogos que recebíamos. Em algumas semanas, os engenheiros tinham construído um protótipo para teste interno. Os resultados não foram nada espetaculares. Uma busca por brinquedos não resultou em nada que eu pudesse comprar para meus filhos. Havia, entretanto, muitos brinquedos para cachorrinhos e adultos muito, muito safadinhos.

Perguntei para Marissa se haveria um filtro de pornografia instalado quando a nossa busca de catálogos fosse lançada, e, se fosse o caso, se seria apenas por padrão. Imaginei crianças usando a busca de catálogos para fazer sua lista de presentes de Natal, e a imagem não era nada bonita. O Google não acionou automaticamente seu filtro superforte SafeSearch para buscas normais na web, mas usávamos um filtro mais suave por consequência para busca de imagens, Marissa e eu abordamos a questão por diferentes ângulos.

Marisa argumentou que nosso modo de lidar com conteúdo questionável precisaria ser consistente em todos os serviços que oferecíamos e que, se os usuários não tinham acionado o filtro SafeSearch para suas buscas no Google, não deveríamos assumir que eles iriam querer isso para os catálogos. Deveríamos respeitar as preferências dos usuários, mesmo se eles não tivessem feito nada para expressá-las ativamente.

A busca de imagem, Marissa me lembrou, era um caso especial porque as possibilidades de receber pornografia em uma busca de imagem padrão era de quase 70%. Ela não fez objeções a acionarmos aquele mesmo filtro suave para catálogos, mas seria um pesadelo para os engenheiros fazer o SafeSearch funcionar completamente para nosso novo serviço se um usuário o tivesse previamente desligado para buscas regulares no Google. Seu ponto de vista fazia sentido pela perspectiva da engenharia e seria lógico para um usuário sofisticado que sabia como ligar e desligar os filtros. Como de costume, eu imediatamente pensei no pior que poderia acontecer. O que aconteceria se nós apresentássemos imagens de vibradores para alunos do 1º ano? Pearl se comprometeu. Iríamos acionar o SafeSearch para a busca do catálogo se o usuário já o tivesse ativado para buscas na web. Senti que aquilo não era suficiente, mas reconheci que a decisão pertencia ao grupo do produto e assenti. Estava preocupado em me tornar "o cara que estava sempre preocupado", um alarmista apocalíptico cujas profecias eram corretamente ignoradas. Não era uma boa combinação para uma empresa cuja ênfase era avançar audaciosamente o mais rápido possível. Na primeira semana de dezembro de 2001, Lauren Baptist, a engenheira-chefe, mostrou aos Googlers um protótipo em funcionamento.

Um dos que o viu foi Schwim, o cara do Ops que gostava de mexer no meu texto.

— Fiquei boquiaberto que isso chegou tão perto de ser lançado — ele me disse. Ao folhear casualmente os catálogos ele tinha encontrado um amplo arsenal de conteúdo adulto. Um grupo grande, incluindo engenheiros, também achou que o produto não estava pronto para o horário nobre. Informei a Cindy de que o lançamento, agendado para aquela semana, tinha se deparado com um problema.

Cindy não sabia do problema do filtro, mas imediatamente reconheceu que era uma questão em potencial, de responsabilidade para o departamento de relações públicas, e informou à equipe de produtos que o risco era inaceitável. Marissa explicou novamente por que o filtro completo não poderia ser colocado, mas Cindy permaneceu irredutível. Sua opinião tinha muito peso, então, ao invés de debater opções de filtro infinitamente, a equipe resolveu remover os catálogos adultos por completo. Isso levou a discussões profundamente filosóficas sobre o que constituía um catálogo "adulto" e a conscientização mais apurada entre todos da existência de "brinquedos anais".

Finalmente, o produto lançado foi bem satisfatório. Por uma semana. Então, a CNET publicou um artigo que dizia que nós iríamos "vender aos varejistas os nomes e endereços dos usuários do Google que solicitassem um catálogo específico no e-mail" e que nós tínhamos "sugerido vender links para as páginas de produtos nos websites dos varejistas".

Gerald Aigner, nosso diretor de frugalidades, se sentiu ultrajado e reclamou com os fundadores que o artigo implicava que iríamos vender dados do usuário e que colocávamos o lucro na frente dos interesses do usuário.

— Este é um verdadeiro fiasco do marketing — ele disse. — Nós basicamente ferramos tudo.

Eu estava tão insatisfeito com aquilo quanto Gerald, embora o artigo estivesse me citando. Larry tinha dado instruções específicas para adicionar informação na nossa webpage direcionando para os catálogos. O texto que eu escrevi dizia: "Quais são as palavras-chave que os usuários devem entrar para encontrar seu catálogo? Quantas páginas eles costumam examinar? O Google pode lhes fornecer informações sobre como seus clientes utilizam seu catálogo como nenhuma outra ferramenta de pesquisa pode e, ao mesmo tempo, aderindo aos padrões mais rígidos da privacidade do usuário individual". Houve referências aos programas de anúncios que o Google estava desenvolvendo e à habilidade do Google de ajudar a gerar lideranças, incluindo "os nomes e os endereços de nossos usuários que solicitaram especificamente que seu catálogo lhes fosse enviado".

Nunca tínhamos telegrafado nossos planos de desenvolvimento de produto anteriormente nem dado qualquer dica de que poderíamos vender dados do usuário, mesmo se nossos usuários concordassem com isso. Então, por que fazê-lo agora? Isso tudo era parte do plano de Larry. Se fôssemos explícitos sobre o potencial de busca de catálogo para marqueteiros, eles poderiam chamar seus departamentos legais quando notassem que não tínhamos pedido permissão para incluir seu material protegido por direitos autorais.

Larry sempre pensou estrategicamente e jamais hesitou em fazer sacrifícios em curto prazo para vencer uma batalha logo depois. Tentar bisbilhotar qual era sua estratégia seria como tirar leite de pedra, mas quando ele nos ungia com suas gotas de sabedoria ou nos deixava ver a perspicácia que corria na sua consciência, eu não podia deixar de me maravilhar com a intensidade de seu pensamento e a extensão de seu entendimento. No entanto, seu pragmatismo sobre a privacidade do usuário me fez pensar. Eu acreditava absolutamente que nunca iríamos fornecer qualquer dado pessoal do usuário para alguém de fora, mas a disposição de Larry de brincar com os limites da percepção me deixava (será que eu ouso dizer?) preocupado.

Vamos fazer um lançamento

Bay Chang era um membro da nossa equipe de IU quieto e bem-humorado, com a cabeleira bem preta que me lembrava o personagem de desenho animado George Shrinks. Entre as muitas inovações que ele criou no Google estava o Sparrow, uma ferramenta colaborativa que havia produzido quando ainda trabalhava como pesquisador na Xerox PARC. Com o Sparrow, qualquer um podia editar uma página da web sem conhecer HTML. Um integrante da equipe podia fazer uma webpage e os outros poderiam fazer mudanças on-line, usando apenas o navegador e o menu da página. Os Googlers rapidamente o adotaram para gerenciar todos os tipos de projeto de equipe.

Marissa escolheu o Sparrow como base para um calendário de lançamento on-line de novembro de 2001: nossa primeira prestação de contas baseada na internet de cada projeto, que seria, em última análise, visível para os usuários. Cada página de projeto tinha interruptores alternados que precisavam ser modificados de "Não" para "OK" antes que um produto estivesse oficialmente pronto para o lançamento. Eu tinha um interruptor etiquetado "texto". Nenhum produto supostamente seria lançado se eu não tivesse invertido meu interruptor aprovando o texto que aparecia nele. Eu não abusava de meu poder para interromper a linha de produção, em parte porque eu não estava convencido de que algo realmente aconteceria se eu apertasse meu grande botão vermelho. Assim que todos tinham aprovado, uma mensagem saía no mailing list do Google chamada "Mudanças Visíveis". Isso assegurava, pelo menos em teoria, que produtos inacabados escapassem pela porta e os Googlers não acordariam para descobrir que seu mundo mudara radicalmente sem aviso.

Todas as semanas, Marissa realizava uma reunião para revisar os projetos do calendário de lançamento que estavam prestes a se tornar públicos ou condenados ao limbo esperando por aprovação. As reuniões eram um modo extremamente eficiente de gerar aprovações ou forçar os "do contra" a articular suas objeções face a face como gerentes de produto. Com toda a ênfase na comunicação eletrônica nas empresas de internet, reuniões regulares nas quais as pessoas tinham que se explicar para seus companheiros eram espadas que cortavam os nós górdios dos trâmites da burocracia.

Se um PM aparecesse em uma reunião sem ter procurado todos os "bits invertidos" necessários para um lançamento, Marissa perguntaria por que todas as aprovações estavam sendo retidas e o que tinha sido feito para elucidar inquietações. As pessoas corriam freneticamente um pouco antes das reuniões, mas as coisas acabavam sendo feitas. Faltar a uma reunião não era uma opção se sua aprovação era o fator de liberação para um lançamento ou se seu produto ainda não tinha todas as assinaturas de que você precisava. As minutas eram publicadas, de forma que ninguém precisasse ficar apontando os dedos. Ficava óbvio quem tinha atrasado o progresso.

O calendário de lançamentos cresceu a ponto de incluir dezenas de engenheiros e PMs, e Marissa manteve as reuniões acontecendo. Eu gostava de participar delas, embora (ou talvez porque) fossem ocasionalmente contenciosas. Em raras ocasiões um produto era lançado sem o "OK" de todos, mas na maioria das vezes você tinha que conquistar aprovações ou aguentar atrasos. As pessoas naquela sala sabiam o que estavam fazendo e, quando desafiadas, atiravam de volta com dardos vivos e paixão verdadeira. Havia uma satisfação intelectual de encontrar defeitos em uma lógica bem construída ou revelar aspectos potencialmente problemáticos não observados de novos produtos. Se os engenheiros e PMs eram ferreiros batendo os códigos com suas enxadas, eu era a bigorna contra a qual eles martelavam. Eu queria assegurar que cada novo produto fortalecesse nossa marca ao invés de introduzir um elo fraco em uma cadeia de sucessos. Eu sempre me preparava com um expresso duplo antes de ocupar meu lugar. Eu sabia que estava fazendo o papel de um obstáculo, balançando bandeiras vermelhas para a esquerda e para a direita, mas meus colegas eram impulsionados pela juventude, pelo entusiasmo e energia de simplesmente fazer as coisas e que se danem as consequências. Acho que consegui um equilíbrio saudável, mesmo quando saíram faíscas ao longo do caminho. Marissa garantia que minhas inquietações fossem levadas a sério, e assim que eram respondidas, eu alegremente invertia o bit para "OK".

Explosões de ego eram raras nas reuniões, mas a intensidade aumentava visivelmente se o debate ameaçasse se tornar um atraso. Quando o texto estava para ser promulgado, eu assegurava que ele ficasse pronto em tempo ou que a razão não fosse leiga com a falta de especificações finais da engenharia ou gerência de produto. O marketing não atrasaria um lançamento. Ninguém na mesa em sã consciência queria violar o mandamento mais sacrossanto de Larry e Sergey: "Faça na hora certa".

CAPÍTULO 18

Melhora do e-mail e falar em línguas de fogo

O SUPORTE do usuário começou o ano de 2001 com 8 mil e-mails não respondidos. Mesmo depois que o furor com o Deja News passou, o número novamente cresceu para 10 mil, em parte por causa de uma campanha orquestrada para acrescentar o catalão na lista da interface de línguas do Google.

Larry e Sergey sugeriram, de forma veemente, que deveríamos procurar uma alternativa para nossa empresa de gerenciamento de relacionamento com o consumidor, a Miasma, que continuava a prejudicar mais do que melhorar a produtividade.

— Não queria começar a procurar um novo fornecedor de CRM — eu os adverti. — Se formos acabar escolhendo o mais barato do caminho. Foi assim que entramos nessa situação para começo de conversa. É melhor continuar com que conhecemos do que começar novamente com uma nova série de problemas.

A Miasma tinha acabado de lançar uma atualização do software. Informei a seu representante de vendas que iríamos encomendar uma cópia, mas que Larry e Sergey não iriam pagar os 5 mil dólares do custo da viagem para seus técnicos virem fazer a instalação. O representante de vendas ficou perplexo.

— Vocês não querem que a gente instale? Você sabe, esta é uma versão completamente nova, não o pacote de serviços. É muito complexo. Nós somos contra a autoinstalação.

— Temos um prédio cheio de engenheiros — eu expliquei. — Eles têm certeza de que podem fazer isso sozinhos. Mande apenas os discos e a documentação.

— Bem, francamente, apenas outro cliente pediu para fazer isso sozinho e eles desistiram na metade do caminho. Vamos ter que preparar a documentação para vocês.

Eu não estava tão preocupado quanto eu deveria estar. Tinha desenvolvido uma fé inquestionável de que não existia tarefa nenhuma além das capacidades dos engenheiros do Google. Os discos chegaram pelo correio. A instalação não saiu como o planejado.

— Estamos rapidamente nos aproximando de um enorme desmoronamento do e-mail — avisei nossa equipe executiva dez dias depois. As rodas tinham quebrado e estávamos derrapando na estrada em direção a um cânion muito profundo. O programa continuou a desabar e a base de dados da entrada dos e-mails estava perdendo bits e bytes em uma velocidade alarmante. A sede central da Miasma não estava recebendo nossas ligações, e a mensagem de telefone da minha representante de vendas dizia que ela não trabalhava mais na empresa. Era o apocalipse do e-mail. Dois dias depois, nosso servidor Miasma parou de aceitar a entrada de e-mail. Acelerei os planos para encontrar outra solução, embora não tivesse orçamento ou parâmetros para a busca.

Compor uma lista de novos fornecedores de CRM não demorou muito. Pouco mais do que meia dúzia deles ofereciam sistemas estáveis e bem testados. A equipe de avaliação técnica do Google nos asseguraria de que não estávamos levando gato por lebre (embora eles não tenham impedido que tenhamos escolhido a Miasma) e Larry tinha um amigo da faculdade que iria nos aconselhar nas funções desejáveis. O amigo, David Jeske, nos disse o que perguntar e então acrescentou que, a propósito, ele e seu amigo estavam construindo um produto CRM chamado Trakken e perguntou se estávamos interessados. Não estava pronto ainda, mas os outros amigos de Larry, em Stanford, da Wunderground.com, já o estavam usando.

Interessado? Interessado num produto CRM não testado, ainda em desenvolvimento e que tinha apenas um cliente? Criado por uma empresa de apenas duas pessoas? Certeza, não era isso que eu estava procurando. Outra tecnologia arriscada sem suporte e sem histórico por trás. Agradeci ao David por sua ajuda e, como ele era amigo de Larry, garanti que ficaríamos muito satisfeitos em enviar-lhe nossa solicitação de uma proposta.

Enquanto isso, nossa busca de verdade estava a meio caminho andado. Um fornecedor não podia fornecer qualquer suporte para um e-mail que não fosse em inglês. Outro tinha uma terrível IU porque era um produto de primeira geração. Um terceiro parecia caro demais e a atitude agressiva do vendedor nos deixou cautelosos. Apenas uma empresa oferecia uma solução razoável e começamos a negociar com ela seriamente. Com nosso principal combatente agendado para fazer uma apresentação aos nossos departamentos financeiro, de operação e de vendas, estava certo de que poderia convencer Larry e Sergey a abrir a mão dessa vez: gastar dinheiro em um sistema estável de alta qualidade e de um fornecedor respeitável.

Esperava que o amigo de Larry tivesse entendido o toque e se esquecido da gente. O inferno ficaria gelado antes que eu cometesse o erro de comprar uma solução CRM com uma barganha de fundo de quintal. Não tive essa sorte. Jeske voltou pronto para apresentar sua proposta. Ele enviou por e-mail seus slides, pediu que fizéssemos cópias para os presentes e disse que ele precisaria montar um projetor para sua apresentação. Tive vontade de rir de sua ingenuidade. Eu realmente não tinha tempo para algo que sabia que não daria em nada, mas um amigo de Larry é um amigo de Larry, então eu concordei em ceder-lhe meia hora. O que ele nos mostrou estava surpreendentemente bem pensado, mas ainda não estava pronto para o teste beta. Faltavam muitas das funções essenciais que nós exigíamos, e a interface não tinha o polimento das outras que tínhamos visto. Dei as notícias ao David.

— É um bom começo, mas receio que precisamos de algo mais desenvolvido.

— Não se preocupe — ele disse, anotando as funções que queríamos. — Posso fazer isso. Que tal se eu voltar a semana que vem com uma nova apresentação?

Duas semanas depois, nos encontramos novamente. David e seu sócio, Brandon Long, tinham implementado mais do que 30 funções da nossa lista. Era impressionante, mas eu estava longe de ser convencido. Minha maior preocupação era que David parecia pensar que iríamos fechar um contrato e eu não queria que ele fosse reclamar para o Larry quando suas esperanças desmoronassem. Decidi me adiantar e fui conversar com Larry antes dele.

— Na verdade — Larry recomendou quando descrevi a situação —, você deveria contratar esses caras. Eles são muito inteligentes. Eles vão trabalhar duro para construir um produto para nós e podemos investir na empresa deles.

— Larry — expliquei, vagarosa e cuidadosamente —, nós comemos o pão que o diabo amassou com um produto não desenvolvido. Não posso sobrecarregar minha equipe com outro software com falhas que simplesmente vai nos atrasar. Estamos perto de fechar com uma verdadeira empresa CRM e teremos a proposta em alguns dias. Eu me encarrego de dar a notícia ao David com delicadeza.

— Não. Absolutamente — Larry repetiu. — Você deveria contratar esses caras. Olhe, eles são uma empresa pequena e serão sensíveis. Podemos dar a eles espaço no escritório e eles vão ficar aqui e construir o produto de acordo com nossas especificações. Seremos seu cliente mais importante e teremos benefícios com seu crescimento baseado nas nossas ideias de design do produto. Faça Biz Dev negociar o contrato e garantir que vamos conseguir equidade.

Podia dizer que eu fiquei aturdido, ultrajado, incrédulo, mas isso seria pouco. Não conseguia acreditar que Larry estava querendo pagar barato ao invés de pagar pela confiabilidade. Quando informei aos outros fornecedores, eles pensaram que eu era ou corrupto ou um idiota. Um vendedor mandou e-mails exaltados exigindo falar diretamente com Eric e nossa diretoria.

— Essa decisão não tem sabedoria nem visão — ele afirmou. — Se você tem a impressão de que pode construir uma ferramenta de e-mail parecida com a nossa em 30 dias, você está errado. Levamos quatro anos e 200 clientes para chegar onde estamos. Não nos incluir em seus planos não faz sentido.

Este cara era um idiota afinal de contas, e não me incomodou dizer não para ele, mas eu ainda estaria reclamando da decisão de Larry se não fosse por um pequeno detalhe: Larry estava absolutamente certo. Embora gastássemos semanas negociando nosso investimento na empresa recém-fundada de Jeske, a NeoTonic (conseguimos tirar deles um extra de 0,1 de 1% na equidade), no final de outubro de 2001 nós tínhamos o novo sistema Trakken CRM rodando em paralelo com o Miasma. David e Brandon viviam em nosso escritório e Denise Griffin, nossa gerente de suporte de usuário, dava a eles diariamente uma lista de funções desejadas e de erros para consertar. Ao contrário da grande empresa "confiável" que eu queria contratar, a NeoTonic não tinha centenas de clientes utilizando o mesmo produto. Eles não soltavam atualizações apenas duas vezes ao ano. Eles consertavam as coisas quando o problema surgia, por ordem de prioridade. Em alguns meses, tínhamos o sistema CRM que queríamos, feito de acordo com nossas especificações, completamente estável e fácil de usar. Cortamos nossos laços com a Miasma e não olhamos mais para trás. Um ano e meio mais tarde, compramos o restante da NeoTonic tornando seus dois fundadores Googlers em período integral.

Então, o que eu aprendi com isso? Aprendi que soluções óbvias não são as únicas e escolhas "seguras" nem sempre são as melhores. Pensei que pleitear significasse encontrar o produto no qual a maioria confiava e então pressionar o fornecedor para reduzir o preço. Nunca me ocorreu pensar em uma startup, embora trabalhasse em uma. Nunca ocorreu a Larry *não* pensar em fazer isso. Tínhamos diferentes tolerâncias ao risco e ideias diferentes sobre o que duas pessoas inteligentes trabalhando sozinhas podem conquistar numa área técnica complexa, e é por isso que eu passei sete anos trabalhando para um grande meio de comunicação enquanto Larry encontrava um parceiro e fundava sua própria empresa. Dois caras inteligentes trabalhando com problemas técnicos complexos acabaram conquistando o mundo.

Perdido na tradução

O "console de tradução" foi uma ideia, como construir nosso próprio sistema de anúncios e contratar os caras da Trakken, que se originou com o Wunderground, o site de previsão do tempo fundado pelos amigos de faculdade de Larry. Era uma ferramenta para traduzir nosso site em todas as línguas espalhadas pela face da Terra. Marissa era a chefe responsável por sua implementação no Google, e Ron Garrett, o engenheiro-chefe.

O console de tradução dividia todo o texto das páginas do Google em sentenças simples, frases ou até palavras para facilitar aos voluntários que fossem traduzir nossa interface. Quando os usuários postavam múltiplas traduções corretas, eles conquistavam poder editorial para reescrever as apresentações estranhas ou incorretas feitas por outros. Se isso funcionasse, o sistema iria tornar o nosso site disponível em centenas de línguas diferentes, uma tarefa longa e árdua para fazermos sozinho. Conforme tínhamos uma estratégia clara, parecia que estávamos conseguindo fazer com que outras pessoas fizessem nosso trabalho de graça. Hoje isso é conhecido como "crowdsourcing". Nós o chamávamos de "o cortar custos". AdWords self service, cookies pornô, programas afiliados, marketing viral, todos se baseavam em muitas mãos aliviando a carga e o valor imbatível do trabalho não pago. Google dividiu todos os seus problemas difíceis em pedaços maleáveis e os parcelou.

Nossa equipe da engenharia trabalhava em equipes de três pessoas em vez de grandes números designados a um único grande projeto. Nosso hardware empregava milhares de pequenos computadores trabalhando em paralelo em vez de enormes mainframes. Nossos desktops rodavam com o Linux, um sistema de operação de fonte aberta reunido por voluntários. Nós quebramos as bases de dados em segmentos menores para tornar a busca mais rápida. Quando finalmente construímos um estande para uma feira de negócios, Larry e Sergey nos obrigaram a fazer uma competição de design entre universitários. Por que ficar com um design "profissional" se você pode ter centenas de alunos aplicando sua criatividade?

Essa abordagem de dividir e conquistar até mesmo informava os algoritmos básicos que rodavam a fazer a busca do Google. Mais do que basear resultados de busca somente em uma única fonte (o conteúdo de páginas da web individuais) o Google olhava os links criados por milhões de pessoas para determinar a importância do site. Sergey chamava isso de "a democracia da web" porque cada link era um voto depositado a favor da credibilidade de um site. Essa abordagem fez o Google expandir melhor do que a competição, pois quanto mais a web se expandia, mais links o Google armazenava para seus algoritmos de classificação. O console de tradução seria outra solução de divisão em pequenos pedaços para a grande, inflada bagunça de múltiplas línguas. Marissa e Ron criaram algumas línguas divertidas que os Googlers podiam utilizar antes que o sistema fosse ao ar, incluindo Pig Latin, Klingon e Elmer Fudd. Marissa traduziu nossa interface inteira para o Bork, Bork, Bork, a língua do *chef* sueco do *Muppet Show*. As primeiras novas interfaces lançadas eram em linguagem africâner, búlgaro e catalão, e apresentamos formalmente o console para o mundo em 27 de março de 2001. Em cinco meses, os voluntários já tinham traduzido o Google em 64 línguas.

Ainda havia a necessidade de tradução dos nossos anúncios, a resposta ao suporte de usuário, o licenciamento e as operações. A tarefa de montar um grupo de globalização dentro do Google para conquistar essas coisas tinha sido jogada de um lado para o outro, como uma bola em um concerto de rock. Várias agências de tradução externas nos cobraram quantias enormes pelo trabalho que soava estranho para os ouvidos dos falantes nativos. Ninguém na empresa tinha qualquer experiência real com a internacionalização (conhecida como "i18n", encurtando-a porque havia 18 letras entre as letras *I* inicial e a final *N*). Então, assim como nosso suporte de usuário, esta função da não engenharia encontrou seu lar no reinado do marketing.

Felizmente, a responsabilidade veio com um "Sergey". Para ter controle da contratação acelerada dentro da empresa, a equipe executiva decidiu alocar posições por departamento, com cada abertura de emprego aprovada representada por uma foto plastificada de Sergey. Os departamentos tinham certa flexibilidade no modo como alocavam seus Sergeys, mas quando você ia ao comitê de contratação, precisava trazer três "endossos entusiasmados" para seu candidato de Googlers atuais além de um "Sergey" para trocar pela contratação proposta. Sem "Sergey", sem contratação.

Demorou um pouco para postar nossa posição, entrevistar candidatos e fazer uma oferta, então, já era agosto de 2001 quando Stephanie Kerebel, uma francesa, se juntou ao nosso grupo como gerente de globalização. Ela tinha anos de experiência em lidar com tradutores profissionais e imediatamente implementou medidas de economia, como pagar pela tradução pela palavra e não pelo trabalho. Só isso cortou nossas despesas pela metade.

Instruíamos nossos tradutores profissionais a usar o console junto com os voluntários para economizar tempo. Precisávamos de profissionais para ajudar com nossas línguas mais importantes, pois esperar pelos voluntários atrasaria os lançamentos dos produtos. Havia também o risco de que os voluntários poderiam intencionalmente sabotar com traduções ruins, risco que não estávamos dispostos a correr com interfaces populares e que poderiam atingir milhões de usuários.

Stephanie via outras limitações do nosso sistema também e recomendou que nós o complementássemos com o Tradus, o software de gerenciamento padrão. Tradus tinha um número de funções úteis para os tradutores, incluindo versão e um glossário customizado que aumentava de tamanho com o tempo, assegurando consistência em múltiplos projetos, e dava velocidade à tradução enquanto reduzia o custo. Tradutores profissionais o achavam útil, especialmente aqueles que não tinham facilidade em fazer todo seu trabalho on-line. Stephanie anunciou que estava comprando uma cópia do software para o Google.

E, então, a guerra i18n começou.

Marissa deu o primeiro tiro. A elipse no final do "Forse cercavi...", que o nosso tradutor italiano fez de "I'm feeling lucky" soava estranha para ela, então, ela a retirou. Ela advertiu Stephanie a dizer aos nossos contratados para "prestar atenção" e não criar problemas de formatação. O chefe do nosso escritório italiano replicou que preferia a tradução original: os três pontinhos tornavam a frase mais elegante. Perguntei para Marissa porque ela tinha rejeitado dois falantes nativos e nosso expert em localização.

Marissa declarou que um dos outros engenheiros disse que parecia que o nosso site tinha sofrido um ataque de hackers porque a pontuação estava estranha. Ela me disse que tinha demorado para colocar a nova interface italiana por causa de suas preocupações com a tradução, o que significava que tínhamos violado o acordo de que a localização nunca atrasaria um lançamento. Enquanto ainda estávamos nesse assunto, Marissa aproveitou para disparar várias queixas com a abordagem i18n do marketing: a lentidão dos tradutores profissionais, o tempo exigido para o tempo de qualidade, a resistência da equipe do marketing e dos tradutores em usar o console de tradução. O chamariz foi nossa decisão de comprar o Tradus, que iria aumentar os custos da engenharia porque alguém teria que inserir as traduções manualmente. A engenharia não tinha tempo para construir as funções do Tradus no console de tradução como tínhamos requisitado. Por que?, Marissa queria saber. Não podíamos simplesmente contratar pessoas que não fossem apenas bons tradutores, mas também ficassem à vontade trabalhando no console de tradução?

Wayne Rosing, o chefe da engenharia, deu sua opinião.

Ele queria manter a tecnologia final do Google o mais descomplicada possível. O Google rodava mais rápido com menos sistemas e cada nova tecnologia que se introduzia retardava nosso progresso como uma rêmora no corpo de um grande tubarão-branco.

Eu não tinha percebido que havia contenção acerca do nosso uso do Tradus ou problemas em como a localização estava procedendo. Parecia que as coisas tinham melhorado muito. A qualidade estava alta, os custos, baixos. Eu precisava de mais dados para apoiar nossa decisão. Então, conversei com o único tradutor que eu conhecia que tinha o conhecimento técnico para não ser intimidado pelo console ou qualquer outra ferramenta on-line.

Dennis Hwang, o mesmo Dennis que desenhava rabiscos na homepage, tinha usado o console de tradução para colocar nossa interface em coreano. Na opinião dele, a tecnologia tinha dois grandes defeitos. O mais sério era a falta de contexto. Os tradutores que usavam o console viam uma palavra ou frase de cada vez, sem conhecimento de onde se encaixariam na página. Então, quando um tradutor via a palavra "Bulgarian" ele não sabia se deveria usar a palavra para homem búlgaro ou a língua búlgara. E como cada pedaço do texto ia para um diferente tradutor, não havia continuidade no fluxo. Quando o texto era montado, frequentemente tinha uma leitura estranha ou até mesmo sem sentido.

O outro problema era que o console, ao introduzir uma palavra para ser traduzida, pegava a tradução e a colocava exatamente no mesmo lugar e no mesmo formato que a palavra em inglês estava. Isso levava a negritos, itálicos e espaçamentos impróprios, que poderiam mudar o sentido da frase.

Levei o feedback de Dennis para Marissa. Não era provável que encontraríamos tradutores que estariam mais confortáveis com o console do que Dennis, e se ele achava que tinha problemas, nós deveríamos, provavelmente, cuidar deles. Eu sabia da carga de trabalho da engenharia, mas a primeira preocupação do grupo de marketing era a de que a tradução não nos envergonhasse ao tentarmos conseguir uma fatia de mercado na nova língua.

Os engenheiros percebiam claramente que o problema eram as pessoas e não a tecnologia. Se pudéssemos melhorar a qualidade dos tradutores, poderíamos trabalhar bem apenas com um console de tradução. No meu ponto de vista, os tradutores não eram engenheiros e não deveriam perder tempo aprendendo a usar um software incompatível com a tarefa. Até mesmo Marissa admitiu ter ficado frustrada quando traduziu nosso site para o Bork, Bork, Bork.

Fizemos um acordo de que as oito principais línguas[109] seriam feitas exclusivamente por voluntários no console, enquanto tradutores profissionais poderiam usar o Tradus. Essas traduções seriam importadas para o console por um roteiro automatizado ainda a ser desenvolvido. Esse roteiro seria desenvolvido durante anos, mas o acordo significava que tínhamos diretrizes claras para seguir em frente. A compensação era aceitar o risco da tradução não profissional para tudo, exceto para um punhado de línguas. Alguns meses depois, Sergey percebeu que um voluntário usava o console para mudar o botão de busca na nossa homepage russa e dizer: "Clique aqui sua puta". Outro voluntário mudara o botão do Google da busca em Malta para um insulto tradicional maltês: "Pênis numa lata". O que aconteceu, de acordo com os engenheiros, é que restaram alguns defeitos no sistema.

Ainda assim, mais uma vez, o risco compensou os ganhos. A disposição de sofrer alguns constrangimentos rapidamente erradicados abriu enormes

---

[109] Conhecidas como "FIGS" para francês, italiano, alemão e espanhol, e como "CJK" para o simplificado e tradicional chinês, japonês e coreano.

portas para o crescimento da audiência internacional. A palavra aceitava traduções estranhas e o insulto ocasional para poder acessar a tecnologia de busca do Google. Era um lembrete de que aperfeiçoar o acabamento não era tão importante quanto dar acesso ao produto às pessoas. Os resultados que colhemos e a velocidade com a qual nós colhemos eram, em último caso, tudo o que importava. Eles eram a essência da marca do Google.

Você pode me CPC agora?

Infelizmente, os resultados que recebíamos de outra parte do Google não eram nada satisfatórios. Nosso sistema AdWords continuava a crescer, mas estávamos preocupados (e dessa vez não era só eu) com a rápida expansão do nosso concorrente GoTo. Seus "resultados de buscas" eram na verdade anúncios vendidos por um leilão on-line, com as colocações no topo indo para os lances mais altos. Esses anúncios eram distribuídos por toda a internet e cada vez que alguém clicava em um deles o anunciante pagava ao GoTo, que dava uma pequena porcentagem ao site em que o anúncio aparecia; o modelo de preço conhecido como "cost per click" ou CPC. Era uma abordagem inovadora para a rentabilização da busca. No GooglePlex, a maioria de nós considerava isso uma grande baboseira. O GoTo não usava algoritmos para determinar relevância e apresentava anúncios pagos como resultados de busca "objetivos".

O raciocínio do GoTo era simples: quanto mais alguém pagasse para que um anúncio aparecesse nas buscas por determinada palavra-chave, mais relevante aquele anúncio seria. Onde tínhamos uma democracia da web, o GoTo tinha uma ditadura do dólar. Eu descobri que os resultados baseados no leilão do GoTo eram inúteis. Um número significativo de seus anunciantes dava lances altos para termos de buscas populares, porém eram irrelevantes pois apenas asseguravam a posição no topo das buscas possíveis. Mesmo quando o melhor resultado não era puro spam, a abordagem como um todo parecia induzir ao erro.

Ralph Nader concordava. O grupo de Nader, o Commercial Alert, entrou com uma acusação de propaganda enganosa na *Federal Trade Comission* (FTC), em julho de 2001, para que interrompessem a prática abusiva de "inserir propagandas nos resultados dos mecanismos de busca sem revelar claramente que os anúncios, eram anúncios, os quais poderiam induzir os usuários das ferramentas de busca a acreditar que os resultados estavam baseados apenas na relevância, não em estratagemas de marketing"[110]. A acusação citava oito empresas de busca incluindo AltaVista, AOL, iWon e Microsoft. O Google não estava listado entre os acusados, mas artigos de jornal nos colocavam junto com empresas inescrupulosas. Isso incomodou muito Sergey e Larry.

Larry tinha pensado que esta questão de anúncios estava encerrada depois que o AdWords fora lançado em setembro de 2000. Os anúncios eram o preço que tínhamos que pagar por construir uma ferramenta de busca verdadeiramente descolada, mas ele os enxergava como "carne podre" de acordo com um engenheiro que estava no grupo de anúncios daquela época. Tínhamos feito anúncios melhores, mas o GoTo provou que não tínhamos resolvido o problema completamente. Felizmente para o Google, os engenheiros de anúncios não se conformaram em abandonar o AdWords. Eles continuaram a inovar porque reconheceram o perigo representado pelos anúncios CPC como uma ameaça mortal para nossa empresa. Felizmente para aqueles engenheiros, Salar enxergava a situação da mesma maneira.

[110] Disponível em: <http://www.commercialalert.org/issues/culture/search-engines/>.

CAPÍTULO 19

A venda de uma nova máquina

SALAR SE sentia cercado. Era o começo de 2001 e ele não estava obtendo o que queria com os produtos para os consumidores. Como o primeiro gerente de produtos de Larry, ele tinha ajudado a lançar o Google News e se envolveu no renascimento do Deja.com como Google groups. Mas havia sempre muitas mãos mexendo naquelas panelas.

— Todo mundo tinha opiniões firmes sobre tudo — ele relembra —, porque o produto para o consumidor era o que nos alimentava e o ar que respirávamos.

Compreendia essa perspectiva muito bem. Eu continuei me deparando com partes preocupadas que queriam reescrever meu texto. Salar decidiu que seria bom encontrar uma área em que menos pessoas se metessem. Ele se concentrou nos anúncios e começou informalmente a trabalhar com os engenheiros.

— Larry e Sergey tinham opiniões fortes sobre as coisas do lado do consumidor — Salar percebeu. — Todos nós sabíamos que eles tinham menos interesse nos detalhes que se referiam aos anúncios. — Omid, pelo contrário, tinha um interesse profundo e permanente nos anúncios. Como chefe do desenvolvimento de negócios e vendas, ele gostava de ver Salar envolvido e sugeriu que ele fizesse um acordo oficial. Larry concordou e nomeou Salar gerente de produtos para anúncios.

Salar pensava melhor quando já era tarde da noite. Ele passeava de bicicleta pelos corredores do GooglePlex depois que escurecia pensando em como os anúncios eram vendidos, como eram exibidos e como poderiam ser melhorados. Nos cubículos à sua volta, Matt Cutts e alguns outros engenheiros[111] trabalhavam para manter o sistema AdWords.

[111] Outros membros da equipe de anúncios, em épocas diferentes, foram Amit Patel, Jeremy Chao, Erann Gatt, Peter Kappler, Radhika Malpani, John Bauer, Zhe Qian, Laurence Gonsalves e Jane Manning.

Outra equipe se concentrava na otimização dos anúncios, um novo sistema para prever em quais deles os usuários clicariam com maior probabilidade. Prever o comportamento do usuário era um desafio técnico enorme, que exigia máquinas para aprender em tempo real e adivinhar corretamente. Os veteranos Chad Lester, Ed Karrels e Howard Gobioff estavam nessa equipe[112] junto com o Noogler Eric Bauer, cujo projeto inicial adicionou centenas de milhares de dólares diariamente no fluxo de receita do Google por substituir anúncios de baixa performance do sistema original com anúncios AdWords de alta performance. Seu líder era um canadense de cabelos vermelhos chamado Eric Veach, que tinha vindo para o Google depois de fazer pele e fumaça parecerem mais reais no filme *Monstros S.A.* Eric adorava um desafio.

Eric e Salar trocaram ideias de seus caminhos paralelos, embora o destino comum fosse ficar claro em breve. O Google precisaria construir um sistema de anúncios totalmente novo para substituir o AdWords. Um novo sistema baseado no "cost per click" (CPC) em vez de impressões do "cost per thousands" (CPM). Lembre-se de que com o preço CPM, um anunciante pagava uma quantia estabelecida para cada milhares de vezes que um anúncio fosse exibido, independentemente de quantas pessoas tivessem clicado nele. O AdWords oferecia três CPMs a um custo de 10, 12 e 15 dólares. Quanto mais você pagasse, mais alto na página seu anúncio apareceria, o que provavelmente tornava seu anúncio mais visto e clicado pelos usuários. Com o CPC, um anunciante pagava apenas quando alguém realmente clicasse no anúncio, independentemente de quantas vezes ele fosse exibido.

Os anunciantes adoravam o CPC, mas os executivos do Google morriam de medo. A NetScape tinha oferecido acordos de CPC, garantindo o número de cliques que seus clientes conseguiriam depois de certo período. Os números tinham sido enormes. Quando os cliques não se materializavam, a NetScape não tinha escolha a não ser rodar mais e mais anúncios. E quanto mais anúncios eles rodavam, mais diminuía a média de cliques, até que cada página ficou saturada com banners que eram ignorados pelos usuários. O CPC podia gerar um redemoinho, uma espiral sugadora da morte.

Salar, no entanto, tinha antevisto um grande futuro. Ele o resumiu em uma única palavra: "Sindicalização". Salar acreditava que, para a receita do

---

[112] Chad nomeou o projeto "Smart Ad Selection System", que era geralmente abreviado para "SmartASS".

Google crescer verdadeiramente, nós precisaríamos distribuir anúncios em outros sites. Os anunciantes não estariam dispostos a pagar taxas de CPM para que seus anúncios fossem exibidos numa rede de sites sobre a qual eles tinham pouco controle. Eles se sentiriam mais confortáveis se pagassem apenas quando as pessoas realmente clicassem em seus anúncios. Mas se fôssemos fazer o CPC, teríamos que fazê-lo de modo diferente do GoTo. Teríamos que fazê-lo melhor. A questão era como.

O diretor de engenharia que supervisionava a equipe de anúncios em 2001 era Ross Koningstein. Ross tinha PhD em robótica aeroespacial e noções próprias de como o sistema de anúncios deveria se desenvolver. Ele achava que poderíamos vender anúncios CPC, mas classificá-los pelo CPM. Pegando dados dos arquivos de logs, poderíamos calcular a renda que cada anúncio iria gerar realmente para o Google e exibi-lo de acordo. Ross me falou que apresentou sua ideia ao Larry em abril de 2001, mas que ele não tinha ficado muito interessado em ouvi-la.

Larry queria apenas mudanças adicionais para o AdWords, de acordo com Ross, não um novo sistema completo, muito embora os outros engenheiros concordassem que era preciso um novo sistema e já estivessem trabalhando para fazer disso uma realidade. Além do mais, segundo Ross, Larry apenas queria se comunicar com os engenheiros diretamente envolvidos na escrita do código e seus PMs escolhidos. Na reunião, Larry informou Ross de que ele estava colocando Salar como chefe dos anúncios.

Salar se aprofundou em discussões e brainstorming com a equipe de engenharia. Eles detestaram a maioria de suas ideias, como vender palavras-chave em blocos, até que, numa noite, Salar teve uma visão. O Google poderia dar uma nota de qualidade para cada anúncio. "Qualidade" seria nossa previsão da probabilidade de um usuário clicar em um anúncio. Se essa nota fosse consignada à quantia que o anunciante estivesse disposto a pagar, poderíamos classificar anúncios pelo seu potencial de ganhar dinheiro para o Google, seu CPM efetivo. Todos iriam se beneficiar. O usuário veria mais anúncios relevantes. O anunciante receberia mais cliques. O Google faria mais dinheiro. Era uma ideia brilhante.

Ross acreditava que já tinha sugerido algo muito parecido, mas tinha sido ignorado. De acordo com Eric Veach, certo número de pessoas estava conseguindo isso independentemente.

— É uma ideia óbvia — ele reclamou, embora algumas das coisas evidentes para o Eric deixassem meu cérebro dolorido[113]. O AdWords já dava prioridade por CPM. Se você pagasse 15 dólares, seu anúncio apareceria no topo da página, se pagasse menos, seu anúncio estaria mais para baixo na página.

— Eu sei que propus isso num determinado momento — Eric me contou sobre a classificação eficiente do CPM. — Eu disse: "podemos provar que ele resulta na mais alta renda esperada se você classificar pessoas por suas CPMs eficazes, o que significa, essencialmente, o CPC que você cobra multiplicado pela taxa de cliques previstos.

Esta única ideia valia bilhões e bilhões de dólares, então, quem a inventou?

— Acho que você não vai encontrar muita gente que concorde com isso — Eric continuou. — É verdade que cada um dos envolvidos pensa que contribuiu. A soma desses números chega a muito mais que 100%.

Mas, por mais brilhante que fosse a ideia, ela não era perfeita. Ainda eram necessárias duas coisas. A primeira era um método para determinar a taxa de "qualidade" em cada anúncio.

— Quando Salar falava inicialmente em multiplicar usando a *clickthrough rate* — Eric explicou —, o que ele queria dizer era a *clickthrough rate* histórica. Se tivéssemos mostrado seu anúncio mil vezes e alguém tivesse clicado nele dez vezes, eles teriam 1% da *clickthrough rate*. — Eric considerava esta abordagem errada. — O problema é que esse tipo de coisa é simplesmente, bem, realmente um lixo. Você tem que exibir um anúncio milhares e milhares de vezes para ter alguma resposta se ele está indo bem.

— A *clickthrough rate* precisava ser algo previsto — Eric insistiu. — Precisava ser o que pensávamos da chance de alguém clicar no anúncio por toda informação que tínhamos sobre a consulta naquela época.

Isso exigia enorme sofisticação de computação. E segredo. Eric não queria que os anunciantes soubessem como o Google estava determinando a qualidade de seus anúncios, pois assim, o Google poderia continuar refinando e aprimorando os algoritmos sem os anunciantes tentarem jogar com o sistema. Ele insistiu que o Google tivesse controle completo, que o mecanismos de

[113] Uma vez Eric entrevistou um candidato a emprego que começou a explicar o problema central de sua tese de doutorado e de como ele tinha chegado a uma solução elegante. Antes que ele pudesse descrever sua descoberta, Eric perguntou: "Era o sistema Hamiltoniano?". O candidato olhou para ele admirado. Ele demorou cinco meses para chegar àquela resposta. Eric a deduziu em cinco minutos de conversa.

classificação fossem uma caixa-preta. Ele sabia que isso iria frustrar e irar os anunciantes, mas beneficiaria os usuários que veriam anúncios mais relevantes em cada página.

Enquanto nossos concorrentes faziam ajustes triviais em seus programas de anúncios, Eric liderou um esforço para a construção de um dos maiores sistemas de aprendizado do mundo apenas para melhorar o direcionamento dos anúncios.

O segundo conserto de que o novo sistema precisava era corrigir um grande problema que o GoTo enfrentava. O GoTo exibia o preço do lance de cada anunciante e os anunciantes abaixavam seus lances porque eles podiam ver que estavam pagando mais do que era necessário. Se o lance alto fosse 25 centavos por clique e o próximo lance fosse 20 centavos por clique, o do lance mais alto estava pagando 4 centavos a mais. Um anunciante esperto diminuiria seu lance para 21 centavos.

Salar pretendia que os anunciantes nos dissessem desde o começo a quantia máxima que estavam dispostos a pagar por um clique. Ele queria cobrar aquela quantia total, exatamente como a Overture fazia, mas não queria que o anunciante continuasse a fazer lances para abaixá-lo. Eric lhe deu uma solução.

— A quantia do seu lance não deveria ser a quantia que você paga — ele disse. Ele imaginou um leilão do eBay no qual o anunciante pagaria a quantia mínima necessária para ganhar uma posição no ranking. Eric nunca tinha ouvido falar de William Vickrey, o Prêmio Nobel que havia criado um modelo de "leilão do segundo preço"; ele criara sozinho essa ideia. Fazia sentido para ele que, em vez de cobrar o quanto um anunciante estava disposto a pagar, deveríamos abaixar automaticamente o custo da quantia mínima exigida. Então, os anunciantes não se sentiriam incentivados a abaixar seus lances, mas haveria incentivo para aumentá-los quando os lances abaixo deles aumentassem. A princípio, Salar resistiu à ideia de um leilão de segundo preço porque confundiria os anunciantes. Eles teriam que confiar em nós para abaixar seus lances, e Salar não sabia se eles estariam dispostos a fazer isso.

Eric via uma diferença fundamental entre sua abordagem e a de Salar.

— Ambos contribuímos para o design — ele disse. — Mas Salar sempre via o produto pelo ponto de vista dos anunciantes, que ele sabia que eram os clientes. Eles queriam transparência. Queriam controle. Eu estava cuidando dos usuários.

Eric acreditava que deveríamos apenas exibir propaganda quando ela fosse útil. Ele se recusava a colocar qualquer coisa no produto que enfraquecesse esse princípio. Ele e Salar discutiram várias vezes o modelo de leilão e a necessidade do segredo sobre a pontuação dos anúncios. Salar era persuasivo, mas Eric trazia uma vantagem para o debate sobre como os sistemas seriam configurados.

— Eu era responsável por sua construção — ele me contou. — Então, eu ganhei a maioria das discussões.

Foi preciso que Eric e Salar convencessem Larry e Sergey de que ainda não tinham desistido de oferecer o preço CPC, muito menos um método para implementá-lo. Salar explicou as vantagens para a sindicalização. Eric demonstrou como o modelo de leilão resolvera o problema de abaixar lances do GoTo e sugeriu mudanças que poderiam proteger o Google da reivindicação de patentes do GoTo. Salar argumentou que diferentes palavras-chave tinham diferentes valores, então, um modelo de preço fixo não fazia sentido.

Larry permaneceu não influenciável. Somente depois que Eric apontou que a qualidade do anúncio e a qualidade da busca estavam relacionadas, e que com as mudanças poderíamos controlar a relevância dos anúncios que exibíamos e aprimorar a experiência do usuário, ele finalmente consentiu. Como Eric disse:

— Larry sempre foi o grande defensor de se conseguir os melhores resultados para os usuários. No entanto, ele concordava em fazer as coisas mais difíceis para os anunciantes quando era necessário.

No final, Larry e Sergey não estavam totalmente convencidos, mas concordaram em seguir em frente. Isso não era incomum neles. Se trouxesse muita paixão e lógica para a briga, eles apostavam que você pudesse estar certo. Eric supôs que eles iriam jogá-lo na fogueira se as coisas não dessem certo, mas ficou feliz de ter a oportunidade de avançar e não perdeu tempo montando sua equipe. Ele sabia que o GoTo estava na frente e estava ganhando impulso.

Um amigo aceita a abertura de um inimigo

O primeiro grande desafio do Google tinha sido conquistar a primazia na busca. O segundo seria ganhar a guerra na receita da propaganda. Eric e Salar estavam preparando a empresa para essa batalha, mas nós, que não estávamos no grupo de anúncios naquela época, ficamos no escuro. Tudo o que sabíamos era que o GoTo estava fazendo acordos e acumulando vendas. Não apenas o GoTo gerava receita, mas dava as cartas, travando sites de portais com contratos para muitos anos. Quando nossa equipe de vendas lançou os anúncios do Google para os clientes do GoTo, eles voltaram de mãos vazias.

Para piorar, a equipe de vendas do GoTo nos enviava coisas, como se fôssemos um cliente em potencial. Cada semana um novo presente chegava. Um bloco de notas. Um ovo dourado. Um ganso de plástico que ascendia. Uma torta entregue em mãos. Omid mostrava os itens mais recentes na TGIF de cada semana e os chutava longe. Com exceção da torta. Tenho certeza de que ele a comeu.

O gerenciamento do GoTo continuava a cantar seus sucessos. Em agosto de 2001, um mês depois de a equipe de Eric receber o sinal verde para construir um sistema CPC, um executivo do GoTo apareceu em uma conferência da Jupiter Research e afirmou que, no futuro, todas as buscas seriam pagas. Ele disse que se os usuários não gostam dos resultados, eles podem continuar a clicar. Um Googler que assistiu à conferência relatou: "Não há problema, já que eles uma hora descobrirão o que querem".

Em outubro de 2001, o GoTo assinou um contrato expandindo o seu relacionamento com Ask Jeeves. Eles anunciaram orgulhosamente que tinham alcançado lucrabilidade e que estavam mudando seu nome para Overture.

A Overture continuou a ostentar na conferência da Direct Marketing Association, em Chicago, naquele mesmo mês. Eu estava em nosso pequeno estande no grande corredor, que transbordava de casos de mala direta, corretores de lista, impressoras especiais e governos estrangeiros oferecendo impostos baixos e mão de obra barata para call centers. Nós estávamos distribuindo ímãs e camisetas, e dirigindo nossa scooter Googlized pelos corredores, promovendo uma competição para anúncios gratuitos. Nós nos sobressaímos na multidão engravatada que vinha até nós várias e várias vezes dizendo: "Eu amo o Google!". O único estande que gerava mais interesse que o nosso tinha garçonetes da Hooters distribuindo asinhas de frango de graça enquanto era transmitido o jogo dos Bears em uma grande tela de TV.

A diretora da Overture, Jaynie Studenmund, fez um discurso. Ela disse que a Overture estava tendo um "ano Barry Bonds" e reconheceu que o Google era uma "boa empresa" e que estava "absolutamente no negócio de fazer dinheiro com as listas de busca também". Ela falou para a multidão que o Google "tinha uma coisa chamada colocação paga, que é diferente da colocação paga da Overture". Ela se referia aos anúncios claramente rotulados ao lado de nossos resultados de busca. Tive que me segurar para não estrangulá-la.

Mais tarde, Studenmund parou em nosso estande acompanhada de meia dúzia de colegas. Ela queria conversar. Achávamos que o evento estava valendo a pena? Um sucesso? Eu honestamente dei a ela o máximo de informações erradas que consegui e, depois de pegarem nossos brindes, ela e sua comitiva foram embora. Eles não pareciam muito preocupados conosco. Éramos apenas um vira-lata faminto lutando com a matilha para comer os restos de seu sucesso.

Então, em 13 de novembro de 2001, a Overture deixou cair uma bomba no Google: eles estavam assinando um contrato de cinco meses com o Yahoo para entregar anúncios direcionados à palavra-chave na busca. O Yahoo continuaria nos pagando por nossos resultados de busca, mas esses resultados seriam rentabilizados para outra empresa. Eles iriam retirar o leite depois que nós alimentássemos e ordenhássemos a vaca. Larry e Sergey cerraram os dentes, mas ficaram furiosos com o revés. Eles não podiam se vingar do Yahoo, que ainda era nosso maior parceiro, e falar mal da Overture implicaria que o Yahoo tinha cometido um erro. Não havia como a engenharia consertar nosso problema, mas isso não significava que não tínhamos como responder.

Declaramos essas verdades como evidentes

Não podíamos falar mal de nossos concorrentes, mas podíamos usar nosso site para falar diretamente com nossos usuários sobre os princípios que nos tornavam únicos. Eu tinha algumas ideias sobre como expressar isso.

"Nunca se conforme com o melhor", escrevi e citei a visão de Larry sobre a ferramenta de busca perfeita, que seria: "Compreender exatamente o que você quer dizer e dar de volta exatamente o que você quer. Somente o Google estava engajado numa luta sem-fim pela perfeição da busca", eu expliquei. Um objetivo nobre e talvez quixotesco que nos separava dos portais carregados de serviços auxiliares e de redes de anúncios que punham os interesses dos anunciantes na frente dos usuários.

Para demonstrar a pureza de alma do Google, compilei uma lista das "Dez coisas que descobrimos que são verdadeiras". Tentei destilar cada interação que eu já tinha tido com nossa equipe de engenharia e com Larry e Sergey em pontos discretos que, juntos, mapeavam as atitudes da força criativa da empresa. Eu os coloquei em ordem de prioridade:

1. Concentrar no usuário e todo o restante virá.
2. É melhor fazer uma única coisa realmente muito bem.
3. Ser rápido é melhor do que ser lento.
4. Aberto é melhor do que fechado.
5. Democracia na web funciona.
6. Você não precisa estar na sua mesa para precisar de uma resposta.
7. Você pode fazer dinheiro sem fazer o mal.
8. Sempre existe informação lá fora.
9. A necessidade de informação cruza todas as fronteiras.
10. Você não precisa de um terno para ser sério.
11. Ótimo ainda não é bom o suficiente.

O quarto ponto ficou preso na garganta de Larry. Ele descrevia a preferência do Google por uma tecnologia livre, desenvolvida pela comunidade e de código aberto como o Linux, que não era visto como uma ameaça ao domínio do sistema operacional Windows da Microsoft.

— Não faça sombra ao gigante — Larry me repreendeu. Larry junto com Netscapees como Omid, sabiam o que acontecia se balançassem bandeiras vermelhas diante da Fera de Redmond. O Netscape tinha reconhecidamente feito sombra ao gigante ao ostentar que seu navegador transformaria o Microsoft Windows numa "coleção mundana de drives de dispositivos não completamente depurados". A Microsoft tinha respondido com sua própria versão do "fazer sombra". Eles juntaram seu navegador Internet Explorer com o Windows para transformar a Netscape num reinado estéril e sem vida ao "cortar seu suprimento de ar". O suprimento de ar do Google ainda estava chegando por meio de um tubo bem estreito e a Microsoft poderia com facilidade apertá-lo ao fazer mudanças para o Internet Explorer ou se concentrando eles mesmos na busca. Cortei o ponto número quatro.

Fiquei com o total de dez. Eu tinha intencionalmente incluído o onze porque o último ponto foi para declarar que nós iríamos "entregar sempre mais do que o esperado". Tentei adicionar outro ponto para substituir o que fora deletado, argumentando que tendo onze pontos daria à lista um vanguardismo pós-moderno e irônico, mas a equipe executiva falou para eu deixar isso pra lá. Eles eram um grupo bem literal.

Eles não tinham objeção ao restante, incluindo meu favorito, "você não precisa de um terno para ser sério". Eu odiava gravatas, odiava passar camisas[114]. Eu odiava calças que pinicavam e sapatos apertados. Queria elevar meu desdenho pela alfaiataria no nível do valor corporativo e, Deus abençoe o Google, eles estavam dispostos a fazer isso também.

Nem todos os itens da lista iriam envelhecer bem. De fato, o Google os remendou há não muito tempo para esclarecer que "fazer uma única coisa realmente muito bem" poderia ser estendida a cobrir produtos como bate-papo on-line e notícias financeiras. Eu sabia que o Google finalmente superaria a busca sozinho, mas a busca era a batalha que estávamos lutando naquele momento e era o modo como nossos usuários nos definiam. Quem éramos nós para rejeitar a marca que eles criaram no nosso nome?

Somente um dos pontos me fez pensar: "Você pode fazer dinheiro sem fazer o mal". Isso estava no fundo da nossa resposta para a Overture, mas eu não me sentia à vontade falando sobre nosso desejo de não prosperar à custa de nossa alma. Pensei que isso poderia ser visto como ingenuidade e atrairia críticas todas as vezes que não fizéssemos as coisas de acordo com nosso código moral. Isso também ia contra nosso valor fundamental, um que eu não havia listado: "Prometa de menos e entregue de mais". Até esse ponto tínhamos sempre tido cuidado para não exagerar nossas realizações ou nos vangloriar do que tínhamos na manga.

Jamais nos vangloriamos da disposição de nos sacrificar para fazer coisas boas acontecerem para parceiros, anunciantes ou usuários e raramente conversávamos sobre o que poderíamos fazer por eles no futuro, mas lutávamos para exceder suas expectativas. Fechar o Google.com para atender à Netscape tinha sido um exemplo primordial. Enquanto Larry e Sergey negociavam cada centavo do bolso de um cliente em potencial, nossa meta era dar valor agregado em troca. Essa atitude era incomum em empresas de tecnologia. A Microsoft, em particular, ganhou notoriedade como emitente de vastas quantidades de

---

[114] Embora, ironicamente, tenha sido eu a ensinar a Sergey como passar uma camisa quando ele precisou estar apresentável em um evento. Nós tínhamos uma tábua de passar roupa montada ao lado da mesa de massagem. Acho que essa foi a única vez desde a minha entrevista que consegui ensiná-lo a fazer algo útil.

vaporware, produtos que eles apregoavam ter o padrão industrial, mas que vieram para o mercado muito mais tarde do que projetado originalmente, se de fato aconteceu. É fácil compreender por que empresas fazem isso: é um modo de culpar os novos mercados e evitar que jogadores aspirantes entrassem nele.

Nós abominávamos o *vaporware*. Embora recentemente o Google tenha pré-anunciado produtos e até mesmo indústrias que pretende revolucionar, no início a empresa mantinha os lançamentos em segredo e minimizava funções. Queríamos que as pessoas descobrissem as coisas por elas mesmas. Lançamos uma calculadora e deixamos os usuários descobrirem que ela poderia revelar a eles o número de mãos num *fathom*. Lançamos um soletrador que oferecia sugestões não apenas para nomes comuns, mas para o nome das pessoas que estavam em evidência.

"Prometa de menos e entregue de mais" se tornou um mantra tão importante para nós quanto "não faça o mal".

Finalmente, usuários e analistas começaram a especular sobre o que o Google desenvolveria a seguir. Seria um telefone? Um serviço de viagem? Uma bebida gaseificada? Os rumores eram muitos e a falta de confirmação ou negação fazia os competidores pensarem que o Google não era mais apenas uma ferramenta de busca. Era uma empresa de tecnologia que resolvia problemas difíceis, e isso tornava plausível a adição do nome Google em qualquer produto.

Subestimar nossas conquistas era frustrante às vezes, sobretudo para os vendedores. Os anúncios AdWords conseguiam quatorze vezes a *clickthrough rate* de anúncios banner não direcionados, mas só deixávamos o representante de vendas contar aos clientes que éramos três vezes melhor. Queríamos parecer realistas aos clientes em potencial e deixar nossa performance verdadeira oculta dos concorrentes: se entregávamos o dobro ou o triplo do que prometíamos, quem iria reclamar?

Mas não havia como entregar mais e não ser considerado o "mal", e havia um número infinito de modos de ficar aquém dessa meta. O mal, como um princípio operativo, era um assunto de discussão comum em nossos cubículos. No final de 2001, no Vale do Silício, muitos viam a Microsoft como a praticante primária das artes obscuras da tecnologia, usando seu poder de monopólio para encurralar startups inovadoras que pudessem transformar sua galinha de ovos de ouro do Windows em um montinho de penas.

O mantra "não faça o mal" já tinha se enraizado no Google quando fiz a minha lista das "10 Coisas". Paul Bucheit as mencionou em 2000 em uma reunião sobre valores fundamentais para codificar o modo como os Googlers deveriam agir uns com os outros. Não foi com intenção de regular nosso comportamento em relação aos não Googlers, nem eram valores para ser disseminados fora da empresa.

De acordo com Amit Patel, Paul ficou descontente com todas as sugestões que seus colegas propuseram que pareciam "corporativas". Coisas como "trate um ao outro com respeito", "honre compromissos" e "não chegue atrasado nas reuniões". Elas eram monótonas e específicas demais. Era desnecessário construir uma lista se você pode aplicar uma regra geral.

— Não estão todos os pontos cobertos pelo "Não faça o mal"? — Paul perguntou.

Ninguém o levou a sério. A reunião terminou com uma lista de onze valores fundamentais que a equipe de recursos humanos me pediu para ajudar a escrever. "Não faça o mal" não era um deles. A reunião deixou Amit insatisfeito e ele pegou para si a tarefa de espalhar "a palavra" de Paul. Logo, "não faça o mal" começou a despontar em cada superfície como manchas pretas em bananas maduras. Eu tinha uma lousa branca no meu cubículo; quando voltei do meu almoço, a expressão estava escrita claramente em um de seus cantos. Vi a frase rabiscada nas paredes da sala de reunião e girando nos protetores de tela dos laptops. Outras pessoas viram também. Tive que assegurar aos candidatos a emprego, aos fornecedores e visitantes que isso não significava que a empresa estava lutando contra apelos satânicos.

Era intimidante ter um mandamento corporativo encarando você em todos os lugares. Essa era a intenção de Amit. Sua pura simplicidade tornava a frase inesquecível e deu a ela a força de uma lei irrevogável.

— Não faça o mal — Paul explicou. — É sobre não tirar vantagens das pessoas nem enganá-las. Qualquer coisa enganosa é má. Então, se colocamos resultados de busca e os colocamos mais alto porque alguém nos pagou, isto é enganoso, isto é abuso de confiança.

Paul queria que o Google fosse a empresa "contra" o mal. A campanha de marketing de Amit forneceu às equipes a formalização da crença. Assim que se tornou um ponto cultural, ficou impossível desenraizar. O efeito era como se Amit estivesse rabiscando com marcador permanente na nossa consciência coletiva.

— Pensei que fosse um bom valor, pois seria difícil de remover depois de ser colocado — Paul admitiu. — Não seria muito bom nos livrarmos de "Não faça o mal". Além do mais, a Microsoft tinha o monopólio da maldade. Nós não queríamos realmente competir.

A ideia de não fazer o mal permeava as conversas como um critério para avaliar produtos, serviços e decisões de vida. As pessoas traziam sua própria interpretação do que aquilo significava:

— Se os anúncios se parecessem mais com resultados de busca, eles gerariam mais receita. Mas isso não seria diabólico?

—Você pegou a última bomba de chocolate e deixou um pedaço? Você é a encarnação do mal.

— Eu percebi que as pessoas têm essas estranhas definições do mal — Paul observou —, que é "qualquer coisa que eu não goste". No meu modo de pensar, eu posso não gostar de alguma coisa, mas isso não significa que ela seja do mal.

Mas até a aderência à preocupação original de Paul de que a venda de colocação nos resultados de busca nos colocou em contraste com nossa indústria. Se a colocação paga era o mal, o mercado estava em parceria com o diabo. A Overture estava crescendo a um passo aceleradíssimo, construindo uma extensa rede de sites de propaganda e rodando seus anúncios[115].

Quando nós postamos "Dez Coisas que Descobrimos que são Verdadeiras" em nosso website, recebemos um punhado de parabéns dos usuários por nossa posição a favor da integridade. Mas isso não fez nada para diminuir o crescimento da Overture, um rolo compressor que ameaçava agora travar todos os dólares da propaganda direcionados para busca.

Alguns resultados positivos

O acordo da Overture com o Yahoo parecia colocá-los longe do alcance de qualquer competidor. Em dezembro de 2001 eles assinaram um contrato de três anos com a maior ISP da Alemanha. Em janeiro de 2002, a MSN anunciou que eles testariam os anúncios da Overture. Eles estavam em todos os lugares e eram invencíveis.

---

[115] A Overture relatou receita de 288 milhões de dólares no final de 2001, um aumento dos 103 milhões de dólares em 2000. Disponível em:<http://news.cnet.com/2100—1023—962209.html>.

Exceto... Exceto que, em janeiro de 2002, os Googlers já estavam batalhando por quase dois meses no GooglePlex em um protótipo do nosso novo sistema de anúncios. Exatamente antes da meia-noite de 15 de novembro, dois dias depois do anúncio da Overture sobre o Yahoo, Eric Veach tinha invertido os interruptores. O protótipo tinha vários defeitos e faltavam funções-chave, mas poderia apresentar anúncios vendidos na base CPC mediante um leilão em tempo real.

Enquanto Salar e o economista da Berkeley, Hal Varian, refinavam os sistemas de licitação, eu pensava em como vender o próprio sistema. Compilei uma planilha comparando-a ao AdWords original e ao Overture. Parecia muito atraente no papel, mas na realidade ainda não estava pronto para ser exposto ao público. Os cabos e fios ainda apareciam através das peças da interface, e algumas das etapas exigidas para criar um anúncio pareciam contraintuitivas. Originado no meio da noite, o produto recém-nascido ainda não conseguiria sobreviver no frio mundo competitivo no qual ele seria logo lançado. Ele precisaria ser envolto numa IU favorável ao usuário e ter um nome.

Dessa vez, o nome veio rápido. Convenci Salar de que precisávamos facilitar para distinguir o novo sistema do original enquanto planejávamos o encerramento com apenas um AdWords. Propus "AdWords Select" porque seria fácil inserir "Select" quando o sistema original fosse encerrado. Ele concordou e levou a ideia para Larry e Sergey.

A nova interface me incomodava mais. A Overture tinha um processo simples de três etapas para criar anúncios, uma experiência tão confortável e fácil quando andar de bicicleta. AdWords Select era um avião de caça Mig, carregado de termos técnicos medidores, mostradores incompreensíveis e um enorme checklist antes que seus anúncios fossem realmente criados. Eu queria ter um atalho com opções pré-programadas, mas Salar sentia que a granularidade do sistema o tornava poderoso e este era seu ponto forte para as vendas.

Sheryl Sandberg, um prodígio da economia e antiga diretora do Departamento do Tesouro, juntou-se ao Google na semana do lançamento do novo protótipo. Ela ficou imediatamente responsável pelo suporte ao cliente da propaganda e pela equipe de cinco pessoas que gerenciava isso para Omid. Alguém se demitiu naquele dia. Sheryl também queria as coisas simplificadas, mas não havia como trabalhar perto de Salar, que tinha se envolvido profundamente com o produto. Salar ficou obcecado com a IU, o processo de inicialização, as mecânicas do leilão e até mesmo o texto dos e-mails que iriam para os usuários. Seu poder como gerente de produto, sobre tudo menos o código, era absoluto.

As milhares de peças do sistema exigiam concentração total para manter as coisas caminhando. Decisões tinham que ser tomadas rapidamente. Frequentemente, às 4 horas da manhã, Salar estava à vontade, funcionando com capacidade total e levando o papel de PM para um lugar novo e significativo.

Salar me pediu um texto para explicar o que diferenciava o AdWords Select num campo dominado pela promessa da Overture de "pagar pela performance". Algo que mexesse com a alma dos anunciantes e os impelisse a tentar o novo sistema quando a Overture estava dando tão certo para eles. Algo em pouco mais de sete palavras.

— É tudo uma questão de resultados — sugeri. O texto parecia correto. Enfatizava a qualidade inegável de nossa busca e a importância do retorno real do investimento. Nós besuntamos este slogan generosamente em todos os materiais de venda que estávamos preparando. Se fôssemos conquistar o Yahoo e outros, precisaríamos apregoar nossos pontos fortes como fornecedor tanto de busca quanto de receita.

Comentava-se nas ruas que a experiência do Yahoo com a Overture não ia bem. Um de nossos clientes tinha ouvido o Yahoo reclamar do alto nível de irrelevâncias nas listas da Overture. Alguns dias depois, a Overture revisou suas diretrizes aos anunciantes e inseriu controles mais rígidos nas URLs, títulos de anúncios e descrições.

— Devido ao nosso comprometimento em oferecer uma experiência de busca de classe mundial — a Overturea anunciou —, é importante oferecer resultados de busca altamente relevantes aos nossos usuários. Evidentemente, alguns usuários não queriam ficar clicando até encontrar o que estavam procurando.

A confiança bem-humorada da Overture se originava de 40 mil anunciantes cujas listas apareciam pela rede de dezenas de milhares de sites de clientes. O Google vendia apenas anúncios que apareciam no Google.com. Não importa o crescimento de nossa ferramenta de busca, ela jamais poderia competir com o alcance de uma rede de toda a web.

Em janeiro de 2002, Omid deixou escapar uma dica de que as coisas estavam prestes a mudar.

— Muitas empresas para quem alimentamos buscas querem que comecemos a sindicalizar anúncios para eles como forma de uma parcela da receita — ele disse a um jornalista da Revolutionmagazine.com[116]. — Estamos estudando isso e é uma área onde podemos potencialmente competir com a Overture. No entanto, não é nosso principal negócio, assim como não somos dependentes do tráfego de terceiros para a geração de renda.

Omid, que enganador! Nós já tínhamos nosso primeiro acordo de sindicalização assinado. Nossa equipe de vendas tinha elaborado um contrato com a Earthlink para fornecer nossos anúncios no AdWords original na semana anterior. Eles tinham sido clientes da Overture até seu contrato expirar, tornando-se nossa primeira conquista em uma competição acirrada. Não tínhamos sequer oferecido a eles os anúncios CPC. Duvido que a Overture tenha se preocupado — a Earthlink era uma conta trivial se comparada a seus enormes parceiros Yahoo e AOL. Mas para nós o contrato era algo grande. Ele provava que poderíamos sindicalizar nossos anúncios. Nossa guerra inicialmente fria com a Overture começava a esquentar.

Omid celebrou dizendo para a empresa toda trabalhar mais. Precisávamos aumentar a receita por anúncios que gerávamos para pressionar a Overture. Quanto mais ganhávamos, mais podíamos oferecer a parceiros em potencial em um sistema de licitação para seus negócios. Sabíamos que poderíamos aumentar a relevância mais rápido do que a Overture, porque eles usavam parâmetros humanos para determinar a relevância de um anúncio. Pessoas não poderiam de modo nenhum se equiparar a um bom algoritmo.

O acordo com a Earthlink trazia apenas um perigo para o Google: a garantia de um pagamento mínimo, mesmo se o anúncio não gerasse renda suficiente para cobri-lo. Podia acontecer como a espiral da morte da CPC da Netscape. A exposição era pequena, mas à medida que os acordos aumentavam, a competição ficava mais intensa. As garantias aumentavam como balões cheios de ar, lançando sombras sobre nosso balancete. A ameaça era a "projeção", a quantidade cumulativa de dinheiro garantida para todos os parceiros. Volume de busca reduzido ou questões de qualidade que atrapalhavam as *clickthrough rates* dos anúncios poderiam iniciar uma expansão explosiva do débito do Google e mandar a empresa para o espaço.

---

[116] Mark Sweeney, Revolutionmagazine.com, 23 de janeiro de 2002, disponível em: <www.brandrepublic.com/news/135039>.

Mesmo com a alta tolerância de Larry e Sergey para riscos, ninguém queria que a empresa terminasse sob uma carga de IOUs corporativos, especialmente o novo CEO Eric Schmidt.

— Não me faça ir à falência — Sheryl Sandberg se lembra de Eric dizer a Salar. — Não acabe com o dinheiro.

As garantias se tornariam uma arma na batalha pela fatia do mercado sindicalizado, à medida que cada superpotência de busca tentava blefar e levar os outros a gastar mais até a bancarrota.

Em cinco de fevereiro de 2002, a CNET noticiou que o Google estava em silêncio fornecendo resultados de busca e propaganda para a Earthlink havia semanas. Já era tarde naquele dia para uma reação do mercado, a história atraiu pouca atenção.

Na manhã seguinte, as ações da Overture caíram 41%. Um dia depois, o Google e a Earthlink lançaram um comunicado à imprensa anunciando que o Google forneceria resultados de busca para a rede de sites da Earthlink. Nenhuma menção aos nossos anúncios sindicalizados foi feita, a mudança que transformou nossa indústria.

Enquanto isso, a Overture e um bando de analistas de ação puxa-sacos minimizaram as novas diretrizes do Google. Safa Rashtchy, do US Bancorp Piper Jaffray, chamou a baixa do preço das ações de uma "grande oportunidade de compra" para os investidores que pensavam em investir na Overture. De seu ponto de vista as pessoas estavam exagerando. A Earthlink era uma aberração. Seu modelo de negócio não se aplicava aos grandes portais.

Ted Meisel, CEO da Overture, respondeu com um comunicado à imprensa elogiando as expectativas elevadas para o trimestre e declarando que não haveria nenhum "impacto material" na perda da Earthlink como cliente. Ele anunciou também que a empresa tinha ampliado seu relacionamento com o Yahoo até o final do segundo trimestre de 2002.

As ações da Overture se recuperaram nos próximos dias, em parte impulsionadas pelos bons prognósticos dos analistas de Wall Street, enamorados das perspectivas da empresa. Salomon Smith Barney previu que o impacto da Earthlink seria mínimo já que "os maiores portais podem (e fazem) operar seus próprios modelos de anúncio CPM baseados na busca, e não é provável que... eles tenham uma mesma economia que o Google". Além do mais, o SSB notou, o Google estava ligado aos anúncios baseados em CPM e não podiam bancar para competir com contratos com grandes garantias em um mundo de "cost per click", e pagar pela performance.

— Você ainda não viu nada — Rashtchy cantarolou para os investidores uma semana depois. Ele acreditava que o quarto trimestre da Overture seria forte e seu acordo com o MSN tinha preparado tudo para uma "enorme alavancagem de crescimento".

Larry e Sergey bancaram os descolados. Eles tinham alguns ases embaixo da manga. O Google iria prevalecer devido à melhor qualidade de nossa busca, à maior relevância de nossos anúncios e à nossa disposição de nos comprometermos sem medo (mas de forma prudente), com enormes garantias para os parceiros. E a razão pela qual o que todos viam isso como nosso grande impedimento era, na realidade, uma enorme vantagem: nós mantínhamos um site que competia diretamente com nossos parceiros em potencial. A Overture não tinha um site assim.

Naquilo que Larry intitulou "o primeiro artigo bem articulado que eu vi sobre a Overture", George Mannes do TheStreet.com acertou uma lança no calcanhar de Aquiles da Overture[117]. "Comparado com as práticas da mídia tradicional, a Overture retém uma porção excepcionalmente grande do dinheiro que ela recebe dos anunciantes". Eles estavam guardando 49% da receita dos anúncios que vendiam e davam apenas metade para os sites nos quais os anúncios apareciam. As agências de colocação da mídia tradicional ficavam com apenas 15%.

Foi aí que nós os pegamos. A Overture era totalmente dependente da sua rede para a receita e se suas margens caíssem, a empresa estaria em dificuldade. Nós ficávamos com todo o dinheiro dos anúncios que exibíamos no Google.com, e esse rio transbordante de dinheiro subsidiava nossos esforços de expansão.

Poderíamos dar uma fatia maior de nossa receita aos nossos parceiros. Nossos custos eram baixos, já que tínhamos que processar os anúncios para rodar no Google e a distribuição adicional seria praticamente quase toda um lucro a mais. Além disso, administrar o nosso próprio site nos dava vantagem de entender como os usuários respondiam à propaganda com base em palavras-chave. O Google.com era um laboratório vivo processando dados importantes que revelavam o que era eficiente e o que não era.

---

[117] "Margins may tell Overture Story", TheStreet.com, 19 fev. 2002.

Poderíamos (e iríamos) fazer as margens despencarem, e isso fazia apaziguar as preocupações de nossos parceiros sobre o Google como um concorrente em potencial. Agora éramos os mocinhos cortando os gastos para todos e ajudando a encher os cofres de sites por toda a web.

O jogo muda

O CEO da Overture, Ted Meisel, entrevistado pela CNET no dia em que o artigo de Mannes foi publicado, não ficou preocupado com o futuro da busca paga. Os portais que ainda não tinham aumentado seus resultados de busca com as listas pagas da Overture, ele contou a um repórter, "tinham recebido a maior oferta de anúncios que eu possa imaginar, porque eles estavam entregando clientes para negócios sem rentabilizar o tráfego". Meisel notou que as previsões da Overture para o ano seguinte se baseavam apenas no acordo estendido com a Microsoft:

— Nós certamente consideramos o AOL e o Yahoo como importantes parceiros em potencial, mas nosso negócio pode viver sem eles.

Mas Meisel teria razão em ser grato por ter encoberto seu otimismo. Em 19 de fevereiro de 2002, postamos uma "NOVA!" opção na página da web, que descrevia as ofertas de propaganda no Google. O AdWords Select baseado no CPC estava em funcionamento.

As ações da Overture caíram 10%. Safa Rashtchy tentou canalizar o pânico por bater novamente na tecla da "oportunidade de compra".

— A Overture tem uma trava nos maiores portais — ele reiterou. — Grandes parceiros nunca iriam assinar com o Google enquanto estivessem no nosso site. Além disso — Rashtchy apontou —, o Google tinha apenas mil anunciantes utilizando seu programa. A Overture tinha 54 vezes mais.

O analista da Merrill Lynch, Justin Baldauf, concordou dizendo para a CNET:

— Como a Overture é muito maior que o Google, ela pode se permitir pagar mais aos parceiros de distribuição.

Ele explicou que o Google não poderia aumentar a distribuição sem mais anunciantes e não conseguiria mais anunciantes até aumentar a distribuição. Isso pode ser verdade em relação aos anúncios CPM, mas a economia subjacente dos anúncios CPC era bem diferente. Os anunciantes pagavam apenas pelos cliques que recebiam, então o retorno do investimento era quase sempre positivo — anúncios direcionados a busca se pagavam. Portanto, o mercado para nossos anúncios estava limitado apenas pelo inventário do produto do anunciante e pela capacidade de produção. Os anúncios direcionados à busca CPC eram como uma droga para os marqueteiros. Os anunciantes tiravam dinheiro de outros orçamentos de marketing diretamente para comprar o maior número possível de palavras-chave relevantes que pudessem. Não precisávamos tirar anunciantes do Overture, o bolo era bastante grande para ambos.

Nas semanas seguintes, eu verificava o MOMA diariamente para me atualizar com alguns anunciantes em nosso sistema. O número aumentava com a velocidade estável de um atleta veterano. Isto era encorajador, mas realmente precisávamos de parceiros de distribuição que exibissem nossos anúncios. A Overture tinha a maioria dos grandes. Mas isso, nós determinamos, era algo que podíamos mudar.

Cresça, baby, cresça

Continuávamos a nos preparar para nossa partida de CPC contra a Overture. Até mesmo o marketing recebeu o "ok" para contratar mais pessoas, e eu de repente me vi com sete vagas abertas e centenas de currículos atolando minha caixa de entrada. Eu não tinha tempo para lê-los. O AdWords Select consumia pedaços do meu dia e nosso investimento em hardware, o Google Search Appliance (GSA), consumia o restante. Nossa ferramenta de computação distribuída mordiscava as beiradas ainda não corroídas pelas buscas de catálogos. Eu tinha respostas prontas para alimentar o suporte de usuários e as contínuas brigas entre Marissa e Wayne por causa do console de tradução. Eu levei os resumos comigo e os lia quando limpava o vômito de minha filha e enquanto esperava que meu dentista refizesse um canal que tinha dado problema.

Ainda assim, recebi um recado de um gerente de produto em que ele reclamava que eu não poderia ser tão ocupado assim para reescrever algo, porque ele não tinha me visto no escritório às 2 horas da manhã. Escrevi uma resposta mordaz em que eu salientava que trabalhei até às 3 horas da manhã limpando o AdWords Select, e que, bem...Vamos dizer que escrevi mais uma página e meia de detalhes dolorosos sobre sua necessidade de urgência e como isso estava relacionado com seu estilo de gerência.

Apertei a tecla *send* e esperei uma resposta. Não demorou a chegar. "Não envie isso", Cindy me aconselhou, como eu sabia que ela faria. Eu sempre mandava mensagens nas quais eu desabafava para ela antes de mandar para as pessoas que tinham me injustiçado. Ela entendia minha raiva e enviou um recado curto em meu nome. Eu tive muita raiva nesses dias agitados, quando os menores solavancos ameaçavam entornar minha bandeja de tarefas cuidadosamente equilibrada. Minha capacidade de aguentar estava acabando.

Com a expansão do Google, os engenheiros achavam que tinham superado a grande experiência que começou com a estranha reorganização de julho. Em janeiro de 2002, Wayne anunciou que a estrutura plana da empresa não iria se estender muito mais. Sim, os executivos tinham um canal claro de comunicação com a engenharia, mas o Google pretendia contratar outra centena de engenheiros naquele ano. Nem todos poderiam se reportar a Wayne. O novo objetivo seria baixar a média dessas interações de 35 para 1. Gerentes seniores seriam contratados inicialmente por suas habilidades técnicas, não por sua habilidade gerencial. Esses novos diretores reconheceriam talentos técnicos quando vissem e quando fosse preciso, dariam uma mão além de apenas encorajar.

Passou um mês e Jonathan Rosenberg, livre de seu compromisso prévio pela falência da Excite@Home, entrou para o Google como vice-presidente de gerenciamento de produto. Ele formalizou as responsabilidades do departamento que Larry tinha iniciado com Salar e definiu o papel do gerente de produto. Os PMs trabalhariam com os engenheiros para desenhar e desenvolver novos produtos e funções, lidar com a comunicação transorganizacional e determinar trajetos do produto.

Logo haveria muitos PMs, muitos com especialização nas melhores escolas de administração do mundo, em escolas de direito e programas de engenharia. Nossa evolução cultural daria um salto gigante de uma simples ameba para um vertebrado, da anarquia e autonomia individual ao caos controlado, que, no Google, era o mais próximo que conseguíamos de um estado de ordem.

A nova divisão de Jonathan se moldou em uma rachadura do gráfico organizacional entre o grupo de marketing corporativo de Cindy e a engenharia. Quando o gerenciamento de produto tinha ficado exclusivamente com essa tarefa, meus colegas e eu trabalhávamos diretamente com os engenheiros para preparar produtos para lançamento no mercado aberto. Agora os PMs iriam coordenar formalmente esta atividade e iriam chamar os especialistas em relações públicas e gerenciamento de marca (isto é, eu), como costumavam fazer em outras corporações.

Conforme a fatia do gerenciamento de produto crescia de tamanho com o influxo das novas contratações, a resistência de ser deslocada se intensificou no mundo de Cindy. Eu, pelo menos, estava disposto a ser integrado, mas não queria ser posto de lado. Em uma organização crescente voltada para a engenharia, o poder do gerenciamento de produto poderia facilmente se tornar uma força incontrolável. Os relatórios de Cindy, incluindo o gerenciamento de marca, tinham um papel secundário. Nós apenas dávamos o acabamento final em um automóvel de precisão e nossos esforços eram invisíveis a não ser pela brilhante camada acentuando a beleza da máquina que estava embaixo. Meu papel ainda tinha valor, porque eu trabalhava na linguagem que ia dentro do produto. Mas pensar como os usuários percebiam o produto e a empresa como um todo era uma prioridade pequena. O produto falaria por si mesmo, então, o que mais importava era a tecnologia e as coisas descoladas que poderiam ser feitas com ele.

A densidade da população do prédio aumentou, mesmo depois que empurramos as equipes de finanças e de anúncios para um escritório adjacente, rapidamente chamado de "MoneyPlex". Stacy, dos recursos humanos, enviou múltiplos avisos sobre a limpeza no escritório e nosso dever de respeitar as microcozinhas, colocar a louça suja na máquina, guardar o leite na geladeira, jogar fora bananas comidas pela metade, reciclar tudo que fosse possível, deixar as salas de reunião limpas, lavar o uniforme de hóquei e manter os animais longe do café, das cozinhas e do banheiro. Havia políticas que regulamentavam cachorros sozinhos, pelo de animal, latidos, vômitos e mordidas.

Charlie advertiu Larry, Sergey e o pobre coitado do gerente de instalações George Salah que ele iria morrer por falta de espaço. Fizeram um acordo. Um trator surgiu um dia de manhã soltando fumaça e arrastando um monstruoso trailer branco customizado equipado com forno, lavadora de louça, panelas e balcões. O leviatã foi desenganchado e aportou no estacionamento ao lado do café para ficar no Sol como a vítima de um arpão.

O trailer continha uma cozinha móvel totalmente equipada, desenhada para grandes eventos ao ar livre. Só precisava de ligações para eletricidade e água. Isso nós tínhamos, embora não tivéssemos permissão para usá-lo legalmente. Mas o que é um pedaço de papel comparado à felicidade de centenas de funcionários do Google? O departamento de instalações plugou o trailer e o iluminou. Com sua folha de metal reluzindo à luz do Sol e fumaça saindo da ventilação, a "cozinha auxiliar" imediatamente diminuiu o valor das propriedades nas vizinhanças do parque onde o Google estava situado. Faltava apenas uma picape Ford enferrujada em cima de blocos de concreto e um vira-lata sujo amarrado a uma espreguiçadeira. Charlie prontamente fez sua equipe colocar uma bandeira no teto do trailer declarando a cozinha auxiliar como zona de livre interferência. A cozinha ilegal de Charlie funcionou sem perturbação, exceto por um único caminhão de bombeiros que parou para investigar a fumaça perfumando Mountain View com o aroma de costelinhas de porco. Os bombeiros foram embora sem multar. Bombeiros. Eles adoram churrasco.

CAPÍTULO 20

A nossa posição

OS USUÁRIOS estavam reclamando novamente. Ouvimos um coro de irritação cada vez maior com os anúncios pop-up surgindo quando as pessoas faziam buscas no Google. Os anúncios abriam novas janelas, lotavam os desktops dos usuários, e isso os irritava profundamente. Ou parávamos de rodar anúncios pop-up, nossos usuários exigiram, ou eles estavam preparados para deixar de usar o Google.

O Google nunca rodou pop-ups. Outros estavam fazendo parecer que nós o fazíamos. Um número de empresas distribuía softwares de graça para compartilhamento de arquivo, para *media playing* e mandavam carinhas sorridentes por e-mail. Quando os usuários baixavam esses programas, eles sem querer carregavam em suas máquinas um código que lançava pop-ups e até mesmo copiavam números do cartão de crédito e outras informações pessoais.

Alguns softwares sorrateiramente se apoderavam dos computadores e eles se tornavam "zumbis", que podiam ser ligados como parte de uma gigantesca rede para lançar ataques de recusa de serviços ou mandar spam. Os técnicos chamavam esses programas de parasitas: "malware", "adware" ou "spyware". Nós o juntamos e os chamamos de "scumware".

Matt Cutts detestava scumware, ele, pessoalmente, o detestava. Intensamente. Seu trabalho concentrado em bloquear pessoas que tentavam enganar ou "spam" o Google para listar seus sites mais altos nos nossos resultados. Ele lutava com os bandidos todos os dias, e os que distribuíam o scumware eram os piores dos piores. Ele ficava doente se os usuários pensassem que éramos nós que estávamos degradando a "experiência Google". No final de 2001, começamos a monitorar o aumento do scumware e suplicamos a todos os Googlers que pudessem fazer algo sobre isso.

Eu estava com Matt. Detestava ver mensagens dos usuários ameaçando sair do Google por causa de algo sobre o qual não tínhamos nenhum controle.

Trabalhei com ele para elaborar uma resposta longa, na qual explicávamos o que estava acontecendo e como consertar o erro. As pessoas responderam com desculpas e agradeceram por alertamos sobre os problemas sobre os quais não tinham conhecimento. Matt queria fazer mais. Ele propôs que a barra de ferramentas do Google incluísse um software que matasse as pop-ups e que encaminhássemos as reclamações que tínhamos recebido para o FTC. Ele também sugeriu que colocássemos uma nota na nossa homepage explicando que isso não era culpa do Google.

Wayne Rosing apoiou a ideia de uma "cruzada em grande escala, uma guerra sagrada" contra os responsáveis, mas outros se preocuparam com o perigo de se declarar uma guerra. Suspeitávamos que havia centenas de criadores de scumware e nós sabíamos que eles podiam ser... a escória. E vingativos. Eles não gostavam de ser frustrados em suas ações e não tinham escrúpulos em atacar aqueles que tentassem detê-los. Se os perseguíssemos agressivamente, eles mirariam no nosso site e iam nos fazer um exemplo, causando problemas ainda piores para os usuários. Marissa sugeriu um acordo. Se pudéssemos detectar que um computador tivesse sido infectado com um aplicativo específico de scumware, poderíamos exibir uma mensagem instruindo o usuário sobre o que fazer sobre isso. Com essa abordagem, não iríamos confundir as pessoas que não estavam passando por esses problemas e não nos exporíamos demais a ponto de nos tornarmos um alvo.

Essa solução se tornou inviável, então voltamos a colocar uma nota conectada à homepage. Dizíamos aos usuários que não estávamos enviando pop-ups e mencionávamos casualmente que tínhamos o nosso próprio programa de propaganda direcionada a palavras-chave e que ele era bem discreto. Dois objetivos do marketing satisfeitos simultaneamente.

Larry não gostou da segunda parte. A maioria das pessoas que olhava para nossa homepage nunca faria um anúncio conosco e talvez nem soubessem que rodávamos anúncios. Por que desiludi-los se eles nem precisavam saber? Larry nunca quis dar às pessoas mais informações do que elas queriam ter. Eu deletei as referências ao AdWords.

Em janeiro de 2002, acrescentamos uma linha na homepage: "O Google não exibe propaganda pop-up. Aqui estão as razões". Havia um link para uma página que começava assim: "O Google não permite pop-ups de qualquer tipo. Nós as achamos irritantes". A resposta foi imediata e positiva, e eu fiquei encantado. O Google estava se tornando minha própria plataforma de publicação pessoal. O MentalPlex, a página de notícias de 11 de setembro, "Dez Coisas que Nós Descobrimos Serem Verdadeiras". E agora o "Não Pop-ups". Os sucessos continuaram a chegar. Tínhamos construído um púlpito global e minha voz se soltava com força de cima dele. Meus pensamentos, minhas ideias, minhas imprecações eram vistas por mais pessoas do que o *The New York Times* era lido, ou assistiam aos jornais das grandes redes de TV. Eu era o homem por trás da cortina dando voz ao sabe-tudo Oz. Tentei controlar meu ego.

No dia seguinte ao lançamento do AdWords Select, a *Associated Press* colocou uma história sobre o serviço que dizia em parte "O Google Inc., criador da ferramenta de busca on-line, está introduzindo um programa que permite que sites da web sejam exibidos com mais destaque se os patrocinadores pagarem mais dinheiro — um sistema de anúncios derivado de críticas como um convite para práticas comerciais enganosas". O artigo não nos retratava melhor do que a Overture. Estava tão errado e ainda assim as maiores agências de notícias do país o publicaram palavra por palavra. A palavra "cretinos" virou um verdadeiro exercício naquele dia no GooglePlex.

Tínhamos tão cuidadosamente nos separado dos outros que diminuíam sua integridade de busca, e tudo por nada. Cindy ligou para a AP para emitir uma correção, e eles a fizeram, mas ela também reconsiderou sua decisão original de não emitir um comunicado à imprensa sobre o AdWords Select. Ela manteve uma estratégia de relações públicas de se comunicar de perto apenas com alguns jornalistas selecionados do que em uma "entrevista coletiva", na qual cada arroto, soluço e espirro que acontecia na empresa era publicado. A estratégia funcionou fantasticamente bem na maior parte do tempo, mas quando um repórter entendia uma resposta errada, não havia uma versão oficial do Google para contradizê-lo. Cindy e o gerente de relações públicas, David Krane, deram entrada em uma cópia às 2 horas da manhã com o PR Newswire, dizendo: "Os resultados de busca imparciais do Google continuam a ser produzidos mediante um processo totalmente automatizado e não são afetados por pagamentos".

A história da AP tinha sido uma casualidade, uma anomalia no padrão da imprensa favorável, mas Cindy sabia que as coisas iriam mudar. Ninguém ficava apaixonado para sempre. Dois dias depois, ela começou a formular uma "campanha de credibilidade" para enfatizar que nem todas as empresas de busca eram iguais. Nós usaríamos nosso próprio site para apresentar nossas mensagens não filtradas combinadas com pequenas notícias nos jornais e discursos de nossos executivos para audiências selecionadas.

— Quero acabar com a percepção de que estamos vendendo nossos resultados de busca o mais rápido possível — ela nos contou. — Nossa marca foi prejudicada e precisamos consertá-la. Somos o Google! Vamos ser escandalosos e audaciosos, e nos divertir um pouco com isso.

Todos sentiram profundamente com essa história de colocação paga. Quando o tópico da recusa do Google de vender colocação surgiu no quadro de notícias nerd Slashdot, a primeira resposta colocada foi "juro que eu quero fazer amor com essa empresa".

Um funcionário da Overture autoidentificado não compartilhava esses sentimentos calorosos. "Quanto à reclamação do Google de que eles são puros", ele perguntou "por que estão querendo entrar no negócio de busca de anúncio?" Sua implicação insinuava que o negócio todo estava manchado. Eu não pensava assim. Você pode apresentar anúncios úteis, mas precisava deixar claro que eles eram anúncios. Isso não era difícil se você estivesse disposto a abrir mão da receita derivada dos usuários enganados. Larry e Sergey tinham uma visão a longo prazo. A Overture e os portais estavam treinando os usuários a não clicarem nos links, pois, ao fazê-lo, eles se sentiam enganados. Era nosso objetivo fazer anúncios tão úteis que as pessoas realmente clicariam neles, mesmo sabendo que eram anúncios e não resultados de busca. Para nossos fundadores, não fazer o mal equivalia a uma sólida estratégia de negócio.

Minha primeira contribuição para a campanha de credibilidade de Cindy explicava este princípio: "Por que vendemos propaganda, não resultados de busca", escrevi na nossa homepage em março de 2002. O link levava a uma página que dizia: "No mundo onde parece que tudo está à venda, por que os anunciantes não podem comprar uma melhor posição nos nossos resultados de busca? A resposta é simples. Acreditamos que você seria capaz de confiar no que descobre usando o Google".

Isso não gerou tanto interesse quanta nossa mensagem "Não Pop-ups", mas nossa equipe de vendas adorou. Ela dava a seus clientes um raciocínio para nossa recusa em oferecer pagamento pela colocação e detalhava por que isso nos tornava mais éticos e mais eficazes como uma mídia de propaganda.

Nossa equipe de desenvolvimento de negócios, no entanto, ficou doente com o final: "outros serviços on-line não acreditam que a distinção entre resultados e propaganda é tão importante. Nós pensamos que vocês gostariam de conhecer o que fazemos". E quanto aos nossos parceiros, como o Yahoo? Eles enxergariam isso como se os tivéssemos prejudicando? Afinal de contas, eles rodavam anúncios da Overture acima dos nossos resultados de busca.

Não ajudou o fato de que, com o nosso contrato com o Yahoo perto da renovação, a Inktomi ficou agressiva ao tentar conseguir de volta o negócio, afirmando que os usuários introduzidos ao Google no site do Yahoo apenas fariam buscas diretamente com o Google no futuro. Por que o Yahoo deixaria o Google ficar com sua audiência? A Inktomi levou um outdoor móvel para o *campus* do Yahoo com uma mensagem "Você, ahn, Google? O Google está roubando seus usuários. Um lembrete amigo da Inktomi". Debatemos sorrateiramente colando as palavras "trazendo seus clientes" sobre a frase "roubando seus usuários", mas decidimos não legitimizar o estratagema do nosso rival.

Omid não gostou nada. Ele sabia que a ideia de que o Google não era um amigo dos sites de portal estava se espalhando, sobretudo porque estávamos agora abertamente procurando parceiros não apenas para os resultados de busca, mas também para a distribuição de anúncios. Sergey se voltou para o marketing à procura de dados que provassem que essa percepção era falsa. Não conseguimos encontrar nenhum, embora eu tenha passado meses procurando.

Nossa conquista da Earthlink tinha rachado o êxtase gelado travando os donos da busca em seus lugares. Repentinamente, a certeza convencional estava à deriva. O Google tinha entrado em uma nova indústria e ganhara a conta de um líder firmemente estabelecido. Tínhamos implementado, sem imperfeições, um avanço substancial e complexo em nossos sistemas finais e feito a transição de um modelo econômico a outro. Essas conquistas poderiam facilmente ter absorvido o foco completo de uma empresa tecnológica competente por vários anos. Estava começando a ficar claro que o Google era mais do que uma empresa de tecnologia independente.

No final de 2001, reuni um grupo a pedido de Cindy para começar a pensar na evolução da posição do Google no mercado. A partir de então, Susan, Sheryl Sandberg, Cindy e alguns outros marqueteiros se reuniam de vez em quando para tentar assegurar a essência proteica do Google. Chamávamos nossa iniciativa de "Baby Beagle" em homenagem a Darwin. Nossa identidade corporativa tinha se transformado com nossa entrada nos anúncios sindicalizados, mas se transformado no quê? Nós não queríamos ser classificados como um portal, mas tínhamos superado a ideia de ser apenas uma ferramenta de busca.

Nosso grupo não conseguia chegar a um consenso. Era como a velha história do cego descrevendo um elefante ao tocar sua perna, sua tromba, suas costas. Eu precisava falar com alguém que enxergasse o quadro todo. Precisava conversar com Larry. A hora que passei com ele e Sergey sondando sua visão para o Google me fez ver melhor suas motivações e aspirações para a empresa. Cindy era a única outra pessoa na sala. Não era uma entrevista à imprensa. Eles não tinham motivo para esconder seus pontos de vista ou filtrar seus pensamentos. Eles expressaram o que eles verdadeiramente e profundamente acreditavam.

Passamos os primeiros quinze minutos falando sobre o que o Google não era e sobre o que nós nunca faríamos. Larry queria que o Google fosse "uma força para o bem", o que significava que jamais poderíamos realizar golpes de marketing como loterias, cupons e concursos, que só funcionavam porque as pessoas eram idiotas. Tornar as pessoas vítimas de sua própria estupidez, Larry declarou, isso era o mal.

Não enganávamos as pessoas como nosso parceiro Yahoo, que, naquela época, estava experimentando um programa de pagar pela inclusão que vendia colocação nos seus resultados. O Google não tratava mal seus empregados nem vendia produtos que não funcionavam bem. Nós não desperdiçávamos o tempo das pessoas, um ponto que Larry enfatizava sempre.

Precisávamos agir bem, ele dizia. Precisávamos fazer as coisas que são importantes em uma larga escala. Coisas que são niveladas por alto. Quando pedi exemplos, ele mencionou os microcréditos em Bangladesh e o Instituto Rock Mountain, e falou sobre mudar sistemas de negócios para torná-los ambientalmente corretos enquanto se economiza dinheiro. Ele também falou sobre inclusão digital, descoberta de medicamentos e tornar a internet mais rápida. E isso não era tudo.

Deveríamos ser conhecidos por fazer coisas que as pessoas possam usar, ele disse, não apenas para fornecer informações. Informação é algo muito restritivo. Na verdade, não deveríamos ser definidos por uma categoria, mas pelo fato de que nossos produtos funcionam, do mesmo modo que você sabe que um produto da Apple será sempre elegante e um produto da Sony sempre funcionará melhor, porém custará mais. Somos uma empresa de tecnologia. Um produto Google funcionará melhor. Não fazemos promessas para depois não cumpri-la.

Se tivéssemos uma categoria seria a de informação pessoal, informação que é importante para você. Os lugares que você visitou. Comunicações. Vamos adicionar funções de personalização para tornar o Google mais útil. As pessoas precisam nos confiar suas informações pessoais, porque temos uma enorme quantidade de dados agora e teremos muito mais em breve.

Nesse ponto, seus olhos assumiram um jeito distante e suas palavras saíam mais rápidas. Sensores são realmente baratos e estão ficando cada vez mais baratos. Armazenagem é barata. Câmeras são baratas. As pessoas vão gerar quantidades enormes de dados. Tudo o que você já viu, ouviu ou experimentou se tornará buscável. Sua vida toda será buscável.

Nossa conversa terminou assim. Em nenhum momento o assunto de fazer dinheiro veio à tona. Em nenhum momento ele falou sobre a receita da propaganda, a sindicalização, vencer a Overture ou CPC, ou nosso novo aplicativo de busca.

Eu era provavelmente um ingênuo sonhador de meia-idade, pois, lembrando disso tudo agora, vejo que não havia nada de verdadeiramente extraordinário no que Larry falou. No entanto, quando saí de seu escritório, acreditei que pela primeira vez em minha vida eu estive na presença de um verdadeiro visionário. Não eram apenas as especificações que ele viu, mas a paixão e a convicção que ele transmitiu faziam você acreditar que Larry realmente conquistaria o que descreveu. E que, quando aquele dia chegasse, ele já estaria pensando uns outros cinquenta anos à frente. Meu respeito por nossos dois fundadores caprichosos, obstinados, provocativos e ocasionalmente juvenis aumentou dez vezes aquele dia. Houve outros vislumbres do pensamento de Larry. Ele e Eric compartilhavam uma lista de possíveis estratégias que incluíam o Google como o editor de todo o conteúdo, em que usuários iriam nos pagar e nós iríamos reembolsar os criadores de tudo, desde livros a cinema e música. O Google como um provedor de pesquisa de mercado e inteligência de negócio baseado no que sabíamos do mundo. O Google como uma plataforma de infraestrutura e provedor de comunicações conectando os dados do e-mail e os da web juntos. O Google como o líder na inteligência da máquina apoiado por todos os dados do mundo e um massivo poder de computação que ele aprendeu conforme o tempo passou.

Ele não tinha planos pequenos.

Eric, ao contrário, era a voz do pragmatismo corporativo. Esses grandes esquemas teriam que ser pagos de alguma forma.

— Qualquer gráfico que suba e vá para a direita é bom — ele nos assegurou. — Eu gosto de ver o dinheiro no banco.

Tive a impressão de que ele compartilhava minha preocupação por todas as coisas que pudessem dar errado.

Um medo que eu sabia que Eric tinha era de palhaços. Especificamente, os manés que surgiam em uma empresa quando ela atingia certo tamanho, ficava inchada de burocracia e caía na mediocridade. As diretrizes de contratação do Google afirmavam explicitamente que deveríamos apenas contratar pessoas mais inteligentes do que as que já estavam lá.

Por isso começamos a publicar uma linha na homepage que dizia: "Você é brilhante. Estamos contratando". Os engenheiros adoraram. Eu odiei. Para mim tinha um resquício de arrogância e ia contra nossa estratégia de marketing "diga pouco, faça muito". Eu tinha me oposto a isso quando o rodamos anteriormente, mas Marissa insistiu que os dados mostravam que ele reunia mais currículos do que qualquer outro anúncio de emprego. Não consegui nada mostrando que uma porcentagem minúscula de pessoas que o leriam na homepage estaria qualificada para trabalhar no Google. Larry e Urs estavam dispostos a desperdiçar algumas centenas de milhões de impressões para atingir dezenas ou mais de pessoas que eles considerariam contratar.

A página do outro lado do link tinha sido toda escrita por Jeff Dean. A palavra "excepcional" aparecia três vezes no primeiro parágrafo, e "problemas", aparecia quatro vezes nas próximas duas frases. Ofereci-me para aparar as arestas e quase fiz Wayne Rosing ter um ataque do coração.

— *Não*! — exclamou. — Não mexa nisso! Por favor! — Era uma página escrita por nerds, e se Jeff, nosso próprio nerd maior, gostou, o toque do marketing iria apenas estragá-la. Cindy me incentivou a não deixar os engenheiros mandarem em nosso departamento, então me sentei com Jeff e passei o texto com ele linha por linha, fazendo sugestões úteis. Enquanto eu fazia as mudanças, Jeff disse que gostou da maioria delas. Assim que saí, ele desmanchou tudo. Ele sabia o que lhe chamava atenção e via exatamente como aquilo atrairia exatamente pessoas como ele.

Seria fácil presumir que Jeff se considerava brilhante e era arrogante por causa disso. Não era esse o caso. Na verdade, Paul Bucheit me falou que Jeff era humilde.

— Você não pode ser um babaca porque é inteligente — Paul explicou —, porque Jeff é mais inteligente que você e não é um babaca.

Acho que Jeff parecia tão brilhante quanto um ativo. Como o brilho era um parâmetro para nossa busca, era melhor especificar isso de um modo direto.

Sabia que não teria sentido continuar lutando, então, a página foi colocada como foi escrita. Estava aprendendo a escolher minhas batalhas.

A cruzada dos direitos autorais

Uma batalha nos escolheu. A Igreja da Cientologia entrou com uma ação pelo Digital Millennium Copyright Act (DMCA), exigindo que removêssemos os links para a Operation Clambake de nossos resultados de busca. Operation Clambake, com sede na Noruega, lutava para expor o que ela considerava práticas antiéticas da igreja. O DMCA era um organismo federal que exigia que as empresas removessem conteúdo que um proprietário declarava estar protegido. Nesse caso, o conteúdo incluía alguns dos documentos internos da igreja e fotografias do website Xenu. Não tínhamos dúvidas de que a igreja processaria o Google se não cumpríssemos a intimação e removêssemos as referências do xenu.net de nossos resultados de busca para o termo "Cientologia".

Ironicamente, enquanto nos concentrávamos em manter os processos internos do Google privados, muitos de nossos funcionários apoiavam os direitos da primeira emenda dos dissidentes da igreja em expor os segredos da Cientologia. Eu ouvi resmungos apoiando aqueles que ameaçavam boicotar o Google por se curvar a "uma organização opressiva e censuradora". Entretanto, a lei era a lei, e o DMCA era seu representante. Mas no Google isso não passava de uma inconveniência a ser eliminada à medida que o tempo passasse. Evidentemente, o momento para conceder aos pedidos de remoção do DMCA era agora.

Matt Cutts era o responsável. Ele propôs que fizéssemos uma cara neutra e deixássemos escapar até onde pretendíamos ir para defender nossos resultados, implicando que estávamos comprometidos com uma posição mais combativa do que na verdade estávamos preparados a adotar. Ele elaborou uma carta educada para seu contato na igreja (de quem já tínhamos recebido reclamações anteriores), na qual enumerávamos os caminhos que o Google poderia seguir, desde publicar que tínhamos eliminado resultados a seu pedido a deixar que os tribunais resolvessem a questão.

Cindy estava relutante em dar corda ao assunto. Larry e Sergey sabiam que não poderíamos blefar com um grupo tão famoso por seus litígios na proteção de seus direitos autorais.

— A Cientologia nunca vai ceder — eles aconselharam Matt. — Concentre-se nos alertas de notificação das buscas. Descubra um modo de informar aos usuários que alguns de nossos resultados de busca foram censurados.

Em uma semana, os engenheiros Daniel Dulitz e Jen McGrath tinham chegado a uma solução. Sempre que recebêssemos uma intimação da DMCA que exigisse a remoção de um resultado de busca, explicaríamos que o resultado tinha sido deletado e forneceríamos um link para um texto com a reclamação em um website dirigido pelo ChillingEffects.org. Desse modo, o Google cumpria suas obrigações legais e ainda dizia aos usuários a informação que tinha sido removida.

A correspondência com o usuário rapidamente se tornou mais positiva. O *The New York Times* publicou um artigo sobre nossa abordagem inovadora e salientou que a publicidade sobre a reclamação da Cientologia tinha empurrado o site da xenu.net para a segunda mais alta posição nos resultados de busca por "Cientologia", bem abaixo do site oficial da empresa.

O episódio xenu.net foi muito longe em direção a estabelecermos nossa credibilidade como exército empenhado, de tendência libertária e a favor do discurso livre. Suspeito que alguns prefeririam que o Google acabasse entre labaredas de glória, gastando todos os recursos lutando com os cientologistas em uma batalha na Suprema Corte, mas parece que eles, de algum modo, foram apaziguados pelo jeito inovador do Google de "lutar sem lutar". O resultado reforçou o otimismo de Larry e Sergey de que sempre haveria uma solução criativa com base na tecnologia quando estivéssemos em uma enrascada. Apenas teríamos que ser bastante inteligentes para enxergá-la, e se os funcionários do Google tinham algo, era uma inteligência extraordinária que ia além de qualquer gráfico. Sim, nós com certeza podíamos inovar para nos livrarmos de qualquer coisa.

Essa arrogância nos custaria um preço alto nos anos seguintes.

CAPÍTULO 21

Aloha, AOL

— **ENCONTREI** alguns havaianos — informei nossa diretoria executiva em março de 2002. — Eles disseram que o Google tinha a melhor tecnologia de busca do mercado.

Normalmente eu não incomodaria Larry e Sergey com elogios feitos em uma conferência de marketing, mas a palavra "Havaí" era nosso codinome para o America OnLine (AOL)[118]. Estávamos nos esforçando para conquistar seu negócio e tirá-los da Overture, e o vice-presidente do AOL, com quem eu tinha conversado, deu sinal de que estava favorável em direção ao Google.

A Overture também estava na conferência. Seu representante passou a maior parte do tempo tentando convencer nosso diretor de vendas, Tim Armstrong, a contratá-lo. Considerei isso outro bom sinal.

Nosso ataque no negócio da Overture estava em andamento fazia meses, desde quando Larry e Sergey tinham dado sinal verde para o AdWords Select. Lançar um network de anúncios licenciado será uma grande jogada e um terreno novo para o Google. Omid percebeu que seria preciso uma combinação única de conhecimento e habilidade para realizá-la. Joan Braddi, a chefe de nossa equipe de vendas, poderia fazê-lo, mas ela estava atolada vendendo serviços de buscas e gerenciando os esforços das vendas do dia a dia. Ela faria parte da equipe, mas precisaria da ajuda de um especialista. Omid sabia exatamente quem chamar.

Alan Louie tinha trabalhado com Joan e Omid no Netscape e agora trabalhava como consultor independente. Magro e energético, gostava de usar óculos escuros e chapéus de safári. Alan tinha formação em Física e tinha trabalhado como engenheiro no Jet Propulsion Laboratory, em Pasadena, antes de ir para o ramo de vendas. Ele aceitava apenas trabalhos incomuns e só trabalhava meio período. Ele não queria fazer relatórios diretos. Ele não queria

118 AOL soava como "Aloha", por isso o apelido.

gerenciar uma equipe. Ele lidaria com o projeto e iria embora assim que acabasse. Ele começou com um contrato no Google em outubro de 2001. Sua tarefa era fechar o acordo com o AOL e ele foi em frente com a precisão fria de um assassino à espreita de seu alvo.

Além de Alan e Joan, Omid trouxe Miriam Rivera, a segunda advogada a se juntar ao nosso grupo legal. John Barabino, que chefiaria os esforços do licenciamento, assim que o acordo com o AOL fosse concluído, se tornou parte da equipe no dia em que foi contratado, em fevereiro de 2002. Alan compreendia perfeitamente o que estava em jogo, e ele conhecia a concorrência. A Overture tinha começado como a GoTo em Pasadena, no fim da rua do Jet Propulsion Laboratory. Apesar de terem buscado talentos na Cal Tech, e eles tinham muita gente inteligente, não tinham a inteligência do Vale do Silício. Não eram realmente uma empresa de tecnologia e não tinham a inteligência para o negócio que Alan viu no Google. Por outro lado, eles tinham criado a ideia de casar anúncios com a busca e a implementaram antes do Google.

Quando Omid chamou a unidade de desenvolvimento de negócios do AOL, dirigida por David Colburn, o AOL concordou em dar início a uma conversa com o Google. Não porque eles pretendessem nos passar seus negócios, mas porque eles poderiam usar o Google como uma ferramenta para conseguir um acordo melhor com a Overture quando seu contrato fosse renovado.

Alan esperava por isso. O AOL era o gigante da internet, com mais tráfego que qualquer outro site. Eles estavam fazendo contratos todos os dias e tinham uma enorme influência. Tinham a reputação de serem agressivos, mal-humorados, sanguinários e brutais, e isso tudo com seus parceiros. Google era uma insignificância tentando romper o casamento feliz do AOL e a Overture com o AdWords Select, um produto não testado e não lançado com um potencial de receita incerto. O AOL já estava fazendo milhões com os anúncios da Overture e tinha pouca vontade de colocar essa receita garantida em risco.

Nada disso perturbava Alan ou a equipe do Google, que se aproximaram do AOL como se fossem colegas.

— Eles queriam um relacionamento de um imperador com seus seguidores — Alan relembra. — Nós chegamos com uma atitude assim: "Tudo bem, você pode ser o imperador, mas seremos o papa".

Parte da bravata exibida pela equipe vinha de sua percepção de que o AOL estava entrando em um beco escuro sem saída. Ele era um jardim murado oferecendo conteúdo filtrado e selecionado a seus assinantes. O Google estava vindo da internet, um sistema aberto sem limites.

— Sabíamos que isso era a superconfiança dos jovens, mas aconteceu que era o certo — Alan me contou. — É apenas a segurança de conhecer a indústria e saber o que está acontecendo.

Ainda assim, o AOL não estava disposto a vir ao Google discutir o negócio, então o Google foi até lá. Sua sede em Vienna, na Virgínia, era um amplo complexo próximo ao aeroporto Dulles. Já era bem difícil para a equipe de Omid, que estava chegando à fortaleza cheia de labirintos do AOL, armada apenas com uma ideia do que eles queriam vender. Mas, além disso, todos eles estavam enfraquecidos pelo voo de cinco horas e um forte resfriado. A primeira parada foi em uma farmácia, onde eles se encheram de antigripais e lenços de papel. Assoando o nariz, eles foram encontrar a equipe de negociação do AOL.

O AOL veio com tudo. Os quatro funcionários do Google, vestidos em uma roupa de negócios casual, foram recebidos por uma dúzia de negociadores, gerentes de produto e advogados vestidos em ternos caríssimos, a equipe que o AOL manteve durante toda a negociação.

— Eles sempre tinham esse pessoal aleatório entrando e saindo — relembra Alan. — Essas pessoas entravam, se sentavam e nós não tínhamos uma ideia clara do que estavam fazendo ali.

A presença avassaladora era apenas uma das muitas táticas do AOL. Eles criavam uma urgência artificial, exigindo que a equipe do Google atravessasse o país a jato para discutir uma questão que então se arrastava por uma semana. Os Googlers se encolhiam no hotel, tratando seus resfriados, enquanto a equipe do AOL voltava para casa e para sua família. Se os negociadores do Google ficavam fisicamente exaustos, eles poderiam ceder em alguns pontos-chave, apenas para descansar. A tática não funcionou. — Já basta — Alan anunciou finalmente, aos negociadores do AOL. — Estamos voltando. Vamos fazer isso pelo telefone.

— Ótimo — eles responderam. — Voltem para casa. Vocês precisam descansar no final de semana e voltar na segunda-feira.

Alan não estava disposto a fazer esse jogo.

— Esqueça — ele disse. — Nós voltaremos para descansar e convidamos vocês a irem para a Califórnia na segunda-feira. Vocês são muito mais fortes e mais capazes do que nós, então vocês deveriam vir à Califórnia, vocês são super-homens e nós não somos, eu admito. Eu sou um banana.

O AOL não caiu nessa.

— Descansem — eles disseram ao Alan. — Vamos fazer isso por meio de videoconferência.

No entanto, o acordo não iria a lugar algum se não pudéssemos respaldar nossas reivindicações sobre a potencial receita dos anúncios com dados reais. Apesar de que já tínhamos provado o valor de nossa tecnologia de busca com o negócio com o Yahoo, a Overture aproveitaria ao máximo nossa falta de histórico com os anúncios licenciados, semeando medo, incerteza e dúvida sobre o Google na mente dos executivos do AOL. A Overture era uma parceira conhecida e confiável, e sabia que o AOL nunca concordaria em ser nossa cobaia. Para uma empresa de capital aberto, o risco seria alto demais.

A única solução para o Google era conseguir um parceiro de licenciamento antes do AOL. Alan queria um bom parceiro de busca e que nos visse com bons olhos. Alguém com quem ele poderia fazer um contrato rapidamente. Este foi o significado real do acordo que ele negociou com a Earthlink em janeiro de 2002. A Earthlink era nosso terreno de provas para o AOL.

A parceria com a Earthlink foi o que propiciou para o Google um lugar na mesa do AOL. Agora o jogo começara de verdade. Não havia regras. David Colburn era um negociador indecentemente intenso, algumas vezes chamado de "O Açougueiro" para negociar (e conseguir) um pedaço da carne de potenciais parceiros[119]. De acordo com Alan, Colburn e o restante da equipe da AOL foram os negociadores mais duros que ele encontrou durante o seu período no Google. Sua técnica básica era ficar pedindo mais coisas até que a outra equipe pedisse socorro.

— Colburn — Alan disse — ficava mudando os termos do negócio que já estavam definidos. Concordávamos com certas coisas e então ele as mudava ao acaso: o pré-pagamento, a divisão de receitas.

Estes eram os componentes-chave do acordo, assim como a quantia que o Google garantia em entregar ao AOL independentemente de como os anúncios se comportavam.

---

[119] Para mais informações sobre a cultura de negociação do AOL, ver: Alec Klein, *Stealing Time*: Steve Case, Jerry Levin and the Collapse of AOL Time Warner (Simon and Schuster, 2003).

Se concordássemos com uma garantia muito grande, iríamos à falência. A equipe do Google sabia que o número teria que ser alto, porque a Overture já estava propiciando ao AOL uma significativa fonte de receita. Se a Overture estava entregando 10 milhões de dólares ao ano, o AOL iria querer mais. Eles argumentariam que estavam crescendo 50% ao ano, então o número que o Google precisaria garantir era, na verdade, de 15 milhões de dólares. Então, responderíamos que havia um limite para o quanto o sistema defeituoso da Overture conseguiria entregar, e que o método de classificação de anúncios do Google era tão eficiente que renderia um pagamento muito maior. Por fim, apontamos que a Overture estava treinando pessoas para ignorar os anúncios como um todo porque seu sistema não filtrava automaticamente anúncios irrelevantes como o AdWords Select fazia.

—Você acha que está certo que seus anúncios sejam ignorados? — Alan perguntou ao AOL. — Não? Então vocês têm que concordar com nosso sistema.

Não, AOL replicou, a Overture limparia seu sistema e o tornaria mais relevante. Não era de interesse do AOL admitir que o Google funcionava melhor, mesmo depois que eles passaram a acreditar que isso era verdade.

— Acho que eles concordavam intelectualmente — Alan especulou —, mas não concordavam como parte da negociação. Eles sempre diriam que o nosso sistema era pior. Eles nunca demonstravam interesse.

A Overture não ficou parada enquanto tentávamos roubar seu maior cliente. Eles atacaram de volta usando uma das mais poderosas ferramentas à sua disposição: o Google AdWords. Omid estava em uma reunião com a equipe do AOL fazendo uma demonstração do nosso produto superior quando anúncios começaram a aparecer nas buscas dizendo "AOL é uma merda". Os anúncios claramente não tinham sido filtrados, então ficou óbvio para o AOL que o Google não tinha suficiente controle editorial em ação. Omid se desculpou e ligou para casa feito um louco, dizendo para excluirmos os anúncios.

O AOL disse: "Isso é um problema".

— Foi uma boa jogada do lado da Overture — admite Alan. — Eu teria feito a mesma coisa.

O resultado foi que quatro integrantes da equipe de apoio de Sheryl Sandberg para o AdWords começaram a filtrar manualmente cada um dos anúncios colocados. E o AOL pediu uma explicação melhor sobre o processo de aprovação do Google.

— Aqui estão as políticas da Overture — disse o AOL, deixando um documento do tamanho de uma lista telefônica cair sobre a mesa com um barulhão. — Essas são suas políticas editoriais para o que é permitido e o que não é. Deixe-me ver a de vocês.

— Ótimo. Iremos mostrar a nossa — Alan retrucou. — Vamos marcar um horário e fazer isso direito. — Nós não tínhamos um manual de políticas. Mas teríamos um para a reunião da segunda-feira seguinte. Cinco minutos depois, Omid estava ao telefone com Sheryl. — A Overture tem um manual — ele disse a ela. — *Nós* temos que ter um manual! Nós *temos* que ter um manual!

Sheryl e a funcionária do AdWords, Emily White, passaram um final de semana montando o manual. Enquanto faziam isso, elas montaram uma equipe editorial. O AOL queria saber quantas pessoas o Google tinha colocado para revisar os anúncios e aprová-los. Ao listar todos os envolvidos na operação que tivessem visto um anúncio pelo menos uma vez, Sheryl esticou de quatro para quinze.

— Nós não mentimos para eles — ela afirmou —, mas incluímos todos que conseguimos.

E Alan atacou de volta salientando a fragilidade no sistema da Overture.

Ele fez os negociadores do AOL buscarem o termo "vou" para ver os anúncios que apareceriam. A posição top não estava ocupada pela American Airlines ou Travelocity ou Expedia. Era ocupada por uma escola de aviação do Meio-Oeste para candidatos a piloto, que estava disposta a dar um lance alto pela colocação, sabendo que milhares de pessoas veriam o anúncio, mas iriam ignorá-lo. Estes "invasores" pagavam apenas se alguém clicasse, então a exposição não lhes custava nada, mas para a Overture e o AOL, isso significava que a posição top em uma palavra-chave popular praticamente não gerava nenhuma receita. Os anúncios mais relevantes do Google se comportariam melhor.

Alan também mostrou ao AOL que estávamos dispostos a facilitar nossas próprias despesas. Antes de o Google entrar para o mercado licenciado, a Overture era dona de um pequeno monopólio. Eles estabeleciam os temas para os parceiros na divisão de receitas. Para pequenos parceiros, a divisão poderia chegar a meio a meio, mas para um parceiro grande, como o AOL, eles seriam mais generosos. O AOL poderia receber 70% da receita quando alguém clicasse em um anúncio fornecido pela Overture em seu site. Muito embora, como George Mannes já tinha postulado em seus artigos, as margens de lucro da Overture estivessem rolando montanha abaixo, nossa equipe de negociação lhes deu um empurrãozinho. Estávamos dispostos a oferecer ao AOL 80%, o número que podíamos bancar porque retínhamos toda a receita dos anúncios no Google.com.

O AOL percebeu nossas estratégias e nosso gesto generoso e exigiu 91%.

— Vamos fazer sua rede — o AOL falou à equipe de Alan.

— Não, vocês não vão — Alan respondeu. Todos sabiam que ele estava blefando. Larry e Sergey estavam desesperados para dar o pontapé inicial no nosso programa de anúncios licenciados, e um acordo com o AOL criaria um efeito de rede que traria milhares de outros sites. O AOL tinha influência e eles a usavam para avançar mais e mais.

Uma chave para o Google era a exclusividade da colocação de anúncios nas páginas do AOL. Quanto mais lugares para clicar em uma página, menores as possibilidades de um usuário clicar em um de nossos anúncios licenciados. Se o Google daria a enorme garantia de receita que o AOL exigia, nós precisaríamos de cada centavo que uma página pudesse gerar. O AOL continuou a oferecer "exclusividade não exclusiva". Eles elaboraram uma seção de dez páginas apenas com este tópico, cheia de falhas e inconsistências, que permitiriam a eles continuar trabalhando com outros parceiros. No final, eles ficaram com a habilidade para rodar anúncios de banners de outros, e o Google conseguiu exclusividade para links de textos nos resultados de busca.

Então a Overture contra-atacou. Em 4 de abril, eles entraram com uma ação judicial reclamando que o "lance pela colocação" pertencia a eles e que a AdWords Select tinha violado seus direitos de propriedade intelectual. Eles estavam nos levando para os tribunais.

Não é o ideal, ao negociar um contrato, ver os direitos à tecnologia que você está vendendo serem postos em questão. O AOL imediatamente se aproveitou de nossa posição enfraquecida para forçar ainda mais concessões. Agora eles queriam acesso à propriedade intelectual por trás de nosso sistema de entrega de anúncios.

— Ei, eles estão processando vocês — a equipe do AOL argumentou. — Se vocês caírem, teremos que voltar para a Overture de chapéu na mão, portanto, queremos toda sua propriedade intelectual relacionada ao sistema de anúncios. Ah, e queremos mais dinheiro de vocês também. De imediato.

Era o pagamento de cara que ameaçava a existência do Google. Se errássemos no cálculo do fluxo de receita, poderíamos quebrar a empresa.

Como buldogues, a equipe do AOL aumentava a mordida cada vez que percebiam uma abertura, gradualmente chegando mais perto da jugular. Como parceiro menor, o Google continuou a ceder. Alan viu a necessidade de uma mudança tática. — Acho que deveríamos dizer não para ver o que eles fazem — ele falou para o restante da equipe. — Sempre podemos voltar atrás e dizer sim.

Dar um passo atrás em uma negociação e ver o que o outro lado faz. Se eles estiverem dispostos a ir embora, nós corremos de volta, pedimos perdão e jogamos 1 milhão de dólares extras no acordo para mostrar nosso profundo arrependimento por ofendê-los. Era isso ou continuar a aceitar cada exigência. Pela primeira vez, entretanto, Larry e Sergey não estavam dispostos a correr o risco. — Então, apenas continuamos concordando até gritar — relembra Alan. — Até que eles voltassem com algo realmente ofensivo.

O AOL pediu todas as propriedades intelectuais do Google (nosso código e os algoritmos secretos de busca), parecia que estávamos indo rumo à ruína financeira. Eles finalmente tinham ido longe demais. Larry, Sergey e Eric ficaram furiosos com a exigência deles para ter o coração e a alma do Google. Eles nunca concordariam. Eles estavam à beira do abismo, e finalmente se recusaram a dar um passo atrás. Alan reconheceu a exigência do AOL pelo que ela realmente era: uma tacada final.

— Este era o sinal que Colburn estava esperando — Alan me disse. — Ele maximizou o seu preço? Ele conseguiu tudo o que queria? Enquanto estávamos dispostos a dar, éramos o presente que continuava se dando.

Era uma clássica jogada de negociação. O único modo de descobrir o limite era ir além. Assim que o AOL percebeu que não conseguiriam mais nada, o acordo foi fechado. Miriam estava aliviada. Ela tinha passado trinta dias consecutivos conseguindo apenas duas a quatros horas de sono por noite, e seus cabelos tinham ficado visivelmente mais ralos. Em certo momento, David Drummond, nosso novo vice-presidente de desenvolvimento corporativo, tinha agarrado seu pulso para impedir que ela jogasse uma caneta em um dos advogados do AOL. Mesmo pelos padrões do Google, seu estresse não foi nada trivial.

Ainda precisávamos de um número final para a garantia: o valor que precisaríamos pagar ao AOL, mesmo se ninguém clicasse em um único anúncio. Era um buraco no qual o Google estava disposto a se jogar, com a fé de que AdWords

Select nos resgataria antes que caíssemos. A fé se concentrava totalmente nas projeções de receita da performance do AdWords no AOL. E então Eric pediu três modelos independentes, um de Susan, um de Salar e um de Alan. Eles então reuniram números de dados limitados entregues pelo Google.com e pela Earthlink. Nenhum deles, entretanto, era o AOL, portanto, muitas dessas suposições dependiam das SWAGs, adivinhações cientificamente malucas.

Alan era o cara das vendas, era um otimista nato. Olhava os números e via uma base. O Google e a Earthlink não tinham o tráfego nem o alcance do AOL, e seus websites não estavam direcionados para a aquisição de clientes. As pessoas compravam coisas no AOL.

— Argumentei que, se os anunciantes estivessem fazendo dinheiro, eles criariam mais anúncios — ele me contou.

Como Susan e Salar pensavam isso, poderia ser verdade em teoria, mas na realidade havia restrições que proibiriam o crescimento meteórico. Eles colocaram números menores em suas previsões. Salar era mais pessimista. Susan ficava no meio do caminho.

— Tenho certeza de que estes são os três melhores modelos que podemos ter — Eric disse depois de eles apresentarem os panoramas. — E não há como saber quem está certo. Não vou me aprofundar nos números individuais, pois não posso apresentar nenhum valor ali. Então, vamos ficar com os intermediários. — Foi uma decisão rápida e estrategicamente sólida, mas um jogo mesmo assim.

Enquanto isso, o AOL comia pelas beiradas, arrastando conversas para que o custo de perder o negócio aumentasse. — Ah, pegamos isto e precisamos que vocês mudem a linguagem — a contrapartida de Alan no AOL lhe diria, referindo ao texto que tinha sido estabelecido uma dezena de rascunhos antes. Alan sabia como lidar com gerentes intermediários que tentavam, no último minuto, ganhar pontos para impressionar o chefe.

— Tudo bem — ele retrucou. — Se você se importa tanto com isso, ligue para Dave Colburn hoje à noite e peça para ele ligar para Eric Schmidt. — Alan sabia que ninguém perturbaria Colburn por algo insignificante, correndo o risco de ser chamado de idiota. Repentinamente, a linguagem não era mais um problema.

Conforme as negociações se arrastavam, a Overture continuava a atacar o Google. A ação judicial de patente foi seguida por um acordo com a Hewlett--Packard que tornava a Overture o link padrão de "busca na internet" nos novos computadores HP Pavillion. Se a HP considerava que a Overture era suficientemente boa para busca na internet, quem precisava do Google? E a Overture forçou o Yahoo a renovar seu contrato de propaganda de curto prazo por um período maior. Omid já tinha perdido o Yahoo para a Overture uma vez. Agora ele fervia para trazer esse negócio de volta para o Google. Ele se desculpou por se afastar da mesa de negociação da AOL para pedir ao Yahoo, pelo celular, para que mudassem para o produto do Google AdWords Select. O contrato do Yahoo com a Overture terminaria em junho, então ele sabia que o tempo era curto.

Em 24 de abril de 2002, a Overture emitiu uma atualização na imprensa sobre o AOL. O acordo existente, que estava para terminar, tinha sido estendido até 1° de maio de 2002.

No dia seguinte, a Overture anunciou que tinham renovado seu contrato com o Yahoo dois meses antes do prazo. O termo não eram os cinco meses do acordo original, mas três anos. Foi uma surpresa espantosa e que abalou nosso mundo. Havia um boato de que a Overture tinha levado os executivos do Yahoo para jogar golfe; enquanto jogavam, pontuou a maior vitória. Larry e Sergey ficaram surpresos novamente com a decisão do Yahoo. Mas a aceitaram bem. Ninguém morreu naquele dia.

O acordo com o Yahoo levou os analistas de Wall Street a paroxismos de euforia. Safa Rashtchy pôs o último prego no caixão do Google. Os investidores estavam esperando o acordo com o AOL e, ao invés disso, receberam o importante acordo do Yahoo. O Google claramente estava fora do jogo. O AOL certamente assinaria com a Overture agora.

Quando o 1° de maio se aproximou, houve algumas especulações nervosas sobre razão de o AOL ainda não ter emitido um anúncio de seu acordo com a Overture.

— O AOL deve estar revirando a Overture de cabeça para baixo — dizia um post on-line.

Em 30 de abril, o telefone de Omid tocou. Era Safa Rashtchy. Ele disse que a Overture tinha anunciado que não iria renovar seu contrato com o AOL. Isso significava que o Google tinha ganhado?

— Eu ligo de volta — Omid replicou. O negócio ainda não estava finalizado.

Finalmente, o fax de Omid começou a zumbir. Setenta páginas, uma página de texto pesado após a outra, começaram a sair da máquina. Miriam verificou o documento para se assegurar de que não havia nenhuma mudança de último minuto, e então o aprovou. Joan o assinou. Estava feito. Mas não concluído.

O contrato da Overture expirou na quarta-feira, 1º de maio de 2002. O AOL e o Google estavam preparados para lidar com a transição durante o dia, de forma que, à meia-noite, os anúncios AdWords começariam a preencher os espaços deixados pela saída da Overture das páginas do AOL.

Mas a Overture deu seu golpe final. O contrato terminaria em 1° de maio, eles concordaram, mas exatamente à 00h01 de quarta-feira, e não quarta-feira à noite — isto é, 23 horas e 59 minutos mais cedo do que o AOL esperava.

— A Overture é uma má perdedora — Alan me contou. — Eles disseram: "não, não, não. Não no final de quarta-feira, no início da quarta-feira. Detestamos vocês. Vocês estão acabados".

A equipe do Google não podia acreditar na profunda estupidez que eles estavam demonstrando. Não apenas estavam desistindo de um dia de receita, mas irritando profundamente o AOL.

—Vocês escolheram o cavalo certo — Alan assegurou ao AOL. — Nunca faríamos isso com vocês.

A mesquinhez da Overture levou o AOL a pular miudinho para adiantar a agenda por um dia todo, na esperança de que o Google entraria em pânico, deixaria a peteca cair e mandaria o AOL de volta para seu parceiro rejeitado. Isso não aconteceu. Os resultados de busca e os anúncios licenciados do Google foram lançados à 00h01, em 1º de maio de 2002, e o mundo percebeu.

"O pacto com o American Online estabelece o Google como um grande competidor no mercado das listas pagas, o qual a Overture tinha dominado", escreveu o *Wall Street Journal*. As ações da Overture caíram 36%. A Inktomi, cujos resultados de busca o Google tinha substituído como parte do mesmo acordo com o AOL, caiu 25%.

— Isto representa uma tentativa para capitalizar na marca de busca do Google — racionalizou o CEO da Overture, Tedd Meisel. — Listas pagas simplesmente eram como parte do pacote. — O AOL nos trocou por causa da fragilidade das ferramentas de busca da Inktomi, segundo a versão de Meisel. A Overture foi simplesmente um efeito colateral.

A escolha de Eric Schmidt da estimativa de receita de porte médio de Susan se provou indevidamente conservadora. Ao final do primeiro ano de contrato, estávamos além das mais altas projeções. Parte daquele sucesso pode ser atribuída a uma pequena mudança realizada por um engenheiro empreendedor. No dia seguinte ao do acordo, John Bauer adicionou um código que colocava a palavra-chave que o usuário tinha buscado em negrito quando ela aparecia em um anúncio, tornando óbvio que o anúncio era relevante. Essa simples melhoria aumentou a *clickthrough rate* em 400%. Um engenheiro. Uma mudança. Quatrocentos por cento.

Tive muito a fazer na corrida para a transição do AOL para o Google. Todas as nossas comunicações para os anunciantes tinham que ser reformuladas; nossas novas políticas editoriais mais rigorosas tinham que ser comunicadas; e inúmeros slides que mostravam o poder do Google e do AOL combinados tinham que ser preparados. Estava claro que o marketing tinha um papel a representar e eu me propus a fazer minha parte o melhor possível. Não era muito excitante. A equipe de apoio de Sheryl estava mais próxima dos anunciantes e a nova equipe de gerenciamento de produto de Jonathan pensava na integração do Google com o AOL. Meu grupo e eu, como Jonathan nos descreveu para sua equipe, "a agência de anúncio", era como um birô de serviço para implementar as visões estratégicas de outros. Havia pressão, no entanto. Tudo tinha que estar pronto para o lançamento, que coincidia com os prazos para a equipe GSA e as respostas do Google, um serviço que usava pesquisadores em pessoa para responder a perguntas complexas por certo preço.

Não tinha do que reclamar, mas depois de dois anos e meio, meu trabalho estava com o formato de um gerente de comunicações mais tradicional em uma empresa de tamanho médio. Não era possível saber isso olhando de fora, mas as coisas estavam começando a entrar em uma rotina na minha parte do GooglePlex. Chegar, malhar, tomar café da manhã, responder a e-mails, apagar incêndios, almoçar, arrumar a bagunça, jantar, responder a e-mails, ir para casa, escrever textos, responder a e-mails, ir para a cama.

Sheryl Sandberg, ao contrário, estava sentada sobre um vulcão. Sua equipe de apoio para o AdWords tinha quatro pessoas que não conseguiam lidar com a imensa quantidade de trabalho que o AOL exigia. Os anúncios no Google agora tinham que estar de acordo com as políticas editoriais do AOL, e eles não estavam dispostos a correr riscos como Larry Page. Eles queriam cada anúncio verificado manualmente antes que fosse rodado. Tínhamos uma centena de milhares de anúncios em nosso sistema e cada dia que eles não rodavam nós perdíamos dinheiro que teríamos que usar para pagar nossa garantia para o AOL.

Sheryl planejava dobrar seu departamento para oito pessoas em tempo integral. Mas quando ela fez as contas, percebeu que precisava de 47 pessoas o mais rápido possível. Ela precisaria de mais cinquenta, logo, logo. O dia em que o acordo foi anunciado, Sheryl lançou um pedido de ajuda a voluntários para trabalhar na aprovação de anúncios vinte horas por semana por pelo menos duas semanas. Os engenheiros foram resistentes.

— Todo mundo aqui já tem trabalho para fazer? — perguntou um deles, antes de apontar que expandir o componente humano do sistema era uma falha. Crescer aumentando o pessoal ao invés de algoritmos e disco rígido seria um erro. Salar correu em defesa de Sheryl e salientou que havia uma longa lista de ferramentas que precisavam ser criadas, mas nem toda tarefa poderia ser automatizada. Além disso, Larry e Sergey tinham endossado a ideia de funcionários voluntários. Poucos deles se convenceram.

Com quase nenhum voluntário, Sheryl passou para o plano B. Ela chamou uma agência e requisitou cinquenta temporários. Dois dias depois que o contrato estava operando, dezenas de trabalhadores temporários sentaram-se na área aberta que tínhamos usado para as reuniões TGIF. Alana Karen, do suporte de AdWords, parou na frente da sala e começou a instruí-los passo a passo de como era o processo de aprovação de um anúncio. Confusão em massa se seguiu. Os temporários não faziam ideia do que era a propaganda on-line, não eram familiarizados com nosso processo de aprovação e tinham pouco conhecimento de informática. E o software de ferramenta de aprovação raramente funcionava. Sheryl observou tudo com muita frustração até não aguentar mais. Ela marchou até o andar de cima para confrontar a meia dúzia de engenheiros de anúncios.

— Venham — Sheryl falou educada, mas firmemente. — Venham comigo.

— Espere um pouco — o gerente do grupo protestou. — Você não pode simplesmente levar o grupo todo da engenharia com você para algum lugar.

— Venha você também — Sheryl falou para ele usando um tom que ela tinha desenvolvido como chefe do pessoal da Secretaria do Tesouro dos Estados Unidos. Os engenheiros a seguiram para o andar de baixo e ficaram no fundo da sala de treinamento enquanto Alana tentava ensinar os temporários a usar o software de aprovação que eles tinham escrito.

Depois de uma hora torturante, eles saíram para falar com a Sheryl.

— O software não funciona — eles admitiram. — Vamos refazê-lo para vocês este final de semana. — Sheryl disse aos temporários que eles seriam pagos por aquela manhã e pelo dia seguinte, mas que não voltassem até segunda-feira.

Na segunda-feira, todos os temporários voltaram, mas eles ainda não estavam preparados para a tarefa. Em duas semanas, Sheryl tinha se livrado de todos, menos um.

Plano C.

Sheryl lançou sua rede em Stanford, que estava abarrotada com formandos recentes prestes a entrar na economia local de empresas pontocom, com poucas vagas de emprego. Ela lhes prometeu trabalho temporário, que poderia se transformar em tempo integral se eles trabalhassem duro e rapidamente. O programa de contratação de temporários foi lançado, e dezenas de formandos em história, sociologia e filosofia inesperadamente tinham algo a fazer no dia seguinte à formatura. Eles seriam representantes do AdWords.

Enquanto isso, Eric Schmidt, com a enorme garantia do AOL roendo sua tranquilidade como uma úlcera, pairava sobre o cubículo de Sheryl pedindo atualizações.

— Então, quantos anunciantes temos? — ele perguntava. Precisávamos acrescentar dezenas de milhares para nos equipararmos à Overture.

— Estamos aqui — Sheryl respondia apontando o número em uma planilha.

— Quantos anunciantes temos agora? — ele perguntava depois de algumas horas.

— Não muito mais do que da última vez que você perguntou — Sheryl respondia com a paciência de uma mãe respondendo à pergunta de um filho: "Já chegamos?".

Não ultrapassamos a Overture no primeiro dia, nem na primeira semana, mas não demorou para que a rede de anúncios do Google fosse tão grande quanto a do nosso competidor.

Mais anunciantes geravam mais anúncios, o que exigia mais representantes AdWords para aprová-los. O universo de Sheryl se expandiu desde o *big bang* do AOL até encher metade do prédio, e não dava sinais de diminuição. Em outubro de 2002, tínhamos alugado um espaço adicional em um prédio tão grande quanto ao que já ocupávamos. Era chamado oficialmente de "Saladoplex" porque ficava na Salado Road, mas todos o conheciam como "Honeyplex", por causa de tantas garotas recém-saídas da faculdade que Sheryl tinha contratado. O pátio ao ar livre servia para bronzeamento nas quentes tardes da Califórnia, e alguns membros do AdWords exibiam uma preferência por roupas que facilitassem o bronzeamento. Muitos engenheiros caminhavam os dez minutos do GooglePlex até lá para apreciar o almoço no café Saladoplex.

Apesar do tom sexista, o nome Honeyplex combinava, já que o prédio era uma colmeia de geração de receita *nonstop*, que bancava mais máquinas, mais engenheiros e mais representantes AdWords para colher a doce recompensa dos nossos trabalhos coletivos. A máquina de receita conduzia os lucros do Google e exibia agora uma força igual à da tecnologia de busca atrás do crescimento da sua base de usuário.

Os anunciantes começaram a nos encontrar pela propaganda boca a boca, de modo que os representantes AdWords deixaram de aprovar anúncios (um processo cada vez mais automatizado) para convencer anunciantes a gastar mais conosco. Assim que eles entraram no sistema, a organização de Sheryl, dividida em camadas baseada nos orçamentos dos anunciantes que eles serviam, designou pessoas somente para melhorar a performance. Os representantes do AdWords sugeriam mais palavras-chave relevantes, estabeleciam contas múltiplas para diferentes linhas de produtos e ajudavam anunciantes a melhorar os sites com links para seus anúncios. Nossos representantes não adquiriam mais clientes. Eles apenas mostravam aos que já tínhamos como fazer mais dinheiro para si próprios e para o Google. Quando Sheryl deixou o Google, em 2008, para se tornar a COO (Chief Operating Officer) do Facebook, o grupo AdWords tinha crescido de quatro pessoas para 4 mil, com a maioria dos aprovadores de anúncios alocados em escritórios na Índia e em Dublin.

Ao conquistar o AOL, o Google provou a superioridade de sua tecnologia de classificação de anúncios e o valor de se manter uma separação clara entre anúncios e resultados de busca. Então, o que aconteceu a seguir surpreendeu todos, inclusive a mim.

Andamos na linha e demos um mau passo

— Isto é novo? — perguntou KeyMaster, um pôster no quadro de notícias WebmasterWorld. — Geralmente, os anúncios são colocados no alto da página de resultados de busca ou encaixados no lado direito da página. Agora estou vendo anúncios misturados com outros resultados de busca[120]. — KeyMaster estava correto. Para alguns usuários, em 9 de maio de 2002, uma busca do Google retornou uma lista paga imbuída nos nossos resultados supostamente objetivos. A lista paga estava identificada com o rótulo "sponsored link", mas foi a primeira vez que o Google exibiu anúncios com os resultados regulares. Era, em essência, uma forma de colocação paga, exatamente a prática contra a qual o Google tinha lutado tão veementemente quando ela deu lucros a outros.

Às 4 horas da manhã, um engenheiro do Google, usando o codinome de Matt Cutts, "GoogleGuy", acalmou o grupo:

— Este é um erro. Nosso novo código de distribuição teve uma falha. Já está praticamente consertado. Em breve estará completamente corrigido.

Nem todos estavam convencidos. Outra pessoa de codinome "4crests" retrucou:

— Não há nada parecido com isso em nenhum outro lugar que pudesse ser confundido com... era um erro ou um *test run*? Ou é uma coisa que vai ser apresentada para outra ferramenta de busca em breve?

Vários outros usuários que se manifestaram aceitaram a ideia de que o Google estava testando uma interface para o AOL e de algum modo ela escorregou para dentro do próprio Google. Eles não estavam longe da verdade, mas não era para o AOL que o Google estava realizando experimentos. Era para o Yahoo.

Enquanto nossa primeira batalha com o AOL tinha sido contra a Overture fornecer anúncios, tínhamos também destronado a Inktomi com relação ao fornecimento de resultados de buscas para o AOL. A Inktomi também não estava pronta para nos ceder o mercado de busca como um todo. Antes de tirar o AOL deles, nós tínhamos tirado o Yahoo, e eles pretendiam ganhar o Yahoo de volta quando o contrato deles estivesse perto da renovação em junho.

Para a profunda frustração de Sergey, eu não tinha sido bem-sucedido ao encontrar medidas terceirizadas para provar que adicionar a busca do Google ajudaria a crescer o tráfego de um parceiro. Sem dados para refutar a afirmação da Inktomi de que estávamos roubando usuários do Yahoo, tínhamos que procurar outros modos de mostrar nosso valor. Talvez pudéssemos fornecer novas e diferentes fontes de receita? A Inktomi não oferecia anúncios[121]. A Overture

[120] Disponível em: http://www.webmasterworld.com/forum10003/3089.htm.

[121] A Inktomi tinha um programa extenso de "inclusão paga", que permitia aos sites se assegurarem de que apareciam nos resultados de busca.

não oferecia resultados de busca objetivos. O Google poderia entregar ambos de modos potencialmente lucrativos. O contrato da Overture proibia o Yahoo de rodar anúncios do Google onde os anúncios da Overture apareciam, mas deixaram uma brecha para nossos anúncios aparecerem como colocações pagas nos resultados de busca. Ironias à parte, planejávamos mostrar ao Yahoo como aquilo poderia funcionar. Testaríamos o AdWords com colocação paga nos sites que usavam nosso serviço de buscas "free-search".

Deixamos os sites "free-search" colocarem uma caixa de busca Google em suas páginas, mas eles não poderiam colocar anúncios em volta dos resultados do Google. Só nós poderíamos fazer isso.

Nós fornecíamos para eles serviço de busca gratuito e em troca ficávamos com a receita gerada por seus usuários. Rolar o novo teste de colocação paga poderia ser controverso, então Larry e Sergey decidiram exibir os anúncios para 1% dos usuários durante meia hora no meio da noite, tempo suficiente para reunir alguns dados na quantidade de receitas que poderíamos gerar.

Não tínhamos nos comprometido a implementar tal sistema, e claramente não iríamos, de modo algum, fazer isso nas nossas próprias páginas de resultado do Google.com. Marissa teve uma sensação ruim, no entanto, e expressou sua preocupação de que o nosso teste poderia ser notado e exposto à imprensa. A única maneira de isso acontecer seria se os anúncios de colocação paga rodassem no próprio Google.com, o que não era o plano. Mas as coisas não aconteceram de acordo com o planejado.

Os anúncios de colocação paga começaram a aparecer nas próprias páginas de resultados do Google. Tinha um defeito no GWS, o Google webserver, e ele fez os anúncios se espalharem para além do limite da zona de teste. Os webmasters, cujo sustento dependia cada vez mais da leitura das entranhas do sistema de classificação do Google, não poderiam deixar passar uma mudança tão significativa. Mantivemos nossa explicação de que um erro tinha sido causado não intencionalmente e que o teste da interface de um parceiro apareceu em nossas próprias páginas de resultados.

O engenheiro Howard Gobioff me informou, depois, que houve outros casos em que a engenharia foi instruída a codificar anúncios nos resultados de busca. Eu nunca os vi, pois, segundo Howard, alguém sempre via e fazia barulho. Ele colocou a culpa nos novos gerentes de produto e na equipe do desenvolvimento de negócios, que argumentaram que o que nós fazíamos nos sites parceiros não importava e que, além disso, os anúncios estariam marcados como colocações pagas.

Howard disse que os engenheiros requisitados para escrever o código enterraram algum comentário editorial na sua documentação interna.

"Isto é algo do mal, mas eles me fizeram fazer isso", um engenheiro escreveu.

Na opinião de Howard, a ideia finalmente morreu porque Sergey decidiu que ela entrava em uma área cinzenta eticamente e não ficaria bem na imprensa. Estávamos dispostos a caminhar até a beirada do mal e olhá-lo bem de perto, mas, no final, Larry e Sergey não estavam dispostos a cruzar certos limites. "Não *seja* mal" não é o mesmo que "Não considere, teste, e avalie o mal".

Viva! Yahoo!

Na sexta-feira, 10 de maio, celebramos o acordo com o AOL em outro grande luau oferecido por Charlie. Nossa equipe executiva chegou vestida com camisas em estilo havaiano. O AOL mandou uma gigantesca *lava lamp* com seu logo gravado. Devin Ivester criou uma camiseta com uma estampa havaiana tradicional, mas Larry fez ele mudar um elemento no design: insistiu para que Devin retirasse a data. Larry não queria que ninguém ficasse andando por aí exibindo um lembrete de quando nosso contrato com o AOL seria renovado.

Dois meses mais tarde, tiramos o Ask Jeeves da Overture. O CEO da Overture, Ted Meisel, comentou com a *Associated Press*: "Ainda estamos fazendo mais acordos do que perdendo e eu acho que estamos ganhando os melhores[122]". Agora a Overture tinha sido sarcástica tanto com o AOL quanto com o Ask Jeeves. Essa não era a maneira correta para se fazer ou manter amigos.

O analista Safa Rashtchy declarou que a batalha pela fatia de audiência estava terminada e que "o Yahoo iria, provavelmente, declarar com precisão que eles tinham vencido, com algo em torno dos 200 milhões de usuários no mundo todo[123]". O Yahoo deve ter se sentido bem à frente na liderança para continuar trabalhando conosco. Em novembro de 2002,

[122] Disponível em: http://www.holllywoodreporter.com/hr/search/article_display.jsp?vnu_content_id=1548269.
[123] Disponível em: http://articles.latimes.com/2002/jul/21/business/fi—Yahoo21.

eles renovaram seu contrato com o Google. De fato, eles expandiram a presença do Google, nos tornando a fonte principal de seus resultados de busca em vez de entregar resultados primeiro do seu próprio diretório. Isso tinha um custo.

Miriam Rivera, a advogada do Google que tinha trabalhado exaustivamente no acordo do AOL, também trabalhou com a renovação do Yahoo.

Ela se lembra de o Yahoo ter sido muito cauteloso com o Google por cauda da paranoia e hesitação em nos fortalecer como concorrente. Como resultado, eles fecharam as torneiras. Bem apertadas.

— Eu não teria feito negócio nenhum — ela disse, reiterando o que havia contado a Larry, Sergey e Eric na reunião de revisão do contrato. — Eles queriam que nós ficássemos de peito aberto e informássemos sobre toda a tecnologia que estávamos desenvolvendo. Eles queriam paridade: tudo o que desenvolvíamos, eles iriam ter também.

Miriam não achou prudente nos constranger dessa forma. Além disso, nosso acordo de 1 bilhão de dólares com o AOL fazia as dezenas de milhões que o Yahoo oferecia parecerem uma compensação insuficiente para tudo aquilo que eles queriam em retorno.

No final, a amizade de Omid com Udi Manber, do Yahoo, e o desejo de Larry e Sergey de agradar o Yahoo venceram. Manter os amigos por perto, era a estratégia, e manter os inimigos ainda mais perto. Nós aceitamos os termos oferecidos. Daquele momento em diante, teríamos que notificar o Yahoo antes de lançar qualquer novo recurso. Quando Miriam saiu em férias, ela levou uma cópia do contrato com ela e recebia chamadas dia ou noite sobre questões de divulgação de produto. Devido à aversão do Google a processos, isto perturbou todos que agora tinham que verificar com nosso competidor antes de ir adiante com uma nova tecnologia.

O relacionamento começou tumultuado, um casamento de conveniência que vinculava os parceiros de modo que nenhum deles podia avançar muito à frente do outro. Era um relacionamento entre o nome que se apagava e uma estrela em ascensão, e estava destinado a desmoronar. Exatamente um mês depois, em dezembro de 2002, o Yahoo comprou a Inktomi e começou a trabalhar para substituir os resultados de busca do Google de uma vez por todas.

CAPÍTULO 22

Precisamos de outra ideia de um bilhão de dólares

— Ali — Cindy apontou para Jonathan Rosenberg em direção ao estacionamento. — Aquele é meu carro. — Assim que ela falou, um longo Hummer surgiu no canto, incrivelmente comprido e grande. Já tinha sido branco, mas agora estava coberto de lama do porta-malas ao capô. Tínhamos acrescentado o toque final ao pedido de Cindy e ela ficou satisfeita com nossos esforços. Estava uma imundície completa e total. Jonathan ficou atordoado por um momento e então deu uma risada, pegou um balde e uma esponja e começou a esfregar as janelas cobertas de barro. Foi aí que começamos a jogar os balões de água.

Jonathan Rosenberg veio para o Google para trazer estrutura ao gerenciamento de produtos. Ele chegou na hora certa. Na primavera de 2002, os PMs estavam me deixando maluco. Em um período de 24 horas, eu me vi envolvido no meio de disputas entre PMs e a engenharia, PMs e o suporte de propaganda, e PMs com outros PMs. A comunicação entre nossos grupos inchados continuava a despencar para a escuridão e arrastar o marketing junto com ela.

Jonathan teve a tarefa não invejável de agrupar não apenas os novos contratados, mas também grandes nomes antigos como Susan, Salar e Marissa, que agora se reportavam ostensivamente a ele. Nem sempre eles agiam de acordo. Era a clássica síndrome de uma startup se tornando uma empresa de verdade: os antigos se recusavam a reconhecer que havia novas regras. Uma dessas regras para todos os funcionários da engenharia e do gerenciamento de produtos era preencher snippets, pequenos fragmentos com relatórios semanais de projetos que estivessem em andamento e o progresso que tinha sido atingido desde a semana anterior. Os snippets eram compilados e distribuídos automaticamente, e o software que fazia isso tinha sido escrito para inserir comentários falsos sobre aqueles que deixaram de preencher.

Jonathan queria que seu grupo de gerenciamento de produto melhorasse a atuação e, por ser extremamente competitivo, ele decidiu que o melhor modo para encorajar seu pessoal e criar um vínculo deles como uma equipe era desafiar Cindy e seu grupo de marketing corporativo para uma competição. O chefe do grupo que terminasse o trimestre com a menor porcentagem de snippets preenchidos teria que lavar o carro do outro gerente enquanto a equipe vencedora atacava o perdedor com balões de água. Fomos o primeiro grupo da empresa a conseguir uma média de preenchimento de 100%, uma eventualidade que Schwim, que tinha codificado o sistema, nunca tinha previsto.

Quando o dia da avaliação chegou, viemos preparados com mangueiras de água, marguerітas e uma caixa de som que tocava músicas de um lava-rápido. Jonathan logo ficou ensopado e não estava avançando muito na tarefa que tinha pela frente. Ele pareceu se sentir mortalmente traído quando integrantes de sua própria equipe se juntaram ao ataque contra ele. Cindy, percebendo que as coisas estavam fora de controle, deu um passo à frente e agarrou uma esponja, pondo um ponto final ao dilúvio.

Queríamos ver Jonathan experimentando nosso sofrimento. Nossa vida tinha mudado com sua abordagem estruturada para o gerenciamento de produto. Em julho de 2002, ele reorganizou sua divisão e introduziu seus papéis dos APM (assistente de gerente de produto) e PMM (gerente de marketing de produto), e prontamente começamos a loucura de contratações[124]. De repente, havia muitos tipos de PMs e todos precisavam mais de mim e dos meus colegas do marketing. Era conveniente culpar Jonathan pela enxurrada de exigências e por sua crença aparente de que não tínhamos muito trabalho para fazer a não ser resolver o deles.

Tudo isso era parte de uma mudança que Eric Schmidt tinha delineado em sua primeira revisão de Ops na metade do trimestre em maio, uma reunião que aconteceu em um restaurante ao lado do campo de golfe municipal no final da rua. O almoço era lasanha. Quarenta de nós (gerentes de nível médio e executivos) estávamos reunidos numa sala de reuniões ensolarada e quente com pouca tecnologia. Deixamos a porta aberta, apesar da ameaça dos patos escaparem dos campos verdes e do irritante bip-bip-bip dos carrinhos de golfe encostando lá fora. Sergey estava sentado à frente vestindo uma camiseta de ciclistas de spandex e shorts. A cada minuto ele lançava um pequeno disco voador com controle

[124] Os PMMs concentravam no marketing nossos produtos que geravam receita e trabalhavam com vendas na aquisição de clientes, análise de mercado, retenção e lealdade. Os APMs eram geralmente recém-formados em treinamento para ser PMs.

remoto e o mandava cambaleando pela sala, ou tentava fazer com que ele pairasse sobre a cabeça de Larry. Susan coordenou a reunião, marcando o tempo das apresentações para garantir que manteríamos a programação[125]. Eric deu início à reunião expondo os "Google Great Company Five", as áreas que precisávamos organizar para nos tornarmos uma grande empresa: vendas globais, marca forte e ética, ótimas finanças, um bom processo de contratação e inovação.

Nenhuma grande iniciativa resultou diretamente dessa reunião, mas ela marcou, como Eric chamou,"uma fase de mudança na nossa evolução". Estávamos conscientemente deixando para trás nossos dias de startup e nos tornando uma empresa grande que fazia planos, os comunicávamos aos gerentes principais e, então, os revisávamos organizadamente, de acordo com um cronograma. Eric estabeleceu uma lista de e-mails chamada "VIPS", para diretores e vice-presidentes, para nos manter informados e solicitar informação. E ele criou algumas diretrizes próprias.

— Faça um checkup — ele instruiu David Drummond. Já fazia um bom tempo que David não ia ao médico e Eric queria ter certeza de que todos estavam bem de saúde para os desafios que viriam.

— Compre uma casa com banda larga — ele orientou Bart Woytowicz, que reclamava da sua internet lenta em casa. — Cada um de vocês precisa DSL ou internet a cabo.

— Desenvolvam melhores medidas para tudo, desde contratar engenheiras mulheres a taxas de conversão dos anunciantes — ele relembrou todos nós. — E procurem coisas que possamos patentear.

Eu saí da revisão do Ops determinado a organizar nossos esforços de marketing e a sistematizá-los. Meu foco seria apoiar nossas iniciativas de receita. E aumentar nossa receita internacional. E destilar nossa mensagem de marca. Eu já tinha trabalhado bastante nessas três, mas apenas tinha obtido sucesso com a última. No dia anterior à externa, eu enviei a nossos executivos uma lista com cinco mensagens temáticas para todas as comunicações Google, uma destilação de uma discussão que eu estava dirigindo no nosso grupo Baby Beagle nos seis meses anteriores. Tínhamos começado procurando por uma alternativa para "portal" para descrever nosso negócio e terminamos olhando mais profundamente a nossa identidade interna como uma instituição.

---

[125] Todas as reuniões importantes do Google depois dessa incluíam um cronômetro digital que mostrava aos oradores quanto tempo restava antes de terminar sua apresentação.

"O Google leva a melhores decisões", escrevi. "A tecnologia Google torna as coisas mais precisas e ao mesmo tempo mais fáceis de usar. O Google é universal. O Google cria mercados de informação. O Google é um canal claro para informação." Ofereci breves explicações e mostrei como cada ponto se relacionava aos elementos internos do nosso negócio, desde nossa missão à nossa política de privacidade. Sugeri que nomeássemos nossa abordagem para resolver problemas com o "GoogleLogic", um identificador que incorpora todos os atributos especiais do Google — uma resposta de uma palavra só para qualquer pergunta sobre como ou porque fazíamos o que fazíamos. Nossa arma secreta, se você assim quiser chamá-lo.

Eu acreditava que tinha identificado o valor profundo de nossa marca para os usuários (capacitar para decisões melhores) e desenvolvido uma identidade no GooogleLogic bastante ampla para abranger tudo, desde nossa tecnologia ao nosso processo de contratação. Muito além do PageRank aplicado unicamente na ferramenta de busca do Google, e mesmo assim ele foi suplantado com o tempo. O GoogleLogic nos posicionava em um campo de produtos e serviços muito maior. E tinha o toque perfeito do *g* e do *l*, como se "Google" e "Logic" fossem as metades espelhadas da mesma entidade.

Jonathan, Cindy e Susan enviaram feedbacks positivos, mas não ouvi nada de Larry e Sergey. Liguei para eles depois de alguns dias. Ainda sem resposta. Quando, depois de mais dois meses, eu finalmente forcei Sergey a dar o sinal positivo ou negativo, fiz isso como se fosse uma "venda hipotética": eu assumi que podia publicar nossas cinco mensagens temáticas para toda a empresa, a menos que alguém tivesse objeções.

— Eu tenho uma objeção — veio a tão esperada resposta de Sergey. — Acho que você precisa pensar um pouco mais. — Pronto. Já tinha visto este filme antes. Eu o encurralei em seu escritório e exigi sugestões mais específicas.

— Doug — ele disse. — Acho que você está escorregando de novo, naquela ideia de uma grande empresa. Não sei de onde isso veio, mas eu não entendo o porquê. Por que precisamos desse tipo de coisa?

Ah, ele aparentemente não se lembrava de seis meses de atualização que o nosso grupo Baby Beagle estava mandando para ele.

"Não vou ferir Sergey", me autoaconselhei. "Não vou ferir Sergey." Expliquei a ele o processo e as aplicações para uma estratégia de mensagem unificada com a imprensa e nossos usuários. Expliquei as vantagens de se ter uma plataforma de posicionamento onde pudéssemos construir extensões da marca.

Ele deu de ombros. Ele não via assim, mas se era importante para mim, tudo bem. Poderia postá-la na página de marketing do MOMA. Fiquei feliz de ter um endosso tão entusiasmado do homem que exatamente na semana anterior tinha sido nomeado "Marqueteiro do Ano" pela revista *Marketing Computers.*

E, claro, Sergey tinha razão. Eu havia me convencido de que nossos engenheiros adorariam o conceito do GoogleLogic. Não gostaram. Não era bastante impressionante. Eles sugeriram "GoogleMagic"! Eles disseram que tinha mais força.

Com exceção de meus colegas de relações públicas, ninguém no Google estava pensando muito em nossa estratégia de mensagem. Ainda não. Não era tão importante para as pessoas concentradas em construir produtos, mesmo quando George Reys entrou como CFO em setembro de 2002, retirando outro grande item da nossa lista pré-IPO. Presumivelmente se um dia nos tornássemos uma empresa de capital aberto, precisaríamos de uma história coerente para contar a Wall Street, mas ninguém estava muito preocupado agora. Deixei isso de lado e me concentrei em trabalhar com vendas para conquistar mais anunciantes e ajudar nossos PMs a preparar produtos que eles estavam enfiando pelos dutos. Tim Armstrong e seus vendedores sempre ficavam gratos por qualquer esforço que fazíamos em seus benefícios. O grupo de Jonathan foi ficando mais faminto. Tínhamos um permanente cabo de guerra para decidir quem faria o que e o que esperar, e Jonathan se cansou disso. Então, quando eu mandei uma cópia de uma nota confirmando quem poderia escrever uma newsletter do cliente seu fusível entrou em curto-circuito, virou pó e ele explodiu.

— Não quero entrar num debate por e-mail sobre quem faz o quê — ele gritou com o grupo. — Não posso entrar nesses debates todos os meses sobre quem é responsável por uma área.

Não tinha havido nenhum debate nesse caso, apenas uma reiteração de responsabilidades. Com o desconhecimento de Jonathan, houve uma questão de performance com o membro do marketing que precisou ser documentada por escrito. Minha nota teve a intenção, em parte, de fazer aquilo. Devido ao papel de Jonathan de vice-presidente e sua crescente reputação de ter uma personalidade forte, teria sido fácil abaixar minha cabeça abjetamente e me desculpar pelo erro percebido das minhas maneiras. Eu poderia ter mencionado que venho de uma família de gente bem teimosa.

— Nossa — eu respondi. Então expliquei a Jonathan como ele tinha entendido mal o conteúdo do e-mail e que ele era o único que estava provocando um conflito. Sugeri para colocá-lo off-line se ele considerava que qualificar responsabilidades atrasava a execução ao invés de acelerá-la. Ele cedeu e chegou perto de se desculpar, sem, na verdade, dizer que sentia muito. Ele explicou, em particular, suas frustrações sobre ter uma nova equipe que ainda teria que integrar e parecia estar demorando mais do que o necessário para conseguir realizar as coisas.

Depois desse incidente, nós nos entendemos. Jonathan podia às vezes ser barulhento, insistente e mandão com sua própria equipe, que parecia cautelosa com suas mudanças de humor. No entanto, comigo ele adotava um ar paternal (apesar de eu ser três anos mais velho) e aparentava certo respeito, talvez porque eu não hesitasse em retornar o fogo.

Então, quando Jonathan estabeleceu uma "corrente" envolvendo os novos membros da sua equipe, ele ofereceu para fazê-los trabalhar em tarefas simples no meu departamento, como verificar se nossos parceiros estavam usando nosso logo adequadamente em seus sites. Do mesmo modo, eu ofereci a seus PMs meu primogênito, Adam. Com 14 anos, ele precisava fazer alguma coisa para sair de casa durante as férias de verão. Jonathan lhe deu algumas tarefas e, embora ele fosse jovem demais para ser pago, ele o presenteou com um novo iPod quando o trabalho terminou. Apreciei a generosidade de Jonathan e não me importei com suas excentricidades. — Olhe, estou numa scooter! — ele gritou uma vez quando passou por Sergey e um repórter que o estava entrevistando. Ele me falou depois que queria que o repórter escrevesse sobre o comportamento maluco dos Googlers, não uma das mensagens-chave no plano de relações públicas da Cindy.

— Olhe! Sou um pop-up humano! — ele exclamou em outra ocasião, passando na minha frente enquanto eu fazia uma apresentação a um grupo de candidatos do MBA Wharton.

— Senhoras e senhores, nosso vice-presidente de gerenciamento de produtos — eu murmurei enquanto ele passou pelo corredor seguido por olhares incrédulos.

E definitivamente percebi a tensão entre Cindy e Jonathan devido à sua ambição de fazer grandes coisas no Google. O primeiro caminho mais lógico para expandir seu império seria anexar o pequeno grupo de marketing corporativo de Cindy. Ela deixou claro que as questões da sua própria área precisariam ser comunicadas antes que ele fizesse qualquer movimento em direção ao seu domínio.

— Esperava que *você nos* dissesse o próximo passo — ela respondeu pontualmente quando ele se ofereceu para ajudar a resolver uma questão sobre preço para o Google Search Appliance (GSA). — Talvez uma conversa com seu PM? Ou alguma ação decisiva?

Em outras vezes, seu tom era ainda mais conciso, como quando ela insistia que precisávamos entrevistar qualquer candidato para o emprego com a palavra "marketing" no título. A pressão subia e descia com as mudanças na pressão barométrica total dentro do Plex. Um dia Cindy e Jonathan eram rivais, no outro, íntimos colegas, meus próprios problemas com o grupo de Jonathan diminuíram e esperava que permanecesse assim. Eu adverti meu grupo para que não chafurdasse numa mentalidade mesquinha do "nós contra eles" em relação ao grupo de PM. Admiti meus próprios pecados ao demonizar a equipe de Jonathan e sugeri que nos concentrássemos no trabalho, não nos obstáculos que pudessem barrar nosso caminho. Disse que se meus relatórios diretos viessem com uma reclamação sobre a exigência ou o comportamento de um colega, eu perguntaria primeiro se eles tinham discutido a questão com a pessoa envolvida e se eles achavam que havia uma solução.

No entanto, essas regras não se aplicavam ao gerenciamento de produtos. Quando Marissa sentia que estavam dando atenção demais ao marketing pelo GSA à custa de suas iniciativas do Google.com, ela vinha direto a Cindy. Particularmente, ela achava que não apoiávamos suficientemente o serviço de notícias do Google, de Krishna Bharat, a ser lançado em breve, um produto pelo qual ela tinha desenvolvido um interesse especial. Ao mesmo tempo, a equipe GSA nos martelava diariamente para ter mais caminhos para gerar vendas, apesar da receita relativamente pequena que o Search Appliance representava. Ao tentar equilibrar as necessidades de dois diferentes grupos de produtos, eu não estava agradando ninguém. Informei a Cindy que dali em diante iria concentrar mais esforço no marketing do consumidor para o Google.com, e comecei a pensar em modos de fazer isso sem gastar um tostão em propaganda.

Não podia negar, entretanto, que Jonathan estava colocando em funcionamento uma estrutura forte e disciplinada para gerenciamento do produto. Ele compreendeu a mentalidade da tomada de decisão voltada para dados de nossos líderes corporativos e nos guiou solidamente em como adiantar os projetos.

— Membros da diretoria não querem listas de ideias possíveis — ele salientou enquanto preparávamos uma apresentação sobre como conseguir que mais usuários fizessem o download da barra de ferramentas Google. — Eles apenas querem saber exatamente o que estávamos fazendo e quando iríamos fazê-lo.

Uma vez ou outra ele enviava slides de volta para a inclusão de mais dados, até que eles ficassem densos com números e gráficos, e apontassem conclusões inevitáveis.

Aprendi muitas coisas apenas o escutando. Mas isso não impediu de trazer de casa minha pistola d'água do tamanho de uma bazuca e descarregar nele enquanto ele lavava o carro de Cindy.

O influxo de PMs, APMs e PMMs, preenchendo o gráfico organizacional de Jonathan, reforçava a cultura meritocrática do Google. A maioria era de jovens. Todos tinham credenciais impressionantes. Jonathan se certificou de que todos soubessem como ele tinha nivelado por cima ao distribuir os currículos dos que *não* tinham sido selecionados. Ele queria que sua equipe se sentisse uma elite e que Eric ficasse tranquilo, pois não havia nenhum mané no seu time. Todos esses brilhantes cérebros escolhidos nos *campi* e soltos em nossos cubículos me impressionavam e me deixavam pouco à vontade. Jonathan estava certo, concluí. A qualidade dos funcionários, pelo menos no papel, estava melhorando. Eu sabia que o resultado duvidoso do meu GPA e solitário BA não me qualificaria nessa seleção se eu tivesse que enfrentar os padrões de contratação revisados do Google.

Eu me lembro de ter assistido a uma reunião de revisão de produto no escritório de Larry e Sergey com Nikhil Bhatla, um APM recém-saído de Stanford, que ainda parecia um aluno. Quando a reunião acabou, eu fiquei para confrontar Sergey sobre uma questão de marketing que ele estava evitando. Oportunidades como esta eram preciosas, pois era o único modo de forçar decisões em assuntos não fundamentais para manter o site em funcionamento.

Quando o grupo começou a se retirar, comecei a explicar o caso a Sergey, esperando ter cinco minutos com ele para poder persuadi-lo. Fiquei surpreso quando ele olhou atrás de mim para Nikhil, cuja curiosidade o fez ficar para trás.

— O que você acha dessa ideia? — Sergey perguntou a ele, e então ouviu cuidadosamente enquanto Nikhil dava uma resposta convincente e bem articulada que fez tantos buracos na minha ideia como um queijo suíço.

Confesso, não fiquei feliz que este... cara metido, sem nenhuma experiência no Google, tenha criticado minha proposta. Ele não sabia que ele era um membro júnior da equipe e nem deveria estar perto de nós para começo de conversa? Isso nunca teria acontecido no bom e velho *Merc*, no qual a hierarquia era cuidadosamente observada e teria parecido politicamente incorreto e posto em risco a carreira por ter flagrantemente refutado um gerente diante do maior executivo da empresa.

Depois de caminhar rapidamente pelo Plex para esfriar a cabeça, percebi que Nikhil tinha colocado alguns pontos interessantes. Também percebi que não deveria ter ficado surpreso, não importava que ele estava no emprego havia pouco tempo. Ele era um cara inteligente. Ele não precisava estar no Google muito tempo para construir um argumento lógico se alguém lhe pedisse um.

Pela minha própria resposta um ano depois, demonstrei que aprendi essa lição muito bem, ao responder a um executivo de outra grande empresa de tecnologia com quem eu estava negociando. Eu queria o software de sua empresa para criar páginas da web que incluíssem um modo de facilitar a incorporação da caixa de busca do Google. Eu tinha levado comigo Priti Chiani, uma recém-contratada da nossa equipe de desenvolvimento de negócios, para a discussão. O executivo me informou em particular que, sem querer ofender ninguém, Priti era muito júnior para que ele desperdiçasse seu tempo com ela. Ele só tomava decisões com vice-presidentes.

— Sem querer ofender — eu disse — mas você precisa entender como o Google funciona. Não temos VPs seniores. Temos Larry e Sergey e todo o restante. Os VPs que temos estão envolvidos em papéis funcionais, como a condução de projetos de engenharia; entendo que você queira cortar camadas burocráticas, mas se Priti recomendar que devemos fazer o acordo, ele vai ser apresentado a Eric, Larry e Sergey para que eles assinem. Se ela não recomendar, ele para por aqui. Se ela precisar de mais informação, ela sabe a quem perguntar — fiquei irritado por ele ter a audácia de supor que um Googler em nossa equipe não poderia fazer o acordo depois de 15 minutos de preparação.

Nossa vida no trabalho era tão repleta de ameaças e oportunidades para desperdiçarmos recursos em redundâncias burocráticas. Durante os dias de cão do verão de 2002, estávamos equilibrando uma dúzia de serras elétricas.

O governo chinês inesperadamente bloqueou nossos resultados de busca, como tinham feito anteriormente na primavera de 2001. Não sabíamos exatamente o porquê, mas, de repente, tínhamos milhares de e-mails em mandarim pedindo outros caminhos para acessar o Google. Então, o bloqueio cessou. Não deram nenhuma explicação. Eric tinha discutido pedir a Al Gore que mediasse com os chineses, mas não acho que isso realmente tenha acontecido. Pelo menos eu não o ouvi conversando sobre isso do lado de fora da porta do meu escritório.

Criamos um programa chamado Google Grants para fornecer anúncios de graça do AdWords para ONGs. Meses antes, eu tinha proposto um programa de propaganda público simples (PSA) e estava trabalhando na interface do usuário, mas Sheryl Sandberg foi quem cristalizou a ideia e lhe deu vida.

Nós lutamos com uma ação judicial de uma marca registrada de uma empresa que estava usando nosso nome em sua loja on-line. Fui depor. Nunca tinha feito isso antes e tive que estar preparado para saber como abordar o assunto. Passei dias aprendendo a não responder qualquer questão que não fosse perguntada e a pedir a definição de qualquer termo que fosse ambíguo. Eu tive um prazer perverso com essas quatro horas suando diante de uma câmera de vídeo, lutando com o advogado da parte contrária.

— Você falou isso verbalmente? — ele perguntou.

Pausa. Pense.

— Você pode definir o que quer dizer por verbalmente, por favor?

— Verbalmente! Você sabe! Você falou com ele? — A frustração do advogado era audível.

— Bem. — Pausa. — Minha compreensão de "verbalmente" é que ela significa "expresso em palavras". — Pausa. — Isso pode significar na escrita. Ou pode significar na fala. — Pausa. — Você quis dizer "oralmente"?

Ganhamos o caso. Nosso advogado Kulpreet ficou tão feliz com minha interpretação tipo Forest Gump que ele me recomendou para um peer bônus, um prêmio de mil dólares que qualquer funcionário poderia ganhar por ajudar outro departamento em um momento de necessidade.

Como nossa network de sites de anúncios licenciados cresceu desde o Earthlink ao AOL para incluir também o Ask Jeeves e o website do *The New York Times*, precisávamos de diretrizes de marca para dizer a cada novo parceiro como exibir nossos resultados de buscas, nossos anúncios e onde colocar nosso logo. Criá-las se tornou algo complicado e que consumia muito tempo, sobretudo depois que ganhamos o contrato de anúncios para o InfoSpace, que era da Overture. O InfoSpace rodava alguns sites de metabuscas, que incluíam os resultados de busca do Google ao longo de outros vindos de outras ferramentas de busca. O acordo abocanhou uma boa fatia da receita da Overture, mas não queríamos que nossa marca se tornasse apenas outro ingrediente genérico em uma miscelânea de resultados. Eu não permitiria que a InfoSpace colocasse nosso logo em seus anúncios junto com todas as outras ferramentas de busca, mesmo depois de eles terem pago multas severas para a Overture por quebrar a cláusula de exclusividade no seu contrato de propaganda com eles[126]. A equipe de vendas me apoiou, mas me fez ir jantar com "o cliente" de modo que a InfoSpace pudesse me dizer o quanto eu estava errado. Não comi muito, e engoli bem menos.

Mas a única preocupação de Sergey naquele verão era encontrar 1 bilhão de dólares. O CPC AdWords era um grande sucesso. Ele fornecia todas as indicações que continuaria jogando dólares em nossa conta bancária por muitos anos ainda. Isso preocupava Sergey. Alguém, em algum lugar, sem dúvida estava observando nosso fluxo de caixa e tentando desenvolver algo novo que pudesse tornar nossos anúncios de buscas obsoletos. Se isso acontecesse, o Google terminaria como um jogador menor na economia da internet. Precisávamos, Sergey acreditava, descobrir uma ideia de um negócio de 1 bilhão de dólares e lançá-lo rapidamente. Larry concordou do fundo do coração, sua paranoia tão grande quanto a de seu cofundador.

Foi Paul Bucheit que mostrou a eles para onde olhar.

Só pelo prazer de fazê-lo

Paul gostava de montar coisas. No seu tempo livre ele estava construindo um sistema de e-mail a que chamou de "Caribou" para homenagear um projeto mal gerenciado de um personagem de histórias em quadrinhos chamado Dilbert. Mais tarde, o chamaríamos de "Gmail". Ele estava trabalhando no Caribou havia alguns anos. Embora dezenas de Googlers, incluindo Larry e Sergey, o estivessem usando, quase todos com quem ele falava no Google odiavam a ideia de se tornar um fornecedor de e-mail ao público. Alguns se opuseram a isso

[126] A Overture continuou a processar a InfoSpace, uma manobra que enviou para os outros parceiros em potencial da Overture uma mensagem bastante negativa.

do ponto de vista técnico, alguns de um ponto de vista comercial. Mas todos concordavam com uma coisa. Um sistema de e-mail nunca deveria exibir propaganda baseada no conteúdo das mensagens de e-mail enviadas ou recebidas. Era tanto tecnicamente inviável quanto inaceitável pela perspectiva do produto.

— Antes mesmo de eu trabalhar no Caribou — Paul me falou, Udi Manber[127] chegou para uma conversa e eu me lembro de perguntar a ele: "Você acha que poderia colocar anúncios direcionados ao conteúdo no e-mail?". E ele disse: "Ah, não, nós nunca faríamos isso. Essa é uma grave violação não sei nem do quê". Era como se você devesse ser demitido por simplesmente fazer essa pergunta.

Paul sabia que seu sistema de e-mail nunca seria lançado se não pudesse se autopagar. Ele considerou criar serviços premium ou oferecer seis meses gratuitos, mas ele sabia que esses modelos inibiriam a adoção pelo mundo. E Sanjeev Singh, um colega que o ajudava com a codificação, continuou a trazer à baila os anúncios direcionados ao conteúdo.

Paul gostava de juntar coisas. Uma noite, ele e Sanjeev examinaram sua caixa de entrada, um e-mail de cada vez, e tentaram manualmente combinar cada mensagem a um anúncio já presente no sistema. Não foi muito difícil. Paul decidiu montar um protótipo simples que faria a combinação automaticamente. Ele remexeu em seus arquivos de código e encontrou uma ferramenta de classificação: um software que poderia identificar as coisas que estavam relacionadas e agrupá-las. Ele tinha escrito isso como parte do projeto de filtro de pornografia para Matt Cutts. Era perfeito para o que ele estava pensando agora. Ele reconfigurou o classificador de pornografia para combinar anúncios ao conteúdo dos e-mails, e o conectou para todos os usuários do Caribou às 3 horas da manhã, e foi para casa.

No dia seguinte, todos os engenheiros que usavam o Caribou viram os anúncios direcionados ao conteúdo das mensagens em suas caixas de entrada. Eles não ficaram felizes. Paul relembra que Marissa, com quem ele dividia uma sala, ficou furiosa.

— Concordamos em não fazer isso — ela insistiu. — Então você foi em frente e fez, apesar de tudo.

— Não me lembro de ter concordado com isso — Paul retrucou. — Talvez você tenha dito não, mas eu nunca concordei com nada. Não sou realmente uma pessoa tão agradável assim que jamais concordaria em não fazer algo.

---

[127] Diretor de tecnologia de busca no Yahoo.

Larry e Sergey não ficaram furiosos. Ficaram impressionados. A ideia de direcionamento de conteúdo estava circulando já havia um bom tempo, mas apenas como conceito teórico. Até estava na lista de projetos da engenharia, mas lhe deram prioridade 1 (a mais baixa), em uma escala de 1 a 5. Todos supunham que seria algo difícil de fazer e não muito preciso. Ainda assim, Paul tinha construído um protótipo em algumas horas, com base em um "stupid hack" que ele tinha escrito para outro projeto.

Os fundadores, de acordo com Paul, tinham a mente mais aberta sobre isso, mais do que o restante da empresa. Eles imediatamente viram o potencial para os anúncios direcionados não apenas ao e-mail, mas para o conteúdo de *qualquer* página da web que tivesse texto. Eles reuniram uma equipe em setembro de 2002, para começar a trabalhar num sistema mais robusto de direcionamento de conteúdo sob o codinome "Conehead". Um mês depois, os anúncios direcionados ao conteúdo começaram a aparecer nos posts das páginas do velho Deja News Usenet, que tinha sido incorporado ao Google groups. Um mês depois, pagamos por impressões de baixo custo em um espaço de anúncios reminiscentes, que não tinham sido vendidos e exibiriam anúncios da casa ou PSAs, em pequenos sites de teste, como o sempre agradável Wunderground.com, para ver se poderíamos ganhar mais dos anúncios do que eles nos custavam para pagar a mídia. Em março de 2003, os anúncios direcionados ao conteúdo do Google foram lançados publicamente, expandindo os locais que nossos anúncios podiam aparecer incluindo praticamente quase toda a webpage da internet. O Google compartilhava receita com sites (que chamamos "publishers"), que rodavam nossos anúncios, de modo que pequenos negócios, blogues e ainda maiores produtores de conteúdo que lutavam para vender seus próprios anúncios podiam agora abrir a torneira do dinheiro acrescentando algumas linhas do código do Google. Em junho de 2003, criamos o processo de assinatura para "publishers" self-services (como o AdWords para anunciantes), e chamamos o novo serviço de "AdSense"[128].

AdSense deu ao Google um incentivo para ajudar o crescimento da quantidade de conteúdo on-line. Quanto mais conteúdo na internet, mais

[128] Ainda havia ajustes a serem feitos. Quando o *New York Post* publicou uma história sobre uma vítima de assassinato cujo corpo desmembrado foi encontrado em uma mala, o AdSense exibiu o anúncio para uma loja de malas perto dali.

receita em potencial para nós. A ideia de Larry de digitalizar todas as páginas impressas repentinamente se tornou uma prioridade muito maior. Lançamos o Project Ocean no final de 2002, para começar a transportar o "Oceano" de conteúdo off-line em conteúdo on-line. Isso significou inicialmente mandar a Googler Cari Spivak para uma gigantesca liquidação de livros usados em Phoenix, onde ela comprou 12 mil volumes, os colocou em sua caminhonete alugada, e os transportou de volta para Mountain View para serem escaneados. Logo o Google estaria assinando acordos com bibliotecas de universidades para escanear todos os seus materiais impressos e batalhar com editores e autores nos tribunais sobre direitos autorais. E o Google comprou a Pyra Labs, uma pequena empresa que oferecia ferramentas para quem quisesse criar e hospedar um blogue em seu site Blogger.com[129].

A ideia para o segundo bilhão de dólares do Google tinha sido muito mais fácil de implementar do que a primeira.

Para Paul, a experiência confirmava o poder de fazer protótipos para dar respostas definitivas com muito mais rapidez do que discussões teóricas.

— Experimentar algo é muito mais poderoso do que simplesmente falar sobre ele — ele refletiu.

Eu não achava que os anúncios direcionados para o conteúdo funcionariam, mas acreditava que seriam divertidos. Passei algumas horas trabalhando nisso. Não que eu acreditasse firmemente na ideia, é que era realmente muito fácil. Assim que as pessoas viam o protótipo em ação, elas percebiam se gostavam da implementação de Paul ou não, que o direcionamento de conteúdo poderia ser feito.

O Google aprendeu uma lição também. Paul tinha montado um protótipo que não tinha sido especificamente colocado em seu projeto, mas porque ele o considerou interessante. Ele admitiu se distrair facilmente e também admitiu que tinha saído pela tangente antes, mas geralmente seu gerente o punha na direção certa. Quando ele adicionou um primitivo verificador de soletração ao produto de busca que estava construindo, Urs o repreendera por ter muitos projetos paralelos e pediu a ele para se concentrar. Essa atitude mudou depois que ele desenvolveu o protótipo de direcionamento de conteúdo. Não apenas por Paul, mas pela empresa.

---

[129] O fundador da Pyra foi Evan Williams, que saiu do Google para fundar outra startup, que acabou evoluindo para a empresa de network social Twitter.

— Acho que o conceito de 20% do tempo saiu daí — Paul me contou. — Acho que nunca foi oficialmente falado, mas foi mais endossado depois disso.

Vinte por cento do tempo era uma ordem para que todos que trabalhavam na engenharia passassem um dia na semana pensando em algo diferente além de seus projetos designados. Direcionamento do anúncio no e-mail não tinha sido designado a ninguém, e a maioria dos que ouviram falar sobre isso se opuseram veementemente. Paul o construiu assim mesmo e o modo de pensar da empresa mudou do dia para a noite. Outros engenheiros também tinham feito projetos paralelos que pareciam promissores, como o serviço de notícias do Google produzido por Krishna. Larry e Sergey queriam encorajar esse tipo de comportamento.

A princípio, Paul observou, os APMs tentaram organizar ambiciosamente o "20% do tempo" para que não fosse um recurso desperdiçado.

— Era uma mentalidade totalmente errada — ele disse mais tarde. — Ah, esses engenheiros estão trabalhando em coisas aleatórias. Precisamos coordená-los e gerenciar isso. O que vale é que as pessoas farão coisas que vão achar um desperdício de tempo. Aí é que estão as grandes oportunidades. É uma oportunidade porque os outros não veem.

O próprio Google era o exemplo preferido. Nenhuma outra empresa pensou que a busca era importante. Se tivessem pensando, a Microsoft e o Yahoo teriam investido mais pesadamente na tecnologia e o Google jamais teria conseguido estar tão à frente.

A Overture observou nossas experiências com o direcionamento de conteúdo. Eles não queriam que tivéssemos a vantagem de ser "o primeiro" em um novo mercado, então, em fevereiro de 2003, agiram como se tivessem nos vencido novamente (como haviam feito com a propaganda de busca relacionada), declarando que em breve lançariam um serviço "de propaganda contextual". Depois de uma semana, nosso serviço estava funcionando e pronto para fazer negócios, como um astuto anunciante no WebmasterWorld percebeu: "A Overture anuncia primeiro. O Google lança primeiro". Prometer de menos, entregar a mais. Fiquei satisfeito ao ver que as pessoas realmente lutavam. O Google estava novamente à frente na competição e Larry e Sergey pretendiam continuar ali.

O serviço da Overture, o Content Match, não foi ao ar até o final de junho. Uma razão para o atraso pode ter sido que a Overture tenha planejado basear sua tecnologia em um software de direcionamento de conteúdo da Applied Semantics, uma empresa em Santa Mônica. Em abril, o Google comprou a Appllied Semantics, elevando nossa capacidade enquanto quebrava as pernas de nossos concorrentes, que agora tinham que procurar em outro lugar essa tecnologia ou desenvolvê-la eles mesmos como nós tínhamos feito.

A empresa fora nossa maior aquisição até aquela data, e demos as boas--vindas aos nossos colegas do sul da Califórnia em uma TGIF regada a cerveja e sushi servidos em cima de uma prancha de surf customizada, pintada com o logo que dizia: "Google Santa Mônica". A prancha era uma metáfora apropriada. Anúncios de conteúdo direcionado eram a próxima grande onda na receita on-line e pretendíamos surfar nela.

CAPÍTULO 23

Froogle e atritos

Meu terceiro ano no Google estava quase terminando. Tudo mudava enquanto a empresa se transformava de uma startup para um poço de energia global. Novos padrões e rituais se encaixaram, se estabeleceram e começaram a parecer permanentes.

Em outubro de 2002, nosso departamento se mudou para o prédio SaladoPlex, junto com a equipe do AdWords, minha sétima (ou oitava?) mudança desde que entrara para a empresa. Eu tinha agora um escritório pequeno só para mim com um quadro branco que ocupava a parede toda e uma janela que dava para o pátio. Havia uma microcozinha a poucos passos dali e uma academia de ginástica (uma sala de computação convertida com deck e ar-condicionado abaixo de zero) estava na virada do corredor. Eu me sentia completamente imbuído da organização no meu canto aconchegante e surpreso com a quantidade de Googlers que ficavam à minha volta. (Formigas, também. Elas descobriram um buraco no isolamento da minha janela e fizeram um caminho até a minha máquina de chicletes.) Havia tantos Googlers que a empresa parou de dar opções de ação para os novos contratados. Ou melhor dizendo, os deferiu. O governo disse que se tivéssemos quinhentos acionistas, teríamos que disponibilizar nossos arquivos financeiros como se fôssemos uma empresa pública. Em vez disso, continuamos a contratar, mas seguramos as concessões de ações. O SEC fez algumas perguntas sobre isso quando nos inscrevemos para nosso IPO.

Trabalhei com os gerentes de produto nos orçamentos para suas iniciativas em 2003, tarefa que eu não mais conseguia fazer satisfatoriamente com adivinhações malucas e alguns marcadores. Tínhamos um CFO que prestava atenção microscópica aos detalhes, e chegaram a ouvir até mesmo Eric resmungar: "Merda, é melhor fazer isso direito. Vamos ser uma empresa de

1 bilhão de dólares". Ele brincava que era melhor que nós não estragássemos tudo e que a auditoria poderia mandá-lo para a cadeia. Um destino cada vez mais comum para os CEOs depois do colapso da Enron. Ele dizia isso frequentemente e, então, eu percebi que ele não estava brincando.

Meu mundo tinha crescido demais para ser dividido em partes microscópicas. O serviço do consumidor foi absorvido pelo mundo do AdWords de Sheryl Sandberg, e a comunicação do marketing passou a residir no reino de gerenciamento de produto de Jonathan Rosenberg sob a administração de Christopher Escher. Os grupos de Escher se dedicavam a apoiar nossas iniciativas de receita, que me livraram felizmente das apresentações e dos esforços colaterais das vendas. Meu novo papel ficava ao redor dos produtos e serviços tocados diretamente pelos usuários, de modo que Cindy mudou meu cargo para diretor de marketing do consumidor e gerenciamento de marca.

Meu círculo no diagrama de responsabilidades do Google agora sobrepunha o de Marissa Mayer quase completamente. Ela cuidava dos novos serviços para o mercado. Eu dava nome a eles. Mas o nome se originava dos produtos e do texto incluído neles. Então, quem tomava a decisão final do que o texto deveria dizer? O gerente de produtos ou o gerente de marca? Ah, essa era a pegada.

Marissa me informou que ela me enxergava como o gerente de marketing do produto (PMN) do Google.com. Fiquei feliz com a ideia de que eu tinha um papel estrutural na nova ordem mundial, mas fiquei nervoso ao perceber que, de acordo com sua lógica, eu faria parte do gerenciamento de produto sob a supervisão de Jonathan, e não mais trabalhando com o grupo de marketing corporativo de Cindy. Não tinha nada contra Jonathan, mas trabalhar para Cindy era como estudar em uma faculdade liberal de artes. Já trabalhar para Jonathan seria como estar matriculado no MIT. Eu não queria ir para o MIT.

Minhas brigas com Marissa sobre questões da interface do usuário tinham idas e vindas, com o lançamento do Google news em setembro de 2002, trazendo à tona tanto os pontos altos quantos os baixos. Marissa se orgulhava principalmente do Google news, que escaneava automaticamente milhares de fontes de notícias e extraía as que pareciam mais importantes. Krishna Bharat tinha começado isso como um projeto paralelo, e depois do 11 de setembro tinha se devotado a ele seriamente. Marissa garantiu que o Google news, como um filho favorito, ficasse na linha de frente de qualquer outra guloseima que a empresa estivesse repartindo.

Uma delas era a posição como uma aba à direita acima da caixa de busca na homepage do Google.com. Quando a equipe de IU questionou por que não tínhamos nos reunido para discutir uma mudança tão grande, Marissa afirmou que tinha sido planejado desse modo desde o início.

Era difícil não notar a mudança na autoridade de tomada de decisão retirada da equipe de IU, na qual todos os membros ostensivamente tinham votos iguais aos da equipe de produto, da qual Marissa agora tinha o controle.

Eu percebi isso em primeira mão ao trabalhar com Marissa na linguagem que nosso site usaria para descrever o Google news. Como sempre acontecia, o texto era finalizado na noite anterior ao lançamento do produto. Marissa queria enfatizar a natureza automatizada do Google news dizendo: "Nenhum ser humano foi maltratado ou usado na criação desta página". Isso me soou estranho e, pior ainda, um tapa na cara dos jornalistas e editores cuja história estaríamos agregando. Eu ouvi a frase como se estivessem dizendo: "Olhe! Construímos uma máquina que faça o trabalho melhor que você! Você não é mais necessário, então por que você não pega seus prêmios Pulitzers e Polks e vai descansar?"

Marissa não concordava com isso. Ela considerou a referência ao teste com animais divertidíssima, embora eu apontasse a ela que nenhum ser humano foi maltratado na criação de um jornal impresso também.

— É divertido — concedi, apesar de não acreditar realmente naquilo. — Mas vai deixar de ser engraçado rapidamente. Muitas pessoas não vão entender.

No entanto, tudo se equilibrava. Marissa estava igualmente infeliz com a linguagem que eu tinha usado para escrever a FAQ explicando o Google news: "O Google news é altamente incomum ao oferecer um serviço de notícias compilado unicamente por algoritmos de um computador sem a intervenção do homem. O Google não emprega editores, gerentes editoriais, executivos editoriais ou outros pobres coitados sujos de tinta".

Ela fez uma careta com a expressão "pobres coitados sujos de tinta", uma frase que eu sabia desde os meus tempos trabalhando num jornal ser um termo carinhoso entre os jornalistas.

— É uma medalha de honra — eu assegurei a ela —, uma saudação para demonstrar que estamos do lado deles.

Ela consultou a equipe de engenharia que trabalhava nas notícias e todos odiaram o texto. Schwim, o cara do Ops, gritou que achava aquilo um insulto.

Quando a primeira iteração do Google news rolou na manhã seguinte, a expressão "pobre coitado sujo de tinta" estava fora e "nenhum ser humano maltratado" estava lá.

A expressão "nenhum ser humano foi maltratado" foi notada pela imprensa. A atenção de alguns foi positiva, de outros não. Quase todas as reportagens que eu vi classificavam a declaração como fanfarrona. Alguns também fizeram referência aos editores, "pobres coitados sujos de tinta" que agora tinham seus empregos ameaçados. Eu não salientei que nossas críticas tinham reforçado a apelação (sujo de tinta) para eles mesmos sem nossa instigação. Mesmo anos depois, a linha, que só ficou algumas semanas ainda era bem lembrada pelos jornalistas. Quando o Google news começou a acrescentar editores humanos em junho de 2010, Phil Bronstein, do *San Francisco Chronicle,* notou que nosso texto "nenhum ser humano foi maltratado" tinha "conseguido com que nós editores humanos não nos sentíssemos muito bem".

Não posso declarar honestamente que minha versão teria sido recebida de modo diferente. Poderia ter sido muito pior. A noção da seleção de notícias automatizadas estripava os jornalistas de seus galões e isso teria acontecido se não tivéssemos colocado um texto explicando isso no site. O que me perturbou, entretanto, foi minha inabilidade de convencer Marissa a ver meu ponto de vista. E todas as vezes que isso acontecia, a perspectiva de Marissa prevalecia.

Por qualquer outro nome

O Google news não era o único produto novo na berlinda. Tínhamos um serviço de busca de produto agendado para ser lançado antes do final de 2002 também. A equipe de produto tinha lhe dado o codinome "Froogle".

— Esperava que você nos ajudasse com alguns slogan*s* para o lançamento do Froogle — Pearl Renaker, a gerente para novos produtos, me falou no final de agosto de 2002.

— Eu adoraria — respondi, mas pensei comigo mesmo "ai, ai". Me ocorreu que eu não tinha participado de nenhuma das discussões sobre o nome "verdadeiro" que substituiria "Froogle" quando ele fosse ao ar. De repente, fiquei com a sensação de que o codinome não era mais apenas um codinome. Pearl confirmou.

— Gostaríamos de nomeá-lo Froogle, mas posicioná-lo como uma extensão da marca do Google. — Ainda faltavam alguns meses para o lançamento. Eu teria tempo para explicar todas as razões por que isso era realmente uma má ideia.

Minha objeção em dar o nome Froogle ao nosso novo recurso estava fundamentada na arquitetura da marca que eu tinha trabalhado com Salar, mas, mais importante ainda, na tradição do Google de "prometer de menos e entregar de mais". Salar e eu tínhamos concordado, quando lançamos o diretório Google em 2000, que os novos produtos estariam todos sob o nome Google e teriam apenas títulos descritivos: Google directory, Google image search, Google news. Froogle seria o primeiro produto a romper esse modelo e estabelecer uma marca independente. Essencialmente, ele estaria dizendo que o Google não era mais o único lugar para fazer todas as buscas. Os usuários teriam que escolher uma marca ou outra. E isso criaria um precedente perigoso para a futura proliferação da marca. Criaríamos agora um nome para cada novo serviço que desenvolvêssemos?

Eu realmente conseguia ver as vantagens de estabelecer uma marca independente como plataforma para serviços relacionados ao comércio. Se o Froogle estava sendo posicionado como competidor da Amazon, com carrinhos de compras, críticas de compradores e a tecnologia de comprar em um clique, faria sentido dar a ele sua própria identidade derivada do Google. Mas o Froogle não estava à altura desse desafio.

O protótipo do Froogle que eu havia experimentado encontrava os produtos à venda na web e os classificava de acordo com a "relevância", o que não significava muito quando você tinha trinta torradeiras idênticas, todas oferecidas pelo mesmo preço. Nós tínhamos "objetividade". Nosso parceiro Yahoo cobrava da maioria dos comerciantes que seriam incluídos na busca do produto, e os resultados de busca do Yahoo direcionavam os usuários às lojas do Yahoo em vez de mandá-los diretamente para os sites dos comerciantes. O Yahoo tinha uma equipe editorial que tomava decisões, enquanto usávamos um sistema completamente automatizado, e, portanto "mais puro", não afetado pelos relacionamentos pagos com os negociantes.

Isso era tudo.

Não havia como comprar nada no Froogle sem sair do site. Não havia críticas do produto. Não havia avaliação dos comerciantes, você não podia ordenar por loja, por marca ou por preço. Não havia nada a fazer a não ser clicar em um link e ir para outro lugar. Era uma busca para encontrar produtos, uma busca de produto. Assim, eu pensei, é como deveríamos chamá-lo: "busca de produto Google". Chamá-lo "Froogle" daria a impressão de que era um serviço completo e extenso, não um recurso. As pessoas trariam à sua primeira experiência para o Froogle todas as expectativas que tinham quando usavam um serviço Google. Eles estariam esperando "o Google do comércio". Em vez disso, eles teriam uma busca de produto.

Procurei Salar e a equipe de IU para ter certeza de que pensavam como eu. Eles pensavam. Salar não gostou do nome porque Froogle era parecido com "Frugal", um trocadilho difícil de traduzir internacionalmente. Alguns falantes de inglês talvez não o entendessem. Agora eu tinha que convencer as pessoas de que podiam parar o trem desgovernado antes que ele chegasse ao fim da linha. Eu argumentaria meu caso no Froogle GPS.

Cada grande produto agora tinha um fórum dedicado a ele. Essas reuniões eram apelidadas de "Google Product Strategy" (GPS) e eram frequentadas pelos executivos que tinham o poder de alterar o momento do lançamento, corrigir planos que tivessem saído dos trilhos ou mudar completamente os recursos e objetivos do produto durante o desenvolvimento. Larry, Sergey e Eric estavam lá junto com Jonathan, Salar, Susan e Marissa.

Quando chegou minha vez de falar, expus meu caso para um júri hostil, pelo menos foi assim que senti. Reconhecia as vantagens de um nome memorável para um produto já pronto, mas mostrei que nossa busca de produto mal tinha saído do forno. Argumentei lógica e concisamente todas as questões que tornavam "Froogle" uma má escolha, e encerrei sugerindo que deveríamos guardar o nome como reserva quando a "busca de produto Google" realmente merecesse sua própria marca. Melhor prometer menos agora, sugeri, e entregar mais depois. Parei de falar e me sentei, certo de que nenhum promotor público teria feito um resumo mais convincente. Sergey olhou em volta.

— Eu gosto de Froogle — ele disse —, é meio assustador e diferente. Acho bonitinho.

E isso não foi tudo. Eric encarregou Salar, Susan e eu de apresentarmos uma alternativa para "Froogle" no GPS seguinte. Concordamos com "a busca de produto Google", o apresentamos, defendemos e fomos rejeitados.

Este foi o fim de tudo. Ou pelo menos dessa parte. Mas então a questão do slogan surgiu.

Nenhum de nossos outros serviços Google tinha um slogan — um lema usado pelo marketing para que as pessoas usassem um produto. Todos os nossos serviços tinham um texto descritivo, diretamente em nossas homepages, explicando o que eles faziam. Um texto como "a mais extensa busca de imagem na web" ou "procure e navegue em 4 mil fontes de notícias atualizadas". Talvez porque o Froogle fosse um produto que lidasse com o comércio havia a cobiça por um verdadeiro slogan de marketing.

A mesa de diretores evitou que o departamento de marketing desenvolvesse um.

— A diretoria realmente gosta do slogan: "Todos os produtos do mundo num único lugar" — Eric anunciou em novembro no Froogle GPS. Eles queriam que nós espalhássemos isso por todos os lugares do site. Um excelente slogan, mas óbvia e comprovadamente falso. Eu me dispus a mudar a mente de todos.

Felizmente, Marissa e eu concordamos que o texto da diretoria fazia muitas promessas. Infelizmente, nós discordamos se a substituição deveria enfatizar relevância (Marissa) ou objetividade (eu). Trocamos e-mails de um lado para o outro como se fôssemos profissionais de pingue-pongue, cada um defendendo seu caso. Esse debate se arrastou por semanas, até que Larry dissesse que "objetividade" estava fora. Acho que isso seria ameaçador demais para o Yahoo que ainda era nosso parceiro.

Eu contra-argumentei com a linha "Encontre produtos à venda em toda web". Era uma frase puramente descritiva sem qualquer jogada de marketing, e evitava insultar nossos parceiros. Cinco dias antes da data do lançamento, ninguém tinha feito nenhuma objeção a ela. Pearl me informou que minha linha seria a única no site porque era a menos controvertida. Eu tinha perdido a batalha do "Froogle", mas ganhara a batalha do slogan. Prêmio de consolação, mas o saboreei.

No dia seguinte, a equipe executiva mudou a linha na homepage do Froogle de volta para "Todos os produtos do mundo em um único lugar". A informação foi que Larry e John Doerr, um dos membros da diretoria, tinham gostado do texto. Não, eles tinham adorado. Minha taça de vitória agora tinha um sabor de cinzas.

Em 11 de dezembro de 2002, o Froogle foi lançado sem muita festa. Nós o empurramos porta afora silenciosamente, de modo que não alarmasse abertamente o Yahoo ou o AOL com a nossa entrada em uma área que eles poderiam enxergar como competitiva. Mas um produto novo do Google não podia mais entrar na grande mídia sem fazer estardalhaço. O Froogle rapidamente se tornou o centro de uma tempestade da mídia global. O Google estava desafiando os maiores jogadores do e-commerce com um novo site de compras. Fomos comparados ao Yahoo, ao AOL, ao Amazon, embora nós claramente oferecêssemos poucos recursos para um site comercial completo. O tráfego do Froogle teve picos, e então começou a cair e, depois da temporada de compras do Natal, despencou 65%.

O que também despencou foi o entusiasmo pelo nosso slogan. Cindy ouviu comentários de seus contatos na imprensa de que a nossa bravata foi um distanciamento não bem-vindo de nossa costumeira abordagem mais humilde.

— Não gosto do slogan — um jornalista lhe disse. — Acho que o Google como serviço de busca nunca fez qualquer declaração grandiosa do tipo "Somos os melhores do mundo". O efeito dessa forma extrema de filosofia "prometer menos, entregar a mais" tem me feito ter certeza de que o Google é supremamente bem concebido e totalmente merecedor de cada migalha de confiança que os usuários colocam nele.

Nosso novo slogan violou este princípio e fez isso exatamente para um produto que "não era nem igualmente bem concebido nem igualmente merecedor da confiança do usuário".

Aiiii. Quando você começa a receber conselhos de marketing de jornalistas, algo muito sério está fora de ordem. Cindy concordou e até admitiu arrependimento por não ter apoiado minha recomendação com mais empenho. A equipe executiva concordou que "todos os produtos do mundo" pode ter sido um exagero. Pearl me pediu para preparar outro slide explicando por que aquilo era um slogan ruim. Por todas as razões que eu havia listado previamente, eu acrescentei: é ostensiva e comprovadamente não verdadeira. Em janeiro de 2003 na reunião GPS, a equipe executiva concordou em trocar para a linha que eu tinha recomendado. Eric até falou da possibilidade de encerrar o nome Froogle e integrar o serviço diretamente nos resultados do Google.com.

Esses acontecimentos me deixaram com uma sensação estranha. Eu estivera certo em uma discussão com Larry, Sergey e Eric. Às vezes, estamos com sorte. Isso realmente me encorajou. Meus instintos em relação à nossa marca estavam corretos. Talvez isso abrisse uma porta e desse ao marketing mais credibilidade e acesso ao processo de desenvolvimento de produto enquanto ainda estivesse no começo. Desse modo, podíamos evitar mudanças de última hora e aplicar a mesma inteligência para a marca que usávamos em recursos dos produtos. Talvez a tensão entre gerenciamento de produto e meu grupo de marketing do consumidor diminuísse.

Eu estava ansioso para explorar áreas de cooperação interdepartamental em 2003, mas não teria a oportunidade por enquanto. Cindy me pediu para ir a Tóquio. Tínhamos conquistado um negócio de busca do Yahoo do Japão em novembro e precisávamos entender mais sobre como promover nosso produto naquele mercado. Eu operaria do nosso escritório na vizinhança de Shibuya, entrevistaria alguns candidatos a emprego, consultaria a agência de anúncios Dentsu e me encontraria com um grupo de marketing que tinha feito um trabalho para nós. Tudo muito direto.

Disse a Cindy que provavelmente poderia fazer essa viagem, embora fosse uma dureza para Kristen, sozinha em casa com nossos três filhos antes das festas de fim de ano. Eu me sentia em casa no Japão: tinha feito parte de um programa de intercâmbio do Rotary lá por um ano, depois que saí da faculdade. Mas a ideia de fazer minha primeira viagem de negócios internacional me deixava secretamente emocionado. Aos 44 anos estava experimentando a mesma excitação que eu havia sentido no primeiro dia do Ensino Médio. Tinha galgado um *status* mais avançado porque minha empresa me valorizava tanto a ponto de me mandar a milhares de quilômetros de distância.

Imagine, então, minha exaltação quando algumas semanas depois do retorno do Japão Cindy me pediu para partir novamente. Dessa vez, foi para ajudar Sergey e nossa equipe de relações públicas internacional a abrir um novo escritório em Milão. Convocamos uma coletiva de imprensa e demos uma festa em uma boate da moda. Comi uma dúzia de queijos diferentes em uma única refeição e descobri que usar um bom terno da Macy's me deixava fora de moda comparado a um barista que me serviu um *cappuccino*, e o *cappuccino* não era nada parecido com o que eu tomava no Starbucks, tinha o sabor de uma ambrosia espumante e cafeinada. Cortei as ombreiras do meu sobretudo da London Fog com uma lâmina, porque ninguém na Itália usava ombreiras, e praguejei porque meus sapatos de viagem não aguentavam as calçadas de mármore molhadas de chuva. Andei com as bolas de borracha esvaziadas por metade da cidade procurando um lugar com bomba de ar para enchê-las para nossa festa de inauguração. Tudo era fantástico. Quando cheguei em casa, tinha me convencido a concentrar toda a minha atenção em construir nossa marca internacional e deixar uma mala pronta debaixo da minha mesa para partidas rápidas.

— Talvez você pudesse me levar da próxima vez — Kristen sugeriu passando minhas camisas enquanto eu lhe contava histórias de alta-costura e *cannoli*.

— Ah — eu disse sem pensar enquanto ela manobrava o pesado ferro de passar num colarinho. — Eu estava em reuniões o dia todo. O que você iria fazer sozinha em Milão? Você ficaria entediada.

Esta é uma prova do caráter generoso da minha esposa por me deixar vivo depois dessa história.

Eu iria para o Japão de novo para o Google, e para a China, mas sempre tinha muito a fazer em Mountain View para tornar possível essas viagens constantes pelo globo. Eu tinha diretrizes de marca para definir com novos parceiros, linguagem a elaborar para novos produtos, *tours* de sites e newsletters. E eu queria gastar o capital de credibilidade que eu tinha conseguido com o Froogle. Decidi investir um pouco dele para promover minhas ideias sobre a marca do consumidor que estávamos construindo e como ela deveria evoluir.

CAPÍTULO 24

Não deixe o marketing conduzir

— NÃO, PAPAI — eu disse ao meu pai enquanto observava os pop-ups se espalharem por sua tela, obscurecendo a homepage do Google. — Não é o Google que está fazendo isso. Você fez o download de alguma coisa que não deveria ter feito. — Passei as duas horas seguintes das minhas férias limpando programas com vírus no seu computador.

O scumware estava de volta. O software mal-intencionado que lançou mil anúncios pop-ups nunca tinha ido embora pra valer, mas quando 2003 começou, os Googlers ficaram cada vez mais alarmados com a proliferação de novas formas mutantes pela internet. Matt Cutts, que lidava com a arte negra da web todos os dias nas suas batalhas contra pornografia e spam, estava a ponto de explodir. Em uma visita a Omaha, Matt passou um dia inteiro limpando os scumwares do computador de sua sogra. Quando ele voltou para casa, seu próprio computador tinha sido infectado. Pior: a empresa que distribuía o scumware que o afligia era um novo parceiro da rede de anúncios licenciados do Google. Estávamos mandando anúncios a eles para que exibissem em seus websites e, então, os pagávamos cada vez que alguém clicasse em um deles. Estávamos lucrando com seu comportamento vil. Matt e eu não éramos os únicos enraivecidos.

— Eu adoraria entrar com uma ação e fazer cabeças rolarem — Matt relembra Larry comentando sobre os criadores e distribuidores do scumware. A solução que Matt propôs era postar uma tira no Google, como aquela que ele tinha lançado anteriormente sobre os anúncios pop-ups, mas com foco específico na identificação e remoção de programas com scumware. Eu apoiei totalmente, mas dessa vez foram outros que ficaram preocupados. Primeiro, seria difícil ser justo quando estávamos fazendo negócios com um site scumware. Teríamos que terminar este relacionamento antes de darmos mais um passo. Segundo, vários engenheiros estavam relutantes em lançar uma corrida armamentista contra um inimigo invisível já que éramos um alvo imóvel.

Marissa propôs um acordo. Lançaríamos um bloqueador de pop-up para a barra de ferramentas do Google em um mês ou dois. Isso evitaria que os pop-ups continuassem aparecendo, mas não removeria os programas que os tinham lançado. Poderíamos colocar a linguagem de Matt sobre scumware na página falando sobre esse novo recurso? Ela argumentou que tomar simplesmente uma posição contra o scumware, sem contextualização, poderia parecer em causa própria, as pessoas pensariam que não queríamos perder dinheiro dos usuários que os programas tinham sequestrado para outros sites.

Eu não queria um acordo. O scumware não era um problema de receita, era um problema de privacidade. Eu tinha experimentado pessoalmente a natureza invasiva de um programa com vírus e visto a frustração de meu pai quando seu computador pifou. Isso me enfureceu e talvez tenha prejudicado meu raciocínio. Assegurei a Matt que estava preparado a empunhar uma espada flamejante e perseguir os culpados até o fim do mundo. Ou, pelo menos, afirmar que o Google não estava por trás daquele comportamento desagradável que irritava os usuários afetados. O Google era justo. "O Google", eu queria que o mundo todo soubesse, "nunca prejudicaria seus usuários".

Matt disse que gostou da ideia do Google como defensor do consumidor, lutando em nome dos usuários mesmo em questões que não nos afetassem diretamente. Isso me encorajou. Quanto mais eu pensava nisso mais eu me convencia de que "o defensor do consumidor" deveria ser a próxima fase da evolução da marca Google. Deixaríamos o mar da busca e pisaríamos em terra firme em um mundo novo e maravilhoso, no qual iríamos nos tornar não apenas a fonte de informação, mas o aliado e protetor dos usuários que estavam buscando resposta. Além de ser "rápido, preciso e fácil de usar", nós seriamos um amigo de confiança.

Então, quando uma discussão paralela teve início em janeiro de 2003 sobre a política de privacidade do próprio Google e o que revelávamos aos usuários sobre os dados que coletávamos de suas buscas, algo deu um clique na minha mente. "Precisamos atravessar as correntes", pensei. Tudo estava relacionado. Scumware. Privacidade. A barra de ferramentas. "Blá-blá" percebi no momento de clareza transcendental. "Blá".

Nossa mensagem "Não é o mesmo blá-blá-blá de sempre" tinha antecipado um tumulto sobre nossa barra de ferramentas que rastreava usuários ao se moverem pela web. Agora nós podíamos nos proteger de um cataclisma de relações públicas sobre privacidade e lutar contra scumware ao mesmo tempo, empregando uma tática similar. Eu sabia que um turbilhão estava se aproximando. Não estávamos imunes a críticas sobre nossa política de privacidade, desde simples preocupações a teorias da conspiração malucas. Detínhamos os pensamentos mais íntimos das pessoas em nossos arquivos de logs e em breve as pessoas perceberiam isso. Não sabíamos quem procurar para o que, mas como eu tinha visto depois de 11 de setembro, havia modos de extrair essa informação se alguém tivesse motivação para fazê-lo.

Provavelmente você já procurou seu nome no Google. Quase todos nós já fizemos isso. Ao fazê-lo, o Google vê seu endereço IP, o número correspondente do ponto de conexão de seu computador na internet. Se você se conecta à internet por meio de um grande provedor de serviços de internet comercial (ISP), um novo endereço IP é teoricamente designado cada vez que você faz o login[130] e então é repassado a outros quando você desliga seu computador. Na prática, entretanto, seu endereço IP pode não mudar por dias ou até mesmo meses.

Se você usou o Google anteriormente, muito provavelmente tem um cookie Google em seu computador — uma única fileira de números que o Google colocou lá de modo que ele relembra suas preferências toda vez que você volta (preferência como "aplicar o filtro SafeSearch" ou "mostrar resultados em chinês"). O Google não sabe seu nome nem sua localização no mundo real. Embora seu endereço IP possa revelar sua cidade se seu ISP designa blocos de números para regiões geográficas específicas.

Ao olhar todas as buscas conduzidas por um endereço IP por um computador com um cookie instalado nele por certo período poderia dar um dado da ferramenta de busca sobre o comportamento do usuário individual. Essa informação seria valiosíssima ao aprimorar tanto a relevância dos resultados de busca quanto o direcionamento da propaganda.

Por que essa informação é útil? Digamos que por um único período de 24 horas você jogou todos os termos de busca que deram entrada em uma combinação de cookie/endereço IP em um balde e os analisou para estabelecer correlações. Então, supondo que você comparou essas correlações com aquelas encontradas em outros baldes, outras buscas conduzidas por outros computadores com cookies. Um padrão surgiria, então, se você descobrisse que uma busca para "o melhor sushi de Mountain View" era frequentemente seguido

[130] Isso é conhecido como endereçamento dinâmico IP.

com uma busca para "restaurante Sushi Tomy", você poderia associar Sushi Tomy com o melhor sushi em Mountain View.

Uma grande ferramenta de busca podia comparar dezenas de milhões de baldes para determinar quais termos estavam relacionados. Com todos esses dados, você poderia derivar algumas respostas bem definitivas.

Utilizar dados dos buscadores, no entanto, cria um dilema fundamental. Como proteger a privacidade do usuário e ao mesmo tempo obter o maior número de dados para aprimorar a ferramenta de busca que o coletou? Parte da resposta do Google era para bajular Nikhil Bhatla, nosso "czar da privacidade". Uma das primeiras questões que Nikhil levantou foi sobre a identificação de um usuário diretamente do fluxo de consultas ligadas a um cookie durante algum tempo. Ele contou uma anedota sobre o engenheiro Jeff Dean, que tinha trabalhado no sistema de logs, onde os dados de busca do usuário estavam registrados. Jeff notou que um cookie estava conduzindo uma série muito interessante de consultas em assuntos técnicos, usando técnicas de busca altamente sofisticadas. Ele ficou impressionado com a perspicácia do buscador. Somente depois de estudar os dados mais profundamente ele percebeu que o fluxo de consultas que ele estava olhando vinha de seu próprio computador.

A pergunta de Nikhil deu início a um debate sobre a privacidade entre os Googlers que se arrastou por semanas. Ninguém queria identificar usuários ou fazer mau uso da informação coletada. Mas também sabíamos que nós não éramos os únicos que poderiam ver os dados em nossos logs. Era 2003. O Patriot Act era lei no país havia pouco mais de um ano e diminuía as restrições na capacidade do governo de acessar e-mail e outros registros de comunicação eletrônica. O Departamento de Justiça podia requerer dados do Google e estaríamos obrigados legalmente a não informar os usuários que suas informações tinham sido passadas para os agentes da lei. O procurador-geral John Ashcroft logo poderia estar batendo à nossa porta.

Os argumentos eram tão complexos e técnicos que seria impossível detalhá-los todos aqui.[131] No entanto, os pontos mais importantes se relacionavam com controlar o acesso para os logs de dados pelo pessoal do Google, a duração do tempo que o Google retinha os arquivos com os dados do usuário,

[131] Um exemplo: se um usuário quisesse remover todos os seus dados dos logs do Google, como ele poderia provar que eram dele? Seu endereço IP provavelmente não era único e membros da família podiam ter usado seu computador, o que significava que os dados de busca deles estariam ligados ao mesmo cookie.

notificar usuários que estávamos armazenando suas informações de busca e dar aos usuários a opção de deletar os dados que tínhamos coletado. A desvantagem em cada um desses pontos seria uma redução da habilidade do Google de minar dados do log para melhorar os produtos a todos os seus usuários.

Eu confiava que meus colegas tomariam decisões inteligentes e éticas quanto ao acesso e à retenção de dados. O ponto com que eu mais me importava era sobre a notificação. Elaborei uma proposta definindo todas as coisas que poderíamos fazer, que *deveríamos* fazer para conduzir a discussão sobre a privacidade e criar um padrão para a indústria. Em vez de evitar questões levantadas pela coleta dos dados do usuário, defendi que nós a abraçássemos. Não tínhamos nada a esconder. Poderíamos estabelecer um comitê de consultoria de advogados particulares externos, montar um fórum público nos grupos do Google, postar tutoriais sobre a reunião de dados em nosso site e dar instruções sobre como deletar cookies para evitar ser rastreado.

Matt Cutts e Wayne Rosing, nosso vice-presidente de engenharia, apoiou pública e espalhafatosamente o plano. Comecei a pensar de que maneiras nós poderíamos construir uma área em nosso site na defesa do consumidor. Então, Cindy me informou, em particular, que um Googler não estava contente com a minha proposta. Marissa, Cindy disse, declarou que a ideia de um painel de consultoria era dela e que eu tinha negligenciado em lhe dar o crédito. Revirei os olhos. Eu tinha sugerido um painel de consultoria porque nós tínhamos feito um no *Merc*. Não participei de nenhuma reunião em que Marissa tivesse mencionado o assunto e, portanto, não tinha ideia de que ela havia sugerido algo parecido.

Fiquei tentado a enviar uma nota com este fim, mas na minha análise de desempenho algumas semanas antes, Cindy tinha me aconselhado a parar com a guerra de troca de e-mails que vinha acontecendo há tempos. Então, antes de refutar Marissa desse modo, marquei um encontro frente a frente. Levou uma semana para ela conseguir um horário em sua agenda. Mesmo assim, seu único horário disponível era depois do jantar. Quando a noite caiu, saímos para uma caminhada pelo terreno baldio ao lado para tomar um ar.

Marissa me assegurou de que eu não era o único que estava se apropriando de suas ideias. Eu apenas era o mais recente. E ela queria saber por que eu não tinha lhe dado o crédito pelo seu trabalho nas linhas de promoção da homepage, que, afinal de contas, eram na verdade responsabilidade dela, não do marketing.

Não tinha certeza sobre como dar crédito a uma única linha de texto na homepage do Google.com, ou quem mais na empresa se importava, mas ofereci fazer um reconhecimento público de suas contribuições todas as vezes que ela fizesse alguma. Não estava disposto a ceder controle sobre eles. O texto de marketing na homepage era o mais valioso meio promocional que empregávamos. Ele alcançava milhões de pessoas e como promoção era uma responsabilidade do marketing e não do gerenciamento de produto. Eu insisti que o marketing deveria controlar o espaço.

Enquanto voltávamos para o prédio, eu disse a ela, com total sinceridade, que eu respeitava sua inteligência e opinião, e as enormes contribuições que ela tinha feito ao Google. Eu a via como minha colega mais importante em termos do trabalho que estava à nossa frente. Tínhamos trabalhado juntos para melhorar a qualidade do Google por mais de três anos, lembrei a ela. Apesar de nossos pontos de vista diferentes no passado (e provavelmente no futuro também) era essencial que mantivéssemos um canal de comunicação aberto. Eu a encorajei para me encaminhar diretamente questões futuras e afirmei que faria o mesmo. Disse a Cindy mais tarde que nosso bate-papo tinha posto água na fogueira. Mas, acrescentei, não achava que fosse nossa última conversa desse tipo.

Enquanto isso, a discussão sobre privacidade tinha crescido e estava consumindo vastas quantidades de tempo e de esforço mental entre os engenheiros e a equipe de produtos. Era nosso objetivo tornar o Google a organização mais confiável do planeta? Ou a melhor ferramenta de busca do mundo? Ambos os objetivos colocavam os interesses dos usuários à frente, mas poderiam ser mutuamente exclusivos.

Matt Cutts caracterizou os dois campos principais no que ele apelidou de "A batalha real" entre águias e pombos, em que as águias queriam manter o máximo de informação do usuário que pudéssemos reunir e os pombos queriam deletar os dados de busca com tanta rapidez como os conseguíamos. Larry e Sergey eram as águias. Matt se considerava uma também.

— Nós nunca sabemos como poderíamos usar estes dados — Matt explicou. — É um reflexo do que o mundo está pensando, então como isso pode não ser útil?

Como alguém que batalhou para melhorar a qualidade dos resultados de busca do Google, Matt via possibilidades ilimitadas. Por exemplo: você pode aprender a soletrar corretamente mesmo em línguas que não entende. Pode olhar a ação dos usuários refinando suas consultas e dizer, se você vir alguém digitando *X*, que deveria ser corrigido para *Y*.

Bem, alguns engenheiros perguntavam por que simplesmente não dizemos às pessoas como usamos um cookie de dados para melhorar nossos produtos. Podíamos dar o exemplo de Matt sobre o corretor de soletração, que também se baseava no dado do usuário para fazer sua mágica com nomes que eram frequentemente mal soletrados como "Britney Spears".

Não vamos dizer a eles, Larry explicou, porque não queremos que nossos competidores saibam como nosso corretor de soletração funciona. Larry se opunha a qualquer caminho que revelasse nossos segredos tecnológicos ou revolvesse o pote de privacidade e colocasse em perigo nossa habilidade de reunir dados. As pessoas não sabiam a quantidade de dados que nós coletávamos, mas não estávamos fazendo nada de mal com eles, então por que estabelecer uma conversa que apenas confundiria e preocuparia todo mundo? Os usuários simplificariam a questão com receios sem fundamentos e então se recusariam a nos deixar coletar seus dados. Isso seria um desastre para o Google, pois nós teríamos repentinamente menos insight sobre o que funcionava ou não. Seria melhor fazer a coisa certa e não tocar nesse assunto.

Matt compreendeu a posição de Larry. Ele também simpatizava com os Googlers que queriam se comprometer em tornar anônimos os dados ou criptografar os logs e então jogar fora as senhas a cada mês. Isto manteria alguns dados acessíveis, mas os identificadores únicos desapareceriam. Não que Matt pensasse que isso faria algum bem à decorrente preocupação pública.

— Parte do problema — ele me disse — era explicar isso em termos básicos. Assim que se você começasse a falar sobre criptografia simétrica e senhas que rodavam para fora, as pessoas ficariam espantadas.

A questão era complicada demais para oferecer uma solução fácil. Mesmo se concordássemos em deletar dados, não poderíamos ter certeza de que tínhamos apagado todos, devido aos backups automáticos armazenados em inúmeros lugares para cobrar anunciantes ou manter documentos para a auditoria. Comecei a compreender a dúvida em se engajar em uma discussão com os usuários.

E se deixássemos os usuários optarem por aceitar totalmente nossos cookies? Eu gostava da ideia, mas Marissa levantou um ponto interessante.

Nós queríamos claramente configurar o padrão como "aceitar cookies de Google". Se explicássemos profundamente o que aquilo significava para a maioria dos usuários, provavelmente eles prefeririam *não* aceitar nosso cookie. Então, nossa configuração padrão ia contra os desejos dos usuários. Algumas pessoas podem considerar isso fazer o mal, e o mal deixava Marissa desconfortável. Ela ficou perturbada que nossa prática corrente de configuração de cookie tornava o argumento razoável. Ela concordava que pelo menos deveríamos ter uma página informando aos usuários como eles poderiam deletar seus cookies colocados pelo Google ou por outros websites.

Descrever como deletar cookies se encaixava perfeitamente na análise da marca que eu estava trabalhando. Nela, eu coloquei minhas ideias sobre redirecionar nossa identidade de "busca e apenas busca" a um papel de liderança em questões que afetavam os usuários on-line. Eu previa que a privacidade do usuário, nosso quase monopólio de busca, e exigências de censura por governos estrangeiros seriam as três provações a nos atormentar no próximo ano. Precisávamos nos preparar, sair na frente e liderar a parada ao invés de sermos atropelados por ela. Marissa elogiou a minha análise, mas tinha reservas quanto às minhas recomendações. Exatamente como eu tinha pensado que "Não faça o mal" prometia demais, ela temia que defender publicamente nossas posições éticas resultaria em expectativas extremamente altas e reações negativas se falhássemos ao cumpri-las. Eu compreendia essa perspectiva (e a compartilhava), mas acreditava que não precisávamos *declarar* que éramos eticamente superiores. Precisávamos apenas que nossas ações demonstrassem o que éramos. Os usuários poderiam chegar às suas próprias conclusões. O feedback de Sergey foi menos encorajador.

— Eu acho este tipo de documento assustador — ele declarou. — É vago e com final aberto, o que torna um feedback específico impossível. — A menos que eu considere sua falta de comentários como aprovação, ele me pediu para detalhar os próximos passos que eu pretendia dar. Eu já tinha feito isso, mas evidentemente ele não tinha lido além da primeira página. Imaginei se minha comunicação com o Sergey melhoraria se eu saísse para um bate-papo e uma caminhada com ele, como eu tinha feito com Marissa, talvez ao longo de um alto penhasco à beira do oceano.

Enquanto isso, a discussão sobre privacidade fervia até que finalmente uma reunião pudesse ser marcada para fazer brotar, de uma vez por todas, as políticas no acesso do funcionário aos dados do usuário, retenção de dados e a educação do usuário em relação às questões de privacidade.

A reunião levantou muitas outras questões e não respondeu a nenhuma delas. Eric Schmidt, meio brincando, sugeriu que nossa política de privacidade deveria começar com o texto completo do Patriot Act. Larry argumentou que deveríamos manter todos os nossos dados até, bem, até a época de nos livrarmos deles. Se achássemos que o governo estava exagerando, poderíamos criptografar tudo e torná-los ilegíveis. Além disso, Ashcroft provavelmente iria primeiro atrás dos ISPs, já que eles tinham muitos dados melhores do que nós tínhamos sobre o que os usuários faziam on-line.[132] A reunião terminou, mas o debate continuou por meses.

Minha ideia para abrir caminho na educação de usuários sobre privacidade nunca ganhou o apoio de Larry e de Sergey e, portanto, não rendeu nenhum fruto. Talvez eles estivessem certos de que isso teria aberto uma caixa de Pandora. A questão da privacidade nunca terminaria, e tentar explicar nosso raciocínio tornaria as coisas mais confusas. Por que não deixar o problema vir até nós ao invés de nós corrermos até ele? Não estávamos dispostos a falar sobre os maravilhosos benefícios de usuários compartilharem seus dados conosco, pois não estávamos dispostos a compartilhar qualquer informação sobre como usávamos estes dados. Se não podíamos dizer algo bom, era melhor não dizer nada.

Isso não me impediu de supor a situação mais agressiva possível em relação à comunicação com os usuários sobre privacidade cada vez que um produto novo era lançado. Eu repetia a história do Blá-Blá-Blá para quem quisesse escutar, embora eu tenha encontrado poucos Googlers que acreditassem na minha visão de que os usuários tomavam suas próprias decisões sobre os dados que compartilhavam conosco. A maioria dos engenheiros achava que a desvantagem era muito alta. Se os usuários vinham até o Google procurando informação sobre privacidade on-line, eles imaginavam, nós os ajudaríamos como sempre fizemos: os mandando procurar respostas em outro lugar.

[132] ISPs sabem todos os sites que você visita, incluindo o Google, embora eles provavelmente não mantenham o tipo de histórico de dados que o Google tem coletado.

Deixe os bons tempos rolarem

Larry se recusava a falar diretamente com os usuários sobre cookies e arquivos de logs, e tentou manter o público afastado da curiosidade ao minimizar a exposição deles aos dados que coletávamos. Ele nem sempre foi bem-sucedido. Por exemplo, uma amostra em "tempo real" de consultas de buscas no Google era exibida em um monitor de vídeo suspenso sobre a mesa da recepcionista no nosso saguão de entrada. Algumas vezes, eu me sentava no sofá vermelho e ficava observando para descobrir o que o mundo estava procurando. Os termos rolavam silenciosamente num fluxo estável:

novo emprego em Montana
zip backup agendado
cartões comemorativos gratuitos
sistema nervoso
lynyrd skynyrd tabliature terça-feira
datura metal
tamron lense 500 mm
mode chip para Playstation
o colecionador de ossos
bate-papo de solteiros

Os jornalistas que vinham ao Google paravam no saguão atordoados por espreitar esta gestalt global e mais tarde poética sobre o impacto internacional do Google e o papel cada vez mais profundo que ele representa na vida de todos nós. Os visitantes ficavam tão extasiados que olhavam para o monitor enquanto assinavam para pegar seu crachá temporário, sem sequer se importar com as cláusulas de confidencialidade do acordo que estavam assinando.

A rolagem da consulta era cuidadosamente filtrada por termos ofensivos que poderiam se chocar com nossa imagem saudável[133]. Termos ofensivos escritos em inglês, afinal de contas. Eu me lembro de um grupo de visitantes

[133] No começo, Larry pediu a Jim Reese que removesse o filtro. Jim discordou, mas Larry insistiu. As duas dezenas de pessoas trabalhando no Google naquela época assistiram ao fluxo de consultas cruas em choque. Uma considerável porcentagem dos termos eram pornográficos. — Ohhhhhh, meu Deus — um funcionário comentou. — É para isso que as pessoas estão usando o Google? — Depois de 15 minutos, Larry pediu para colocar o filtro de volta. E ele permaneceu lá.

japonês apontando e sorrindo para alguns caracteres katakana flutuando pela página. A inabilidade de identificar pornografia em língua estrangeira é apenas uma das razões pelas quais nós nunca costumamos fazer a rolagem de consultas simplesmente para propósitos de marketing, apesar de sua habilidade de tornar instantaneamente tecnologia esotérica em entretenimento voyeurístico.

Larry nunca se importou com a rolagem das consultas na tela. Ele monitorava constantemente as correntes de paranoias públicas sobre a infiltração de informações, e a rolagem de consultas acionava seu alarme. Ele achava que o monitor poderia inadvertidamente revelar dados pessoais, pois as consultas poderiam conter nomes ou informações que os usuários prefeririam manter em segredo (por exemplo, "John Smith, preso por dirigir alcoolizado" ou "filme pornô amador de Mary Jones"). Além disso, poderia fazer as pessoas pensarem mais sobre suas próprias consultas e mexer nos medos aparentemente infundados sobre qual informação era transmitida em cada busca.

Larry tentou acabar com o Google Zeitgeist também. O Zeitgeist era um recurso de final de ano que a equipe de relações públicas montou para recapitular as tendências dos termos de buscas nos doze meses precedentes. A imprensa adorava o Zeitgeist porque oferecia a eles mais uma maneira de encerrar o ano, mas para Larry ele levantava muitas questões sobre o quanto o Google sabia sobre as buscas dos usuários e por quanto tempo mantínhamos seus dados. Cindy me pediu para fazer uma lista de justificativas para continuarmos a tradição e meu raciocínio evidentemente convenceu Larry de que o risco era aceitável, porque o Zeitgeist do final do ano ainda é publicado no Google.com.

Durante todo esse tempo, lutamos com as dúvidas sobre o que dizer aos nossos usuários, nossa habilidade de minar seus dados se tornou melhor e melhor. Amit Patel teve como primeiro grande projeto do Google a construção de um sistema rudimentar de compreender os logs que registravam as interações do usuário com nosso site. Ironicamente, o mesmo engenheiro que mais se esforçou para implantar a semente do pensamento "Não faça o mal" na consciência da empresa foi também quem colocou a pedra angular de um sistema que poria em questão a pureza das intenções do Google.

O sistema de Amit era uma medida para calar rumores. Levou três anos e um enorme esforço de uma equipe de Googlers, liderada pelo lendário codificador Rob Pike até que fosse aperfeiçoada a tecnologia, que, como processava logs, foi designada de "Sawmill". O poder da Sawmill, quando foi ativada em 2003, deu ao Google a compreensão clara do comportamento do usuário, que por sua vez, permitiu aos nossos engenheiros entregarem anúncios com mais eficiência do que o Yahoo, identificar e bloquear alguns tipos de softwares robóticos que submetiam termos de busca, relatar com precisão a receita para estar de acordo com as exigências da auditoria e determinar que recursos de IU melhoravam o site e quais confundiam os usuários. Seus engenheiros ficavam relutantes em deletar dados de logs antes da Sawmill, eles foram firmes em mantê-los depois.

A recusa de Larry em se engajar na discussão sobre privacidade com o público sempre me frustrou. Eu continuava convencido de que poderíamos começar com informações básicas e criar um centro de informação que seria transparente e honesto sobre as escolhas que os usuários faziam quando realizavam suas consultas no Google ou em qualquer outra ferramenta de busca. O simples fato de termos uma explicação disponível acalmaria muitas das suas preocupações. Aqueles que realmente se importavam veriam que estávamos sendo transparentes. Mesmo se não gostassem de nossas políticas sobre a coleta e retenção de dados, eles saberiam que política era aquela. Se eles fossem a outro lugar fazer buscas, eles correriam o risco de que as práticas de nossos competidores fossem piores do que as nossas.

Para Larry, os riscos eram altos demais. Depois que apertávamos a pasta de dente para fora do tubo, era impossível colocá-la de volta. E ele nunca faria nada que pudesse nos custar o acesso total àquilo que Wayne Rosing chamava de nossos "belos e insubstituíveis dados".

Não podemos todos nos dar bem?

Cabum! Cabum! Por todo o final de 2003, o grupo de desenvolvimento de produto sob a supervisão de Jonathan trabalhou com a engenharia para erradicar uma série de recursos, serviços e atualizações de infraestrutura.

Cabum! Cabum! O grupo de desenvolvimento de negócios verificou nossos acordos de parceria para a distribuição da barra de ferramentas e da propaganda licenciada.

Eu também pus uma catraca na minha produtividade. Escrever texto para produtos e promoções era minha principal atividade, mas havia outros itens em uma lista que se expandia eternamente.

- Estabelecer diretrizes de marca para parceiros que continuavam tentando usar nosso logo de maneira não aprovada.
- Conseguir a colocação de produtos. Por exemplo, eu usei o Google para rastrear um endereço de e-mail para o cara de adereços do filme *Sex and the City* em um website alemão e o irmão do produtor de *West Wing*, em Los Angeles. O Google apareceu em ambas as séries sem nos custar nada.
- Negociar acordos com marcas. Entre outras parcerias, trabalhei com os livros DK na Inglaterra para lançar um conjunto de trabalhos de referência para crianças com a marca Google, com a revista *Time* para fazer um guia de busca da internet para uso em sala de aula e com a World Puzzle Federation para patrocinar seu campeonato internacional.
- Desenvolver identidades do produto. Para fazer a marca dos nossos anúncios AdSense, propus "Ads by GOOOOOOOGLE", uma ideia que foi rejeitada a princípio, mas que foi implementada no ano seguinte.

Não importa quão eficiente ou produtivo eu fosse, eu me sentia prejudicado pela única coisa que parecia estar indo para trás. Apesar de me comunicar bem com outros no gerenciamento de produto, meu relacionamento com Marissa ficava mais tenso a cada novo projeto em que trabalhávamos juntos. E trabalhávamos juntos em um número cada vez maior de projetos.

Nós discordávamos sobre como promover o Prêmio Webby recebido pelo Google news, que eu considerei interessante, mas não mais importante do que os quatro outros Webbys que o Google tinha ganhado e nunca agradecido. Marissa quis (e conseguiu) um logo especial, uma página de agradecimento e uma foto da equipe no site. Cindy a impediu de incluir o Webby na nossa FAQ on-line também.

Tínhamos diferentes pontos de vista sobre o Project Miles, um programa dos buscadores frequentes que Marissa desenvolveu sem nenhuma informação do marketing, pois ela afirmou que Larry não queria usar nenhum recurso para que aquilo acontecesse. Em um teste, o programa colocava cronômetros sob a caixa de busca do Google para alguns usuários. O número exibido pelo cronômetro aumentava cada vez que os usuários faziam uma busca no Google. Quando o Project Miles foi lançado, alguém do EPIC, uma organização de direitos de privacidade, perguntou a um repórter do *The New York Times*: "Os usuários sabem que o Google os está espionando?". Como Larry tem pavor de programas de fidelidade e tem seus medos sobre uma crescente preocupação com a privacidade, fez o programa teste ser rapidamente cancelado.

Eu fui contra a ideia dela de ter funcionários distribuindo 5 mil canetas Google nas ruas de Tóquio, que não foi apoiada pelo escritório japonês e membros de sua própria equipe. A promoção foi em frente assim mesmo. A maioria dos pedestres japoneses se recusou a falar com os Googlers, a não ser um punhado de mulheres, que pareceu bem à vontade recebendo presentes de estranhos.

Todas essas posturas e ignorar ou passar por cima estavam minando minha autoridade para tomar decisões sobre nosso marketing. Pior, eu tinha me tornado uma Cassandra — eu podia ver as coisas ruins adiante na estrada, mas não podia evitar que fôssemos rolando de encontro a elas. Em vez de ter mais credibilidade depois do fiasco Froogle, eu parecia ter menos. Finalmente fui até Larry perguntar como nós do gerenciamento de marca poderíamos aliar nossos esforços para mais perto dos objetivos da empresa. Trabalhar mais perto do gerenciamento de produto, ele me disse. Eu assegurei a ele que redobraria meus esforços para fazê-lo.

Duas semanas mais tarde, Marissa fechou a melhor janela de acesso que eu tinha a Larry e Sergey sobre nossa estratégia de marca e produtos na linha de desenvolvimento. Ela anunciou que a reunião de revisão de produto semanal de Larry a partir dali seria limitada a Larry e os membros da equipe de desenvolvimento de produto.

A revisão de produto era a reunião na qual eu aprendia sobre grandes iniciativas enquanto elas ainda estavam do tamanho equivalente a uma tempestade tropical em algum lugar do Atlântico. Naquele ponto, redirecionar os esforços da marca poderia ter algum efeito. Sobre o novo sistema, eu não teria informação sobre os produtos até que eles fossem furacões formados a alguns quilômetros da costa. Eu não poderia fazer mais nada a não ser fechar as janelas, buscar proteção e rezar pelo melhor.

Agradeci Marissa por tentar me salvar de uma reunião desnecessária, mas garanti a ela que eu preferia saber o que estava acontecendo com o desenvolvimento do produto. Cindy lembrou Marissa de que como nosso produto era nossa plataforma de marketing, o marketing precisaria ser parte da discussão que acontecia nas reuniões de revisão de produto. O debate durou um mês, mas os dados tinham sido lançados e o marketing ficou de fora.

Marissa me contou que, na verdade, foram Larry e Jonathan que tinham sugerido restringir a reunião àqueles do grupo do produto. Isso pode ter sido verdade, mas como a ordem veio de Marissa, era difícil saber se algo ficara perdido no meio. Eu sabia que Larry detestava grandes agrupamentos, e agora que o grupo de produtos trabalhava com a engenharia, talvez ele achasse que a presença do gerenciamento de marca fosse redundante. Quem quer que seja que tenha instigado a mudança, tornou meu trabalho mais difícil. E não melhorou meu relacionamento profissional com Marissa, que foi promovida a diretora de consumidor de produtos da web em meados de julho de 2003. Eu a parabenizei e pedi para marcarmos uma reunião regular para podermos coordenar nossos esforços. Isso nunca aconteceu.

Em vez disso, nosso canal de comunicação continuou a se degradar. Um dia eu escutei de alguém no gerenciamento de produto que Sergey estava furioso com o marketing. Ele acreditava que estávamos segurando o lançamento de uma nova barra de ferramenta até que ela incluísse um modo para os usuários apagarem seu histórico de busca. Uma das perguntas mais comuns que recebíamos de usuários era sobre remover as consultas de buscas prévias do navegador do Internet Explorer da Microsoft. A pergunta surgiu porque quando as pessoas começavam a digitar uma busca no Google, os termos de buscas usados anteriormente começavam a aparecer embaixo na tela. Os usuários não queriam que essa informação fosse exibida. Embora a Microsoft fosse a responsável por armazenar aqueles dados, nossos engenheiros da barra de ferramentas pensaram que podiam arrumá-la de modo que as buscas anteriores não aparecessem.

Achei que isso seria ótimo, mas nem eu nem ninguém mais no marketing corporativo jamais *pediu* para isso ser incluído. Os engenheiros da barra de ferramentas gostaram tanto da ideia que trabalharam no fim de semana para codificá-lo. Alguém informou ao Sergey que nosso grupo não apenas estava segurando o lançamento para adicionar a limpeza do histórico, mas estava insistindo que o novo recurso deletasse o cookie do Google também.

— Por que vocês estão deixando o marketing dirigir seu desenvolvimento de produto? — Sergey questionou o assistente de gerente de produto, que passou uma hora depois da meia-noite tentando acalmá-lo e explicar o que realmente estava acontecendo.

— Havia apenas três pessoas no Google naquela hora — O APM desabafou. — Larry, Sergey e você sabe quem. Ela descobriu tudo e então a casa desabou.

A equipe de IU também lutava para manter o acesso ao processo do desenvolvimento de produto, mas nós nos encontrávamos marginalizados, sobretudo nas questões de design do Google news, que tinha tomado vida própria sob a supervisão de Marissa. Um dos APMs de Marissa mandou um design drasticamente diferente para o resultado de busca de notícia e pediu um feedback do IU 48 horas antes do "congelamento do código", depois do qual os programadores implementariam o design. Mudanças tão grandes normalmente seriam revisadas e testadas por semanas, mas Marissa nos informou que Larry achava que o projeto estava atrasado na programação e então pediu a ela para montar uma força-tarefa e seguir em frente.

A última gota para mim não foi sobre uma grande mudança, mas sobre como uma pequena mudança foi realizada. O quinto aniversário do Google como empresa ocorreu em setembro de 2003. Marissa refez o texto do nosso logo de aniversário do Google, a frase que aparecia quando você rolava o mouse pelo trabalho de arte que Dennis tinha criado para a homepage. Eu tinha escrito "Celebrando o 5º aniversário do Google" como explicação para o bolo e os chapéus de festa que decoravam o logo. Marissa queria "Feliz 5º aniversário, Google!" Pareceu estranho nos parabenizar em nosso próprio aniversário, então instruí Dennis para não mudá-lo. No meio da noite, Marissa passou por cima de mim, afirmando que seu texto era o que sempre tínhamos usado. Não era. O meu era.

Na manhã seguinte, elaborei uma nota exigindo que Larry decidisse de uma vez por todas quem controlava o texto no Google.com e ele já tinha me assegurado em particular que o texto era de minha responsabilidade, mas agora eu queria isso por escrito e registrado. Cindy me aconselhou a não mandar a nota. Deixei que seu bom-senso prevalecesse. Não sei se Cindy falou algo ao Larry, mas depois daquilo as coisas se acalmaram.

Marissa e eu ainda discordávamos sobre texto vez ou outra, mas, pelo menos por um tempo, encontramos um modo de trabalhar nossas diferenças amigavelmente. Talvez Marissa tenha percebido que ela tinha ultrapassado seus limites. Talvez eu estivesse me ajustando à nova ordem mundial do Google, na qual gerenciamento de produto tinha o direito legítimo de mexer na mensagem da marca. Ou, mais provavelmente, lidar com a carga imensa de projetos nos mantinha ocupados demais para gastar energia debatendo verbo na voz passiva *versus* voz ativa e concordância do sujeito e predicado. No final de 2003, eu estava fazendo as coisas mais rapidamente e com mais eficiência do que eu já tinha feito em qualquer emprego que eu tive.

A fera desperta em Redmond

Uma das minhas novas responsabilidades era comandar nossa reunião semanal TGIF. Tínhamos já ultrapassado mil funcionários em abril de 2003 e nossas reuniões de sexta-feira eram agora enormes acontecimentos realizados em um grande espaço aberto no primeiro andar do prédio ao lado do Saladoplex. Toda sexta-feira, um prestador de serviço chamado Michael "MLo" Lopez[134] me ajudava a montar uma apresentação com o Apple Keynote apresentando os mais recentes Nooglers, destacando histórias de sucesso do departamento e oferecendo um insight da nossa saúde financeira.

Larry e Sergey olhavam de relance o roteiro que eu lhes dava, então, de improviso, uma passagem surreal em câmera lenta dos acontecimentos da semana.

— Não posso realmente ler isso — Sergey diria se esforçando para ver os números da receita em um dos slides da planilha de Omid.

— Mas você pode dizer que é grande porque tem muitos pixels. — Eu pegava minhas brincadeiras que incluíam trocadilhos pavorosos, animações juvenis e imagens absurdas nos slides projetados atrás deles, que causavam gemidos e risadas enquanto eles falavam.

Como a informação tendia a levar toda a tarde vindo da empresa, a preparação levava um dia inteiro, os 20% do meu tempo. Eu me esforçava para manter as TGIFs interessantes; punha música enquanto as pessoas se reuniam para os lanchinhos providenciados pelo *chef* Charlie e dava aos Nooglers bonés com hélices para que se destacassem depois da apresentação enquanto circulavam. Algumas semanas tínhamos paródias, por exemplo uma dança interpretativa, um super-herói de boné e um laptop flamejante que apresentava mudanças da nossa organização do Help Desk.

Cada vez menos e menos os antigos apareciam. Os engenheiros já sabiam o que eles precisavam saber e consideravam a TGIF um desperdício de tempo. A média de notícias em destaque não era suficientemente alta para atraí-los,

[134] MLo agora gerencia a equipe dos artistas do Google Doodle.

o que alarmou Larry e Sergey. A TGIF tinha a intenção de unir a empresa. Em vez disso, a cultura a estava separando como camadas em um dos pavês de Charlie. Os fundadores não se incomodavam de subornar os engenheiros seniores a participar. Todo mês de dezembro, Larry e Sergey "surpreendiam" os funcionários entregando um bônus de fim de ano em dinheiro no valor de mil dólares. Três dias antes da distribuição de 2003 acontecer, eles me pediram ideias de como fazer a apresentação. Sugeri um *tape* para a escolha de elenco em um spot na TV (ficcional) no Superbowl. Como todos já estávamos acostumados com a libertinagem das empresas pontocom e sua propaganda de marketing de massa, poucos funcionários cairiam nessa, mas nos daria um quadro.

Elaborei um roteiro e entreguei à Delicia Heywood, uma funcionária do marketing, para filmar e produzir. Ela voltou 48 horas depois com o *tape* que iríamos utilizar no dia seguinte. Depois de uma breve introdução ao texto de abertura, cortamos para um quadro do diretor. Então, Al Gore, com um olhar intenso de preocupação, perguntou com o brilho emocional de uma cartolina ensopada: "Você está procurando uma resposta? Google.com pode ajudar você a encontrá-la". Uma pausa e então Gore perguntava: "Isso foi exagerado?" Outros Googlers apareceram, incluindo o *chef* Charlie e nossa sensual recepcionista Megan, que se curvou para a frente e sussurrou: "Procurando alguma coisa? Precisa de uma boa busca?". E também com a presença do convidado especial, o marionete do Pets.com. Quando o vídeo foi ao ar, a audiência de Googlers ficou maluca. Ao final, Sergey anunciou que tínhamos decidido não gastar o dinheiro rodando o spot afinal de contas, e ao invés disso dividiríamos o dinheiro entre os funcionários. Aquilo caiu muito bem.

No final do ano seguinte, a quantidade de dinheiro em espécie necessária para os bônus se tornou pesada. Carros blindados e guardas armados foram necessários para transportar e guardar os fundos até que fossem distribuídos.

Houve mais boas notícias financeiras em 2003. Os slides na TGIF que mostravam nossa saúde financeira corporativa apontavam para o alto e para a direita. A diretoria dividiu nossas ações quando elas atingiram dez dólares a quota em junho. Claro, ainda enfrentávamos a concorrência, mas nós tínhamos um impulso. A Overture tinha comprado a empresa de ferramenta de busca Fast, em fevereiro, para competir conosco, mas eles claramente estavam atrasados para nos alcançar. Nós não ficamos felizes, mas também não surpresos, quando o Yahoo comprou a Overture em julho por 1,3 bilhão de dólares. Agora o Yahoo tinha as patentes que a Overture tinha acusado o Google de infringir, o que significava que em breve estaríamos enfrentando no tribunal um dos nossos maiores clientes. As letras estavam na parede. O Google tinha crescido demais e era ameaçador para ser o fornecedor do Yahoo. Eles teriam que competir conosco e, para tanto, precisariam de sua própria tecnologia de busca — a propaganda.

Mais desconcertante ainda foi o despertar da Microsoft para o poder da busca.

— O Google tem um sistema muito bom. — O vice-presidente do grupo Windows, Jim Allchin, falou ao *Seatle Times* em fevereiro de 2003. — Mas comparado à minha visão, ele é patético[135].

A ameaça para o Google era real. Se a visão de Allchin incluía integrar a busca na nova versão do Windows da Microsoft, que estava prestes a ser lançado, ela poderia eliminar a necessidade de lançar um navegador e ir para o Google fazer a busca. Devido ao número de usuários do Windows no mundo todo, nosso tráfego poderia despencar num instante. Sem tráfego, nós exibiríamos menos anúncios e faríamos menos dinheiro. Bem menos dinheiro.

"Vamos comprar vocês", era o estratagema da Microsoft em relação às startups que os ameaçavam, ou: "Vamos enterrar vocês". O Google não estava à venda. Nem seria tolo o bastante para se tornar parceiro da Microsoft, mostrando nossa tecnologia para eles e deixando-os "colhê-la" e usá-la contra nós[136]. Uma pessoa do desenvolvimento de negócios me preveniu que o modo de agir da Microsoft como empresa era se aproximar das startups, sugá-las até o fim e então jogá-las fora. A Microsoft era metódica quanto a isso, oferecendo condições generosas para manter as startups vivas, mas essencialmente as tornando centros cativos de desenvolvimento e pesquisa. A Microsoft tornaria as startups grandes consumidores e, portanto, conduziria a direção do seu desenvolvimento, talvez oferecendo para fornecer ajuda técnica informal, que precisava de uma olhada em seu código de propriedade.

Quando a Microsoft lançou seu olhar para nós, Larry e Sergey se reuniram com nosso quadro de diretores e determinaram manter o curso. Havia medo,

[135] Disponível em: http://community.seatletimes.nwsource.com/archive/?date=20030226&slug=microsoft26.

[136] Larry me falou uma vez para mudar um *spot* no rádio para que ele não dissesse que o Google era uma "empresa de tecnologia". Ele não queria dar uma dica para a Microsoft de que tínhamos planos maiores do que a busca.

mas não pânico. Para sobreviver (como empresas como a Intuit, AOL e Oracle tinham em competição direta com o gigante de Redmond) precisávamos nos concentrar em nossas forças internas: qualidade de busca, uma extensa rede de anúncios e conteúdo direcionado. E o ponto-chave fundamental para implementar essa estratégia era o que estávamos usando desde o começo: contratar brilhantes engenheiros para fazer coisas brilhantes.

Primeiro, precisávamos impedir a Microsoft de atrair e levar embora alguns dos talentos que tínhamos descoberto. Isso poderia ser difícil, visto que as opções de ações oferecidas aos primeiros engenheiros valorizavam cada vez mais e o Google aumentava de tamanho e ficava mais burocrático. Do outro lado, a maioria dos engenheiros não enxergava uma mudança para a Microsoft como um avanço em racionalização do gerenciamento. Foi Cindy que levantou a questão para mim de como poderíamos ajudar a engenharia a encontrar mais talentos, talvez um modo que pudéssemos valorizar nossa imagem com os usuários também. Os anúncios visavam os engenheiros, mas eram vistos pelos consumidores. Seus usuários se divertiam ao descobrir o Google sozinhos; uma campanha indireta como essa teria um impacto de marca mais profundo do que uma voltada diretamente para eles. Foi uma estratégia inspiradora e eu conhecia as pessoas que poderiam realizá-la para nós.

Uma ideia novinha em folha para recrutar engenheiros

Final de 2002. Recebi uma foto no e-mail. Era uma montagem de anúncios e acrobacias que as relações públicas tinham reunido para apresentar o Mini Cooper da BMW para o mercado norte-americano. Alguns deles me fizeram dar boas risadas, mandei uma nota para a agência que tinha enviado, dizendo que não estávamos no mercado, mas se eles um dia viessem para a Bay Area eu gostaria de conversar com eles. Quase dois anos depois, convenci Larry e Sergey a colocar a agência Crispin Porter + Bogusky para trabalhar conosco no meu plano secreto de fazer uma campanha de marca ao consumidor para encobrir o esforço de recrutar engenheiros. Não disse a Larry e Sergey a parte secreta. Apenas disse que contrataríamos uma agência para nos ajudar a encontrar mais talentos técnicos, como eles estavam desesperados para fazer.

Propaganda para engenheiros poderia ser complicada. Eles não gostavam de ser marquetados. Eu instruí a equipe da Crispin para não contar a ninguém de fora do Google que eles estavam trabalhando para nós e que não mencionassem a questão da marca para ninguém no Google. Mas informei a eles que eu queria uma campanha para reforçar a posição do Google como a melhor ferramenta de busca do mundo porque tínhamos a melhor tecnologia criada pelas mentes mais afiadas da indústria.

Crispin enviou uma equipe para passar um dia entrevistando os engenheiros seniores no nosso *campus*. Algumas semanas mais tarde, eles voltaram com uma apresentação de tecnologia de ponta e brilho radiante.

Eles tinham crachás de identificação do Google reais com fotos de engenheiros de verdade do Google na frente e desafios de codificação no fundo para serem resolvidos e enviados com currículos para nosso departamento de recursos humanos. Eles planejavam mostrá-los nas salas de aula de escolas de engenharia top de linha. Eles tinham um plano para o Google ser mencionado em um episódio dos *Simpsons*[137]. Eles tinham um letreiro que era simplesmente uma equação matemática seguida de um ".com". Nenhum logo ou identificação. Aqueles que resolvessem a equação e enviassem a solução para um endereço na web receberiam outro quebra-cabeça e, finalmente, estariam na página de recrutamento do Google.

Eles tinham uma série de anúncios impressos com fotos representando o escritório do Google e estacionar um carro, enviar um fax, ou pegar salgadinhos de uma máquina exigiam a solução de complexos quebra-cabeças. Os leitores eram convidados a enviar as soluções juntamente com seus formulários de emprego.

Eles tinham um plano de renomear nosso esforço de recrutamento para "Google labs", para enfatizar que estávamos trabalhando em muito mais do que busca, o que muitos da nossa audiência-alvo consideravam um problema já resolvido. Para tornar isso mais evidente, eles incorporaram um "Labs" como um exponencial acima e à direita do nosso logo Google.

Eles propuseram um "Google Labs Aptitude Test" (GLAT) para ser inserido em jornais de escola e revistas como a *Science* e a *MIT Technology Review*.

[137] Falei com o criador dos *Simpsons*, Matt Groening, sobre ter Larry e Sergey dando voz aos seus próprios personagens, mas ele ficou em dúvida. A Microsoft também tinha pedido para fazer uma ponta, mas não ficou satisfeita quando Bill Gates foi representado esmagando o sonho da startup de Homer e dizia: — Eu não fiquei rico preenchendo um monte de cheques.

Larry e Sergey não detestaram a ideia. Na verdade, eles acharam graça. Um dos poucos elementos que eles vetaram foi uma campanha de vídeo chamada "Watch Your Ass", que mostrava uma filmagem feita por uma câmera portátil tremida dos recrutadores do Google caçando talentos da engenharia com dardos e redes em seus locais de trabalho. Ela ficou escura demais.

— Cuidado para não ofender aqueles que vamos acabar não contratando. — Era a essência do feedback dos fundadores. — Não os insulte se eles não conseguirem resolver os quebra-cabeças. — Para o restante, eles deram o "ok" para seguirmos em frente. Eu silenciosamente me alegrei. Tinha vendido uma campanha de marca da mais desejada agência de propaganda da nação para dois caras que detestavam qualquer coisa que se relacionasse com o marketing. Tinha levado quatro anos, mas eu tinha descoberto um modo de trabalhar o sistema.

A implementação da campanha foi praticamente perfeita. Como desafiar engenheiros estava fora da área de conhecimento da Crispin, dois Googlers, Curtis Chen e Wei-Hwa Huang (quatro vezes ganhador do World Puzzle Championship) trouxeram a maioria dos quebra-cabeças que usamos. Eu ajudei um pouco.

— Escreva um haikai descrevendo métodos possíveis para prever a sazonalidade do tráfego de busca — sugeri para um.

— Este espaço foi intencionalmente deixado em branco. Por favor, preencha-o com algo que melhore este vazio — ofereci a um outro.

Para a pergunta de Wei-Hwa sobre os diferentes modos para colorir um hexaedro com uma das três cores em cada lado, eu acrescentei: "Que cores você escolheria?". Houve também acenos para o *chef* Charlie: "Não faça o mal", e um velho jogo de computador que envolvia passagens sinuosas e cheias de curvas que eu tinha jogado quando criança.

Enquanto rolávamos novos elementos na campanha em 2004, a imprensa a devorava. A NPR, ABC, CNN, o *Wall Street Journal*, *Sixty Minutes* e a *Associated Press* nos deram ampla cobertura positiva e estenderam o alcance de nosso esforço substancialmente. Nossos próprios engenheiros elogiavam o esforço como divertido e Googley. Recebemos mais de 4 mil formulários de emprego em um endereço de e-mail específico que tínhamos criado. Tudo funcionou exatamente como eu tinha esperado, exceto por uma pequena falha.

Contratamos apenas um engenheiro por meio dos anúncios.

Tivemos problemas para rastrear os candidatos que mandaram os formulários GLAT no papel e não tínhamos como saber quantas pessoas foram inspiradas pelos anúncios a se candidatarem pelo nosso canal normal jobs@ google. O número final de contratações pode ter sido substancialmente maior, mas eu não tinha dados para provar. O esforço da marca valeu. O componente de recrutamento não.

Alan Eustace, o diretor de engenharia que supervisionava o recrutamento, não se importou. Ele queria rodar uma campanha modificada no ano seguinte. Urs também gostou da ideia. A nova chefe de operações de negócios, entretanto, não concordava. O orçamento tinha vindo do departamento dela, e ela não tinha nada de concreto para mostrar. Entendi que ela concluiu que foi um "completo desperdício de dinheiro", mas eu enxergava de modo diferente. No restante do ano, tentei encontrar um modo de colocar Crispin de volta para trabalhar na promoção da nossa marca, mas o mundo Google tinha mudado novamente. Agora os recursos humanos tinham especialistas em recrutamento e os gerentes de marketing e produto de Jonathan controlavam a promoção de produtos individuais. Eu podia aconselhar na marca, mas eles eram responsáveis pela performance final. Os PMMs estavam procurando agências de propaganda, inicialmente para ajudar com a promoção internacional, que era um ponto fraco da Crispin. E os gerentes na área de Jonathan (fugindo do lugar-comum) propuseram que nós trocássemos dados dos usuários em conjunto com as agências de serviço. A agência teria informação interna sobre o mercado de propaganda de busca que estava bombando e nós teríamos anúncios baratos a oferecer. Meio a meio.

Eu não gostei da ideia. Fornecer dados dos usuários para cortar custos me parecia um mau negócio. Mas quem mais discordou foi Marissa. Ao menos uma vez estávamos de pé do mesmo lado do muro. Tínhamos brigado no passado por questões de estilo, mas nunca tínhamos discordado que o nosso relacionamento com os usuários era sacrossanto. Nada poderia pôr em risco a confiança deles em nós. O crescimento do Google tinha trazido uma nova onda de gerentes, que não eram os "manés", que Eric Schmidt tinha temido, mas nem estavam afinados com nossos valores internos. Os PMs estavam impressionados com as grandes agências internacionais que vieram usando ternos e carregando títulos importantes. Eu não estava. A Crispin fez algumas campanhas testes para nós, mas sua ausência de capacidades globais os impediu de rodá-las. Eles foram em frente.[138] Eu também.

[138] CP+B ganhou a conta da Microsoft de 300 milhões de dólares em 2008 e criaram a campanha "I'm a PC" ("Eu sou um PC").

CAPÍTULO 25

Erros foram cometidos

— **Nos encontramos** hoje no primeiro plano de uma tremenda oportunidade e atenção mundial. — Sergey anunciou em outubro de 2003. — Esta é, sem dúvida, uma posição invejável; ainda assim, ela chega com custos e riscos substanciais.

Sergey queria que nós soubéssemos que ele entendia como devíamos nos sentir oprimidos pelas exigências e questões que apareciam de todos os lados. Ele não queria que nós nos tornássemos reativos e perdêssemos nossa habilidade de manter o controle, que tinha nos levado tão longe. Priorize, ele nos instruiu. Não deixe os projetos se arrastarem. Diga não quando a resposta for não. Não crie trabalho sem necessidade para outros ou não envie e-mails que não valem a pena ser lidos. E ele nos incentivou a cuidar da saúde e de nossa família. O Google, ele nos assegurou, queria que fôssemos produtivos e felizes.

Eu estava bem feliz no final de novembro quando minhas novas cotas de ação foram divididas e totalmente incorporadas. Elas eram minhas, embora não pudesse fazer muito mais do que admirar seu número no sistema de nossa conta on-line. Cara... Que sensação incrível! Eu não tinha intenção de sair do Google, mas saber que se eu realmente o fizesse, eu ainda seria totalmente beneficiado por um IPO, diminuía um pouco da pressão que eu estava sentindo. Pisei mais forte enquanto fazia minha caminhada diária em volta do parque.

— Se as ações vão a trinta dólares — eu refleti —, vou valer X. Se forem a cinquenta, estarei valendo Y. Será que chega a cinquenta? Quanto está valendo o Yahoo? Oh, meu Deus! E se fossem a cem dólares cada uma? Nãoooo. Isso nunca vai acontecer. — Era um jogo divertido de fazer. Tentei apagar o sorriso bobo do meu rosto quando voltei ao escritório, mas às vezes ele aparecia por livre e espontânea vontade.

O escritório mudou também. Tínhamos completado a aquisição dos escritórios centrais corporativos do SGI em julho de 2003. Em janeiro de 2004, foi a vez do marketing corporativo seguir a engenharia para nosso novo lar. Empacotei minhas caixas na sexta-feira e na segunda fui trabalhar no prédio 41. Não no 42, que é onde morava a engenharia, mas exatamente ao lado e acessível por meio de uma série de pontes elevadas e passarelas que teriam feito um hamster gigante se sentir em casa.

Não havia mais muito pessoal do marketing corporativo para mudar. A divisão de gerenciamento de produto de Jonathan tinha absorvido nosso grupo de internacionalização e nosso pesquisador de mercado. Eu ainda gerenciava Allegra, que era agora nossa coordenadora de eventos especiais, e Dylan Casey, coordenador de marketing, cujo emprego anterior tinha sido fazer ciclismo com Lance Armstrong na equipe de corrida do US Postal Service.

O grupo de relações públicas de David Krane tinha crescido consideravelmente, com representantes nos escritórios Google do mundo todo, e Karen White, a webmaster, agora tinha uma grande equipe também. Gerenciar pessoas era mais difícil para mim do que fazer o próprio trabalho. Eu gostava de me sentar no escritório escuro com os fones de ouvido ligados, pensando na nossa marca e em como fazê-la brilhar. Também sabia que pela média a equipe de gerenciamento de produto estava adicionando PMMs, gerentes de marketing que trabalhavam com a equipe de produtos, como eu; meu destino seria ou a indução para o coletivo ou a eliminação como redundância. Organizações crescem. Elas mudam. Não me preocupava muito com isso. Eu adorava meu emprego, mas tinha opções de ação e elas estavam completamente investidas.

Nós tínhamos percorrido um longo caminho desde nossos cômodos apertados no GooglePlex original, com suas latas de cereal reetiquetadas com os nomes "LarryO's", "Raisin Brin" e "PornFlakes", seu café pequeno com uma caixa registradora não usada e sua pequena academia de ginástica. Nossas novas instalações tinham tudo. Havia uma almofada "Bem-vindo ao lar" na minha cadeira quando eu cheguei. Tínhamos uma quadra de vôlei de areia, uma área de bocha, vestiários limpos e uma enorme cafeteria que também servia de espaço de encontro para a TGIF e incluía uma varanda no andar de cima e um pátio ao ar livre para churrasco. Havia um jardim e um campo gramado ao lado para Frisbee ou futebol. Havia ainda um andar misterioso com o teto inclinado e janelas de formato estranho que criavam um efeito visual que enjoava a equipe do departamento jurídico que ficava lá. Eles rapidamente montaram um bar portátil e agendaram horários regulares de coquetel para amenizar os efeitos.

Havia salas de entretenimento e lanche em todos os andares, pebolim, pingue-pongue e *video games.* Os Googlers trouxeram gaiolas de pássaros, jogaram redes de camuflagem sobre seus cubículos e instalaram uma tradicional cabine de telefone britânica vermelha comprada no eBay. Tínhamos cadeiras de massagem, salas de massagem e toaletes japoneses que tinham assentos aquecidos, "limpeza frontal" e secadores embutidos. Tínhamos uma frota estável na casa de Segways[139] e um monitor de vídeo que Amit Patel criou para mostrar a Terra girando com exemplos de consultas flutuando nela em tempo real (cada língua era representada por uma cor). E tínhamos um enorme quadro branco no qual qualquer Googler que passasse poderia atualizar o "plano secreto do Google" de dominar o mundo. Estava cheio de boatos, produtos falsos, cartuns e trocadilhos. Os jornalistas às vezes perguntavam se era de verdade.

Eu sempre dava risadas. Se fosse real, nós nunca permitiríamos que eles o vissem. Especialmente porque, no começo de 2004, estávamos a caminho de nos tornar uma empresa aberta. Nossa obsessão com segredo tinha sido sempre um valor cultural compartilhado. Não falávamos com ninguém a não ser com outros Googlers sobre o que fazíamos por trás das portas fechadas, e eventualmente não falávamos nem mesmo com eles. Quando crachás eletrônicos foram repentinamente exigidos para se acessar um andar da engenharia, os funcionários que trabalhavam lá brincavam que estavam trabalhando pelados. Em 2004, o acesso a todas as informações para todos os Googlers deixou de ser a norma.

Até mesmo o MOMA, intranet da empresa aberta a todos, começou a mostrar sinais de se tornar controlado. Nossos engenheiros tinham sempre coletado obsessivamente cada traço de informação que eles conseguissem sobre o que estava acontecendo dentro de nossos servidores. Eles analisavam, sovavam e o assavam em saborosos pedacinhos colocados no MOMA onde qualquer Googler poderia consumi-los. Os dados eram anônimos — você não podia ver consultas individuais ou endereços IP, por exemplo —, mas o número de buscas, países de onde foram originados, termos de busca mais populares e outras estatísticas importantes poderiam todas ser vistos.

A homepage do MOMA era originalmente densa, bagunçada e repleta de números. No centro ficava um enorme gráfico com linhas coloridas etiquetadas com

---

[139] Meio de transporte elétrico de duas rodas que funciona por meio do equilíbrio do individuo que o utiliza.

o nome dos personagens dos Muppets. O gráfico representava a qualidade de resultados por meio de diferentes ferramentas de busca, e a linha de cima, intitulada "O Grande Gonzo", pertencia ao Google. Quando outra linha se desviava para perto da nossa, o som de clarins soava sobre o ranger de dentes, ordenando que todas as energias fossem concentradas para aprimorar a relevância de nossos resultados. Larry e Sergey nunca esqueciam que a qualidade de nossa busca gerou nosso sucesso e nunca tinham como certo que nossa liderança era intransponível. Ironicamente, a ausência de um bom modo para pesquisar no MOMA tornava-o difícil de usar a princípio, mas o Google finalmente conectou um de seus próprios aplicativos de busca para consertar o problema.

O aspecto mais útil do MOMA para mim era a lista telefônica, que continha a função, endereço de e-mail e foto de todos da folha de pagamento. Minha foto estava lá. Mais ou menos. Minha foto original mais refletia um flash do que minhas feições, então eu a troquei por uma foto do Deputy Director Skinner do seriado *Arquivo X*. A semelhança era estranha, e sua imagem demonstrava a seriedade e concentração que minha foto não tinha. Outras fotos do MOMA mostravam guerreiros samurais e personagens mascarados com títulos como "Shadow Ops" e "Black Ops". Yoshka, o cachorro de Urs, foi listado como o "top dog do Google". Novos Googlers que me procuravam pela primeira vez, inevitavelmente, me mandavam e-mail perguntando sobre minha incrível semelhança com o chefe de Mulder. Eu lhes assegurava que a verdade estava lá fora.

De fato, a verdade estava no MOMA. Cheguei à conclusão de que qualquer informação de que eu precisasse sobre o Google poderia ser encontrada na intranet, desde o *status* de produtos em desenvolvimento ao número de funcionários em qualquer momento da história da empresa. Era uma fonte compartilhada de dados que todos os Googlers podiam acessar para testar hipóteses, construir protótipos e vencer argumentos.

Em meados de 2003, Susan colocou alguns planos de produtos e documentos estratégicos no MOMA que exigiam uma senha para acessar. Ela estava preocupada que a equipe de vendas acidentalmente revelasse demais aos clientes. Como chefe de gerenciamento de produto, Jonathan disse a ela para tornar os documentos acessíveis, pois o Google valorizava muito o fluxo livre de informações entre os membros de sua equipe. Apenas elogios de performance e compensações estavam proibidos.

— Isso é extremamente incomum em uma empresa — Eric Schmidt frequentemente nos lembrava em nossas reuniões semanais de TGIF. — Mas vamos continuar confiando em todos com informações confidenciais até que isso se torne um problema.

Em setembro de 2003, isso se tornou um problema. Informações sobre os números da nossa receita e das ações de Larry e Sergey começaram a aparecer nos relatórios. Eric imediatamente pôs um ponto final, dizendo a Omid e a mim para deixarmos de incluir números da receita nas apresentações da TGIF. Senhas para o MOMA passaram a ser proibidas. Foi uma vergonha, Eric observou, que a realidade tenha finalmente chegado ao Google.

A fonte das histórias veio de uma administradora de nível mais baixo que estava fornecendo informação para alguém de fora. Ela foi convidada a sair. Em janeiro de 2004, entretanto, bem depois daquele pequeno vazamento ter sido contido, uma rachadura bem maior surgiu em nosso muro de segredos. No mesmo mês em que contratamos nosso primeiro gerente de segurança corporativa, no *The New York Times,* John Markoff escreveu uma série de artigos em que ele relatava detalhes de produtos em desenvolvimento e os resultados de uma auditoria interna conduzida em preparação para uma possível IPO. A informação tinha sido extremamente confidencial e para poucos. O vazamento foi finalmente atribuído a um gerente sênior que conhecia Markoff havia anos. Ele deixou a empresa também, embora a verdadeira razão de sua saída não tenha se tornado pública, levando a muita especulação.

Dali em diante, eu tinha que pedir acesso para informação do projeto, que era necessária para eu fazer meu trabalho. Era estranho, como se cada porta de entrada rigidamente protegida por senha que a empresa instalou trancasse um pouco mais da cultura corporativa original.

Um pouco antes da abertura de capital, o Google se trancou completamente. De acordo com as regras do SEC, cada empregado que tinha acesso a conhecimento privado sobre o estado do negócio estaria impedido de comprar e vender livremente as ações da empresa. Eu e a maioria dos outros alegremente trocamos nossa ignorância sobre o produto final pela bênção de ser capaz de receber o dinheiro quando tivéssemos vontade. Os dias de inocência no jardim dos dados tinham terminado oficialmente.

A network antissocial

Em fevereiro de 2004, o Yahoo deixou o Google e começou a usar seus próprios resultados de busca baseados na Inktomi. Nós praticamente não notamos. Em nossos escritórios, estabelecemos um novo padrão de hiperprodutividade; tudo precisava ser feito exatamente agora e tudo era muito importante. Mais pessoas estavam sendo contratadas todas as semanas e controlando os projetos em andamento.

Cindy procurava sinais de que o ciclo de notícias se virava contra nós. Ela nos alertava para não deixar rachaduras aparecerem na brilhante esfera dourada da imagem pública do Google. Ela mandava recados para todos os Googlers lembrando que se a imprensa ligasse, as ligações deveriam ser encaminhadas para o RP.

— Não existe essa coisa de falar "em off" — ela nos alertou — porque repórteres são ferozmente competitivos e vão dizer qualquer coisa que você queira escutar, simplesmente para conseguir a história. — A última coisa que ela precisava era uma escorregadela pública em algo tão importante como o lançamento de um novo produto. Mas às vezes as coisas davam errado.

O engenheiro Orkut Buyukkokten chegou ao Google no verão de 2002, recém-saído de Stanford, onde ele tinha ficado intrigado com a ideia de redes sociais, um modo de se conectar com amigos e conhecidos on-line. Como aluno, Orkut tinha escrito um programa de networking para seus colegas de classe chamado "Club Nexus", e quando ele se estabeleceu no Google, pediu para usar seus 20% de tempo trabalhando em uma versão melhorada. Era dezembro de 2003 quando seu projeto, apelidado "Eden" e mais tarde rebatizado "orkut"[140], ficou pronto para ser testado com uma audiência maior do que simplesmente os Googlers. Foi aí que a diversão começou.

Orkut construiu seu serviço homônimo completamente sozinho. Era um protótipo de reunir dados, experimentar coisas. Ele escreveu o código, desenhou a interface do usuário e montou as bases de dados. Ele não tinha intenção de que isso se tornasse um produto Google completo, então, para acelerar o desenvolvimento, ele usou ferramentas que eram comumente disponíveis fora do Google. Elas vinham da Microsoft. O servidor que rodava o orkut não ficava sequer loca-

[140] O nome foi mudado para "orkut" porque o domínio do Eden.com não estava à venda. Foi intencionalmente colocado em letras minúsculas para distinguir o serviço orkut do engenheiro Orkut.

lizado no *data center* do Google, mas sediado no site de tempo Wunderground.com. Orkut sabia que seu sistema não suportaria o tamanho do público do Google, mas poderia seguramente lidar com uma escala de 200 ou 300 mil usuários. Para se filiar ao orkut, era preciso um convite, então, seu crescimento poderia ser controlado pelo número de convites que o sistema distribuía.

Marissa era a gerente de produto do consumidor. Ela via o orkut como uma pequena startup dentro do Google, operando com autonomia para provar que um único engenheiro com uma ideia nova poderia construir e testar um produto sem se submeter aos atrasos do processo de desenvolvimento cada vez mais burocrático do Google. Larry e Sergey a encorajaram a gerenciar o orkut como se fosse uma operação independente.

Outros projetos de protótipos de engenheiros individuais estavam disponíveis em uma área de nosso website chamado Google labs, no entanto, Marissa não achava que o orkut deveria ficar lá. Seria uma exceção, um produto sozinho, sem a marca Google, lançado com a velocidade da luz. Se houvesse problemas, poucas pessoas notariam e haveria tempo para consertá-los. Se alguém perguntasse se o orkut era uma iniciativa do Google, nós respondíamos que "não negávamos nem confirmávamos" a relação entre o orkut e o Google.

Cindy não gostou, pois ela não queria brincar com os contatos da imprensa que ela tinha cultivado tão cuidadosamente ao longo dos anos.

— Jornalistas não são estúpidos — ela advertiu a diretoria executiva — e vamos parecer tolos dizendo isso.

Bastava uma simples busca on-line para descobrir a conexão do orkut com o Google, e, quando a imprensa fizesse isso, o orkut seria reconhecido como um produto Google, quer negássemos ou não. Trabalhei numa mensagem para deixar claro que o orkut fora desenvolvido por um engenheiro do Google, mas não era um projeto oficial da empresa. Marissa rejeitou tal comprometimento. Ela estava decidida que nenhuma ligação explícita do Google seria revelada no próprio site do orkut.

Sergey se adiantou para decidir o impasse um pouco antes de ele, Larry e Eric partirem para o Fórum Econômico Mundial de Davos, na Suíça. — Vamos fazer uma experiência — disse ele.

— Vamos lançar sem a afiliação com o Google e nem confirmar nem negar o relacionamento. Se sair do controle, então entre em contato comigo em Davos e vamos bolar outro plano. Algum problema com essa abordagem?

Oh, sim. Cindy tinha um grande problema com essa abordagem, e ela falou para Sergey. Essa experiência, ela apontou, pode destruir a reputação da nossa marca tanto quanto nossa credibilidade profissional. Sergey voltou atrás para uma posição mais reservada. Ele endossava o lançamento do orkut sem qualquer marca Google, mas concordou que se alguém perguntasse, podíamos admitir que o orkut tinha sido desenvolvido pelo Google.

Em 21 de janeiro de 2004, um dia antes do lançamento programado, Jonathan expressou reserva. Ele aconselhou Eric Schmidt que deveríamos esperar para lançar o orkut depois da conferência de vendas global e a viagem de esqui da empresa, um atraso de duas semanas. Cindy apreciou o esforço de Jonathan, mas era tarde demais. Tínhamos desperdiçado semanas tentando viver com as condições que Marissa tinha imposto, enquanto repetidamente avisamos que era errado mentir para a imprensa. A gerência de produto do orkut tinha sido confusa desde o primeiro dia.

Urs, nosso Google Fellow, levantou suas próprias dúvidas sobre o momento certo. Ele tinha ouvido o dia todo os engenheiros falarem sobre problemas mal resolvidos: que o orkut estava rodando em uma única máquina sem facilidade de expansão, que não tinha havido um teste de carga apropriado, não ouve revisão de segurança nem acordo na política de privacidade. Claramente o orkut não seria capaz de lidar com o influxo do tráfego quando a notícia saísse e os nerds soubessem pelo site Slashdot[141], o que levaria cerca de quinze minutos. Seria mais inteligente, ele disse, clarear as coisas por um dia, esperar os executivos voltarem da Suíça e evitar um enorme erro.

Todos nós demos um suspiro de alívio quando Jonathan confirmou que tinha falado com a maioria da equipe executiva e eles concordaram com Urs que era melhor atrasar o lançamento. Foi uma ideia boa acelerar o processo de lançamento, mas arriscado demais devido a todas as bandeiras vermelhas que foram levantadas. Começaríamos a tirar o orkut do servidor Microsoft. NET para a plataforma de tecnologia padrão do Google, para que tivesse mais facilidade expansão e, então, muito provavelmente, lançá-lo oficialmente no Google labs. Eu tinha proposto exatamente essa estratégia e acreditava que ela atenderia às expectativas dos usuários apropriadamente, pois tudo nos labo-

[141] "*Slashdotting*" era um fenômeno on-line bem conhecido: um site era mencionado no slashdot.com e todos os usuários congregados iriam lá imediatamente verificar, fazendo o servidor do site cair devido à súbita carga.

ratórios era por definição um experimento sujeito a mudanças drásticas ou repentinos fechamentos. Marissa achava que um lançamento nos laboratórios irritaria os usuários porque eles poderiam ver o orkut, mas não experimentá-lo, a menos que fossem convidados por alguém que já era um membro. Isso não me preocupava tanto quanto o pensamento dos usuários, como com o Froogle, que um orkut semipronto era um produto carro-chefe do Google em um setor on-line inteiramente novo.

Continuei a trabalhar na linguagem para as páginas de interface do orkut, notificações aos usuários e descrições de comunidades. Então, eu estava pronto quando, um dia, depois da notícia tranquilizadora de Jonathan, Sergey mandou um recado de Davos: iríamos, de fato, lançar o orkut naquela tarde. Sergey tinha se comprometido a apoiar uma implementação rápida e ele iria cumprir. Iríamos nos expor ao colocar no orkut.com uma pequena tarja dizendo "Afiliado ao Google".

Uma hora antes do lançamento, mandei para Orkut o texto para a homepage: "orkut é uma comunidade on-line que conecta pessoas através de uma rede de amigos de confiança. Entre para o orkut para expandir a circunferência de seu círculo social". Inseri uma retratação: "Grandes relacionamentos começam com honestidade, portanto, gostaríamos de lhe informar que o orkut não passa de um serviço beta. Isso significa que pode parecer um pouco crítico no início. Pode até exigir um período em silêncio para resolver algumas questões. Esperamos que você apoie o orkut enquanto ele luta para ser melhor. Afinal de contas, é isso que bons amigos fazem". Às 13 horas, os primeiros 12 mil convites para entrar no orkut foram enviados por e-mail.

Nas redes sociais que o Orkut tinha construído em Stanford, os usuários eram educados, respeitosos e corteses. Os usuários do orkut.com, no entanto, não eram. Eles imediatamente começaram a procurar caminhos para romper o sistema e enchê-lo com pornografia e spam. Eles os encontraram. Era possível buscar cada usuário do sistema e então mandar a todos eles um e-mail com anexos de centenas de megabites ou escrever um roteiro para adicionar alguém como amigo. Orkut, o criador do projeto, não tinha previsto estes problemas anteriormente. Ele teve que tirar o site do ar quase imediatamente para consertá-lo. Escrevi uma mensagem de erro dizendo que estávamos fazendo melhorias. Isso era esperado já que o orkut era só um experimento.

Os engenheiros do Google não aceitaram essa desculpa. Eles despelaram a arquitetura do orkut e mexeram em cada pedacinho que puderam encontrar. Por que o orkut não tinha recebido uma revisão completa de segurança? Qual era a pressa de lançá-lo daquele modo? Por que tínhamos tentado encobrir o envolvimento do Google? As perguntas se amontoavam. Marissa corajosamente defendeu a decisão de ir em frente descrevendo uma startup dentro de uma mentalidade startup, o que significava correr riscos e acertar as diferenças no caminho. Se as decisões tivessem sido diferentes, ela indicou, e o nome Google não tivesse sido anexado ao orkut no último minuto, teria dado tudo certo.

O engenheiro Howard Gobioff discordou. "Não faça o mal", ele disse, era um valor interno, que significava que precisávamos proteger a privacidade do usuário em qualquer serviço que lançássemos, quer levasse nosso nome ou não. Não teria sido nada melhor se os usuários do orkut não tivessem sabido que o Google estava por trás do serviço que estava expondo suas informações pessoais.

Alguns defenderam a decisão de fazer o protótipo e lançar rapidamente, experimentar e continuar inovando. Mas suas vozes foram sufocadas pela multidão enraivecida clamando por uma explicação do porque o orkut teve permissão de ser lançado com uma tecnologia de menos peso, envolvida apenas numa leve associação com o Google que não escondeu nenhum de seus problemas. A crítica não era direcionada ao próprio Orkut ou ao seu desejo admirável de tentar algo novo. A raiva diminuiu em volta do processo de lançamento. Um número de engenheiros me falou que concordava com a minha proposta original de lançar o orkut no Google labs. Fiquei feliz de ouvir isso, mas o comentário deles me deixou um gosto amargo.

Quando cheguei ao Google pela primeira vez, eu tinha convicções fortes sobre algumas coisas e frequentemente estava errado. Felizmente, Larry e Sergey ignoraram as minhas ideias. Aprendi com estas experiências. Agora eu tenho convicções fortes sobre algumas coisas e frequentemente estou certo. Infelizmente, minhas ideias ainda eram ignoradas. Não tenho certeza de qual aspecto era mais doloroso, mas eu suspeito que era o último.

Apesar de seu começo tumultuado, o orkut se tornou um sucesso retumbante na Estônia, na Índia e no Brasil[142]. Especialmente no Brasil onde, Orkut

[142] E na Finlândia, por um breve período, porque "orkut" em finlandês significa "múltiplos orgasmos". Assim que as pessoas perceberam que o site não era para encontros românticos, o tráfego rapidamente diminuiu.

me informou, um terço de todo o tráfego da internet do país ainda é no site que leva seu nome. Quando ele visitou o Rio de Janeiro, foi reconhecido instantaneamente e assediado como uma estrela do rock. Os brasileiros compravam computadores apenas para usar o serviço que ele tinha criado.

Entretanto, nos Estados Unidos, o orkut estava defasado. Duas semanas depois de seu lançamento, um estudante de Harvard apresentou uma rede social a seus colegas de classe. Ele a chamou de "Facebook". Em seis anos, este serviço teria 0,5 bilhão de usuários. O orkut continuou a lutar para se manter em pé. O problema, de acordo com a maioria dos engenheiros com quem eu conversei, era a impossibilidade de o orkut se expandir para lidar com o influxo de tráfego de uma audiência do tamanho da do Google, uma tarefa que ele não estava preparado para desempenhar.

Paul Bucheit, o criador do Gmail, discordou.

— A razão real foi que o esnobismo tecnológico do Google impediu seu sucesso. — Paul disse que o orkut "estava decolando. Milhares de pessoas se inscreveram. E então ele ficou realmente lento". Mas este era um problema que outras redes sociais também tinham experimentado. O Myspace e até mesmo o Facebook tinham problemas de capacidade mesmo no início. A diferença, de acordo com Paul, é que aqueles serviços deram um salto e fizeram o que tinham que fazer para que funcionassem. O Facebook era um punhado de garotos de faculdade. Eles não tinham codificadores brilhantes como Jeff Dean ou Sanjay Ghemawat. E a configuração final do Myspace, que tinha centenas de milhões de usuários, não era muito mais sofisticada do que a do orkut quando começou.

— Mas no Google — de acordo com Paul — não era assim que se faziam as coisas. — Como o orkut foi escrito usando ferramentas da Microsoft, os engenheiros do Google acharam que ele não era "escalonável". Eles torceram o nariz e não fizeram a coisa funcionar. Eles simplesmente o deixaram morrer. E quando eles resolveram reescrevê-lo de um modo aceitável para os engenheiros no Google, ele já estava morto em todos os lugares, exceto no Brasil. Quem sabe? Se eles tivessem feito o que era preciso, ele poderia ter sido um sucesso.

Para lançar um produto radicalmente novo em uma empresa estabelecida, Paul afirmou, você precisava de alguém que não apenas acreditasse nele, mas também que levaria a organização a "fazer a coisa certa". Dois meses depois do lançamento do orkut, ele pessoalmente colocaria essa filosofia a prova.

Más notícias chegam por e-mail

Eu nunca tive muita sorte com e-mail. Por exemplo, eu não tinha ideia de que o Outlook da Microsoft tinha um limite de dois giga na quantidade de mensagens que eu podia salvar. Eu certamente não sabia que exceder essa quantidade faria minha caixa de entrada explodir e dois anos de trabalho simplesmente desapareceriam. Eu descobri isso, no entanto, em 2002.

Fui receptivo quando Paul me contou que ele estava trabalhando em uma alternativa para o Outlook, um sistema de e-mail baseado na web que ele chamava de Caribou, e perguntou se eu gostaria de experimentá-lo. Eu tentei e foi horrível. Não aparecia direito no meu laptop, não conseguia separar as mensagens velhas das novas, e não havia como selecionar todas as mensagens de uma vez só. Por incrível que pareça, não havia pastas para separar o e-mail por categoria. Depois de algumas semanas eu disse a Paul: "Obrigado, mas não, obrigado". E voltei para o Outlook da Microsoft.

Um ano depois, comecei a escutar que o Caribou tinha melhorado. Outros Googlers o estavam usando e não estavam odiando, portanto, fiz outra tentativa. Ainda parecia fraco se comparado ao Outlook, mas tinha algumas vantagens. Eu podia procurar no meu e-mail rapidamente quando eu precisava encontrar alguma coisa, e ele ligava todas as minhas mensagens relacionadas facilitando a continuidade da leitura. Dessa vez eu fiquei com ele, enquanto Paul e um pequeno grupo de engenheiros começaram a preparar o Caribou para o lançamento como um produto Google.

No início de 2004, o Yahoo, o AOL e a Microsoft eram os maiores representantes da comunicação on-line. Eles tinham criado um ecossistema de baixa expectativa e fizeram do e-mail uma *commodity*. Todos sabiam que o e-mail da web era padronizado com alguns mega de armazenamento, caixas de entrada lotadas de anúncios de banner e sem um modo fácil de encontrar qualquer mensagem que você tivesse enviado ou recebido há mais de dois minutos. Os endereços de e-mail eram descartáveis e, então, tantos nomes tinham sido declarados que praticamente todo mundo tinha que incluir uma série de números sem sentido na sua identificação de usuário para abrir uma nova conta. Os maiores fornecedores gostavam que fosse assim e não queriam que ninguém mexesse nisso. Em um ponto das nossas negociações para ganhar o contrato do AOL, eles tinham estabelecido termos no negócio especificando o que o Google não poderia fazer com o e-mail. Antes de o Google ter de admitir que aquilo seria um problema, os próprios advogados do AOL informaram sua equipe de negociação que a linguagem violaria as políticas de antitruste, de modo que eles retiraram o texto.

De acordo com Paul, o medo de um sistema de e-mail radicalmente novo não era restrito àqueles que estavam do lado de fora do GooglePlex. Alguns Googlers ficaram tão preocupados sobre como a Microsoft poderia responder ao Caribou que eles propuseram incorporar o sistema de autenticação de identidade do Passaporte da Microsoft no nosso programa.

— Outros engenheiros tinham tantas reclamações sobre o Caribou que eles fizeram uma lista de todas — Paul me contou. — As pessoas estavam chateadas porque nós estávamos usando o JavaScript. O JavaScript era um enorme erro e nunca iríamos fazê-lo funcionar. Fazer apenas o e-mail era muito ruim porque tínhamos que lidar com o spam, e todos estes dados, e informação pessoal, e segurança, qualquer coisa que você possa imaginar. Tudo sobre o Caribou era ruim, até sua existência. Mesmo perto do lançamento, as pessoas ficavam argumentando que nós deveríamos cancelar a coisa toda.

Um ativo positivo do Caribou era que ele tinha Georges Harik. Georges, como Paul o descreve, era uma "uma pessoa de ideia", com PhD em ciência da computação, background em aprendizado de máquina e uma energia implacável, que o tornava incansável. E ele tinha ganhado respeito na engenharia, especialmente de Larry, o que o tornava inestimável.

— Em última análise— Paul falou —, esta é realmente uma grande vantagem ou um prejuízo para um projeto: o que Larry pensa das pessoas envolvidas.

Georges decidiu que gostaria de tentar o gerenciamento de produto por um tempo e se tornou o gerente de produto do Caribou. Apesar de ele e Paul não verem sempre as coisas do mesmo jeito, Paul acreditava que ele estava realmente interessado em lançar um produto e não "brincar joguinhos de poder". Isso manteve o foco na tecnologia e evitou que a equipe se prejudicasse com conflitos políticos que poderiam atrasar o lançamento.

O que me importava era o nome do novo serviço, o modo como nós o descreveríamos e a data em que seria lançado. A escolha de um nome era complicada pelo desejo de conectá-lo à marca Google, mas que fosse mais rápido de digitar do que "Yahoo". O grande concorrente era "Gmail". O domínio Gmail.com já estava tomado, e estávamos tendo dificuldade em entrar em contato com seus proprietários. Duas semanas antes da data do lançamento programado, a advogada do Google, Rose Hagan, os encontrou e lhes ofereceu 65 mil dólares. Era o mínimo que estávamos dispostos a pagar, mas mais do que eles esperavam. O Gmail.com era nosso.

Eu não era mais o único a trabalhar no texto que apareceria quando o novo produto fosse lançado, embora eu insistisse em revisar cada palavra para assegurar que nós mantínhamos a voz do Google. O departamento de gerenciamento de produto de Jonathan tinha criado uma nova posição intitulada APMM — assistente de gerente de marketing do produto — e a APMM designada para o Gmail era uma graduada de Harvard hiperfocada, hipercinética, chamada Ana Yang. Ana escrevia o texto, mas também pensava estrategicamente sobre o posicionamento do produto, a reação dos usuários e a percepção da imprensa e nossos parceiros. Ela marcava reuniões, coordenava tarefas e trabalhava de perto com Georges para resolver problemas. Eu mal conseguia acompanhá-la. Ela mandava atualizações às 2 horas da manhã, 3 horas da manhã, e às 4 horas da manhã, em uma única noite. Chegou a um ponto que eu tive que dizer a ela que, por mais importante que o Gmail fosse, eu não poderia participar de sete reuniões sobre ele em uma semana e ainda conseguir fazer meu trabalho dos outros projetos. Eu estava me equilibrando.

Olhei para Ana e vi de relance minha própria mortalidade. O gerenciamento de produto estava inexoravelmente assumindo o papel de administração da marca. A massa do mundo de Jonathan tinha crescido tanto e tão rapidamente que galáxias inteiras se curvavam agora em nosso campo gravitacional. As coisas podiam ser diferentes em empresas como a Procter and Gamble, que via seus negócios de fora para dentro, procurando no mercado lacunas entre os desejos do consumidor e os produtos direcionados a eles. O Google olhava para o Google de dentro para fora. Os engenheiros elaboravam produtos seguindo suas próprias especificações, não as dos consumidores que iriam usá-los. Se nossa tecnologia fosse aceita no mercado, ótimo. Se não, a tecnologia não era menos importante para ser construída. Em uma empresa onde os produtos eram a marca, o gerenciamento de marca se tornaria o marketing do produto. Eu sabia que essa era a ordem natural das coisas.

Eu ainda tinha um papel a desempenhar, e fazia o melhor para cumpri-lo. Posicionei o Gmail não como o melhor concorrente para o Yahoo mail, mas como um modo completamente novo de pensar sobre comunicação. Não era apenas pelo fato de que fornecíamos aos usuários a capacidade de armazenamento cem vezes maior (um giga) gratuitamente, mas adicionávamos uma capacidade de busca que eliminava a necessidade de arquivar manualmente cada e-mail em uma pasta para que pudesse ser encontrado novamente. Não era uma tacada final comparado aos outros sistemas de e-mail. Era um jogo totalmente diferente.

A única peça remanescente a ser resolvida era a data de lançamento. Em fevereiro de 2004, Sergey sugeriu que lançássemos o Gmail no dia 1º de abril. Seria divertido ver a imprensa tentar entender se aquilo era verdade ou uma brincadeira. Não achei graça em brincar com o lançamento de nosso novo maior produto. Eu disse a Sergey o que pensava e repeti minhas preocupações em uma reunião para a revisão de lançamento em março, que teve a participação da equipe do Gmail e da equipe executiva. Eric compartilhava das minhas preocupações e como CEO ele tomava a decisão final. Devido a todo o esforço que foi colocado na criação do Gmail e seu potencial para abrir caminho para importantes novos mercados para o Google, não iríamos fazer uma piada do seu lançamento. Larry e Sergey argumentaram que a piada era um jeito Googley de fazer as coisas, mas Eric foi insistente. Faríamos o lançamento em 1º de abril, mas deixaríamos claro que o Gmail era pra valer.

Fiquei na reunião até seu término e segui Eric até a escada.

— Obrigado por isso — eu lhe disse quando ele começou a subir em direção ao seu escritório. — Você tomou a decisão certa. É frustrante argumentar com Larry e Sergey sobre coisas tão óbvias.

Eric parou e me olhou. — Sou bem recompensado — ele disse com um sorriso. — Agora, por favor, com licença, vou dar algumas voltas ao redor do prédio.

Pensando nas semanas que antecederam o lançamento do Gmail, eu me surpreendo com a quantidade de coisas que fizemos. Não quero dizer superar os desafios técnicos, que eram eletrizantes, ou resolver questões legais, que eram bizantinas, ou encaminhar questões de gerenciamento de parceiros, que eram delicadas; quero dizer simplesmente lidar com os elementos envolvidos como o marketing no canto da quadra.

Esses elementos teriam nos mantido ocupados se nós fossemos uma startup focada apenas no lançamento de um produto, mas a realidade era que o processo de lançamento de um produto Google se tornou uma operação tumultuosa de lançamentos de alto impacto. Atrás da busca personalizada do

Gmail, alertas da web, buscas locais e o "Total Recall", nosso codinome para o software que buscava os arquivos do PC do usuário. Esses produtos também exigiam preparação que não podia esperar até o Gmail estar lá fora.

Eu tinha meus próprios projetos também, incluindo uma campanha de recrutamento de engenheiros no país inteiro, promoção de uma faculdade no Japão, um *tour* on-line dos novos recursos do Google e uma resposta para os usuários sobre o JewWatch, um site antissemítico que estávamos exibindo como principal resultado de busca para a palavra "judeu". Eu sentia minha vida mudar em "câmera lenta", o efeito do filme *Matrix,* no qual tudo vai ficando mais lento enquanto a percepção do tempo do protagonista se expande, permitindo que ele visse os projéteis virem voando em sua direção. Eu estava operando com a capacidade máxima. Cada toque na tecla, cada expressão, cada pensamento me deixava mais perto do meu objetivo. Perdi a noção de quantos cafés expressos eu bebi, mas eu me lembro de ter ficado agradecido por termos mais de uma máquina e que cada uma delas poderia fazer duas xícaras de cada vez.

Então a última coisa que eu queria ouvir, cinco dias antes do lançamento do Gmail, era que iríamos fazer uma piada disso depois de tudo. Não seria a piada de 1º de abril — poderíamos brincar com a ideia sobre um escritório lunar do Google para isso —, mas a equipe executiva tinha decretado que nós faríamos um lançamento híbrido.

Haveria um comunicado à imprensa real, mas com elementos humorísticos para deixar as pessoas pensando se o Gmail era pra valer mesmo. Informaríamos alguns jornalistas antecipadamente, mas somente com a condição de que eles concordassem em escrever histórias engraçadas sobre o lançamento. E incorporaríamos o slogan que Larry tinha criado: "Gmail. É bom".

Cindy estava na Alemanha e praticamente off-line, deixando o diretor de relações públicas David Krane se virar.

— Eu sabia que nós iríamos melindrar pessoas e relacionamentos se mandássemos uma comunicação escrita dessa maneira — ele relembra. — Sergey insistiu nisso. — Eu sentia que nós deveríamos restringir um pouco, implantar algumas estratégias comprovadas no caso de as coisas saírem do controle porque o nosso humor foi mal-entendido.

David recomendou deixar alguns jornalistas e analistas de confiança por dentro da piada, então, no dia do anúncio, nós poderíamos encaminhar as pessoas para eles com perguntas sobre o impacto potencial do Google na indústria.

— De jeito nenhum! — ele relembra Sergey falando com ele. — É uma piada. Queremos surpreender todo mundo. De jeito nenhum. Absolutamente não. Categoricamente não.

Enquanto isso, Dennis Hwang passou o dia anterior ao lançamento criando ideias para um logo e tentando fazê-lo combinar com a colorida marca Google. Sugeri que ele deixasse o Google cinza e deixasse o logo do Gmail carregar as cores corporativas. Mesmo depois de quatro anos no Google, eu achava surpreendente que um carinha de 20 e poucos anos estava sentado sozinho em sua mesa, tomando chá e desenvolvendo o principal elemento de marca para um produto que seria utilizado por milhões de pessoas na noite anterior ao lançamento.

Foi aí que Sergey parou e perguntou se nós estávamos cometendo um erro lançando o Gmail como uma piada. Eu tinha afirmado a ele muitas vezes antes que sim, era um erro, mas agora, depois de trabalhar tão duro para que isso acontecesse, comecei a ter dúvidas.

— Não — eu disse. — Não é um erro. É engraçado, mas eu acho um desperdício de oportunidade. Se as pessoas pensam que é uma piada, elas podem não levar a sério quando dissermos que é verdadeiro. — Isso não o convenceu como eu sabia que aconteceria. Conversamos mais alguns minutos, e então ele foi embora.

Outros problemas apareceram quando a pressão começou a aumentar nos momentos finais. Houve falha na comunicação. Problemas como o controle de versão nos documentos. Revisões frenéticas. Algumas decisões ruins. Eu me desculpei com a nossa crescente equipe de escritores por ser rabugento e assegurei-lhes que estavam fazendo um excelente trabalho. Mais preocupante foi o fato de que vários engenheiros argumentaram que o serviço em si não estava pronto. Paul suplicou por mais servidores para adicionar capacidade.

— Fizemos o lançamento com algumas centenas de máquinas — ele me falou mais tarde. — Nós o lançamos com quase nenhum hardware. Éramos capazes de apoiar os Googlers e um bando de gente. Aquela coisa que nós lançamos quase não existia.

Às 4 horas da manhã de 31 de março, o comunicado à imprensa saiu. Cruzamos o Rubicão.

Os telefones do departamento de relações públicas começaram a tocar quase instantaneamente. Assim que os jornalistas superaram a irritação da ambiguidade de nosso anúncio, eles ficaram impressionados. As histórias no dia seguinte foram positivas. Tínhamos escapado por pouco. Cindy estava animada com o novo tom alegre e o estilo de nossos comunicados à imprensa, embora ela pensasse que fora uma ideia infeliz termos feito isso no dia 1º de abril.

No primeiro dia, um quarto de 1 milhão de usuários puseram o nome na lista de espera para uma conta no Gmail. Então as coisas começaram a escorregar.

Os jornalistas reclamaram a Cindy que nós tínhamos conduzido mal o anúncio. Um jornalista amigo dela tinha assegurado às pessoas que era uma piada e ficou envergonhado quando tudo foi desmentido. Mais do que a maioria das pessoas, os repórteres não gostam de estar errados. Cindy estava recebendo uma quantia considerável de críticas, mas isso não era o pior.

Os anúncios no Gmail, direcionados ao conteúdo das mensagens na caixa de entrada, assustaram as pessoas. Eles não gostavam da ideia de que o Gmail leria suas mensagens e as relacionaria aos anúncios direcionados. Eles consideraram "arrepiante" e uma invasão de privacidade. Histórias começaram a surgir na TV e na internet sobre o assustador novo sistema de e-mail do Google. Conan O'Brian brincou com isso em seu monólogo. Por que o Google estava entrando no e-mail afinal de contas? O Google era uma ferramenta de busca. Aqueles que tinham incitado o governo a punir a empresa de publicidade DoubleClick[143] por rastrear o comportamento on-line dos usuários colocaram o Gmail no mesmo campo. Só que pior. Estávamos lendo os e-mails das pessoas.

Em 12 de abril, a senadora Liz Figueroa, do estado da Califórnia, anunciou que iria apresentar uma lei que para proibir o Gmail. Ela não tinha uma conta no Gmail. Ela nunca tinha visto uma conta do Gmail. Quase ninguém tinha. Em um comunicado à imprensa, ela fez uma citação de uma carta que ela tinha enviado ao Google: "Não posso incitá-lo o bastante para abandonar esta ideia miserável. Acredito que você está embarcando num desastre de enormes proporções". Quando Sergey chamou a senadora para explicar que os anúncios do Gmail era colocados automaticamente por computadores, do mesmo modo que os e-mails eram escaneados para detectar vírus, ela não quis ouvir os detalhes. Na verdade, ela não gostava de e-mail ela o informou, e certamente não desejava que os seus fossem escaneados pelo Google.

[143] O Google comprou o Doubleclick em 2007 por 3,1 bilhões de dólares.

Eu nunca tinha ouvido falar de Liz Figueroa, mas procurei o nome dela on-line e vi que ela em breve teria que sair do cargo porque seu tempo estava expirando. Eu imaginei se ela esperava anexar seu nome a uma questão "pró-consumidor" que a ajudaria ganhar a eleição seguinte[144].

Uma lei contra o Gmail certamente seria um problema, mas não adiantaria se continuássemos a ser massacrados por grupos de privacidade e a imprensa. Ninguém se inscreveria no serviço, de jeito nenhum.

No dia seguinte ao anúncio de Figueroa, eu fui a Washington, D.C. A viagem não tinha relação com o Gmail. A irmã de minha mãe tinha falecido e eu fui ao funeral. Foi uma experiência emocional para mim durante um período já bem estressante. Quando fiquei ao lado do túmulo, toda a pressão que estava se amontoando dentro de mim encontrou um escape. Eu me vi chorando compulsivamente quando joguei um punhado de terra sobre o caixão de minha tia enquanto ele baixava na sepultura. Abracei minha mãe e minha irmã por um longo tempo. Com tudo aquilo que estava acontecendo, eu não tinha tido chance de respirar, muito menos processar os acontecimentos que estavam me bombardeando. Eu sabia que a avalanche de novos problemas em casa estava se acelerando com a minha ausência.

Quando voltei ao escritório, a atmosfera tinha mudado; pude sentir a melancolia, a recriminação e a frustração pela resposta negativa aos anúncios do Gmail. Sergey caminhava pelo escritório como um tigre em uma jaula apertada, nos incitando a montar um comando de guerra para lidar com o problema, exigindo que colocássemos mais informações no site, e insistindo que disséssemos a todo mundo: "Não há problema de privacidade".

Era uma perspectiva que eu compartilhava com Paul e os outros engenheiros também. Os computadores faziam o escaneamento, e computadores eram bons em guardar segredos. Era um sistema fechado. Se não havia perda de privacidade, não havia problema de privacidade. Por que as pessoas não entendiam isso?

— Diga a eles que os filtros de spam e os detectores de vírus fazem isso há anos — Sergey instruiu David Krane, que me contou que os fundadores consideraram as críticas informações erradas e intimaram que eles deveriam "confiar em nós", não temos nenhum registro de ter feito algo ruim. Sergey

---

[144] Liz Figueroa concorreu a governadora "lieutenant" em 2006 e chegou em terceiro entre os candidatos da primária dos democratas.

principalmente parecia ter levado a crítica para o lado pessoal, e sua frustração aumentava a cada dia que passava enquanto Georges e Ana trabalhavam em uma declaração que defendia o Gmail para postar no site. Eles tinham começado a trabalhar nisso enquanto eu estava em Washington, e quando eu o reescrevi para torná-lo mais simpático aos usuários, Sergey insistiu que usássemos o texto anterior. Embora a escrita tenha melhorado, ele disse, nossos usuários não são o alvo. Ele queria uma resposta direta aos pontos levantados pelos defensores da privacidade, e ele não se importava se os usuários fossem ler ou não. Nesse tempo de crise, o Google mais uma vez seria uma plataforma para expressar a perspectiva pessoal dele.

O humor de Cindy foi ficando cada vez pior. Ela estava incomodada pela crítica vinda de seus colegas de profissão e infeliz com a resposta de nosso grupo para a batalha que tínhamos iniciado. Os Googlers de outros departamentos queriam saber por que não estávamos respondendo a todas aquelas informações erradas que estavam circulando. Qual era a estratégia do nosso RP?

David e seu grupo empurraram as contas do Gmail para as mãos de jornalistas e analistas para que eles pudessem ver por si próprios o serviço que oferecíamos. Quando eles o experimentaram, a maioria voltou atrás no tom alarmista sobre privacidade, mas isso demorou, e estávamos agora do lado errado da opinião pública. Cindy quis saber em quanto tempo lançaríamos um blogue corporativo para responder com mais rapidez a controvérsias, um projeto no qual eu estava trabalhando fazia semanas[145]. Ela parecia estar no limite, embora não mais do que os outros e não apenas comigo. Sergey ficou chamuscado quando ele repetiu um boato sugerindo que a RP tinha perdido uma oportunidade de defender o Gmail.

Comecei a temer os e-mails de Cindy que chegavam tarde da noite, pedindo atualizações em todos os projetos que ela achava que eu deveria liderar com mais força. Eu tinha programado minha caixa de entrada para colorir de vermelho vivo suas mensagens, de modo que eu as enxergasse no meio de um mar de spam. Agora eu mudei a cor para um marrom tímido e comecei a respirar fundo cada vez que abria uma mensagem. Ainda assim, eu não estava preparado para a carta que ela me enviou às 3 horas da manhã de um sábado,

[145] Havia problemas técnicos que integravam o software do Pyra Labs, a empresa de blogue que o Google tinha comprado, e havia questões legais sobre se o lançamento de um novo veículo de comunicação tão próximo da época em que estávamos planejando dar entrada ao nosso IPO violaria a ordem do SEC de um "período de silêncio".

dizendo que ter muito trabalho não era desculpa para deixar que a equipe de gerenciamento de produtos assumisse a questão da privacidade do Gmail. A comunicação com o usuário era meu trabalho, e quando perdêssemos o controle disso, seria impossível recuperá-lo. Havia mais e nada daquilo era agradável de ler. Senti como se tivesse voltado à estaca zero, mas com uma diferença. Uma das tarefas que estava me mantendo ocupado demais para cuidar de cada coisa era reescrever o texto do nosso documento de entrada do S-1. O Google finalmente estava pronto para abrir seu capital e eu sabia que isso mudaria tudo.

PARTE IV

Será que isso é realmente o final?

Enquanto o Google desabrocha,
crescemos juntos e, então, nos separamos.
Estou com sorte.

CAPÍTULO 26

S-1 para o dinheiro

— **Por que "tecnologia"** e não "tecnologias"? — perguntou o advogado sentado ao lado de dez banqueiros.

— Nós sempre nos referimos à tecnologia no singular — repliquei me inclinando para a frente para poder vê-lo. — Como se fosse um coletivo. — Eu não tinha ideia se aquilo fazia sentido. Rezei para que não houvesse outros graduados em inglês entre os 30 advogados, banqueiros e investidores de capital de risco na sala, todos eles estavam olhando suas próprias cópias de nosso documento de entrada do S-1 e seguindo palavra por palavra com lapiseiras e marcadores de texto. Se havia, eles não falaram nada. Passamos para a próxima linha do texto.

A empresa de impressão RR Donnelley tinha imprimido documentos por quase tanto tempo quanto o *Mercury News*. Suas instalações em Palo Alto, entretanto, não se pareciam em nada com meu antigo local de trabalho. A sala de reuniões onde nos encontrávamos estava repleta com os mais recentes aparelhos de comunicação eletrônicos e decorada em tons contemporâneos sutis. Havia uma cozinha bem estocada no fim do corredor, assim como uma sala de entretenimento, uma mesa de *snooker*, uma academia, chuveiros e camas de armar. Uma massagista estava de plantão no caso do estresse da edição. Localizada bem atrás da principal empresa de advocacia do Vale do Silício, a RR Donnelley era o lugar onde as empresas iam quando se preparavam para abrir o capital.

Cheguei atrasado na tarde de terça-feira, 27 de abril, e estacionei na rua do prédio. A placa no meu Taurus exibia o logo do Google e a expressão "Estou com sorte". Visto perto do Donnelley, poderia deixar escapar o segredo que queríamos guardar: que o Projeto Denny's (nosso registro público) estava a caminho[146].

[146] Larry e Sergey sempre gostaram de restaurantes baratos. Eles comemoraram a fundação do Google em um Burger King e negociaram a aquisição de 1,65 bilhão de dólares do YouTube em um Denny's.

Eu não esperava estar envolvido nisso, mas tarde da noite anterior, Cindy me mandou um e-mail com um rascunho de uma carta que Larry tinha escrito para os futuros acionistas do Google. Nela, ele colocava os princípios pelos quais ele, Sergey e Eric pretendiam administrar o Google depois que a empresa abrisse o capital. Os sentimentos eram verdadeiros, mas as frases se amontoavam como comandos de computador. Cindy perguntou se eu queria dar uma olhada e colocar a "voz do Google" nela. Eu fiz algumas correções rápidas e mandei de volta para ver se estava no caminho certo. Às 23h30, Larry me mandou uma mensagem instantânea pedindo que eu continuasse. Ele estava em seu escritório com Salar, Susan e Marissa colocando o texto para fora. Eu continuei. Por volta da 1h30 da manhã, mandei meu rascunho terminado e fui para a cama.

O rascunho revisado de Larry esperava por mim na manhã seguinte. Não tinha mudado muita coisa. O estilo ainda era o de Larry. Cindy me informou que, a pedido da diretoria, ele também tinha pedido a Kara Swisher, uma importante repórter que cobria empresas da internet para o *Wall Street Journal*, para dar uma mexida no texto e melhorá-lo. Larry considerava Kara parte da família, pois ela era casada com Megan Smith, gerente do Google, mas Cindy o censurou por contatar uma jornalista sem seu conhecimento, especialmente uma que escrevia frequentemente sobre o Google nos meios de comunicação nacional. Kara achou o pedido de Larry cativante e ingênuo, mas recusou por questões éticas. Implacável, Larry procurou James Fallows, do *Atlantic*. Larry sempre acreditou em contratar os melhores talentos e, apesar de Fallows não aceitar pagamento, ele deu algumas sugestões editoriais para fazer a linguagem fluir melhor, como se tivesse sido escrita por um falante nativo de inglês.

Enquanto isso, eu tinha passado para a seção de negócios do documento, uma descrição de 16 páginas de cada produto que o Google oferecia, nossos parceiros, nossa tecnologia e nossa cultura corporativa. Fiz muitas mudanças ali também. Larry pareceu mais disposto a incorporar minhas sugestões nessa parte da documentação e fui convidado a me juntar ao grupo que finalizaria o documento na gráfica.

Quando cheguei, sentei-me silenciosamente. A sala era intimidante e cheia de ternos vestidos por homens de importância. Jonathan Rosenberg estava na cadeira à minha esquerda. Ele me cumprimentou carinhosamente e me apresentou como "a voz do Google".

— Se Doug disse que isto não é Googley, precisamos fazer mudanças — ele informou ao grupo. Todos abriram os livros para a parte de negócios e alguém começou a ler em voz alta.

— O Google é um líder mundial de busca na web — ele entoou —, um inovador da propaganda na web, uma destinação top da internet e uma das marcas mais reconhecidas do mundo.

— Reescrevi isso — eu disse, limpando a garganta. — Mudei para: "Google é um líder da tecnologia global focado em melhorar as maneiras como as pessoas se conectam com a informação".

— Por quê? — sibilou um cara em uma camisa polo bem passada. — O que tem de errado com o que temos?

— A missão do Google não está limitada à busca — eu disse a ele. — Exatamente na semana passada, nós lançamos um serviço de e-mail. Somos mais do que uma ferramenta de busca.

E isso se arrastou por horas e horas. Em determinado ponto, tentei calcular quanto custava contratar cada um naquela sala por apenas um minuto, supondo que 500 dólares a hora era o mínimo o que cada um em volta daquela mesa cobrava. Por essa estimativa, minha fala não era barata, mas Jonathan me incentivou a falar todas as vezes que sentiu que eu estava reticente. Quando cheguei em casa, às 2 horas da manhã, mandei-lhe uma nota em particular agradecendo pelo apoio, antes de cair na cama. Ele respondeu às 7 horas, e não ficou claro se ele tinha dormido neste ínterim.

"Você fez um trabalho excelente", ele escreveu. "Suas mudanças foram todas muito bem escritas, profundas, e você as defendeu baseado no seu entender do Google, seus fundadores e a história de como lidamos com o texto pelos últimos cinco anos. Não há ninguém na empresa que pudesse ter sido mais eficiente. Você arrasou na nossa causa a noite passada."

Ele copiou a mensagem para toda a equipe executiva.

De repente, eu me senti supermal por aquele episódio da lavagem do carro.

Gostaria que você fosse o primeiro a saber

"Por favor compareça a uma reunião da empresa hoje às 11h30 na área da TGIF", dizia o e-mail enviado para todos os Googlers na quinta-feira,

29 de abril, às 11 horas da manhã. "Apenas funcionários de período integral, por favor. Estejam preparados para apresentar o crachá de identificação."

A área de TGIF era o Café do Charlie. Quando cheguei, às 11h15, o prédio estava lotado. Cada Googler que eu já tinha visto e muitos que eu nunca tinha encontrado ou estavam sentados em fileiras de cadeiras dobráveis ou encostados na grade da sacada.

Na frente da sala, quatro microfones de pé estavam colocados no palco baixo, à espera, cada microfone coberto com uma tela com uma das cores do logo do Google. Os microfones não eram sem fio como Larry preferia, pois nosso gerente de segurança se preocupou que alguém do lado de fora do prédio poderia captar o sinal de um sem fio. A parede no fundo era feita de painéis de metal perfurado de um metro de largura. Uma fileira de vasos de plantas delimitava a frente do palco, e dois banners impressos com os logos aumentados do Google Doodle estavam pendurados atrás. Em um banner, Albert Einstein espiava pelo *O*. Nos outros, dois *aliens* se sentavam na letra *G* e olhavam da Lua para a Terra.

Craig Silverstein, primeiro funcionário do Google, estava sentado no chão de frente para o palco, e um intérprete de Libras estava sentado ao contrário fazendo sinais para um de nossos engenheiros surdos.

Larry e Sergey entraram com Eric e Omid. Larry se apoiou na grade enquanto Sergey caminhou para o palco. Sergey sorriu e foi ao microfone com a cobertura verde brilhante. Ele usava uma camiseta preta de manga longa e jeans cinza.

— Obrigado por terem vindo — ele disse para a plateia silenciosa. Pausa. — Queria que vocês fossem os primeiros, a saber... — Risadinhas nervosas da multidão. Pausa. — É que eu acabei de economizar uma fortuna no seguro do meu carro.[147] — A risada sacudiu a sala. Todos nós sabíamos por que estávamos ali. Na meia hora seguinte que a nota saiu anunciando a reunião, nosso comunicado à imprensa tinha cruzado os ares. Google estava abrindo seu capital.

As vans das agências de notícias estavam estacionadas em uma fileira pela rua abaixo, antenas de micro-ondas estendidas, discos de satélites montados,

[147] Esta tirada era de um comercial popular do seguro GEICO daquela época. Uma semana depois que o Google abriu seu capital, GEICO processou o Google por permitir que seus concorrentes colocassem anúncios nos resultados de busca de seu nome.

telões de luz posicionados para entrevistas. Um helicóptero circulava enquanto os seguranças montavam guarda nas entradas do estacionamento.

Omid fez mais uma de suas performances de sucesso nas TGIFs, com slides exibindo o que não tínhamos podido ver durante meses. Nossa receita estava tão lá em cima e voltada para a direita que as barras púrpura praticamente saíam da tela.

Eric falou e nos lembrou para não nos distrairmos com tudo aquilo que estava prestes a acontecer. Não deixarmos a cultura da empresa mudar nem ficarmos presos nos exageros.

Quando a reunião abriu para discussões, Keith Kleiner, um funcionário antigo das operações, foi até o microfone.

— Queria apenas dizer — ele começou, olhando para Larry e Sergey — muito obrigado. Vocês fizeram um trabalho incrível construindo esta empresa. — O aplauso irrompeu como uma trovoada das cadeiras, dos corredores, da sacada. Em segundos, todos os funcionários estavam de pé e aplaudindo. Larry colocou o braço no ombro de Sergey e eles olharam a multidão. Sergey fez o mesmo. Por dois minutos, ondas de apreciação incondicionais cobriram os fundadores enquanto Eric ficou de pé ao lado e apontava como um maestro dois violinistas virtuosos.

Depois da reunião, voltamos ao trabalho; eu fiquei lá até depois das 18 horas, antes de fechar meu laptop e ir ao bar Sports Page que ficava na esquina. Carinhosamente chamado pelos Googlers de "The Shit Hole", era uma barraca de madeira e gesso com um enorme pátio nos fundos perfeito para comemorações informais. Lori Park, uma das primeiras engenheiras contratadas, o tinha alugado para uma reunião dos Googlers antigos. Salar estava lá e Susan trouxe os filhos. Bart, das operações de propagandas, e os caras de desenvolvimento de negócio que tinham vindo do Netscape. Orkut, Ben Smith e Ben Gomes apareceram. Radhika, Ed Karrels e Wayne. Os caras do Blogger. Craig e Georges. E Babette, que agora supervisionava um exército de massagistas do Google. Tive um flashback de quatro anos antes, no início de 2000, e me senti mais próximo de meus colegas do que jamais estive. Tínhamos feito isso juntos e por apenas um breve momento pudemos fazer uma pausa e refletir sobre a jornada que tinha nos levado até ali.

Imprimi uma cópia do S-1 (assim como o restante da empresa — as impressoras não tinham parado o dia todo) e caminhei com uma caneta vermelha

Sharpie colecionando assinaturas de Larry, Sergey, Craig e nosso representante legal David Drummond. Eu queria alguma coisa tangível para provar que eu estava lá, para guardar o momento quando minha fantasia do Vale do Silício se solidificou em realidade.

Terminei minha cerveja e fui para casa.

Dinheiro por nada

Os meses seguintes não foram muito diferentes dos anteriores. A questão da privacidade do Gmail finalmente se acomodou. Liz Figueroa abandonou sua regulamentação. Cindy e eu conversamos sobre as questões que ela tinha levantado em seus e-mails tarde da noite. A tensão diminuiu, mas a pressão não. Continuei a trabalhar longas horas nos princípios relativos ao scumware, e lutei por uma Declaração de Direitos do Usuário, que não foi além do comitê executivo.

Lançamos um blogue corporativo, muito embora isso fosse arriscado, já que tínhamos entrado a pedido do governo em um "período de silêncio" desde que demos entrada no nosso S-1. Não poderíamos postar nada que fosse entendido como promoção de vendas das nossas ações no IPO. Meu primeiro post foi sobre recrutamento no escritório europeu. Meu segundo post foi uma desculpa por editar o primeiro post depois de ele ter sido colocado. Eu ainda estava aprendendo coisas novas, como a etiqueta do blogger.

Continuei a bater a cabeça contra a parede entre o marketing corporativo e o gerenciamento de produto, e não consegui nada mais além do que uma dor de cabeça por meus esforços. Fui à reunião de lançamento semanal de Marissa, mas tive apenas uma rápida visualização dos produtos que estavam começando a ser desenvolvidos. Um deles era busca no desktop, que agora era chamado de "Fluffy Bunnies", porque seu nome original, "Total Recall", tinha sido considerado assustador demais do ponto de vista da privacidade. O Fluffy Bunnies indexaria o disco rígido em um computador pessoal e ia torná-lo passível de busca. Eu argumentei de forma veemente que precisaríamos dar aos usuários um aviso desde o princípio: "Este produto não é como os outros que você pode ter usado. Por favor, leia a política de privacidade cuidadosamente". Mas meu tom foi considerado alarmista demais. Consegui convencer a equipe a usar a linha descritiva "Busque no seu próprio computador", embora Marissa considerasse isso coloquial, redundante e "ruim, ruim, ruim".

A CIA comprou um de nossos Google Search Appliances para sua intranet e perguntou se eles podiam customizar nosso logo substituindo o *O* por seu símbolo. Eu disse à nossa representante de vendas para concordar se eles prometessem não contar a ninguém. Eu não queria que isso assustasse os defensores da privacidade.

— Você acha que eles sabem guardar um segredo? — perguntei a ela.

Contratei um escritor para assumir parte da minha carga, Michael Krantz, um jornalista inteligente e engraçado que tinha coberto o Vale do Silício para a revista *Time* e entendia de tecnologia. Ele conseguiu o emprego porque criou uma brincadeira de 1° de abril que me fez dar risadas.

Ter ajuda para escrever liberou um pouco do meu tempo, me dando a oportunidade para assistir a uma série de feiras financeiras que Jonathan tinha arrumado para a empresa, com representantes de empresas como Morgan Stanley, Salomon Smith Barney e UBS explicando como investir prudentemente e evitar taxas excessivas. Muitos desses conselheiros tinham ligado ao acaso a cada telefone do Google durante meses, tentando obter clientes antes do IPO. Eu tinha ignorado as ligações, mas agora estava curioso para saber o que os profissionais tinham a fazer. O IPO estava chegando em agosto e eu precisava pensar sobre o que aquilo significava para mim.

O caminho até o IPO foi tumultuado. Larry e Sergey queriam vender ações diretamente ao público, através de um leilão Dutch, no qual o preço da ação seria gradualmente diminuído até todas as cotas serem vendidas. Eles pensavam que isso seria democrático e permitiria ampla participação. Eles viam o modo tradicional de abrir o capital como um sistema quebrado. Os bancos de investimentos de Wall Street insistiam em colocar preço baixo artificialmente nas ações de modo que eles abriram no primeiro dia da transação e os bancos caíram matando nas ações que eles possuíam. Para Larry e Sergey, isso era enganoso e ineficiente, e apenas os bancos se beneficiavam. Eles tratavam os banqueiros com desprezo e lhes informaram que o Google faria as coisas de um modo diferente. Os banqueiros reagiram criticando as ações do Google, seu gerenciamento e suas idiossincrasias no processo IPO[148]. Estimativas

---

[148] Por exemplo, a insistência dos fundadores em avaliar a empresa em 2.718.281.828 bilhões de dólares, que é o produto do termo matemático e vezes 1 bilhão de dólares.

para o preço de abertura das ações do Google caíram abaixo do limite de 125 dólares porque havia menos demanda do que se esperava devido ao falatório disparatado e um mercado de ações em queda.

Vamos admitir: Larry e Sergey não ajudaram muito. O relatório de sua viagem itinerante, na qual eles viajaram por várias cidades provocando investidores institucionais, agindo como se a apresentação fosse uma brincadeira do mesmo modo que eles agiam nas reuniões TGIF. Em outras palavras, Sergey nem olhou para os slides antes de falar e comentou que as informações que eles continham estavam erradas, ou não muito boas, ou de origem duvidosa. Os níveis de energia eram baixos, as entregas, desleixadas, e a atitude, tão descontraída, que chegava a ser desrespeitosa.

As pessoas notaram. O *Business Week* relatou que ao perguntar a Sergey "Qual a estratégia para o crescimento do Google?", ele disse: "Se eu disser, você vai perguntar novamente". O artigo também mencionou: "Um gerente de dinheiro diferente com um fundo da internet de 1 bilhão de dólares", como se dissesse: "Eles parecem pensar que você tem que agradecer por comprar uma ação do Google. Esta é a atitude, e é bem bizarra"[149]. O escritor questionou se Sergey tinha a maturidade ou a humildade de dirigir uma grande empresa de tecnologia e se nossos fundadores estariam "cegos pelo tipo de sucesso que subiria à cabeça de qualquer um".

— Como posso vencer, Doug? — Cindy, que estava em viagem com eles, me perguntou.

— É como viver numa tragédia grega — disse a ela. — Estes caras são a definição da arrogância. Tenho receio de que isso será nossa ruína.

A falta de deferência vista como uma vantagem no Vale do Silício não foi bem recebida entre os participantes cientes do próprio *status* de Wall Street.

Nem mesmo as 23 milhões de cotas de ação que tínhamos negligenciado de registrar com o SEC, antes de dá-las aos funcionários. Ou a entrevista que Larry e Sergey tinham dado para a *Playboy* na semana antes de darmos entrada no S-1. Nós não imaginávamos que a entrevista ia sair antes da data do IPO, mas, em 12 de agosto, lá estava ela no fax do departamento de RP, com uma folha de capa dos editores da *Playboy* dizendo: "Aproveite e parabéns!". Nós não aproveitamos porque o SEC nos

[149] Timothy J. Mullaney. "My Google Grubstake", *Business Week*, 16 ago. 2004. Disponível em: www.businessweek.com/technology/content/aug2004/tc20040816_6051.htm.

fez incluir o texto completo do artigo em nosso documento de registro e atrasou nosso IPO em uma semana.

Aproveitei a folga inesperada para arrumar umas feriazinhas rápidas com Kristen e as crianças, que quase não me reconheciam mais. Um dia antes da planejada partida, a avó da minha mulher morreu. Kristen voou para Seattle para o enterro e eu fiquei em casa com as crianças, lavando máquinas de roupa, fazendo compras no supermercado e brincando com jogos enquanto corria para o meu laptop a cada cinco minutos para responder e-mails sobre orçamento, marcas registradas e brindes para as feiras de negócios.

Foi um intervalo estranho. Minha vida andava tão rapidamente, que eu não tinha uma folga em anos. Agora, estava tomado pela letargia, talvez induzido pela exaustão ou pelo conhecimento de que eu tinha feito parte de algo maior e que, por consequência, minha contribuição individual tinha menos importância. Em meus primeiros dias no Google, se eu não fizesse as tarefas do marketing, elas não seriam feitas. Agora, o Google transbordava de PMs, APMs, PMMs e APMMs ansiosos para mostrar suas habilidades.

No sábado anterior à nossa oferta agendada, Jonathan falou que tinha contratado um diretor de marketing de produto. A era do marketing corporativo tinha realmente terminado e a era do marketing de produto tinha formalmente começado.

Encerrei minhas férias antes do prazo e voltei para o trabalho bem cedo na quinta-feira, 19 de agosto — o dia do IPO —, para observar o circo. Passei por caminhões de TV e entrei no estacionamento. O leilão para as ações do Google tinha terminado.

O preço inicial tinha sido estabelecido em 85 dólares, e quando os mercados abrissem, o mundo nos diria o que eles achavam do negócio que tínhamos construído.

Não havia nenhuma reunião agendada na empresa. Sergey estava conosco em Mountain View para estabelecer a normalidade: era uma quinta-feira como outra qualquer e precisávamos nos concentrar na tarefa que tínhamos pela frente. Os outros executivos estavam na Nasdaq, preparando-se para começar o dia negociando. Larry ligou para Sergey, de acordo com David Krane, e lhe deu um resumo. Não na avaliação esperada, mas na tecnologia usada pelos operadores.

— Isto é o que eu estou vendo — Krane ouviu Larry dizer a Sergey. — Isso é o que o sistema parece, e isso é a quantidade de dados passando. Isto é a rapidez com que ele está atualizando. Esta é a resolução dos monitores. Este é o tamanho dos monitores, quantos eles têm...

Eu me juntei a uma meia dúzia de funcionários reunidos em volta de uma TV montada na parede acima dos cubículos da RP. Na tela, um bando de pessoas de ternos estava parada diante de um enorme monitor eletrônico. A princípio, não reconheci Larry, que usava uma jaqueta cinza, camisa branca e gravata vermelha. Este é o cara que eu tinha visto suando no vestiário ao tirar seu uniforme de hóquei? Eric estava à esquerda de Larry e Omid olhava por cima do ombro dele, enquanto Larry pegou um marcador e assinou seu nome em uma tela de vidro, e, ao fazer isso, os tornou bilionários. Alguém atrás de mim abriu uma garrafa de champanhe barata, despejou em copinhos descartáveis e serviu. Então, voltamos para nossa mesa de trabalho.

— O que eu lembro sobre o IPO — Paul Bucheit me contou recentemente — é como tudo foi tão simples. Eu estava na Microsoft no dia em que o Windows 95 virou ouro[150], e foi uma festa incrível. Eu cheguei atrasado, e o lugar estava simplesmente destruído. O carpete estava rasgado porque alguém entrou de motocicleta lá dentro. As mesas estavam quebradas e tinham consumido uma enorme quantidade de álcool. Foi um grande acontecimento. O IPO não foi um acontecimento tão grande. Todo mundo estava simplesmente trabalhando. Memorável.

Larry e Sergey fizeram tudo o que podiam para manter a cultura da empresa como era no início. Wayne Rosing disse aos engenheiros que ele iria cumprimentar pessoalmente quem aparecesse no dia seguinte dirigindo uma Ferrari, e ele iria alegremente redecorar o novo carro com seu bastão de beisebol. Isto não preocupou os engenheiros Ed Karrels e Chad Lester. Eles não tinham comprado nenhum carro esporte; eles adquiriram aviões.

— Não é uma Ferrari — Chad contou a Ed. — Não é uma Lamborghini. Vamos trazer nossos aviões e estacioná-los na rua do lado de fora do Google.

Eles não fizeram isso. E qualquer um que tenha feito algo espalhafatoso com um novo brinquedo, o deixou em casa. Mas as coisas realmente mudaram.

Bart, o cara de operações de propaganda que tinha ansiosamente aguardado o IPO, se acostumou a praticar suas tacadas de golfe no gramado da

[150] "Virar ouro" significava que o código tinha sido finalizado e foi carregado em um disco máster, pronto para ser enviado ao fabricante para a produção.

porta da frente sempre que podia. As pessoas colocaram cronômetros acompanhando a evolução de suas ações discretamente no canto da tela de seus laptops, embora Larry e Sergey ameaçassem multar quem fosse pego fazendo isso. Ficava cada vez mais difícil fazer reuniões, porque as salas em questão estavam ocupadas por Googlers reunidos com pessoas que calçavam sapatos bem engraxados, carregando pastas de couro caríssimas.

Eu estava de volta ao trabalho e ocupado, mas não tão loucamente ocupado como antes. Eu tinha senioridade além de um grande grupo de gerentes de produtos ansiosos para mostrar trabalho. Cindy concordou em me mandar para a China para estudar o mercado e encontrar um novo nome chinês para substituir nossa marca lá. Enquanto o nome do Yahoo era traduzido como "Tigre elegante", o nosso estava escrito em caracteres que significavam "Cachorro velho"[151].

Em outubro, Cindy me pediu para cuidar da logística de nossa primeira divulgação de resultados, na qual revelaríamos nossos resultados trimestrais e responderíamos perguntas de corretores e analistas. Seria a primeira vez que conversaríamos diretamente com os investidores e o desejo de perfeição estava ampliado mais do que o normal. Larry, Sergey, Eric e George, nosso CFO, se sentaram em uma sala de reuniões com um guarda armado do lado de fora. Eu estava na sala ao lado, olhando pela janela com Cindy, Jonathan e nossas equipes de operação e jurídica. Houve um corte breve de último minuto na comunicação com a empresa de investidores, mas estabelecemos um link de mensagem instantânea e ninguém ficou sabendo. Para o resto do mundo, o evento aconteceu sem nenhuma falha, mantendo o foco nos números relatados, que surpreenderam o mercado. As ações do Google subiram para quase 200 dólares na semana seguinte.

Também surpresos ficaram meus colegas, quando em uma festa no Zibbibos, depois da divulgação dos resultados, Cindy anunciou que estava saindo do Google. Eu já tinha imaginado. Na verdade, tinha começado a pensar nisso. Parecia que nós tínhamos chegado ao fim de uma longa história e eu não tinha certeza se queria começar uma nova. Cindy disse que ficaria mais dois meses e sairia em janeiro. Decidi esperar pelo menos para ver o que o futuro trazia.

---

[151] Eu gostava do nome "Gu-Gu", um som sem significado que lembrava o canto de um pássaro ou o choro de um bebê. Nossos funcionários chineses acharam que era informal demais. Em 2006, o Google escolheu Gu-Ge ou "Canção da colheita".

Cindy tinha sido minha última e mais forte aliada em defender o papel da marca que ia além da pesquisa, análises, testes e iteração, e agora ela estava saindo por aquela porta. Depois de sua saída, eu me reportaria ao diretor de marketing do produto. Ele parecia ser bem qualificado para o trabalho. Ele tinha conquistado vários títulos em engenharia elétrica e ciência da computação pelo MIT, tinha trabalhado como estrategista de negócio para uma empresa de consultoria e tinha sido vice-presidente de marketing de produto global para uma grande empresa de networking. Ele era exatamente o que o Google procurava, e isso significava que eu não era mais.

Três semanas depois que Cindy saiu, o diretor de marketing de produto me chamou em seu escritório. Eu sabia que ele queria falar sobre realocação, o processo estabelecido no gerenciamento de produto para determinar no gráfico organizacional onde uma pessoa melhor se encaixava.

— Doug — ele disse —, estou tendo dificuldade em realocar você. Eu não sei bem onde você se encaixa. Parece não haver um lugar para "gerenciamento de marca" na organização como um papel funcional.

Eu podia ter defendido minha posição, que eu merecia um dos trabalhos predefinidos no marketing de produto e negociar a posição mais sênior disponível. Não tive vontade de fazer isso. Eu poderia ter protestado, tentado explicar o valor do meu trabalho e insistir que uma posição fosse criada para minha função. Eu sabia que nunca seria capaz de fornecer dados suficientes para bancar isso. Em vez de argumentar, concordei com ele. Não havia mais um papel no Google para o que eu fazia. Eu me desligaria aos poucos, como Cindy tinha feito, e sairia em dois meses.

Escolhi 4 de março de 2005 como meu último dia.

Quando o dia chegou, dei o meu adeus. Havia muitas pessoas na minha despedida que eu não via fazia muito tempo. Larry apertou minha mão e me desejou felicidades. Charlie fez um bolo. Marissa me surpreendeu ao me dar um abraço e dizer que sempre respeitou minhas opiniões, embora nem sempre tenha concordado com elas. Eu mesmo me surpreendi ao admitir que sentia o mesmo em relação a ela.

Voltei para meu escritório para terminar algumas correções na carta de Sergey para o relatório anual. Eu a enviei para ele por e-mail, e então fechei meu computador e o entreguei para o suporte técnico. Cortei meu cartão de crédito corporativo e o deixei sobre a mesa do gerente.

Minha entrevista de saída foi breve e com um funcionário dos recursos humanos que eu nunca tinha visto antes.

Já era tarde quando cheguei ao estacionamento e entrei no Taurus. Pus a chave na ignição e o liguei. Sentei-me por um momento; respirei. No meu espelho se agigantava uma grande fileira de prédios ocupados por uma poderosa empresa global. Seu logo olhava para mim através do aterro gramado, uma seleção variada de letras coloridas brilhantes em uma placa branca.

Eu tinha começado em uma startup como um cara de uma grande empresa. Agora estava deixando uma grande empresa como um cara de uma startup.

Pus o carro em marcha a ré, sai da vaga do estacionamento e dirigi para casa.

Você deve se lembrar disso

Uma fumaça gelada escapou do freezer aberto. Era uma semana depois do meu último dia no Google e Kristen tinha me mandado ao supermercado Safeway à noite para pegar um pouco de leite para o café da manhã do dia seguinte. Como sempre, eu estava saindo da lista de compras e escolhendo alguns poucos itens com mais açúcar e gordura do que nutrientes. Tentei enxergar as etiquetas na prateleira abaixo de diferentes marcas de sorvetes. O que eu realmente queria era Starbucks Java Chip, mas eu só o comprava quando estava em promoção. Peguei a marca genérica da loja Safeway.

Minha mão congelou, mas não do frio.

"Eu quero Java Chip" uma voz falou em minha cabeça.

"Não está em promoção", outra voz respondeu automaticamente, em um tom monótono.

"Não. Está. Em. Promoção", a primeira voz retrucou com sarcasmo. "Então...", ela continuou espaçando as palavras para enfatizar. — *O quê?* — Peguei um pote de Java Chip e pus no carrinho.

Pela primeira vez, eu estava fazendo algo de modo diferente por causa do sucesso do Google. Acertar na loteria era como escapar de Flatland, um mundo hipotético em um romance baseado em geometria que eu tinha lido quando criança[152]. Em Flatland, os personagens se moviam ao longo de um único plano de duas dimensões e só percebiam objetos como pontos ou linhas. Aquela tinha sido a minha vida e eu nunca tinha percebido. Ir para o trabalho,

[152] *Flatland: A Romance of Many Dimensions*, de Edwin Abbott (1884).

fazer dinheiro, vir para casa, dormir. Repetir. Agora, no entanto, eu tinha habilidade de me mover em todas as dimensões. As restrições pesadas das contas do supermercado e do pagamento da hipoteca tinham acabado e eu estava voando em liberdade.

Alguns Googlers usaram sua nova liberdade para mudar seu estilo de vida, o carro, a casa, a carreira, a esposa. Para mim, todo aquele céu aberto era desconcertante. Eu me apoiei no que me era familiar para me firmar. Foi surpreendentemente difícil fazer isso sem um emprego.

Eu tinha praticado as artes do marketing de um jeito ou de outro por quase 25 anos, e não queria mais fazer isso. O cargo que eu deixara no Google tinha sido o ponto máximo, o melhor emprego que eu poderia imaginar para alguém na minha área. Eu tinha acompanhado o crescimento de uma marca que explodiu da obscuridade para se tornar uma definição no dicionário em cinco breves anos. Meus colegas eram algumas das pessoas mais brilhantes da face da Terra. Viajei o mundo todo e fiz minha fortuna. Aprendi coisas sobre meus limites e minhas capacidades. E eu gosto de pensar que, de algum modo, ajudei a melhorar a condição humana. Ou pelo menos fiz mais bem do que mal.

Eu ouvi especulações sobre o Google desde que eu saí. Que é um monopólio. Que está rastreando usuários. Que está de comum acordo com o governo. Que espiona as pessoas. Que faz o mal. Bem, talvez seja tudo isso. Eu não trabalho lá há mais de cinco anos. As coisas mudam. Mas pelo que eu sei sobre meus colegas do Plex, muitos dos quais ainda estão lá, trabalhando longas horas aperfeiçoando um produto usado por milhões de pessoas todos os dias, eu diria que isso é improvável.

O Google é reservado? Sem sombra de dúvidas. Arrogante? Talvez. Surdo para as preocupações dos usuários que ele alega servir? Ocasionalmente. Mas do mal? Acho que não.

Comecei minha carreira trabalhando em agências de publicidade. Era divertido, desafiador, e potencialmente pagavam bem. Eu saí porque eu não gostava da ideia de que teria que vender algo em que eu não acreditava. Trabalhei em radiodifusão e jornais, onde encontrei colegas que sacrificavam recompensas materiais para ser parte de algo conectado ao bem comum. Tinha a mesma sensação no Google, mas com mais intensidade e urgência. E opções de ação. Não era uma instituição continuando uma longa tradição de serviço público. Era uma corrida para reformar o mundo em uma geração. E aí se encontra o maior erro da empresa, na minha estimativa: impaciência com aqueles que não são rápidos o bastante para entender a verdade óbvia da visão do Google.

— Quando nós erramos? — Larry perguntou.

Não com frequência. Mas "não com frequência" não é nunca. Se os líderes do Google aceitassem essa realidade, eles poderiam entender por que algumas pessoas não estão dispostas a eliminar o ceticismo e se entregar às afirmações do Google de que podemos confiar na empresa.

Depois do Google, eu mesmo fico impaciente com o modo como o mundo funciona. Por que é tão difícil programar uma gravação no meu videocassete? Por que os semáforos não estão sincronizados para manter o tráfego fluindo em uma boa velocidade? Por que se eu digito os números da minha conta quando ligo para um serviço de atendimento ao consumidor, tenho que dizê-lo novamente ao atendente? Esses problemas são todos solucionáveis. Pessoas inteligentes e motivadas a fazer as coisas melhor podem fazer praticamente tudo.

Eu tenho sorte de ter visto em primeira mão como tudo isso é verdade.

Cronologia dos acontecimentos do Google

29/11/1999	Meu primeiro dia no Google
04/12/1999	CableFest '99
13/12/2000	Inktomi se associa ao MSN
27/01/2000	Premium Ads (original) é lançado
30/01/2000	Primeiras OPRs estabelecidas
14/03/2000	Lançado o diretório do Google
22/03/2000	Larry se torna chefe de produtos; nascimento da revisão de produtos
27/03/2000	Lançamento do programa de afiliados
01/04/2000	Piada de 1º de abril no MentalPlex
26/06/2000	Yahoo substitui Inktomi pelo Google
27/09/2000	Lançamento do AdWords (anúncios CPM do tipo Faça você mesmo)
10/12/2000	Lançada a barra de ferramentas Google com a expressão "Não é o mesmo blá-blá-blá de sempre"
17/01/2001	Wayne Rosing começa em período integral como VP da engenharia
10/02/2001	Aquisição do Deja News
20/03/2001	Eric Schmidt é nomeado "Chairman of the Board[153]"
29/03/2001	China bloqueia o acesso ao Google
05/07/2001	Reorganização da engenharia

[153] Equivalente à pessoa que preside um conselho ou comitê (N. E).

01/08/2001	Chad pedala pela América
11/09/2001	Resposta aos ataques de 11 de setembro
08/10/2001	GoTo passa a ser Overture
24/10/2001	Instalado o sistema Trakken CRM
13/11/2001	Anunciado o acordo entre Yahoo-Overture
20/11/2001	"Dez coisas que nós decobrimos serem verdadeiras"
28/11/2001	Calendário de lançamento instituído
13/12/2001	Catálogo do Google é lançado
24/01/2002	"No Pop-ups" ligado à homepage do Google
04/02/2002	Earthlink troca a Overture pelo Google para anúncios
19/02/2002	Lançamento do AdWords Select (preço CPC baseado em leilão)
05/03/2002	"Por que vendemos anúncios, não colocação" na homepage
04/04/2002	Earthlink troca a Overture pelo Google para anúncios
25/04/2002	Yahoo renova com a Overture por três anos
01/05/2002	AOL deixa Overture e Inktomi pelo Google
02/05/2002	Sheryl Sandberg começa a construir a equipe do AdWords
23/07/2002	Yahoo renova contrato com o Google por resultados de busca
31/08/2002	China bloqueia acesso ao Google novamente
11/09/2002	Início do projeto de direcionamento de conteúdo
22/09/2002	Lançamento do Google news
01/10/2002	Expansão para o Saladoplex
20/11/2002	Projeto Ocean é lançado (digitação de conteúdo off-line)
12/12/2002	Lançamento do Froogle
13/12/2002	Yahoo compra Inktomi
06/01/2003	Abertura do escritório de Milão
14/02/2003	Google adquire Blogger.com
25/02/2003	Overture compra FAST
12/03/2003	Microsoft chama Google de "patético"
11/04/2003	1.000 Googlers
24/04/2003	Google adquire Applied Semantics (empresa de direcionamento de conteúdo)
06/06/2003	Yahoo gasta 10 milhões de dólares em campanha de marca
17/06/2003	Ações do Google se dividem

18/06/2003	Lançamento do AdSense (self-service de anúncios de conteúdo direcionado)
25/09/2003	Vazamento de dados financeiros
03/12/2003	Todos os dados do log disponibilizados no sistema Sawmill
16/01/2004	Yahoo deixa Google
22/01/2004	Lançamento do Orkut
28/01/2004	Vazamentos de informações para o *The New York Times*
01/04/2004	Lançamento do Gmail
29/04/2004	S-1 arquivado, "período de silêncio" começa
08/07/2004	Planejamento financeiro dos Googlers
09/08/2004	Yahoo/Overture faz acordo sobre ação judicial de patente com o Google
10/08/2004	Publicação da entrevista dos fundadores na *Playboy*; atraso de uma semana do IPO
19/08/2004	IPO
21/10/2004	Divulgação de resultados
01/02/2005	Divulgação de resultados
03/02/2005	Microsoft anuncia 200 milhões de dólares em campanha de anúncio para busca
04/03/2005	Meu último dia no Google

Glossário

Este livro foi traduzido para o português, mas contém algumas frases na língua dos nerds. A seguir, há um glossário com seus significados.

AdSense: Anúncios **CPC** do Google que apareceram em outros websites ao lado de conteúdos que não eram resultados de busca e, sim, **conteúdo direcionado.**

AdWords: O segundo programa de publicidade do Google, depois do **Google Original Ads**. Os AdWords davam aos anunciantes a habilidade de criar e gerenciar sua própria campanha de anúncios **CPM**, usando uma ferramenta on-line e um cartão de crédito. Os anúncios continham apenas textos, não havia imagens e apareciam ao lado dos resultados de busca do Google.com quando um usuário procurava uma(s) palavra(s)-chave direcionada(s) pelo anunciante.

AdWords Select: O sucessor do **AdWords**. O sistema que introduziu o preço do **CPC** com base em leilões para os anúncios do Google.

Algoritmo: Um conjunto de instruções (como um programa de computador) para resolver um problema específico, como encontrar certa parte da informação em uma base de dados. Também, um movimento rígido e com balanço modelado por um ex-vice-presidente.

Base de Dados: Informações coletadas e armazenadas em um computador de modo estruturado, para que possam ser facilmente acessadas e buscadas. Como um dicionário que contém palavras em ordem alfabética.

Canônico: Quando os engenheiros não querem dizer "o preferido" ou "o costumeiro" modo de se fazer algo, eles falam sobre o exemplo aprovado que é praticamente o mesmo, mas transmite um sentido mais elevado de exatidão para a prática em questão. O modo do exemplo aprovado para evitar gastar uma hora no trânsito é ir para o trabalho na hora do almoço.

***Clickthrough rate* (CTR):** A porcentagem de pessoas que veem um anúncio e realmente clicam nele. Uma CTR alta significa que um anúncio é eficiente em conduzir o tráfego para o website do anunciante. Qualquer resultado acima de 1% ou 2% é considerado alto para maioria dos anúncios, mas as CTRs melhoram os anúncios mais direcionados aos interesses da pessoa que os veem.

CPC ("Custo pelo Clique")**:** Um método de pagar por propaganda on-line no qual os anunciantes pagam apenas quando um usuário realmente clica e é transferido para o website do anunciante. Essa é uma forma do tipo de propaganda "pagar-pela-performance".

CPM ("Custo por mil impressões")**:** Um método de pagar pela propaganda on-line no qual os anunciantes pagam taxa determinada para que seus anúncios sejam exibidos mil vezes, não importando se alguém clicará neles. O *M* na abreviatura CPM vem da palavra em latim "mille", que significa milhares.

CPU (Unidade de Processamento Central)**:** A parte de um computador que realmente "pensa" ou processa o código para executar as instruções.

Cruft: *Cruft* é ruim. Como as micoses que crescem debaixo das unhas dos pés malcuidados. Como crustáceos em uma lancha. Geralmente se refere ao código velho ou links em desuso em uma webpage, mas pode ser aplicado em qualquer material indesejado que se acumula em qualquer lugar. O vestiário masculino no GooglePlex estava cheio de *crufts*, a maioria nas roupas sujas e nos uniformes de hóquei.

Direcionamento de conteúdo: O posicionamento de anúncios relevantes ao texto da página na qual aparecem. Isso exige análise do conteúdo e então combinar os anúncios de uma base de dados que provavelmente atrairão alguém para a leitura do conteúdo. Por exemplo, uma história sobre férias na Flórida poderia incluir anúncios sobre parques temáticos de lá, linhas aéreas e hotéis.

Então...?: Esta palavra de amplo propósito não é na verdade uma palavra. É o som de um engenheiro limpando sua garganta antes de começar a falar. Na minha primeira semana de trabalho no Google, parecia que um vírus linguístico tinha infectado toda a equipe da área técnica. Cada frase, em cada conversa, começava desse modo. Então... com o tempo, eu me acostumei.

Google Original Ads: O primeiro sistema de anúncios desenvolvido e implantado pelo Google, oferecia anúncios **CPM** que foram vendidos pelos representantes de vendas. Esses anúncios, que apareciam acima dos resultados de busca, ficou conhecido como “Premium Ads” quando o **AdWords** foi introduzido.

Google Web Server (**GWS**, pronunciado “gwiss”)**:** O software que interage com usuários quando eles fazem as buscas e quando o Google envia de volta os resultados para eles. Ele não determina os resultados, apenas os entrega. Também controla a aparência das páginas no website do Google, então, quando estas páginas precisam de mudança, um novo GWS precisa ser enviado para os servidores.

Googler: Um funcionário do Google que não é mais um **Noogler** nem ainda um **Xoogler**.

GoTo (mais tarde renomeado **Overture**): Uma network de propaganda fundada em Pasadena, na Califórnia, que foi pioneira na ideia do mecanismo de busca “**pagar pela localização**”, pelo qual as empresas fazem um lance pela posição mais proeminente nos resultados de busca por termos específicos. O GoTo era o principal concorrente do Google em fornecer anúncios para os mais importantes sites da internet como AOL, Yahoo e MSN.

Hardware: Qualquer parte de um computador que você pode tocar com as mãos. Qualquer coisa como fios, disk drives, cabos ou um cabo de energia que sai de dentro dele.

Índex: Uma lista organizada de páginas da web que podem ser buscadas com muito mais rapidez do que as páginas originais listadas nela. Há muitos modos de se organizar um índex e quanto mais eficiente é a técnica utilizada, mais rápido um **algoritmo** pode encontrar e recuperar determinada peça de informação.

Índex adicional: Um **índex** que é continuamente atualizado com novos dados e é integrado com outro **índex** que muda com menos frequência. Por exemplo: um **índex** adicional poderia incluir páginas de sites de notícias atualizadas diariamente para serem mescladas com páginas não atualizadas com frequência e formarem um **índex** bem maior.

Inktomi: Empresa de tecnologia de Berkeley, Califórnia, que fornecia resultados de busca para a maioria dos portais da web, como Yahoo, AOL e MSN, antes do Google entrar no mercado.

Interface de Usuário (IU): A aparência de parte do website visível para os visitantes. A IU está na frente da webpage e inclui artes gráficas, o texto, formato e qualquer outro elemento com o qual o usuário fará contato.

Internet Service Provider (ISP): Empresa que fornece uma conexão para a internet, quer seja por linha telefônica, um cable modem ou rede sem fio.

Máquina: Termo genérico para um computador ou um servidor da rede. Também uma caixa, um PC, um **servidor.**

***Nontrivial*:** Eufemismo para "impossível". Já que engenheiros admitem que nada é impossível, eles usam essa palavra ao invés daquela. Quando um engenheiro diz que algo é "não trivial", é o mesmo que um piloto de avião dizer calmamente que você poderá encontrar "apenas um pouco de turbulência" enquanto ele entra em um furacão categoria 5. Veja também **Trivial.**

Noogler: Um novo Googler. A marca fica até um novo Noogler ser contratado para o mesmo grupo.

***Orthogonal*:** Os engenheiros falam frequentemente sobre as coisas serem ortogonais umas às outras. A primeira vez que ouvi este termo, pensei que significasse algo como "ter onze lados". Não é. É um modo técnico de dizer "não relacionado". Ainda não consigo entender. Mas isso não me impediu de usar o termo de vez em quando em conversa com engenheiros: "Oh, sim, aquele comunicado à imprensa é totalmente ortogonal aos anúncios que estamos rodando no Yahoo".

Overture: O nome assumido pela network de propaganda **GoTo** em outubro de 2001.

Pagar pela colocação: A prática de alguns mecanismos de busca de aceitar pagamento do dono do website para dar mais relevância aos seus sites nos resultados de busca, ao contrário de colocá-los em uma área de propaganda claramente demarcada.

Pagar pela inclusão: Algumas máquinas de busca aceitam pagamento de donos dos websites para garantir que seus sites serão incluídos nos resultados de busca. Estas ferramentas de busca não garantem necessariamente colocação destacada no site.

Pagar pela performance (PFP): Um método de pagar por propaganda on-line na qual o anunciante paga apenas quando os usuários realmente realizam uma ação previamente acordada, tal como clicar no anúncio ou se registrar para uma conta no website do anunciante.

PageRank: Um **algoritmo** usado para analisar a importância relativa das páginas da web. Escrito e criado pelo cofundador do Google, Larry Page. A abordagem inovadora do PageRank era olhar os sites que se conectavam a uma página em particular para determinar quantos outros sites consideravam esta página oficial ou importante.

Palavra-chave (também consulta ou termo de busca): A palavra ou as palavras que os usuários digitam em uma caixa de busca, isto é, aquilo que você está tentando encontrar. Anunciantes especificam (direcionam) palavras-chave ao comprar um anúncio. Quando um usuário busca uma das palavras-chave direcionada, a página de resultados pode exibir o anúncio direcionado.

Programa afiliado: Um programa pelo qual um website paga a outros websites para lhe mandarem tráfego. Os sites que enviam o tráfego são chamados de "afiliados". Por exemplo, o site Amazon paga uma comissão aos afiliados que promovem a venda de certos livros. A afiliada é paga somente se um de seus usuários clicarem em um link especificamente codificado direcionado para o Amazon, e então realize a compra lá. O programa do Google apenas pagava seus afiliados se seus usuários conduzissem buscas utilizando as caixas de buscas especiais do Google que podiam ser adicionadas em quase todos os websites.

Propriedade intelectual (IP): A produção de um esforço criativo que pode ser protegida legalmente. Frequentemente se refere à tecnologia patenteada, como os **algoritmos** de busca, mas também pode se referir a música, cinema, arte etc.

Query: As palavras que um usuário digita em uma caixa de busca ou em uma única busca. Veja **Palavra-chave.**

Rastreador: Um programa automatizado de computador que segue os links de website a website, colecionando informação sobre as páginas que encontra e as URLs onde vivem. Veja **Spider**.

Servidor: Um computador que foi configurado para guardar grandes quantidades de informação e fornecê-las rapidamente a outros computadores através de uma network.

Software: A parte de um computador que você não pode tocar. A programação e os aplicativos que instruem o que fazer. Todos os bits e bytes que estão armazenados na memória do computador.

Spam: Como um substantivo, "spam" é qualquer material eletrônico não solicitado, e não desejado, enviado para uma pessoa ou outra, quer seja "junk mail" mandado para milhares de pessoas simultaneamente ou uma corrente de cartas enviadas para seus amigos íntimos que juram que algo ruim acontecerá se você não encaminhá-las a uma dezena de outras pessoas. Como verbo, "to spam" significa mandar spam e também significa tentar obter uma vantagem, como uma classificação melhor nos resultados de busca por meio de práticas enganosas, incluindo textos escondidos nas páginas ou repetições desnecessárias de certas palavras.

Spider: Software que rastreia a web para reunir dados de websites que são a base para um **índex**. Veja **Rastreador**.

Targeting (Direcionamento)**:** Combinar um anúncio com um gatilho que fará ele ser exibido. O gatilho pode ser uma **palavra-chave** que um usuário digita para fazer uma busca ou o conteúdo de uma página da web considerado relevante ao assunto do anúncio. Quanto melhor o direcionamento, mais relevante é o anúncio para a palavra-chave ou o conteúdo que o aciona, e maior a probabilidade de o usuário clicar nele.

TGIF: Abreviação da expressão em inglês "Thank God it's Friday", que significa "Graças a Deus é sexta-feira", e que se transformou no nome de uma reunião semanal na qual os Googlers são atualizados sobre os acontecimentos da semana, geralmente enquanto comem asinhas de frango e bebem cerveja.

Trivial: Segundo a definição do engenheiro do Google, Georges Harik: "Digo que uma tarefa é 'trivial' se acho que ela é possível. É 'fácil' se eu não encontro um modo de fazê-la, mas tenho certeza de que pode ser feita. É 'difícil' se várias pessoas a declararam impossível, mas eu não concordo com elas. É 'impossível' se estou muito cansado para fazê-la".

URL: Abreviação de "uniform resource locator". Uma URL é o endereço de determinada página na web. Muitas URLs começam com "http://www." e terminam com ".com" (por exemplo, htpp://www.google.com).

Web server: Um computador que entrega conteúdo, por exemplo uma página da web, quando requisitado a fazê-lo por outro computador ou network. Ou o software que roda no computador que entrega o conteúdo. Veja **Servidor**.

Xoogler (pronunciado "zoogler"): Um antigo Googler. Cunhei este termo para o nome de um blogue que eu tinha no Xooglers.blogspot.com, um lugar de encontro para antigos Googlers relembrarem os primeiros dias da empresa.

Agradecimentos

Eu estava com sorte bem antes de conhecer o Google.

Meus pais, Marvin e Helene Edwards, criaram os seus filhos com amor e justiça, e nos imbuíram com o desejo de sermos corretos e fazermos o bem no mundo. Eles nunca deixaram de lado seu comprometimento com a nossa felicidade ou hesitaram em fazer algum sacrifício para que isso acontecesse. Eles mal podiam me ajudar e nem assim hesitaram em patrocinar meus sonhos e me dar a segurança de que eu precisava para persegui-los. Jamais vou poder pagar meu débito por seus conselhos, sua paciência e sua compreensão.

Minha esposa, Kristen, experimentou todas as pressões e a loucura de uma startup no Vale do Silício sem as recompensas que eu tive. Ela não pediu o divórcio. Por mais de 25 anos ela tem me encorajado, me apoiado e me aguentado. Ela é uma editora cruel e uma defensora da verdade. Em algumas ocasiões, ela foi a única pessoa que fez eu me manter são. É a minha melhor amiga. "Gratidão" é uma palavra insuficiente para expressar o que sinto por ela, mas as páginas finais deste livro sobre tecnologia de busca não parecem ser o lugar para eu me aprofundar mais neste assunto.

Meus filhos, Adam, Nathaniel e Avalon, não apenas sobreviveram às minhas frequentes ausências, mas se tornaram inteligentes e talentosos apesar da minha desatenção. Por isso, agradeço a eles, já que minha culpa por ser um pai negligente de algum modo foi compensada por suas conquistas. Espero que ao me tornar uma figura mais constante na vida deles não destrua a base sólida na qual eles construíram um sucesso tão admirável.

Muitas pessoas merecem estar neste livro, mas não estão. Outras estão, mas de um modo que torna trivial suas contribuições para o meteórico crescimento do Google. Peço desculpas a todos que foram omitidos pelos limites restritos ou tiveram sua presença encurtada porque esta história é contada pelo ponto de vista do marketing. Você foi reconhecido, e espero que este esforço inspire outros a elogiar publicamente seus louvores.

Para aqueles Googlers e Xooglers que generosamente compartilharam seu tempo e suas histórias comigo, ofereço meu profundo reconhecimento. Por causa de vocês, compreendo melhor o Google agora do que quando ainda estava trabalhando no Plex. Faço uma nota especial de agradecimento àqueles que me explicaram não apenas uma ou duas vezes, mas muitas e muitas vezes os complicados sistemas que eu acho que consegui colocar nestas páginas. Quaisquer erros nesse sentido são claramente de minha responsabilidade e não falha de quem tentou transmitir conhecimentos tecnológicos a uma mente não técnica.

Entre eles estão Gerald Aigner, Anurag Archarya, Mieke Bloomfield, Paul Bucheit, Orkut Buyukkotten, Bay Wei Chang, Matt Cutts, Jeff Dean, Ron Dolin, Sanjay Ghemawat, Ben Gomes, Urs Hölzle, Zain Kahn, Salar Kamangar, Ed Karrels, Deb Kelly, Keith Kleiner, Ross Konigstein, Chad Lester, Jane Manning, Amit Patel, Jim Reese, Larry Schwimmer, Ray Sidney, Craig Silverstein, Shawn Simpson, Ben Smith, Eric Veach e Will Whitted.

Howard Gobioff estaria nesta lista, se ele não tivesse falecido em 2008. Howard era brilhante, engraçado e cheio de ideias, que ele compartilhava alegremente. Eu respeitava sua sagacidade e seus princípios, e fiquei triste pela perda de seu talento e humor.

Dentre aqueles que forneceram uma perspectiva apreciada do lado comercial de nossos sistemas e nossa cultura corporativa estão Charlie Ayers, Heather Cairns, Devin Ivester, Katina Johnson, Jim Kolotouros, David Krane, Alan Louie, Miriam Rivera, George Salah, Sheryl Sandberg, Stacy Sullivan e Susan Wojcicki.

Sinceros agradecimentos também a Cindy McCaffrey por se arriscar ao me contratar quando minhas credenciais acadêmicas não eram as esperadas, e depois por me ajudar a sobreviver nas maestrias do dia a dia no Google por mais de cinco anos. Era um prazer estar ao lado dela para fazer o marketing pegar fogo enquanto os lobos uivavam do outro lado na escuridão. Ela me inspirou e me apoiou, e sempre cumpriu sua palavra. "Minha porta estará sempre aberta. Exceto quando estiver fechada."

Larry Page e Sergey Brin também devem ser reconhecidos aqui por me deixarem participar da experiência mais incrível que já tive na vida. Apenas pelo fato de eles terem mudado o meu jeito de pensar sobre o trabalho, expandido a avaliação das minhas próprias capacidades ou alterando minha visão da comunicação global, já seria suficiente. Mas eles fizeram tudo isso enquanto, ao mesmo tempo, criavam uma nova tecnologia que remodelou o jeito que todos pensam sobre tudo. Citando Larry: Uau!

Para meus amigos Andy e Lita Unruh, Jan Kerans, e Al e Joanne Riske por aguentarem o ranger dos dentes e as mudanças de humor enquanto eu lutava para produzir mais páginas; aos meus sogros, Maggi e Merrit, por andarem pé ante pé pela casa para não perturbarem meu processo criativo; para meus irmãos, Jeff e Carolyn, por terem se segurado e não ficarem perguntando o tempo todo como estava o meu progresso; para Emily Wood da RP do Google por agendar entrevistas e me acompanhar até elas, e para Karen Wickre por seus comentários sérios e por me encorajar a me fixar na minha própria narrativa; para minha agente, Amy Rennert, e meus editores George Hodgman, Tom Bouman e Camille Smith — a todos aqueles que me ajudaram a tirar esta história da mente e colocá-la em um livro, eu estendo minha verdadeira e profunda estima.

E para aqueles que leram este livro e continuam com dúvidas sobre como conseguir um emprego no Google, como melhorar o ranking de um site nos resultados do Google ou como compartilhar uma grande ideia para um novo serviço Google, eu os convido a partilhar do mesmo recurso que uso agora que estou afastado da empresa por meia década, você pode encontrar todas essas informações no www.google.com.